KB241058

조선 후기 실학의 비조

유 형 원

조선 후기 실학의 비조

유형원

안재순 지음

성균관대학교
출판부

| 머리말 |

문질빈빈(文質彬彬)이라는 말이 있다. 문(文)은 인위적으로 꾸며 만든 것이고, 질(質)은 꾸밈없는 본바탕을 말한다. 바꾸어 말하면, 문은 형식이고, 질은 내용이다. 내용이 없는 형식은 빈껍데기에 지나지 않고, 형식을 도외시한 내용은 구체적으로 현실에 적용하기가 힘들다. 따라서 내용과 형식이 일치해야만 비로소 바람직한 상태에 이를 수 있다. 일찍이 공자가 '문질빈빈'을 이루어야만 군자가 될 수 있다고 역설한 것은 그 때문이다.

이 문과 질은 『주역』의 「계사전」에서는 도(道)와 기(器)라는 개념으로 심화 발전된다. 도가 형이상학적인 것을 내용으로 한다면, 기는 형이하학적인 것으로 도라는 내용을 담아내는 그릇이다. 이 그릇에 도라는 내용물이 담겨 있지 않으면 이 그릇은 쓸모없는 그릇이지만, 이 그릇이 없으면 도라는 내용물을 담아낼 수가 없다. 따라서 도만을 강조하거나 기만을 강조한다면, 온전한 상태라고 할 수 없다.

반계 유형원이 활동하던 조선 중엽은 바야흐로 성리학의 난숙기였다. 그러나 임진왜란과 병자호란이라는 미증유의 외환을 맞이하여 국가의 존립 상태가 중대한 위기에 처한 시기이기도 했다. 반계는 당시의 사상 풍토가 도(道)에만 치중하고, 기(器)에는 소홀했기 때문에, 그러한 국가적 위기를 겪었다고 진단하고, 기(器)의 체계를 바로 세우는데 진력했다. 그 결과물이 바로『수록』, 흔히 통상적으로 말하는『반계수록』이다. 말하자면, 반계는 당시 도(道) 일변의 사상 풍토에서 기(器)를 강조함으로써 도와 기의 균형을 꾀하고자 했던 것이다. 사실 반계 사상의 제일 큰 특징은 그의 철학 이론과 제도 개혁론이 서로 일치하는 도기불상리(道器不相離)의 철학이다.

반계 사상에서 또 하나의 특징은 철학적 방법론에서의 개방성이다. 이 개방성이라는 것은 절충파적인 성격을 지니고 있다는 의미이다. 반계 당시에는, 리(理)와 기(氣)가 서로 섞일 수 없다는 점(이기불상잡)에 초점을 맞추어서 상대적으로 리(理)를 중시하는 퇴계학파와, 이와는 반대로 리와 기는 서로 떨어질 수 없다는 것(이기불상리)에 초점을 맞추어서 상대적으로 구체적 현실을 중시하는 율곡학파의 양대 학파가, 각각 남인과 노론이라는 당파의 주축을 이루고 있던 때였는데, 반계의 성리설은 양 학파를 절충하고 있다는 점이 두드러져 보인다. 즉, 자연관에서는 이기불상리, 심성관에서는 이기불상잡의 입장을 견지하여, 사실과 가치의 문제를 해결하려 했다는 데서 절충주의의 특색이 드러난다.

반계의 저술은 상당히 폭넓은 방면에 걸쳐 있는 것으로 기록은 전하고 있지만, 현재 완전한 형태로 볼 수 있는 것은『반계수록』뿐이고, 기타의 자료는 산발적으로 전해 온다. 이런 연유로 사학계를 중심으로『반계수록』에 대한 연구는 많이 진척되었지만, 반계의 철학 사상에 대해서는 연구가 활발하게 이루어지지 못했다. 필자가 처음으로 반계의 철학 사상을 추적할 때는 순암 안정복이 편찬한 「반계선생연보」를 중심으로 어렵게 작업을 진행했는데, 후에 그 연보에 실린 내용의 원 자료가 발굴되어 책으로 출판됨으로써, 아직 자료의 부족함이 안타깝기는 하지만, 비교적 온전하게 자료를 검토할 수 있어서 다행이었다.

이 책에서는 후에 발굴된 자료를 중심으로, 반계의 생애를 재구성해 보고, 사상적인 면에서는 특히 반계의 성리설을 자세하게 다루려고 노력했다. 제한된 자료로 인하여 서술 부분에 적지 않은 잘못이 있을지도 모른다. 부족한 점은 앞으로 보충해 나가리라 다짐해 본다.

사실 이 책은 오래 전에 나왔어야 하는데, 필자가 워낙 얕은 재주와 능력을 지닌데다가 더할 나위 없이 게으르기까지 하여, 이런저런 이유로 차일피일 미루다가 이제야 원고를 넘기게 되었다. 이 자리를 빌려 성균관대학교 출판부 선생님들께 죄송한 마음을 전하면서 이만 줄인다.

부록 • 297

경향의 유생과 진사 노사효 등의 상소 / 승지 양득중의 상소 /

반계선생연보(磻溪先生年譜) / 참고 문헌 / 찾아보기

| 글을 시작하며 |

　　변산은 참 아름답다. 내변산의 산과 외변산의 바다가 모두 아름답다. 부안에서 변산 해수욕장과 격포 채석강을 거쳐 모항, 곰소로 이어지는 서해안 도로변의 절경은 나그네의 피로를 풀기에 부족함이 없다. 오른쪽으로 펼쳐지는 바다의 넉넉함과, 왼쪽에서 때로는 맛깔스러운 숲으로, 때로는 앙증맞으면서도 웅장한 바위 봉우리의 모습으로 길손을 맞이하는 외변산의 모습은 환상이다! 내소사로 발길을 돌려 일주문을 들어서면, 울창한 전나무가 양옆에서 도열하여 탐방객을 맞는다. 푸근한 숲길과, 숲 사이로 언뜻 보이는 암봉(岩峰)의 절경은 이미 속세에 찌든 때를 씻어 내기에 충분하다. 절 경내로 들어서기 전, 내변산으로 들어가는 사람은 왼편으로 발길을 돌린다.

　　내변산. 최고로 높다는 의상봉은 508m로 그리 높은 편은 아니나, 쌍선봉·옥녀봉·관음봉·선인봉 등 400m 높이의 봉우리들이 계속 이어지고 골도 깊다. 더구나 일망무제의 김제 벌판이 옆에 떡하니 버티고 있어 산의 위용은 더욱 빛난다. 어떻게 산맥과 관계없이 저 혼자 우뚝 이렇게 멋 부리고 서 있더냐? 독립된 산들임에 비해 오밀조밀하고, 또 바위 봉우리들로 이루어져 있어 험하다. 산 입구를 잘 틀어막으면 한 명이 백여 명을 능히 대적할 만한 요새이다. 요컨대 변산은 호락호락하지 않은 아름다움을 지니고 있다. 예로부터 능가산, 영주산, 봉래산이라 불렸음이 이해가 된다.

변산은 우리에게 눈요기만 시켜 주지는 않는다. 옆의 드넓은 곡창과 바다는 먹을거리를 항상 풍부하게 제공한다. 곰소항구에 들려 빛깔 좋은 쌀밥에 맛 좋은 젓갈 몇 자락 집어 먹으면 세상이 다 내 것이다! 철 맞으면 대하도 좋고, 백합 구이도 좋다. 변산은 그야말로 숨어살기에는 아주 적격이다.

반계(磻溪) 유형원(柳馨遠, 1622~1673).

흔히 실학의 비조로 일컬어지는 반계가 서울을 떠나 은거한 곳이 바로 여기였다. 곰소를 지나 영전리 쪽으로 조금 가다 보면 우동리라는 곳이 있다. 옛날의 우반동(愚磻洞)이다. 우반동은 옥녀봉 아래에 펼쳐져 있다. 옥녀봉을 뒤로 하고 남향으로 멀리 바다를 향해 열려 있는 골짜기이다. 반곡(磻谷)이라고도 했던 이 부락은 누가 보아도 은거할 만한 곳이라는 느낌을 갖게 한다. 마을을 따라 흐르는 냇물을 반계(磻溪)라고 했다는 데서 유형원의 호(號)가 유래한다고도 하지만, 원래 반계는 우리가 흔히 강태공이라고 알고 있는 태공망(太公望) 여상(呂尙)이 낚시를 드리우던 냇물이었다. 천자문(千字文)에 나오는 '반계이윤(磻溪伊尹)'은, 주나라 무왕을 도운 강태공과 은나라 탕왕의 공신 이윤이라는 뜻이다. 원래 이 마을이 강태공을 염두에 두고 반계라는 이름을 지니고 있었는지, 아니면 유형원이 우반동 혹은 반곡이라는 이름에서 힌트를 얻어 강태공을 염두에 두고 호를 반계라고 정했는지는 잘 모르겠다. 그러나 어쨌든 이 강태공의 반계와 유형원의 반계는 세월을 낚는다는 점에서는 동일한 이미지를 떠올린다. 다만 결정적으로 다른 것은 강태공은 주(周) 무왕(武王)이라는 월척을 낚아 제(齊)나라에 봉해져 그 시조가 되었지만, 유형원은 『수록(隨錄)』이라는 책을 건져냈을 뿐이다. 같은 왕좌지재(王佐之材)였지만, 유형원은 시대를 잘 못 만난 안타까움이 있다.

반계는 32세 때(1653) 이곳 우반동으로 완전히 내려왔다. 이곳에는 이미 할아버지가 병자호란(1636) 직후에 터를 잡고 있어서, 반계는 16세 때(1637)부터 이곳을 자주 왕래하던 터였다.

죽을 때까지 20여 년을 예서 살면서 반계는 많은 저술을 남겼다. 다만 온전하게 남아 있는 것은 『수록』, 우리가 흔히 말하는 『반계수록(磻溪隨錄)』뿐이다.[1] 이 『수록』은 반계를 조선 후기 실학의 비조로 자리매김하는 중요한 저술이다. 그럼에도 불구하고 이것만으로 반계의 전모를 파악하기에는 부족하고, 그래서 아쉽기 그지없다. 다행인 것은 이 『수록』이 영인본으로 출판되면서,[2] 반계와 관련된 자료들을 발굴하여 부록으로 실었는데, 그중에서도 순암(順菴) 안정복(安鼎福, 1712~1791)이 편집한 「반계선생연보(磻溪先生年譜)」[3]는 반계의 사상 특히 철학 사상을 파악할 수 있는 귀중한 자료이다. 그러다가 근간에 반계의 역사·지리 및 심성(心性)·이기(理氣)에 관한 일부분의 논설(論說)이 순암의 친필 초록으로 발견되었고, 여기에다 「반곡

---

1 이후부터 『반계수록(磻溪隨錄)』은 『수록』으로 표기함.
2 1974년, 경인문화사(景仁文化社)에서 출간함. 이후 이 영인본 『반계수록』에서 인용할 때는 영인본이라 표기함.
3 이후부터 「반계선생연보(磻溪先生年譜)」는 「연보」로 표기함.

선생언행록(磻谷先生言行錄)」이 세상에 나왔는데, 이들 자료를 묶어
『반계잡고(磻溪雜藁)』[4]라는 이름으로 책이 출간되었다.

「언행록」은 반계의 재종제(再從弟)인 유재원(柳載遠)이 편찬한 것
이다. 유재원은 반계와의 관계에 대해 다음과 같이 회고한다.

> 나의 선친께서는 항상 그를 아끼시고, 그의 언행과 동정을 열
> 거하며 우리 불초한 형제들에게 칭찬하여 마지않았다. 일찍이
> 그에게 나아가 배우라고 하시면서, 조상이 덕을 많이 쌓은 까
> 닭에 이런 큰 인물을 나게 했다고 말씀하셨다.[5]

> 재원은 공에게는 종조형제(從祖兄弟)로서 공에게 교육의 은혜
> 를 입었으나, 기질이 어리석고 병이 차츰 더하여 그 가르침의
> 고마운 뜻에 부응할 수 없었다.[6]

위의 회고에서 보듯이 반계와 유재원은 아버지 사이가 종조형제
곧 사촌 간이므로, 반계와 유재원은 재종(再從) 곧 육촌 간이다. 이렇듯
「언행록」의 저자인 유재원은 반계의 재종제이자, 반계를 직접 사사

---

4 1990년, 여강출판사(驪江出版社)에서 출간함. 이후로 『반계잡고(磻溪雜藁)』는
『잡고』로 표기함. 『잡고』에서는 「반곡선생언행록(磻谷先生言行錄)」을 「반계
선생언행록(磻溪先生言行錄)」으로 표기하고 있다. 이후로 이것은 「언행록」으
로 표기하기로 한다.
5 「언행록」, 『잡고』 291쪽.
6 「언행록」, 『잡고』 292쪽.

(師事)한 제자이기도 하다. 유재원이 편찬한 이 「언행록」과 순암이 편집한 「연보」[7]의 내용은 거의 일치한다. 「연보」가 본래 반계의 증손인 유발(柳發)이 초록한 것임을 감안하면, 「연보」와 「언행록」의 뿌리는 같다고 볼 수 있다. 다만 「연보」와 「언행록」의 차이라면, 반계의 성리학(性理學)을 알 수 있는 자료는 「연보」에 실려 있다는 점이다. 예전에 순암이 편집한 「연보」를 통해 반계 성리설(性理說)을 접하는 까닭에, 기록의 단편으로 말미암아 논리적 맥락을 이해하기가 그리 쉽지 않았는데, 근간에 순암의 친필 사본으로 발견된 반계 성리설에 대한 자료, 곧 반계가 이기심성(理氣心性)을 논한 편지를 보면, 「연보」에 실린 내용과 순암 친필 사본의 내용이 일치함을 알 수 있다. 그리고 이 「연보」와 「언행록」의 일치성으로 보아, 순암 친필 사본도 모두 반계의 것을 그대로 적은 것이라는 데는 의심의 여지가 없다. 「연보」를 정리하고 나서 쓴 순암의 발문을 통해 이러한 정황을 확인할 수 있다. 거기에서 순암은 「연보」를 편집하게 된 동기를 다음과 같이 밝힌다.

> 정복(鼎福)은 어렸을 때 호남에서 어른을 수행하면서, 유반계 선생이 대덕군자(大德君子)임을 익히 듣고 있었지만, 당시 아는 게 없어서 그 자세한 것을 얻을 수가 없었다. 자라고 난 뒤에 그 일

---

7 「언행록」은 『잡고』에만 실려 있고(285~292쪽), 「연보」는 영인본(565~579쪽)과 『잡고』(293~307쪽) 두 책에 모두 실려 있다.

을 생각할 때마다 매우 부끄럽고 한스러웠다. 갑자년(영조 20, 1744)에 서울 도저동(桃楮洞)에서 수촌공(秀村公)을 뵈었는데, 공은 곧 선생의 증손이다. 정복을 위해 선생의 일을 아주 자세하게 말해 주고, 선생이 지은 『수록』을 빌려주기에 이르렀다. 돌아와 그것을 읽어 보니, 진실로 천리(天理)를 운용(運用)하여 만세(萬世)에 태평을 열어 주는 책이니, 아, 대단하도다!

후에도 자주 공을 쫓아 노닐면서 유집(遺集) 및 여러 책을 얻어 볼 수 있었는데, 그 학문의 정밀함과 지량(志量)의 원대함은 후세의 말깨나 할 줄 아는 선비가 미칠 수 있는 바가 아니다. (중략) 정복은 늦게 태어나서 비록 집편(執鞭)의 바람이 있어도 이룰 수가 없었다. 올해 분에 넘치는 벼슬을 얻어 마침 공(公)의 아우인 전 승지 훈(薰)의 집에 와서 묵었는데, 그때 공은 이미 세상을 마치셨다. 맏아들 명위(明渭)가 상제(喪制)를 지키며 여막에 있었는데, 공이 초안한 선생의 연보를 내보이면서 그것을 바로 잡아 달라 하고, 또 발문을 청했다. (하략)[8]

위 글로부터, 순암이 반계의 증손인 수촌공(秀村公) 유발(柳發)과 교류하면서, 반계의 『수록』과 유집(遺集) 및 여러 글들을 빌려 보고 있음이 확인된다. 이런 점에서 근간에 발견된, 반계와 관련되는 순암의 친필 사본들은 반계의 원저(原著)를 초록한 것이라는데 의심의 여지가 없다. 여기서 순암이 편집한 「연보」와, 근간에 발견된 반

---

8 영인본 579쪽, 『잡고』 307쪽.

계 관련 자료를 묶어 출판한 『잡고』는 반계의 생애와 사상을 연구
하는 데 있어서 일차적 자료로서 그 가치가 충분하다 할 수 있을
것이다.
　이 글에서는 『수록』·「연보」·「언행록」을 토대로 반계의 삶과
사상을 조명해 보기로 한다.

제 1 부

반계의 생애와 학문

제1장 반계의 삶의 발자취

반계의 삶의 역정을 살피는 데는 「연보」와 「언행록」이 결정적인 자료가 된다. 여기서는 기본적으로 「연보」의 내용을 따라가면서, 필요한 곳에는 군데군데 「언행록」의 내용을 첨가하여 기술하기로 한다. 반계에 대한 사실적 기술은 대부분 이 두 책에 근거하므로 특별한 경우 이외에는 따로 각주 처리하지는 않기로 한다.

1. 유년기 – 총명한 아이

1622년(광해군 14) 정월 스무하루 날. 서울 정릉[1]의 한편에서 한 밤의 정적을 깨트리는 고고한 울음소리가 울려 퍼졌다. 유형원. 뒷날 조선 후기 실학의 비조로 불리는 아이가 이날 외삼촌인 이원진(李元鎭)[2]의 집에서 고고한 탄생을 알렸다. 당시 외가는 그리 밝은 분위기는 아니었다. 외삼촌 이원진은 7년 전(1615)에, 이제 갓 약관을 넘긴

---

1 지금의 중구(中區) 정동(貞洞). 정릉(貞陵)은 조선 태조(太祖)의 계비 신덕왕후(神德王后)의 능으로, 본디 중구 정동에 있던 것을 태종 9년(1409)에 현재의 성북구 정릉동으로 옮겼다. 따라서 본래의 정릉은 지금의 정동이다. 이곳에 반계의 외가인 여주 이씨들이 살고 있었다.

2 호(號)는 태호(太湖). 1594~1665. 1653년(효종 4) 제주목사(濟州牧使) 시절, 당시 제주도에 표류한 하멜 등 30여 명의 네덜란드인들을 서울로 압송하였고, 우리나라 향토지의 원조라 할 수 있는 『탐라지(耽羅志)』를 편찬했다. 이원진은 실학파의 거두 성호(星湖) 이익(李瀷, 1681~1763)의 종숙(從叔)이기도 하다. 기존의 백과사전 등에는 이원진의 생몰(生沒) 연대에 몰년(沒年) 표기가 안 되어 있는데, 「연보」에 의하면, 반계가 44세이던 현종 6년(1665) 9월, 이원진의 장례식에 반계가 참석했음이 확인된다.

나이로 당시 집권 세력의 폐모론[3]에 반대 상소를 여러 차례 올린 까닭에, 이원익 등이 귀양을 갈 때 함께 화를 당해 벼슬길이 아예 차단되어 있었다. 이런 상황에서 새 생명의 탄생은 우울한 집안 분위기를 단연 활기차게 바꾸었을 터이다. 별처럼 초롱초롱 빛나는 해맑은 눈, 준수한 얼굴, 마치 북두칠성처럼 등에 나 있는 일곱 개의 점. 아이는 태어나면서부터 남달라 어른들은 아주 기뻐했다.

이듬해(1623), 그러니까 아이가 두 살 되던 해는 참으로 사건이 많았다. 3월에는 국가적 중대사인 반정이 일어나 광해군이 물러나고 인조가 등극했다. 당연히 외삼촌 이원진이 풀려날 터이고, 외가는 더욱 활기를 띨 것이다. 하지만 뜻하지 않은 슬픔이 닥쳐 왔다. 8월에 아버지가 돌아가시고 만다. 이미 과거에 합격하여 한림학사로 전도가 유망하던 아버지 유흠(1596~1623)이 억울한 누명을 쓰고 감옥에서 자결했다. 아이는 두 살에 아버지 품을 떠나는 딱한 처지가 되고 만 것이다. 부모를 여의는 아픔이 무엇인지도 모르는 이 천진한 아이를 보고 눈물 흘렸을 어른들의 모습이 삼삼하다. 기쁨과 슬픔이 한순간에 교차하는 한 해였다. 마치 그것이 인생이라는 것을 아이에게 가르쳐 주듯이…….

그래도 아이는 잘 놀며 지냈다. 하지만 장난하며 노는 것이 다른 아이들과는 달랐다. 장난감을 하나 들고 놀아도 그냥 가지고 노는 것이 아니라, 찬찬히 물건을 뜯어 보며 그것의 특성을 알려고 애썼다. 본래 아이들이란 말을 배우면서 사물에 대한 호기심이 늘고, 그래서

---

3 선조의 계비인 인목대비를 폐모(廢母)해야 한다는 의론. 인목대비 소생인 영창대군이 왕위 계승의 정통성을 확보하고 있음에 비해, 광해군은 비록 임금의 자리에 있긴 해도 후궁 소생이라는 한계 때문에 집권 세력은 늘 불안을 느끼고 있었다. 그래서 인목대비를 폐비시켜 영창대군의 법적 정통성을 없애려고 당시 집권 세력이던 대북 일파가 광해군 5년(1613) 처음으로 주장했다. 실지로 폐모 사건이 일어난 것은 5년 뒤인 광해군 10년(1618)이었다.

매사에 '왜?'를 입에 달고 살지만, 이 아이는 특히 더했다. 어떤 것에 한번 관심을 가지면 알 때까지 철두철미 캐물었다. 사물을 접해서 그 본말을 캐는 모습이 여간내기가 아니었다. 아이는 지적 호기심만 큰 것이 아니었다. 사물에 대한 애틋한 마음도 또래보다는 더했다. 천성이 착하여 풀 한 포기 나뭇가지 하나 차마 꺾지를 못했다. 장난삼아 닭이나 강아지에게 발길질 한번 하지 못했다. 누가 이런 아이를 네 살배기라고 하랴!

다섯 살이 되면서 공부를 하기 시작했다. 외삼촌 이원진과 고모부 김세렴(金世濂)[4]이 스승이었다. 고모부 김세렴은 증광문과에 장원급제(광해군 8, 1616)한 인재였다. 고모부 역시 폐모론을 주장한 자를 탄핵한 죄로 곽산(郭山)에 유배되었다가, 인조반정으로 풀려났다. 두 분은 총명하고 의젓하기 그지없는 이 아이를 몹시 아꼈다. 아이는 책을 몇 번 읽으면 문득 다 외워 버렸다. 아이는 이미 책을 읽을 줄 알면서부터는 무슨 책을 어떻게 읽을 것인지 스스로 독서 과정을 세우고 그를 이행했다. 책을 읽을 때는 주위에서 아이들이 아무리 시끄럽게 떠들어도 전연 동요하지 않고, 마치 혼자 있는 듯이 독서에 몰두했다. 내친 김에 아이는 산수(算數)에도 통달하고, 바둑이나 잡다한 놀이까지도 또한 깨쳐 알았다.

일곱 살 때였다. 아이는 『서경(書經)』을 읽어 내려가다가 우공(禹貢)·기주(冀州) 두 낱말에 이르러서는 날 듯이 일어나 춤을 추었다. 외삼촌이 의아해 물었다.

"왜 그러느냐?"

---

4 호는 동명(東溟). 1593~1646. 사간(司諫)을 거쳐 황해도관찰사·함경도관찰사 등을 역임. 1636년(인조 14) 통신부사로 일본에 갔다가 이듬해 귀국하였는데, 이때 기록한 『해사록(海槎錄)』은 기록문학의 백미로 꼽힌다. 다른 『해사록(海槎錄)』과 구분하여 『동명해사록(東溟海槎錄)』이라고도 한다.

"예. 모든 일에는 근본이 중요하고, 그래서 근본을 높여야 한다고 알고 있는데, 이 두 낱말이 그에 대한 아주 적절한 예인 것 같아서 나도 모르게 그만 이리도 기뻤습니다."[5]

「우공(禹貢)」은 『서경』의 한 편이고, '기주(冀州)'는 「우공」 편의 한 장이다. 하(夏)나라의 시조인 우(禹)임금이 전국을 9주(州)로 나누어 다스렸는데, 「우공」은 이 9주의 모든 것, 예컨대 각 주의 산천(山川)·토양(土壤)·공부(貢賦)·물산(物産) 등을 자세하게 기록한 일종의 지리지이다. 기주[6]는 제도지지(帝都之地), 말하자면 서울 경기 지방으로 9주의 중심이다. 그런데 나머지 8주는 각 주의 강계(疆界)를 자세히 기록하고 있으나, 기주에 대해서만은 그 땅의 경계를 8주처럼 기술하지는 않는다. 이는 서울을 높이고, 왕의 땅은 경계가 없이 천하가 모두 왕토(王土)임을 의미한다.[7] 요컨대, 정치의 근본은 「우공」에 있고, 「우공」의 근본은 '기주'에 있다.

이를 일곱 살의 어린아이가 깨치고 기뻐한 것이다. 정치는 단순히 사람이 하는 것이 아니라 일정한 틀에 의해 시행되어야 함을 이미 이때 깨친 것이다. 아마도 이때의 깨침이 『수록』의 편찬으로 이어졌을 것이다.

아이의 독서 편력은 거침이 없었다. 아홉 살에 『주역(周易)』의 「계사전(繫辭傳)」을 읽고, 열 살이 되어서는 유가 경전 이외에 제자백가를 섭렵하여 모두 깨달았다. 가르치는 외삼촌 이원진과 고모부 김세렴은 늘 아이와 토론을 하다가 깜짝 깜짝 놀라곤 했다.

---

5 영인본 566쪽, 『잡고』 294쪽.

6 지금의 하북성(河北省) 일대. 현재도 중국에서는 각 성(省)을 간단하게 표기할 때, 하북성을 기(冀)로 표기한다. 예컨대 하북성 자동차 번호판은 기(冀)로 시작된다.

7 『書經』夏書, 禹貢, 冀州, "冀州, 帝都之地, 三面距河, 袞河之西, 雍河之東, 豫河之北, 周禮職方, 河內曰冀州是也. 八州, 皆言疆界, 而冀不言者, 以餘州所至可見, 黿氏曰, 亦所以尊京師, 示王者無外之意."

"아, 옛날에 혹 이와 같은 사람이 있었을까? 유(柳)씨에게 그런 후손이 있도다."

2. 소년기 – 호란(胡亂)의 아픈 추억

아이는 점점 자라면서 이제는 제법 소년티가 났다. 몸만 자라는 게 아니라 마음도 부쩍 부쩍 자랐다. 지금까지는 모르는 것을 깨치는 즐거움 때문에 공부했다면, 이제는 왜 공부해야 하는가에 대한 자각이 싹텄다. 그래, 공부는 성현이 되기 위해서 하는 거다! 누구에게 보여주기 위한 공부가 아니라 본래의 나를 찾기 위한 공부를 해야 한다. 그것을 위기지학(爲己之學)이라 했다. 위기지학은 나 자신을 속이지 않는 성실함을 기본으로 한다. 위기지학은 내가 주체가 되는 공부이다. 나의 앎과 실천을 주체적으로 합일시키는 공부이다. 소년은 바로 이런 공부를 하고 싶었다. 위기지학에 힘써 성현이 되고 싶었다. 열세 살 소년의 포부는 이렇게 당찼다. 이런 면에서 소년은 공부를 시험의 도구로만 삼는, 바꾸어 말하면 덕행은 보지 않고 지식만 측정하는 과거 시험에는 흥미가 없었다.

열심히 공부하는 소년에게 위기가 닥쳤다. 열다섯 살 때였다.

병자년(1636) 12월. 청(淸)이 10만 대군을 이끌고 압록강을 건너 쏜살같이 한양으로 밀고 들어왔다. 대비가 시원찮았던 조정은 우왕좌왕했고, 전세는 점점 불리해져 갔다. 위부터 아래까지 난리를 피해 안전한 곳을 찾아가느라 정신이 없었다.

소년도 조부모님과 어머님 그리고 두 분의 고모를 모시고 원주로 피난길을 나섰다. 마침 고모부 김세렴은 일본에 사신으로 갔기 때문에 고모님도 함께 가게 되었던 것이다. 당시 조부모는 연로하셨고 나머지는 모두 여자인지라, 세 집안 식구들은 어린 소년에게 의지할 수밖에 없었다. 외적을 만나 피난하는 길에 어처구니없게도 이번에는 동족의 강도를 만났다. 수십 명이 몽둥이를 들고 길을 막아섰다. 소년 하나와 노인·아녀자뿐인 이 일행이 만만했을 터였다. 아, 이제는 어차피 죽는구나, 일행이 놀라서 사색이 되었는데, 소년이 몸을 꼿꼿이 세우고 앞으로 나섰다. 겁도 없다. 소년이 단호하게 그리고 설득력 있게 말했다.

> 사람이라면 누군들 부모가 없겠소? 짐꾸러미는 마음대로 가져가도 좋으니 우리 부모님들을 놀라게 하지 마시오.[8]

도둑들은 당당한 소년의 태도와 말에 감동되어 흩어져 가버렸다.

이듬해 어쨌든 전쟁은 끝났지만, 이 전쟁이 소년에게 준 영향은 일생을 지배한다. 우선 대내적으로는 외적의 침입에 속수무책 치욕을 당하는 국력에 실망하고, 다시 그런 일을 당하지 않으려면 부국강병을 이루어야 한다는 사고가 굳건해진다. 대외적으로는 불의의 침입을 감행한 청(淸)에 대한 적개심이다. 전자로부터 『수록』이라는 결실이 맺어지고, 후자의 경우 친명배청(親明排淸)의 화이관(華夷觀)을 갖게 하는 계기가 된다.[9]

소년은 병자호란이 평정된 후 여러 곳의 선영(先塋)을 다니며 두루 살피고, 할아버지 참판공(參判公)을 뵙기 위해 부안 땅에 왕래했다. 할아버지는 전쟁 직후 아예 부안으로 옮겨가 살고 있었다. 이때가 소년의 나이 열여섯, 한창 감성이 풍부할 시기에 아름답고 물자가 풍부한 부안의 변산반도는 매혹 그 자체였을 것으로 짐작된다.

열여덟 살, 드디어 장가를 들고 어른이 된다. 부인은 풍산(豊山) 심

---

8 영인본 566쪽, 『잡고』 294쪽.
9 반계의 화이관은 뒤에서 자세히 살펴볼 것이다.

(沈)씨로, 철산부사(鐵山府使) 심항(沈恒)의 따님이고, 우의정 심수경(沈守慶)의 증손녀이다.

이제 소년은 덕부(德夫)라는 이름을 지닌 어른이 되었다. 본래 스무살이 되어야 어른이 되는 관례(冠禮)를 치르고 그래서 관명(冠名)인 자(字)를 받아야 하지만, 스무 살 이전에 혼례를 치르면 혼례에 앞서 관례를 치르는 것이 통상적이었다. 어른이 되어야 혼인을 할 수 있다는 논리이다.

3. 청년기 – 덕부(德夫)의 삶

덕부(德夫). 덕을 지닌 사내. 이것이 소년이 어른이 되면서 받은 이름, 곧 자(字)였다. 이 덕부라는 이름은 그의 사람됨에 그대로 부합되는 것이었다. 덕부라는 이름을 받을 만큼 이미 덕 있는 사람으로 소문이 자자했다.

열아홉 살 때였다. 덕부는 모친의 병이 위중하여 약의 처방을 받기 위해 국의(國醫)인 유후성(柳後誠)을 찾아간 적이 있었다. 그는 자신의 재주만을 믿고 오만방자하여 사대부를 업신여겨 평판이 별로 좋지 않은 자였는데, 덕부의 공경하는 예가 매우 지극함을 보고 나서는 당(堂) 아래까지 내려와 덕부를 배웅했다. 그러고는 항상 사람들에게 "유 아무개의 정성이 간절함을 보고서도 내가 마음을 다하지 않는다면 사람의 자식이 아니다"라고 하였다. 이렇게 덕부의 가식없는 진솔한 정성은 사람을 감복시키고도 남았다.

덕부의 소문이 점점 퍼지자 힘깨나 있는 자들 중에 덕부를 만나보고 싶어 하는 사람들이 생겨났다. 한번은 전창위(全昌尉) 유정량(柳廷亮)이 만나 보기를 원해서 말을 전해 왔다. 덕부가 책을 좋아한다는 말을 들은지라, "우리 집에 중국 판본의 서적이 서가에 가득한데 한

번 와서 훑어보는 것이 어찌 해가 되겠는가?"라며 불렀지만, 덕부는 끝내 가지 않았다. 덕부는 어려서부터 한 번도 권세 있는 집안의 대문에 발걸음을 들여놓은 적이 없었다.

이미 덕부는 덕 있는 젊은이로 소문났지만, 자신을 검속하는 데는 더욱 엄격했다. 스물한 살 때, 덕부는 사잠(四箴)을 짓는데, 그 서문에서 덕부는 이렇게 말한다.

> 도에 뜻을 두고도 서지 못하는 것은 뜻이 기(氣) 때문에 나태해진 탓이다. 아침 일찍 일어나고 밤늦게 자는 것을 할 수 없고, 의관을 바르게 하거나 사물 바라보는 일을 존경스럽게 하지 못하고, 부모를 섬길 때 안색을 고르게 하지 못하고, 집에 거처할 때 상대를 공경하지 못한다. 이 네 가지는 몸이 게을러 마음을 황폐하게 하는 것이니, 마땅히 무섭게 반성해서 반드시 할 수 있어야 할 터이다. 이로 인하여 잠(箴)을 지어 스스로를 경계한다.[10]

「연보」에서는 이 잠(箴)이 문집에 있다고 소개하고 있으나, 지금 그 문집을 볼 수 없어 안타깝다. 하여튼 스물한 살 때 이 사잠(四箴)을 짓고, 스스로를 다짐한 이 맹세는 일생 동안 지켜진다. 「언행록」에서 그리고 있는 우반동에서의 생활은, 이 사잠을 생활 속에서 성실히 실천하고 있음을 보여 준다.[11]

이 해(21세) 지평현(砥平縣) 화곡리(花谷里)의 조상 묘소 아래로 옮겨 가 살면서, 겨울에 아들 하(昰)를 얻었다. 이듬해에는 다시 여주의 백양동(白羊洞)으로 이사했다.

여주로 옮겨 가던 해 겨울, 덕부는 함흥 길에 나섰다. 외삼촌 김세

---

10 영인본 566~567쪽, 『잡고』 294~295쪽.
11 뒤의 '경(敬)의 삶' 부분 참조.

렴이 함경도관찰사로 재임하고 있어, 오랜만에 찾아도 뵐 겸 북녘의 산수도 볼 겸해서 나선 길이었다. 덕부에게 안복(眼福)이 있어서인가? 덕부가 함경도를 돌아보는 도중, 외삼촌은 평안도관찰사를 제수받아 평양으로 부임했다. 덕분에 한번 나선 길에 관서(關西)·관북(關北)의 산천을 마음껏 살펴보고 돌아왔다.

인생은 희로애락이 날줄과 씨줄로 교차하면서 엮어 내는 한 폭의 천과도 같다. 기쁨만으로는 인생이라는 천 조각이 짜이지 않는다. 덕부는 자라서 처음으로 사별(死別)의 아픔을 맛보게 된다. 아버지야 두 살 때 여읜지라 기억도 없지만, 항상 사랑으로 보살펴 주시던 할머니를 스물세 살 되던 해 7월에 여의었다. 아버지가 안 계신지라 덕부는 장손으로 상주 노릇을 해야 했다. 온 정성을 다해 상례를 치르는데, 삼년상을 마치기도 전에 이번에는 스승이자 아버지 같던 고모부 김세렴의 부음이 들려왔다. 덕부는 고모부의 죽음에 통곡했다. 거기다가 고모부의 사위로서 자신과 인척이기도 한 절친했던 친구 이가우(李嘉雨)마저 스물다섯의 나이로 요절한다. 가우는 재주가 많은 젊은 이였다. 문장이 뛰어나고, 음양·복서(卜筮) 등에 관한 이치〔數術〕나 풍수에도 밝아서, 할머니 상(喪) 때 묏자리를 보기 위해 한 달여를 같이 산을 답사하러 다니기도 한 친구였다.

덕부가 스물여섯 되던 해 겨울, 선조 묘소의 기문을 짓고, 잠시 숨을 돌려 금천(衿川) 안양동(安養洞)을 유람하고, 봄이 되자 내쳐서 영남지방으로 유람을 떠났다. 당시 고종사촌 형인 조송년(趙松年)이 금산(金山)의 수령으로 있어서 겸사겸사 다녀오려던 참이었다. 덕부가 이리 유람을 다니는 데는 이유가 있었다. 산천을 두루 살피기 위한 목적과 함께, 어디 은거할 만한 곳이 없을까를 유심히 찾고 있었던 것이다.

영남에서 돌아오고 나니 이번에는 더 큰 슬픔이 다가오고 있었다. 덕부의 나이 스물일곱 난 해 4월, 어머니가 돌아가셨다.

어머니의 거상(居喪) 기간이 끝나던 해, 할아버지의 엄명으로 감시

(監試)를 보고, 가을에 한강 이남과 호서지방을 유람하다가 방향을 돌려 원주 지평까지 갔다가 돌아왔다.

이제 서른이 되었다. 화창한 봄날, 한번 다녀오고 싶던 금강산 길에 나섰다.

5월. 이제 단 한 분 남은 어른이시던 할아버지마저 세상을 뜨셨다. 슬픔이 북받쳤다. 아버지 없이 자란 덕부에게 할아버지는 그냥 단순한 할아버지가 아니었다. 하늘이 무너지고 억장이 무너져 내렸다. 주변에서 진정시켰지만, 할아버지를 여읜 덕부는 한없이 슬펐다. 왜 할아버지 소원대로 진작 과거를 치르지 않았던가, 좀 더 자주 할아버지를 찾아뵈었으면 좋았을 걸……. 회한이 사무쳤다. 마침내 덕부는 쓰러지고, 끝내 종신(終身)의 병을 얻고 말았다.

이 와중에도 학문의 끈은 놓지 않았으니, 덕부의 저술 작업은 이제부터 서서히 시동이 걸린다. 서른한 살에 우리나라의 한자음을 바로잡기 위해『정음지남(正音指南)』을 짓고, 우리 역사에 한 획을 긋는『수록』의 초고(草稿)를 시작한다(주: 완성은 49세).[12]

복상(服喪) 기간이 끝나니 서른두 살이었다. 할아버지의 죽음은 덕부에게 충격이었다. 그나마 할아버지 때문에 세속적인 삶에 조금이나마 미련을 가졌는데, 이제는 아니었다. 이미 소년 시절 국가가 치욕을 입고[13] 중국이 망했을 때[14]부터 당세(當世)를 즐거워하지 않아 매번 멀리 은거할 뜻이 있었는데, 지금이야말로 때인 것 같았다. 덕부는 도연명의 「귀거래사」를 읊조리며, 그를 차운(次韻)하여 화도사(和陶辭)를 지어 지신의 뜻을 내보였다.

---

12 반계의 저술 활동은 절을 바꾸어 따로 서술하기로 하고, 생애를 다룰 때는 어떤 책을 지었다는 정도로만 소개하기로 한다.
13 반계가 겪은 1636년의 병자호란을 지칭한다(반계 15세).
14 반계의 나이 23세 때(1644) 명(明)나라가 멸망함.

돌아가자.

해가 저문데 어찌 아니 돌아가랴.

진실로 자득하여 성실하면, 어찌 외물(外物) 때문에 슬퍼할까.

옛날 내 처음 앎이 있을 때, 오직 성인만을 기약했지.

경수(涇水) 위수(渭水)로 맑고 흐림 살피고,[15]

조금이라도 혹시 잘못할까 두려워,

늘 바둥바둥 해 보내며, 아침밥 겨울옷도 잊었지.

어지러이 많고 많은 사물,

드러나건 숨어 있건 이치는 매한가지.

그 사이 밝게 드러나면, 나는 것도 있고 달리는 것도 있지.

경(敬)과 의(義) 붙잡는 건

덕으로 들어가는 문이라네.

은밀한 곳에 물러나 숨어 있지만, 어둡지 않은 것 있으니,

그 본성 잃지 말고, 저 술병 경계할지어다.

리(理)를 구하려니 옛날이나 지금이나 어지러워

증거는 곧바로 안자 맹자에서 찾았지.

뭇사람 시끌벅적 이리저리 치달아

아, 제 편안한 곳 알지 못하네.

권세 믿고 어지러이 이(利)를 다투는데

고향 떠난들 무슨 상관이랴.

흐느끼다 탄식하다 의기가 북받쳐서

홀로 한숨 길게 쉬고 그윽하게 살펴보니,

하늘의 운행만이 머무는 일 없어

봄가을 홀연히 서로 돌아온다.

---

15 경수(涇水)는 감숙성(甘肅省)에서 발원하여 섬서성(陝西省) 서안(西安) 부근에서 위수(渭水)와 합류한다. 경수는 흐리고 위수는 맑기 때문에, 경위(涇渭)는 사물의 청탁(淸濁)을 지칭하는 뜻이 되었다.

어찌 생각 짧았단 평계로

머뭇머뭇 어슬렁거리며 슬퍼하랴.

돌아가자.

멀리 떠나 한가롭게 지내기를 청하자.

간 것은 미칠 수 없고, 오는 것은 구할 수 없으니,

속세를 초월하여 오래 살기만을 바랄뿐.

내게 마음 때문에 근심하는 일은

이제는 벗어 내던진 신발, 매미의 허물일지니

또 옛일을 어찌 생각하리오.

사내종이 수레와 배를 갖추었음을 고하거늘

약수(弱水)[16]를 건너고 낭풍(閬風)[17]을 따라가니

곧 단구(丹丘)[18]의 신선이로다.

머리 쬐니 아침 햇볕이요, 갓끈 씻으니 맑은 물이로다.

이곳저곳 틈내 즐기는 일 극진히 하며,

날마다 멀리 무리에서 벗어남을 느낀다.

무리를 떠나 또 어디로 가리오,

내 마음 지극히 중요한데로 되돌려, 백세(百世)를 기다려 기약하리.

오로지 분전(墳典)[19]을 깊이 공부하며

또 김매고 북돋는 일 힘써 하리라.

정절(靖節)[20]에 의탁하여 운(韻)을 다스리고

요순(堯舜)[21]을 우러러 시를 짓는다.

---

16 선경(仙境)에 있는 강.
17 곤륜산(崑崙山) 위에 있는, 신선이 살고 있다는 산.
18 신선이 사는 곳.
19 삼분(三墳)과 오전(五典). 곧 삼황오제(三皇五帝)의 전적. 고전을 의미한다.
20 원문은 용문(龍門). 여기서는 정절(靖節) 도연명(陶淵明)을 가리킨다.
21 원문은 훈화(勳華). 요(堯)임금과 순(舜)임금을 가리킨다. 요임금의 이름은 방훈(放勳), 순임금의 이름은 중화(重華).

부지런하여

늙어 장차 죽음에 이르는 것도 모른다면

내가 하는 일 어찌 의심하리.[22]

4. 장년기 – 반계(磻溪)의 거사(居士)

할아버지의 거상(居喪) 기간을 끝내고, 화도사(和陶辭)를 지은 뒤 마침내 부안현(扶安縣) 우반동(愚磻洞)으로 이거(移居)했다. 우반동은 반곡(磻谷)이라고도 했다. 바닷가에 연하여 있으면서 숲과 골짜기의 경치가 뛰어났다. 골짜기 가운데는 평평한 땅이 펼쳐져 있고, 시냇물 하나가 졸졸 흐른다. 반곡(磻谷)의 냇물이니 반계(磻溪)라 해도 무방하다. 이제 서른두 살의 덕부(德夫)는 반계의 거사로 새로운 삶을 시작한다. "세상 피해 남쪽나라에 와서, 물가에서 몸소 밭을 간다(避地來南國, 躬耕傍水垠)." 반계는 새 삶의 감회를 그렇게 읊었다. 마을은 정말 아름다웠다. 길에는 복숭아꽃이 가득하고, 산에는 울창한 소나무와 회나무가 하늘을 뒤덮고 있다. 초가집 몇 칸을 지었다. 집 뒤에는 커다란 대나무가 천여 그루 우거져 있고, 집 안 서가(書架)에는 만권의 책이

---

22 和陶靖節歸去來辭「언행록」,『잡고』285쪽, 15쪽. "歸去來兮. 歲聿其暮, 胡不歸. 苟自得以誠之, 奚外物之爲悲. 昔余之始有知兮, 惟聖人爲可期. 察清濁於涇渭, 惧毫釐之或非. 恒兀兀而窮年, 忘朝餐與冬衣. 紛事物之衆多, 理無間於顯微. 昭著兩間, 有飛有奔. 敬義夾持, 入德之門. 退藏於密, 不昧者存. 毋失爾性, 戒彼犧樽. 討理亂乎古今, 證直尋於孟顔. 衆囂囂而馳騖, 羌不知其所安. 紛怗勢而競利, 各越鄕而胡關. 曾欷戲余忼慨, 獨永歎而冥觀. 惟天運之不淹, 忽春秋之互還. 豈稱量之靡審, 悵猶預而槃桓. 歸去來兮. 請遐擧而優游, 往者不可及兮, 來者不可求, 欲度世而長年. 夫使我以心憂, 將脫屣而蟬蛻, 又何懷乎舊疇. 僕夫告具我車我舟, 涉弱水而循閬風. 仍羽人於丹丘. 晞余髮兮朝陽, 濯余纓兮清流. 極八荒而偸樂, 感日遠以絶類. 離群又奚之, 反余心於至要, 俟百世以爲期. 專潛究於墳典, 亦服勞于耘 耔. 托龍門以理韻, 仰勳華以廣詩. 孜孜焉, 不知老將至卒, 吾所事夫何疑."

꽉 차 있다. 산 깊고 땅이 외져 산 밖의 소식은 들리지 않는다. 대나무 사립문은 항상 닫혀 있고 사슴들이 낮에도 다닌다. 반계는 그런 것을 돌보고 즐기면서 『대학』의 한 구절을 떠올리며 말한다. "옛사람이 이르기를 고요한 후에 능히 편안할 수 있고, 능히 생각할 수 있다고 했으니, 그 말이 참 훌륭하다."

반계는 오로지 공부에만 전념한다. 밝은 창가 조용한 책상 앞에, 단정하게 두 손 모으고 앉아, 하루 종일 책을 읽는다. 정신을 집중해 고요히 생각하다 글 내용과 자신의 생각이 묘하게 들어맞으면, 얼른 기록하여 잊을 것에 대비한다. 행여 읽다 이해가 안 되면 밥 먹는 것도 잠자는 것도 잊으면서 매달리고, 마음에 얻는 것이 있으면 심장이 고동치고 노래 읊조리며 자기도 모르게 손발이 춤을 춘다. 그러나 오히려 스스로는 부족하다고 여기고, 매일 해가 질 때는 반드시 "오늘도 헛되게 보냈구나. 의리는 무궁한데 세월은 유한하니 옛사람은 무슨 정력으로 저렇게 성취했단 말인가?"라고 자책했다(참고 : 洪啓禧, 「傳」). 후진이 배움을 청하면 반드시 쉬운 말과 적절한 비유로 이해하기 쉽게 설명한다. 이 모든 일에 게으른 기색이라고는 전혀 없다.

반계는 이곳의 삶이 만족스러웠다. 생활이 안정되어 가면서, 얼마 전 돌아가신 할아버지를 비롯해 어버이에 대한 추모의 정이 더욱 간절했다. 거처하는 곳에서는 생선과 게를 배불리 먹을 수 있었지만, 매번 맛있는 먹을거리를 대하면 반드시 얼굴색이 변하면서, "어버이가 살아 계실 때는 맛있는 음식이 많이 없었는데, 지금 이를 얻으니 누구를 위해 봉양한단 말인가?"라면서 눈물을 흘리며 차마 먹지를 못했다.

누이 하나가 서울에 살고 있었는데, 의식(衣食)을 함께하지 못함을 한스럽게 여기고, 경기도 농장에서 거둔 곡식을 누이에게 주어 살아가는 데 밑천이 되도록 했다.

우반동에 들어온 이듬해 가을, 진사시에 나아가 2등으로 합격했다. 할아버지의 유명(遺命)도 있고 하여 시험에 나아가기는 했으나, 이후로 다시는 과거 시험에 응하지 않았다.

이곳에 들어와 보니 한 가지 고쳐야 할 일이 있었다. 이곳의 풍속은 귀신을 좋아해서 음사(淫祠)가 많았다. 반계가 거처하는 마을 안에도 음사가 세 곳이나 있어서 멀고 가까운 곳의 남자와 아낙네들이 잡다하게 몰려와 빌고 있었다. 반계는 마을의 풍속을 일신하기 위해, 사람을 시켜 음사를 헐고 그들이 섬기는 나무를 베어 버렸다. 하루는 집 안팎으로 소란스러웠으나, 무당과 판수의 무리들이 감히 문 안으로 들어오지 못했다.

우반동에 들어온 지도 2년이나 되었다. 반계는 오랜만에 서울 나들이를 했다. 하지만 곧바로 돌아왔다. 돌아오는 길에 신창진(新倉津)에 막 도착했을 때, 사람과 말을 가득 싣고 가던 배 한 척이 중간쯤 가다가 파산했다. 반계는 급히 다른 배를 불러 사람들을 구하고 정성껏 치료해 주고 그곳을 떠났다.

반계가 서울을 드나들 때는, 우리나라의 지세(地勢)에 유의하여 왕래할 때마다 다른 길을 택해 다니면서 산천을 두루 살피고, 그 길의 원근(遠近)과 경계, 방비의 평탄함과 험준함을 요약하여 기록했다. 이는 비단 서울 길뿐만 아니라, 다른 곳도 한번 가 본 곳이면 꼭 다른 길을 택하여 다니려 했다. 이런 노력의 결과로 이 사이에 『여지지(輿地志)』가 완성되었다.

서른여섯 일곱 살 때는 연이어 호남 등 남쪽 지방을 유람했다. 호남에서 돌아올 때는 남쪽 해안을 따라 돌아오면서 지세를 살폈다.

이 무렵 선가(仙家)로 이름 높은 청하자(靑霞子) 권극중(權克中, 1589~1659)을 방문하여, 『참동계(參同契)』에 대해 토론하고(36세 때), 정문옹(鄭文翁)에게 글을 써서 이기(理氣)·인심도심(人心道心)을 논한다(37세 때).[23] 정문옹의 이름은 동직(東稷), 호는 청천(聽泉)으로 학문이 깊고, 반계와

---

23 이에 대해서는 제2부 반계의 사상을 다룰 때 자세히 보기로 한다.

는 도의(道義)로써 사귀는 친구였지만, 이 해 청천은 반계의 곁을 떠나 갔다. 이때 둘은 사돈을 맺기로 하고, 반계의 장녀와 청천의 차남이 약혼을 했으나, 청천이 유명을 달리하는 바람에 혼례는 청천의 거상 기간이 끝나기를 기다려 치렀다. 반계는 청천의 죽음을 이렇게 애도했다. "봉황새 가 버리자 붉은 하늘 저물고, 용 사라지니 큰 연못 없어졌네(鳳去丹霄暮/龍亡大澤湮)."

마흔한 살 되던 해 11월, 서울에 가서 정릉동(정동)에 머물면서 『중흥위략(中興偉略)』의 초고를 시작했다. 이 무렵 왕성한 저술 활동을 펼친다. 마흔세 살 때 『동방문(東方文)』을 편찬하고, 마흔네 살 때에는 『동국사강목조례(東國史綱目條例)』·『동사괴설변(東史怪說辨)』·『역사동국가고(歷史東國可考)』·『속통감강목의보(續通鑑綱目擬補)』 등 주로 우리나라 역사에 관계되는 저술에 연달아 몰두했다.

이 해(44세) 여름, 감사 민유중(閔維重, 1630~1687)[24]이 민생(民生)을 논하는 글을 보내와서, 구황(救荒)·축제(築堤) 등의 일이 중요함을 역설하는 답장을 보냈다. 글의 내용은 대략 다음과 같다.

> 흉년에 허덕이는 백성을 구제하는 일〔救荒〕은 옛날부터 좋은 방책이 없었습니다. 옛날의 이른바 재물을 나누어주는 일〔散財〕·조세(租稅)를 가볍게 해 주는 일〔薄征〕·부역을 줄여 주는 일〔弛力〕 등의 일이 제일 급하게 힘써야 할 일인데, 세금과 부역을 줄여 주는 일이 더욱 중요합니다. 대개 백성에게 쌀 한 말을 구휼해 주는 것이 납부해야 할 쌀 한 되를 덜어 주는 것만 못합니다. 이것은 제가 백성들과 함께하면서 친히 경험했기 때문에 하는 말입니다.[25]

---

24 인현왕후의 아버지. 반계가 마흔네 살이던 1665년 전라도 관찰사로 부임했다. 당색은 노론.
25 영인본 573쪽, 『잡고』 301쪽.

또 이런 내용도 있다.

우리나라는 압록강 동쪽은 대체로 모두 산이기 때문에, 큰 가뭄이 들어도 연달아 성(城) 수십 개가 초목이 나지 않는 처참한 일은 없지만, 오직 호남의 우도(右道) 일대는 평평한 땅이 바다와 인접해 있어서 냇물이 모두 바다 조류의 짠 맛(의 피해)을 받기 때문에 농토에 물을 댈 수가 없습니다. 그래서 제방이 호남에 유독 많습니다. 그중에 벽골(碧骨)·눌지(訥池)·황등(黃登) 등의 제방은 백성들에게 가장 널리 이로운 것이었는데 폐기된 지 이미 오래되었습니다. 만약 이 제방들을 수리하여 복구한다면 노령(蘆嶺) 위의 7, 8개 군은 흉년 때문에 백성들이 떠돌아다니는 근심거리가 없어지고, 곡식을 덜어 빌려주는 폐단도 끊을 수 있을 것입니다. 비단 백성에게 이로울 뿐만 아니라 나라도 세금을 거둘 수 있으니 어찌 만세(萬世)의 원대한 계책이 되지 않겠습니까? 반드시 장정을 징발할 필요도 없고, 흉년에 백성에게 곡식을 나누어주면, 구황(救荒)과 흥리(興利)를 한꺼번에 얻을 수 있을 것입니다.[26]

이 해(44세)에 성리학에 조예가 깊고 효성과 우애가 뛰어나다는 명목으로 묘당(廟堂)에 천거되었지만, 반계는 "내가 지금의 재상을 모르는데, 지금의 재상이 나를 어찌 아는가"라 하면서 달가워하지 않았다. 이보다 앞서, 당시 전라감사이던 민유중과 척의(戚義)가 있어 그의 형제들이 반계를 추천하려 한 적이 있었는데, 그때도 "아저씨는 저를 아시는 분이 아닙니다"라고 하여 마침내 추천을 못 한 적이 있었다. 45세 때도 천거된 적이 있었지만 결과는 마찬가지였다.

이처럼 반계는 벼슬과 명리(名利)에는 초연하였다. 그렇지 않았더라면 우반동으로 내려가지도 않았을 터이고, 일찌감치 과거 시험을 통

---

26 영인본 573쪽, 『잡고』 301쪽.

해 관계로 나아갔을 것이다.

이 해(44세) 9월에는 외삼촌인 태호(太湖) 이원진(李元鎭)이 운명했다. 고모부 동명(東溟) 김세렴(金世濂)과 더불어 글을 깨쳐 준 스승이기도 했고, 때로는 아버지 대신이기도 했던 외숙이었다. 서울에 가서 장례를 치른 후, 10월에는 연상(漣上: 지금의 연천)의 미수(眉叟) 허목(許穆, 1595~1682) 선생을 찾아뵙고, 며칠을 머물다 돌아왔다. 미수 선생은, 3년 뒤 반계가 고모부인 동명 선생 묘소를 참배하고, 동명 선생의 비문을 청하기 위해 다시 한 번 찾은 일이 있다. 그때 며칠을 머물면서 학문을 토론했는데, 미수는 반계에 대해 "유 아무개는 왕을 보필할 인재이다. 노년에 이와 같은 인물을 얻게 될 줄은 생각도 못했다"면서 무척 감복했다.[27]

마흔여섯 살 되던 해 여름, 바다에 표류해 온 중국인이 있어서 그들과 이야기를 나누었다.[28] 소년 시절 원주로 피난 가던, 호란(胡亂)의 아픈 추억이 되살아나는 만남이었다.

이 해에 주자의 시문(詩文)을 가려 뽑아 『주자찬요(朱子纂要)』를 만들고, 2년 뒤에는 『도정절집(陶靖節集)』을 편찬하고, 영남에 살고 있는 배상유(裵尙瑜, 1610~1686)와 학문을 논하는 글을 주고 받았다.[29] 배상유는 후에 『수록』을 묘당(廟堂)에 천거하지만, 받아들여지지 않았다. 배상유는 그런 지기(知己)였다.

마흔아홉 살 때는, 서른한 살 때부터 오랫동안 작업해 오던 『수록』이 드디어 완성되었다. 모두 13권이었다.

쉰 살이 되던 해, 큰 기근이 들었다. 반계는 아껴 둔 곡식을 조건 없이 친척과 마을 사람들에게 나누어 주고, 심지어 떠돌이 거지까지

---

27 이때 반계는 47세이고, 미수는 이미 74세의 고령이었다.
28 이 부분은 반계의 화이관을 다룰 때 살펴보기로 한다.
29 이 부분은 반계의 성리학 사상을 다룰 때 살펴보기로 한다.

정성껏 돌보았다. 값이 될 만한 물건을 가지고 온 사람들이 문 앞에 줄을 서서 곡식 팔기를 요구했으나, 그냥 곡식을 주어 돌려보냈고, 집안사람들이 혹 몰래 돈 받고 곡식을 팔아서 이익을 챙기는 일이 없도록 특별히 단속했다.

쉰한 살 때, 백호(白湖) 윤휴(尹鑴, 1617~1680)에게 편지를 써서, "사람이 몸가짐과 처세에 주밀(周密)하지 않으면 후회해도 따를 수 없을 것이다"라고 하면서 조심할 것을 당부했다. 백호는 당시 명성이 자자했고 반계보다 5년 연상인데도 반계가 이렇게 글을 주어 충고하는 것을 보면, 아마도 반계가 백호를 상당히 존중하고 있었던 것으로 보인다. 학문적 성격과 당색 등 미수—백호의 라인을 생각해 볼 때, 이는 반계가 미수를 존경하고 있는 것과 관련이 있을 것이다. 지금까지의 자료로는 반계와 백호가 어떤 교류를 했는지는 알 수가 없다.

1673년 3월 19일 인시(寅時).

향년 52세였다. 반계는 우반동의 정침(正寢)에서 숨을 거두었다. 2월부터 병이 들어 낫지 않고 한 달여를 끌었다. 병이 위급해지자 수발하는 사람에게 침석(枕席)을 바르게 정돈해 놓으라고 명했으나, 그가 이를 어려워하자 반계는 목소리를 간신히 내어 "죽고 살 즈음에 이같이 해서는 안 된다"고 말했다. 마침내 깨끗이 씻고 옷을 갈아입고는 다음 날 새벽에 운명했다. 마치 증자(曾子)의 역책(易簀)[30]을 연상시키

---

30 증자가 병이 위중하여 운명할 무렵, 임종을 지키고 있던 무리 중에 어린 동자가 증자가 깔고 누워 있던 대나무 자리가 화려하다고 말했다. 그 자리는 대부(大夫)의 자리로 증자 개인의 것이 아니고 나라의 것이었다. 이를 미처 반납하지 못하고, 증자가 사용하고 있었던 것이다. 증자가 그 대나무 자리를 빼내라고 말하자, 주위의 사람들이 선생님 병이 위중하니 날이 밝거든 자리를 갈자고 했다. 그러자 증자는 군자는 순간의 편한 것을 따르면 안 되고 도를 따라야 한다면서 마침내 자리를 갈았지만, 자리를 갈자마자 증자는 운명했다. 죽는 순간까지도 자신의 잘못을 뉘우치는 경건한 삶을 '증자역책(曾子易簀)'이라 한다. 증자역책이란 경(敬)의 삶 그 자체라 할 수 있다.

는 대목이다.

반계의 죽음에 즈음하여, 그리고 5월에 죽산(竹山) 용천(湧泉) 정배산 (鼎排山) 선영 아래 장사지낼 때 일어난 몇 가지의 일들을 「연보」는 이렇게 기록하고 있다.

— 선생이 병들었을 때 뜰 앞의 매화가 활짝 핀 것을 보고 감상에 젖어 절구(絶句) 한 수를 읊었는데, 매우 처량하고 슬펐다. 이에 생질인 박씨에게 명하여 전하지 말도록 했다. 때문에 시는 문집 속에 들어가지 않았다. 선생이 돌아가시고 난 후에 매화는 열매 를 맺지 않고 말라 죽었다.

— 선생이 돌아가신 날, 밤이 깊은 뒤에 흰 빛 무리가 밝고 맑게 침실을 두르고 밤새도록 없어지지 않았는데, 원근의 마을사람들 과 승려들은 모두 그를 바라보면서 기이하게 여겼다. 곡(哭)에 모여든 자가 천여 명이었다.

— 임시로 초빈(草殯)한 곳을 열어 발인하려 하자 홀연히 붉은 빛이 나며 맹렬한 불꽃같더니, 서남쪽으로부터는 소리가 우레를 토해 내듯 하다가 동쪽으로 옮겨 갔을 때에야 흩어졌다. 널을 받들고 죽산에 오자 때맞추어 흰 기운이 영연(靈筵) 위에서 일어나 곧바 로 공중에 이르렀는데 연일 그치지 않았다.

— 임시로 초빈한 곳을 열던 날 사슴 떼 백여 마리가 와서 모여 발 을 구르며 슬피 울었다. 널이 나가던 밤에도 또한 그러했다. 이 를 들은 사람들은 지난 해 새끼 밴 사슴을 살려 준 것에 대한 보답이라고 여겼다. 무신년(주 : 선생 47세, 1668)에 새끼 밴 사슴 한 마리가 사냥꾼에게 쫓겨 선생이 누워 있는 방안으로 뛰어 들어 왔는데, 선생은 끈으로 옷 시렁에 붙들어 매놓았다가 다음 날 놓아주었다. 아마도 이 일을 가리켜 말하는 것일 게다.

반계 유형원의 묘소(경기도 용인시 처인구 백암면 석천리)

일생 산수를 즐기며, 호학(好學)하며, 나라의 융성을 그리면서, 그 구상을 저술에 담는 일에 몰두하며, 그리고 무엇보다도 학문과 행동이 일치하는 덕행(德行)의 삶을 살던 반계는 이렇게 역사의 품안에 안겼다.

제2장 반계의 학문과 덕행

1. 반계의 학문관

1) 도의 자임과 초탈

반계는 젊어서 명산대천을 두루 돌아다니면서 빼어난 경치와 그에 대한 감회를 읊었는데, 그의 글은 다른 이의 글과는 달리 단순히 음풍영월(吟風咏月)에 그치지 않고 맑은 기상이 담겨 있다고 한다. 그러나 반계 자신은 늘 자신의 글은 남보다 못하다고 자평하고, 또 문장(文章)은 여가 때 하는 일이라고 했다.[1] 그의 문집이 전하지 않아 많은 시문(詩文)을 접할 수 없는 까닭에 자세한 것은 알 수 없지만, 「언행록」에서는 일부 구절을 소개하면서 그로부터 반계의 천 길 깊은 기상(氣象)을 엿볼 수 있다고 평가한다. 그것은 「남쪽 바다에 배를 띄우고(泛南溟)」라는 것과 「변산에 올라(登邊山)」라는 두 개의 작품인데, 구절 전체가 아닌 일부 구절만 소개하고 있어 아쉽기는 하지만, 생각건대 아마도 그것은 절구(絶句) 중의 전(轉)·결(結)구에 해당되는 것이어서 그 대의(大義)를 살피는 데는 지장이 없다. '남쪽 바다에 배를 띄우고'의 "망탕장헌락(莽蕩張軒樂) / 창망범로부(蒼茫泛魯桴)"라는 구절과, '변산에 올라'의 "중천개소어(中天開笑語) / 상계절진애(上界絶塵埃)"라는 구절이 그것이다.[2]

「언행록」에서는 이 두 수로부터 반계의 깊은 기상을 볼 수 있다고

---

1 「언행록」, 『잡고』 287쪽.
2 「언행록」, 『잡고』 287쪽.

만 말했는데, 과연 어떤 점이 그런 평가를 가능하게 할까? 이에 착안하여 이 두 작품을 뜯어보면, 이것이 반계의 지향점을 압축적으로 표현하고 있다는 것을 알게 된다. 그의 학문적 목표와 생활의 지향점이 잘 드러나고 있다고 여겨지기 때문이다. 그것은 '도(道)의 자임(自任)'과 '초탈(超脫)의 삶'이라고 표현할 수 있겠다. 이 두 수의 시(詩)를 주목하는 이유가 여기에 있다. 더구나 이 시의 무대는 반계의 일상생활이 펼쳐지는 곳이다. 평소의 소회(所懷)와 감회(感懷)가 잘 드러날 수밖에 없다.

(가) 도의 자임

어느 화창한 날, 아마 반계는 곰소만 일대에서 배를 타고 망중한을 즐기고 있었을 것이다. 남쪽 바다라는 게 변산반도의 남쪽에 있는 바다, 특히 우반동의 남쪽이라면 곰소만일 터이다.

莽蕩張軒樂(망탕장헌락) : 드넓은 벌판, 수레 타는 즐거움 펼치고
蒼茫泛魯桴(창망범로부) : 망망한 바다, 노(魯)의 뗏목 띄웠네.

드넓은 호남 벌판에서는 수레 타는 즐거움이 만만찮다. 산 많은 강원도 골짜기에서는 수레가 있다 한들 어디 신나게 달려 보기나 할 것인가. 이곳이 또 어디냐, 일망무제 벌판 옆에 망망대해 아니더냐! 수레를 달리다 싫증나서, 바다에 나가 배를 띄우면 마음이 확 터지니, 이 얼마나 상쾌한 일인가? 아마 이런 감흥일 것이다. 그러나 이런 느낌만의 시라면 천 길 기상을 드러내는 것이라고 평가하지 않았을 것이다.

여기서 글자 그대로만 본다면 헌(軒)과 부(桴)가 대칭이 되어, 육지의 수레와 바다의 뗏목(배)으로 해석될 수 있지만, 뗏목〔桴〕이 노나라 뗏목〔魯桴〕이라는 것을 주목한다면, 헌락(軒樂)이란 황제(黃帝) 헌원(軒

轅)의 즐거움이다. 다시 말하자면, 노나라는 공자의 상징적 표현이고, 그래서 '노나라 뗏목〔魯桴〕'이란 시어는 공자의 '승부부해(乘桴浮海)'[3]를 염두에 둔 표현이다. 도(道)가 행해지지 않음을 탄식하면서, 뗏목을 타고 바다나 건너야겠다는 공자의 넋두리를 반계가 빌려온 것이다. 이를 감안하면 '노나라 뗏목'은 '공자의 뗏목'이고, '공자의 뗏목을 띄웠다'는 것은 두 가지의 의미를 지닌다. 하나는 공자가 천하에 도가 행해지지 않음을 탄식한 것처럼, 지금 자신의 조국 조선에는 도가 행해지지 않고 있다는 한탄의 의미이다. 둘째는, 그러면서도 공자가 천하의 도를 자임했던 것처럼, 바꾸어 말하자면 '안 되는 줄 알면서도 끝까지 하는'[4] 공자처럼, 반계는 이 땅에 도를 실현하지 않으면 안 된다는 막중한 책임감을 가지고 있다는 의지의 표현이다. 요컨대, '노(魯)의 뗏목을 띄운다'는 것은 '공자의 도를 펼친다'는 의미로 보면 될 것이다.

이렇게 본다면 헌(軒)은 헌원(軒轅)이다. 『한서(漢書)』에 의하면, 황제(黃帝)가 배와 수레를 만들어 백성들이 천하를 돌아다닐 수 있게 했다. 이 황제(黃帝)의 이름이 헌원(軒轅)이다. 헌원이란 수레와 수레 끌채란 뜻이다. 황제 헌원은 중국을 통일해 국가를 세운 최초의 군주(君主)이자 문자, 의복, 수레, 거울, 육십갑자(六十甲子) 등의 문물을 만들어 중국 문명을 창시한 인물로 숭배를 받아 왔다. 그렇다면, 여기서의 헌락(軒樂)이란 헌원이 만들어 놓은 문명의 즐거움, 다시 말해 반계가 그토록 이상향으로 그리는 고도(古道), 삼대(三代)를 의미한다고 보면 될 것이다.

위 시구는 단순히 보면, 육지에서는 수레 타는 즐거움, 바다에서는

---

3 『論語』「公冶長」, "子曰, 道不行, 乘桴, 浮于海, 從我者, 其由與."
4 『論語』「憲問」, "子路宿於石門. 晨門曰奚自. 子路曰自孔氏. 曰是知其不可而爲之者與."

배를 타는 즐거움을 노래하는 것으로 볼 수 있지만, 선택된 시어(詩語)를 통해 우리는 보다 더 심장한 의미를 추출해 낼 수 있다.

이를 감안하면 이 시는 이렇게 해석된다.

莽蕩張軒樂(망탕장헌락) : 드넓은 벌판, 헌원(軒轅)의 즐거움 펼치고
蒼茫泛魯桴(창망범로부) : 망망한 바다, 공자의 뗏목 띄웠네.

이 남쪽 바다에 배를 띄우고 지은 시를 보면, 망중한의 즐거움을 빌려 자신이 이상으로 여기는 삼대(三代)와 공자의 도를 자신이 지키려 애쓰고 있다는 자부심을 은연중 드러내고 있다.

나는 "莽蕩張軒樂(망탕장헌락)"에서 국가 체제를 온전하게 갖추기 위한 노력의 결정인 『반계수록』을 연상하고, "蒼茫泛魯桴(창망범로부)"에서 반계의 도학적 사고를 읽는다.

(나) 초탈(超脫)의 삶

변산에 올라 지은 시. 이것도 음미할수록 맛이 대단하다.

中天開笑語(중천개소어) : 중천엔 웃음꽃 피어나는데
上界絶塵埃(상계절진애) : 상계엔 속세 끊겼네.

어느 코스로 변산에 올랐을까? 반계의 거처가 우반동이니까, 에서 가까운 용각봉이나 옥녀봉에서 시작하여 와룡소를 거쳐 관음봉에 올랐을까? 내소사 쪽으로 해서 관음봉을 올랐을까? 나는 이 시구를 보면서 반계가 오른 변산이 괜스레 관음봉이 아닐까 짐작을 해 본다. 신선대, 망포대, 쌍선봉, 천왕봉, 의상봉, 쇠뿔바위 등을 조망할 수 있는 관음봉 정상 일대야말로 세속의 티끌과 먼지를 끊어 버리는 최적의 장소일 듯싶다. 세속을 벗어남에야 신선대도 그 이름에 걸맞겠지

만, 상계(上界)라는 시어(詩語)를 쓴 이상 이는 관음봉이 더 제격이다. 이름도 관음봉이다. 자신은 세속으로부터 자유자재한 존재이로되, 세상의 모든 소리를 살펴보면서, 세상을 구제하는 청정(淸淨)한 보살—관음(觀音)!

이제 시구를 보자.

"중천개소어(中天開笑語) / 상계절진애(上界絶塵埃)"

상계(上界)는 일단 정상의 봉우리라는 1차적 의미를 지니면서, 뒤의 "절진애(絶塵埃)"와 연결되어 천상계(天上界)를 연상시킨다. 비록 미계(迷界)이기는 하지만, 미계 중에서는 인간계의 위에 있는 제일 높은 세계이다. 그러니 인간계는 아니고 인간계를 넘어서 있다. "개소어(開笑語 : 즐거운 이야기를 펼치다)"는 "절진애(絶塵埃 : 세속과 단절하다)"와 멋진 대구(對句)를 이룬다. 보라. 개(開)와 절(絶)이 긍정과 부정의 반대 개념이 되면서, 소어(笑語)와 진애(塵埃)는 결국 동어반복적 의미가 되었다. 소어(笑語)는 기쁨 내지는 즐거움을 뜻한다고 볼 때, 이는 희로애락애오욕이라는 칠정(七情)의 대표 선수로 등록시킨 것에 다름 아니다. 결국 "개소어(開笑語)"는 오욕칠정이 휘몰아치는 '즉세간(卽世間)'이다. 즉 '진애(塵埃)'이다. 따라서 "절진애(絶塵埃)"는 '출세간(出世間)'이다. "중천개소어(中天開笑語)"에서 "상계절진애(上界絶塵埃)"로의 전개는 '즉세간(卽世間)'에서 '출세간(出世間)'으로의 도약이다.

다시 관음. 관음은 세속으로부터 자유자재한 존재이다. 이는 "절진애(絶塵埃)"와 멋지게 연결된다. 관음은 세상의 소리를 듣는다. 이는 "개소어(開笑語)"와 또한 기막히게 연결된다. 나는 여기에서 반계가 오른 변산이 관음봉이 아닐까 억측해 보는 것이다.

그러나 관음봉이 아닌들 어떠랴. 전망이 좋은 높은 곳〔상계(上界)〕으로 오르는 도중, 멋있는 골짜기 수려한 봉우리에 취해 한껏 기쁨을 토로하고〔개소어(開笑語)〕, 드디어 확 트인 높은 곳〔상계(上界)〕에 오르니 그곳이 바로 "별유천지비인간(別有天地非人間)"— 인간 속세가 아닌 별

천지인 것을! 어쨌든 "중천개소어(中天開笑語)"는 '진애(塵埃)'의 세상이요, 그것이 초극된 단계, 즉 "절진애(絶塵埃)"의 세계가 바로 상계(上界)이다. 세속의 초탈이다. 상계는 온갖 명리(名利)에서 초탈한 삶의 세계이다.

반계는 이 시를 통해 이러한 '초탈의 삶'을 추구하고 있음을 내비친 것으로 보인다. 그러나 초탈의 삶을 추구하는 것은 쉽지 않다. 산을 오르는 것만큼 힘이 든다. 아니 더 힘들다. 산을 오를 때 힘이 들면, 그냥 경치 좋은 중간 어디쯤에서 놀다 하산하고픈 욕망을 느낀다. 그러나 이 유혹을 이겨내지 못하고 중도에 포기하면 끝내 정상에는 설 수 없다. 꾸준히 올라야 한다. 그것이 삶을 닮았다. 인간은 누구나 명예와 이익의 유혹에서 벗어나기 쉽지 않다. 이를 초탈하는 삶이란 결국 끊임없는 자기 수양을 통해 추구될 수밖에 없다. 여기서 한순간도 쉬지 않는 '자강불식(自强不息)'의 성실성이 요구된다.

변산에 오르면서, 반계는 그것을 다시 한 번 다짐했을 터이다. 사실 반계의 일생은, 앞에서 반계의 삶의 발자취를 다루면서 살펴보았듯이, 성(誠)과 경(敬)으로 점철된 '자강불식'의 삶이었다.

2) 지행일치의 공부론

이렇듯 반계는 삼대(三代)와 공자의 도(道)를 실현하는 일이 자기의 임무라고 여기고, 그에 매진하기 위해, 세상의 온갖 명리를 초탈하여 부안동에 칩거했다. 열다섯 살 때의 호란(胡亂)의 쓰디쓴 경험은 이 땅에서의 명리가 부질없는 것임을 절실히 깨닫게 해 주었다. 한편 조선의 황당한 치욕은 어린 반계에게 충격이었다. 이는 반계가 일생을 국가 개조를 위한 저술 작업에 몰두하는 직접적인 원인이 된다.

왜 조선이 이 지경이 되었을까? 일차적으로 그것은 사대부의 책임이라고 반계는 생각했다. 학문을 제대로 하지 않은 탓이라 여겼다.

글 읽는 이들이 글 따로 행동 따로여서 도가 실현될 수 없는 것은 아닐까? 글을 명리 추구의 수단으로만 삼고, 글에 담긴 내용보다는 글의 기교에만 신경을 쓰는 풍토가 그래서 생겨나고, 과거 시험은 이러한 풍토를 더욱 부채질하는 게 아닌가? 이런데 생각이 미치자, 반계는 우선 학문에 대한 기본 관점, 즉 학문은 지식으로만 머물러서는 안 되고, 반드시 실천되어야 한다는 점을 재확인할 필요성을 느낀다. 반계는 늘 학문의 목적은 반드시 실천에 있다는 것을 강조했다.

> 학(學)은 반드시 리(理)를 밝혀 실천하는 것을 귀하게 여겨야 한다. 말로만 하는 학문은 무익하다.[5]

> 지(知)와 행(行)은 어느 한쪽을 그만둘 수 없다. 알면서도 행하지 않으면 앎은 내 것이 아니며, 행하면서도 모르면, 행함이 혹 사사로운 뜻에서 나온 것이다.[6]

지행일치(知行一致)의 강조이다. 물론 이는 반계만의 특성은 아니다. 유학(儒學), 좁혀 말하면 도학(道學)의 특성이 지행합일이고, 이것을 잘 이루었다고 평가받는 이들을 문묘에 배향해 온 것이 조선의 전통이다. 그래서 반계는 선배 도학자들을 존경하고, 그들을 닮으려 노력했다. 선배 학자들에 대한 인물평을 통해 그를 알 수 있다.[7]

어느 날 누군가가, 최치원(崔致遠, 857~?)은 뚜렷하게 도학(道學)에 대한 공이 없는데 문묘(文廟)에 배향한 이유가 무엇이냐고 물은 적이 있었다. 반계는, 그의 학문은 이것저것 뒤섞여 순정(純正)하지 않고 문장

---

5 「언행록」, 『잡고』 287쪽.
6 「언행록」, 『잡고』 287쪽.
7 이하의 인물평은 「언행록」, 『잡고』 290쪽을 참조하여 기술함.

도 그리 높다고는 할 수 없지만, 그래도 유학(儒學)을 제창한 공이 있기 때문에 문묘에 배향될 수 있었다고 대답했다. 이 땅에 유학을 제창하여, 도학의 문을 연 것만으로도 평가받을 만하다는 것이었다.

반계는 신라, 고려 이래로 도를 자임한 사람은 오직 포은(圃隱) 정몽주(鄭夢周, 1337~1392) 뿐이라고 생각한다. 반계는 포은의 유적을 보러 일부러 개성에 간 일도 있었다. 이때 남긴 시가 있다.

> 송악산 왕의 기운 연기처럼 사라지고
> 쓸쓸한 만월대엔 지는 해 붉다.
> 가을바람 속, 말 세우고 지난 일 물으니
> 나무꾼은 여전히 정문충공 이야기.[8]

포은이 그토록 붙들려 애를 썼건만, 이미 연기처럼 사라져 버린, 석양이 비끼는 황량한 고려 왕조의 터전. 그렇게 고려는 자취를 감추었지만, 그러나 포은은 여전히 사람들 가슴속에 남아 있었다. 여기서 반계는 유한한 왕조의 운명과 영원한 도학의 생명을 강하게 대비시키고 있다.

정암(靜菴) 조광조(趙光祖, 1482~1519)에 대한 반계의 평가도 각별하다. 반계에 의하면, 정암은 타고난 품성이 최고인 데다 일찍이 바른 도학(道學)에 입문했다. 그가 쓴 「춘부(春賦)」를 보면 잘 알 수 있다는 것이다. 사실 이 「춘부」는 정암의 성리(性理) 사상을 엿볼 수 있는 좋은 자료인데, 반계는 이를 통해 정암의 도학 정신을 확인한다. 그러한 정암이 끝내 도를 시행하지 못하고 사화(士禍)를 당한 데 대해 반계는 무척 아쉬워한다. 이에 대해 남긴 시 한 수가 있다.

---

8 "崧山王氣已烟空 / 滿月臺荒落照紅 / 立馬西風問往事 / 樵夫猶說鄭文忠"(「언행록」, 『잡고』290쪽.)

바다 밖 후미진 곳 우리나라
한쪽 폭이 몇 천 리.
단군이 나라 열고
기자는 제사 전했네.
삼국은 서로 심하게 다투었고
사나운 몽고 고려를 비웃었지.
조선이 문운을 열어
어진이들 무리지어 나왔네.
뛰어나도다 문정공이여!
강(强)하고 또 강직하였네.
경의(敬義) 공부 돈독히 하고
요순의 도리 일으켰지만,
한밤 북쪽 문 열리더니
나라 기어이 없애 버렸네.
하늘 뜻 끝내 알기 어려우니
지사의 탄식 언제나 그칠까?[9]

한쪽에 치우친 작은 나라에 불과하면서 문명이 깨이지 못해 그리 자랑할 만한 역사도 없는 터에, 조선이 유학을 숭상함으로써 드디어 명현들이 나오기 시작했는데, 그 무렵 그중에서도 정암이 특출했다는 것이다. 경(敬)과 의(義)가 몸에 밴 도학자로 삼대(三代)의 요순지치(堯舜之治)를 비로소 지향했다는 점에서, 정암은 훌륭하다는 것이다. 그러나 사화(士禍)를 입어 정암의 꿈이 실현되지 못한 까닭에, 국가 중흥의 기회를 놓치고 북쪽 오랑캐에 의한 변란으로 국가적인 치욕을 당

---

9 "東韓僻海外 / 偏幅數千里 / 檀君肇開國 / 箕子乃傳祀 / 侵伐劇三邦 / 荒蒙嗤麗氏 / 聖朝啓文運 / 群賢出乎類 / 卓哉文正公 / 發强且剛毅 / 旣篤敬義功 / 且興堯舜理 / 北門一夜開 / 邦國竟殄缺 / 天意竟難知 / 志士歎何已"(「언행록」, 『잡고』 290쪽.)

했으니, 무척 한탄스럽다는 것이다. 여기서 흥미 있는 것은 병자호란의 먼 원인으로 정암의 도학(道學) 정치, 곧 요순지치(堯舜之治)의 실패를 꼽고 있다는 점이다. 하여튼, 삼대의 도를 꿈꾸며, 『수록』을 지어 변법(變法)을 통해 나라의 부강을 도모하던 반계에게, 정암의 그러한 점은 상당히 호소력 있게 다가왔을 것이다.

퇴계(退溪) 이황(李滉, 1501~1570)은 반계가 가장 존경하는 인물 중의 하나이다. 특히 그의 인품에 대해서 반계는 높이 평가한다. 그야말로 앎과 실천이 자연스럽게 합일된 원숙한 인품을 지닌 이가 퇴계라는 것이다. 반계에 의하면, 퇴계는 공부가 아주 원숙하여 끝이 어디인지를 알기 어렵다. 퇴계의 일상적인 행위 또한 도의 드러남이 아닌 것이 없다. 예컨대, 마당에 떨어진 이웃집 복숭아를 아주 자연스럽게 주워 넘기는 태도에서, 도가 성취된 기상을 볼 수 있다는 것이다. 퇴계의 인품에 대해 읊은 시가 있다.

그윽한 난초 빈 골짜기에 있어도

뭇 풀과는 저절로 구별되지.

꽃은 눈부시게 아름답고

향기는 매우 세차지.

어찌 가시 없이 가시로 찌르는가?

외곬 곧은 절개 길이 보존하네.

묵은 향기 아침에도 여전한데

마침 맑은 바람 불어온다.[10]

퇴계는 여향(餘香)이 강한 난초이다. 비록 궁벽진 도산(陶山)에 은거

---

10 "幽蘭在空谷 / 自與衆卉別 / 燦燦數華秀 / 郁郁芳馨烈 / 豈無刺刺侵 / 永保孤貞節 / 宿芬朝未已 / 時有清風發"(「언행록」, 『잡고』 290쪽.)

하지만 그 향은 시공(時空)을 초월하여 풍긴다. 이것이 퇴계에 대한 반계의 찬사이다.

반계는 아들이나 조카들에게 항상 퇴계의 「성학십도(聖學十圖)」를 가르치면서, 아침저녁으로 외게 하고는 그를 듣기도 했다.[11]

반계의 학문적 입장은, 이러한 인물평에서도 나타나듯이, 도학자의 삶을 추구하는 데 초점이 놓여 있고, 그 본보기로서는 포은·정암·퇴계를 들고 있다.

그런데 「언행록」의 여기에서는 율곡(栗谷) 이이(李珥, 1536~1584)를 말하지 않고 있는데, 뒤에 가서는 다른 이의 말을 인용하여 율곡을 언급하고 있다. 즉, 반계 사후(死後) 호남의 유생(儒生) 박치구(朴致久) 등이 반계의 제사를 건의하면서 부안 유림에게 돌린 통문(通文)에서 "반계의 평생 언론과 저술은 반드시 정암·퇴계·율곡 제 선생을 귀착점으로 삼았으니, 그 올바른 문로(門路)와 깊은 연원(淵源)은 진실로 백세(百世)의 본보기가 된다"[12]고 말한 것을 소개함으로써, 반계의 학문 연원이 정암·퇴계는 물론 율곡에게까지 있음을 내비치고 있다. 사실 율곡의 경우는 반계의 실학 형성에 결정적인 영향을 끼쳤다. 철학적 입장에서는, 비록 심성론(心性論)의 경우는 입장을 달리했지만, 이기론(理氣論)에서는 율곡의 입장을 지지했다. 그렇다고 심성론의 경우 퇴계의 심성론을 따르는 것은 아니었다. 반계 성리설의 특징과 『수록』에 대한 율곡의 영향은 뒤에서 자세히 다루기로 한다.

그럼에도 불구하고, 어쨌든 「언행록」에서 반계의 인물평에 율곡은 빠져 있다. 왜일까? 우리는 이 인물평의 대목에서 최치원의 문묘종사 건부터 언급한 사실에 주목해야 할 것이다. 위의 인물평은 문묘에 배향된 인물을 대상으로 한 것이다. 퇴계의 문묘종사는 1609년이고, 율

---

11 「언행록」, 『잡고』 287쪽.
12 「언행록」, 『잡고』 292쪽.

곡의 문묘종사가 허락된 것이 1681년이니까, 반계 생전(1622~1673)에 율곡은 아직 문묘에 배향되지 않았다. 실지로 반계가 율곡에게 받은 영향은 지대하지만, 위 인물평의 대열에 율곡이 들어가 있지 않은 까닭이다.

한편 화담(花潭) 서경덕(徐敬德, 1489~1546)에 대해서도 그의 학문을 높게 평가한다. 스승의 가르침이 없는데도 자득(自得)의 묘(妙)가 많고, 또 그의 작품을 보면 문장도 뛰어나고, 사물에 대한 관찰을 통해 물리(物理)와 도리(道理)를 깨치고 있으며, 고금의 현인(賢人)이나 철인(哲人) 못지않다고, 반계는 아주 높게 평가한다.[13]

반계가 화담을 높이는 이유는 바로 이 '사물의 관찰을 통해 물리와 도리를 깨친다'는 방법론에 있다. 이것은 반계의 일관된 학문적 방법론이기도 하다. 반계는 항상 "도는 먼 곳에 있지 않고, 날마다 쓰는 사물(事物) 사이에 있는데도, 사람들은 그것을 탐구하지 않는다"고 지적한다.[14] 뒤에서 반계의 성리설을 다룰 때 확실히 드러나겠지만, 이러한 학문적 입장으로부터 도기불상리(道器不相離)와 이기불상리(理氣不相離)에 기반한 실리(實理)[15]의 철학이 전개된다. 반계의 실리는 곧 사물의 사리(事理)와 물리(物理)이다. 사리는 당위(當爲)의 가치론과, 물리는 소이(所以)의 존재론과 연결된다. 가치론의 영역과 존재론의 영역을 구분해 본다는 것에 반계 사상의 특징이 있는데,[16] 이를 위의 인물평과 관련지어 설명한다면, 가치론의 영역 곧 사리(事理)＝도리(道

---

13 「언행록」, 『잡고』 290쪽.

14 「언행록」, 『잡고』 286쪽.

15 뒤에 밝혀지겠지만, 이것이 곧 사물의 물리(物理)와 도리(道理)이다. 미리 말하건대 이것은 일반적으로 논의되는 그런 주리론(主理論)이 아니다. 사물에 내재한 리(理), 즉 사(事)의 소당연지리(所當然之理)＝도리(道理)와, 물(物)의 소이연지리(所以然之理)＝물리(物理)를 추구한다는 점에서, 리(理)의 본원성보다는 리(理)의 특수성을 강조한다. 바꾸어 말하면 이일분수(理一分殊)에서 '이일지리(理一之理)'보다는 '분수지리(分殊之理)'에 초점이 맞추어져 있다.

16 이 역시 반계의 성리설을 다루는 장에서 자세히 논증할 것이다.

理) 부분에서는 포은-퇴계의 계열 쪽에, 존재론의 영역은 화담과 율곡 쪽의 견해를 더 참조하고 수용한다.

요컨대, 반계의 학문관을 정리한다면 이렇다. 실사구시(實事求是)의 입장에서 '물리(物理)'를 추구하되 —이는 지(知)적 영역에 해당한다, 그 지적 물리 추구는 참된 도리(道理) —이는 행(行)의 영역이다—를 바탕으로 이루어져야 한다. '도리'가 바탕이 되지 않는 '물리'의 추구는 단지 지적 유희에 그칠 수도 있어 공허하고, 반대로 '물리' 추구가 없이 '도리'만 강조하면 공허한 이념의 포로가 되기 쉽다. 도기(道器)의 관점에서 말한다면, 전자가 도(道)를 배제한 기(器)의 추구이고, 후자가 기(器)를 배제한 도(道)의 추구이다. 반계에 의하면, 이는 어느 것이나 허학(虛學)이며, 이 '허(虛)'로부터 벗어나 '실(實)'을 얻으려면, 도(道)와 기(器) 어느 한쪽에 치우치지 않고 이를 함께 아우르는 공부가 필요하다. 다른 의미에서 박문약례(博文約禮)[17]이고 지행합일(知行合一)이다. '박문(博文)'은 박학(博學)으로 곧 지(知)의 영역이고, '약례(約禮)'는 행(行)의 영역이다. 여기서 '박문(博文)'이 결여된 '약례(約禮)'는 근거 없는 허례(虛禮)가 되기 쉽고, '약례(約禮)'를 전제하지 않은 '박문(博文)'은 아무리 구슬 같은 지식이 많더라도 줄 없는 구슬에 지나지 않는다. 이 점은 반계 사후에, 진사(進士) 노사효(盧思孝) 등이 『수록』을 진상하면서 올린 상소문에서 잘 지적되고 있다. 상소문을 보자.

> 도덕의 함양에 정성이 있었고, 공부 또한 해박했으며, 그를 자신의 몸과 마음에 근본으로 두고, 구체적인 일과 실천으로 미루어 나간 것이 실로 공자 문하의 박문약례(博文約禮)의 뜻을 얻었다 할 것입니다.[18]

---

17 『論語』「雍也」, "子曰, 君子博學於文, 約之以禮, 亦可以弗畔矣夫."
18 「京外儒生進士盧思孝疏」, 영인본 526쪽 上右.

반계를 한마디로 평하면, 박문약례라는 공자의 가르침을 확실하게 전수받았다는 것이다. 공자의 가르침, 즉 유학은 본래 이렇게 지행합일을 추구한다. 반계는 이 기본을 재확인하고, 이에 충실하고자했던 진유(眞儒)였다.

그런데, 지행합일은 어떻게 해야 이루어질까? 반계는 지(知)와 행(行)의 관계를 이렇게 말한 적이 있다.

일찍이 이르건대, 그 앎이 미진하다고 해서 애초에 몸으로 체득하는 실(實)이 없는 것은 아니라고 했습니다마는, 이제야말로 몸으로 체득하는 실이 없으면 또한 그 앎도 따라서 그렇게 된다는 것을 알겠습니다.[19]

안다고 해서 모두 실천하는 것은 아니다. 바꾸어 말하면 앎이 부족해도 실천이 돈독한 사람이 있다. 그러나 실천이 몸에 배지 않으면, 그 앎 또한 실하지 못하다. 달리 말하면 실천이 돈독한 사람은 그 앎도 또한 진실하고 돈독하지만, 실천(행동)이 독실하지 못한 사람은 그 앎도 독실하지 못할 수밖에 없다는 것이다. 지행합일을 진정으로 이루려면 행(行)이 앞서야 한다는 말이다. 이는 반계의 지행합일은 '행(行)' 쪽에 무게중심이 실려 있음을 의미한다.

3) 자강불식의 면학

반계는 어린 시절에도 열심히 공부했지만, 우반동에 들어와서는 더욱 자신을 담금질하며 한순간도 쉬지 않고 공부에 매진했다. 그야말로 '자강불식(自強不息)'이다.

공부에 몰두하면, 추위도 불 쬘 겨를이 없고 더위도 부채질할 겨를

---

19 「與鄭文翁東稷論理氣書·別紙」, 『잡고』 83~84쪽, "嘗謂非其知之未盡, 以其初無以身體之之實也, 今乃知無以身體之之實者, 亦是其知之有由然矣."

이 없었다. 해 저무는 줄도 몰랐다. 혹은 한밤중에 두세 차례 일어나기도 하고, 혹은 밤새워 잠도 자지 않으면서, 되풀이해서 깊이깊이 생각했다. 밤이 되면 생각하고, 낮이 되면 실천했다. 이렇게 하루하루를 보내면서 평생을 쉬지 않았다.

반계의 독서 대상은 무척 광범위했다. 다른 이들이 유학(儒學) 이외의 책을 배우려 하면, "어찌 콩과 조를 먹지 않고 쓸모없는 지스러기를 먹으려 하는가? 반드시 『소학(小學)』·『대학(大學)』·『근사록(近思錄)』을 기본으로 삼고, 다음으로 『논어』·『맹자』·『중용』을 구(句)를 떼어 읽으면서[句讀] 정밀하게 익혀서 의리(義理)를 끝까지 캐야 한다. 그러고 나서 삼경(三經)을 읽어야 한다"[20]고 말하면서, 유학 공부를 철저히 해야 한다면서도, 정작 자신은 다방면에 걸쳐 공부를 했다. 그야말로 박학(博學)이다. 「언행록」을 참고로 정리해 보면 다음과 같다.[21]

① 사서(四書), 육경(六經), 주렴계(周濂溪)·정명도(程明道)·정이천(程伊川)·주희(朱熹) 등의 성리학 서적은 산가지를 놓고 세어 가며 독파.
② 육예(六藝),[22] 제자백가(諸子百家).
③ 병모(兵謀), 율려(律呂), 천문지리(天文地理), 의약(醫藥), 복서(卜筮),[23] 이하언어(夷夏言語).[24]
④ 불교, 노장(老莊), 선가(仙家).
⑤ 굴원(屈原)의 『이소경(離騷經)』, 도연명의 시(詩). 특히 도연명의 시

---

20 「언행록」, 『잡고』 286쪽.
21 「언행록」, 『잡고』 286쪽.
22 예(禮)·악(樂)·사(射)·어(御)·서(書)·수(數)
23 그러나 명리(命理) 때문에 택일(擇日)하는 등의 일은 절대 하지 않았다(「언행록」, 『잡고』 286쪽).
24 중국어와 주변 오랑캐의 말. 반계의 고모부인 김세렴(金世濂)은 일본에 사신으로 다녀와서 『해사록(海槎錄)』을 남겼는데, 이런 정황들로 미루어 오랑캐의 말이란 일본어를 의미하는 것으로 보인다.

는 달밤에 외고 읊었다.

여기서 유의할 점은 육경(六經)이다. 본래 유가에서 중시하던 것은 시(詩)·서(書)·예(禮)·악(樂)이었고, 여기에 공자가 산정(刪定)했다는 역(易)과 춘추(春秋)가 들어가 육경이 된다. 그러나 『악경(樂經)』은 없어지고,[25] 후대에는 오경(五經)으로 지칭된다. 그래서 후대에 육경이라고 할 때는 『악경』 대신 『주례(周禮)』를 들기도 한다. 반계가 경서 공부의 주안점을 정리하면서 내세운 것을 보면, 반계도 『주례』를 육경의 하나로 보고 있음이 확인된다. 반계는 학자가 평일에 늘 연구해야 할 핵심으로서, 곧 성인들이 후세에 가르침을 베풀기 위해서 입언(立言)한 것을 다음과 같이 여섯 가지로 정리한다.[26]

①『서경(書經)』: 정일(精一)·집중(執中)·건중(建中)·건극(建極)의 가르침
②『시경(詩經)』: 아(雅)·송(頌)·국풍(國風)의 교화(敎化)와 치란(治亂)에 관한 이야기
③『예기(禮記)』: 예의(禮儀) 삼백(三百)과 위의(威儀) 삼천(三千)의 절목(節目)
④『주역(周易)』: 선천(先天)·후천(後天)의 교역(交易)·변역(變易)의 묘(妙)
⑤『주례(周禮)』: 성주(成周) 시대의 설관(設官)·정지(井地)·십일(什一)의 법규(法規)
⑥『춘추(春秋)』: 발란반정(撥亂反正)의 법

---

25 현재 『예기』 속에 있는 「악기(樂記)」를 육경의 하나로 치는 것은 아니다.
26 「언행록」에서는 책명을 구체적으로 밝히지는 않았지만, 내용으로 유추해보면 바로 알 수 있다.

『서경』의 핵심으로 꼽고 있는 것은 결국 인심(人心)·도심(道心)에 관한 것이다. 이는 성리학자들의 일반적인 견해이기도 하다. 이 부분은 반계가 자신의 성리설을 전개하는 것과 관련이 있다. 반계의 성리설은 다음 장에서 자세히 다룰 것이다.

『시경』을 교화(教化)와 치란(治亂)의 텍스트로 보는 것은 공자의 "사무사(思無邪)"[27]에 입각한 재도론적(載道論的) 문학관, 즉 문장은 도를 담는 그릇이어야 한다는 입장과 관련이 있다. 일반 문사(文辭)가 기예(技藝)를 중시하는 것에 대해 반계는 늘 비판적이었다. 이것도 일반 성리학자들의 문학관과 대동소이하다.

『예기』와 『주례』는 반계의 '제도론(制度論)'에 제일 중요한 영향을 미쳤다고 볼 수 있다. 『예기』로부터 향음주례절목(鄉飮酒禮節目)의 근거를, 『주례』로부터 『수록(隨錄)』의 체계와 서술 목적의 근거를 찾고 있기 때문이다. 이 점은 일반 성리학자들과 확연히 구분되는 점이다. 『주례』는 결국 도(道)보다는 기(器)에 해당되는 경전이라 볼 때, 도의 실현을 위해 기(器)가 중시되어야 한다는 '도기론(道器論)'의 입장, 바꾸어 말하면 '도기불상리(道器不相離)'의 철학적 입장을 지닌 반계는 '도(道)'만 중시하는 기존의 성리학자와는 다르다. 그리고 이것이 반계가 실학자로 자리매김하는 중요한 이유가 된다.

『주역』의 교역(交易)·변역(變易) 관념은 반계의 '변법(變法)' 의지에 영향을 주었을 것이다. 『수록』에 나타난 모든 제도론(制度論)은 결국 '변법'론에 다름 아니다. 더구나 그의 성리사상은, 이는 뒤의 철학 사상 편에서 자세히 설명하겠지만, 『주역』「계사」의 "일음일양지위도(一陰一陽之謂道)"와 "형이상자위지도(形而上者謂之道), 형이하자위지기(形而下者謂之器)"에 근거하여, 이기불상리(理氣不相離)와 이기불상잡(理氣不相雜)을 설명하고 있다는 데서도 확인된다.

---

27 『論語』「爲政」, "子曰, 詩三百, 一言以蔽之, 曰思無邪."

『춘추』의 발란반정(撥亂反正) 의식은, 반계가 어린 시절 몸소 겪은 호란(胡亂)의 경험과 어우러져서, 반계의 친명배청(親明排淸)적 화이관(華夷觀)을 형성하는 데 영향을 주었다고 생각된다. 반계의 화이관은 별도의 장에서 다루기로 한다.

이렇듯 반계가 제시하는, 학자가 배워야 할 육경의 핵심은 결국 반계 사상의 기본 구조와 연결된다.

여기서 또 하나 살펴볼 것은 육예(六藝)의 공부이다. 반계는 육예를 상당히 중시하고 평소에 열심히 익혔는데, 그에 대해 정리하면 다음과 같다.[28]

① 예(禮) : 곡례(曲禮) 삼천(三千)은 모두 인(仁)을 행하는 수단이 아닌 것이 없다. 쓸데없이 번잡하다고 해서 소홀히 하면 그릇되고 편벽된 마음을 막을 방법이 없다.

② 악(樂) : 북과 거문고는 반드시 주시(周詩)를 읊으면서 장단을 맞추었는데, 중국어로 시를 읊었다. 다른 사람과 같이 노래를 하면, 반드시 도리가 있는 말로 서로 노래를 주고받으며 화기애애한 분위기로 끌고 가서, 선(善)을 즐기는 경지에 이르기를 기대했다.

③ 사(射) : 다른 사람과 같이 활을 쏠 때면, 읍(揖)하고 사양하면서 나아가고 물러남이 한결같이 사의(射儀)를 따랐다. 엄숙하면서도 온화하고, 온화하면서도 절제가 있었다. 단지 재주 있게 과녁을 맞추는 것만을 능사로 여기지 않았다.

④ 어(御) : 일찍이 거제(車制)를 만들었지만 실용(實用)에 이르지는 못했다.

⑤ 서(書) : 반드시 고전(古篆)을 귀하게 여기고, 예서(隷書)는 홍무정운(洪武正韻)을 본보기로 삼았다.

---

28 「언행록」, 『잡고』 286~287쪽 참조.

⑥ 수(數) : 반드시 개방법(開方法)[29] 등으로 토지를 측량하였다.

예(禮)의 절목은 인(仁)이라는 내용[도(道)]을 담은 그릇[기(器)]과도 같은 것이다. 그릇이 있으면 반드시 그 그릇의 용도가 있는 법이다. 그 그릇을 통해 내용물을 생각하라는 것이 반계의 예에 대한 관념이다. 육경의 『예기』『주례』 공부와 같은 입장이다.

악(樂)의 공부는 육경에서 『시경』 공부와도 연관된다. 반계가 노래를 할 때, 노래의 가사는 반드시 교화에 긍정적으로 기여할 수 있는 것을 택하기 때문이다. 그리고 혹 다른 이와 같이 노래할 때 오가는 대화는 예(禮)의 실습이기도 했다. 그리고 노랫말을 중국어로 부른다는 면에서, '이하언어(夷夏言語)'까지 열심히 공부한 반계로서는, 악의 실습은 외국어의 실습이기도 하다.

사(射) 또한 신체의 단련뿐만 아니라 예의 실천이기도 해서, 심신(心身)의 단련에 제격이었다.

어(御)와 수(數)는 『수록』의 각종 제도를 논하고, 제도의 단위를 설정하는데 중요한 교과목이었다.

고전(古篆)을 귀하게 여기는 서(書)의 공부는 반계가 미수(眉叟) 허목(許穆)을 방문하는 계기가 되기도 한다.

이상에서 보듯이 육예(六藝)의 실습은 결국 육경 공부와 유기적인 관련이 있다.

반계는 이렇게 우반동에서 호학(好學)과 박학(博學)의 시간을 보내면서 틈틈이 지인들과 학문을 교류하는 데도 게을리 하지 않았다. 「연보」에 수록된 것을 바탕으로 의미 있는 교류 활동을 정리해 보면 다음과 같다.

---

29 제곱근이나 세제곱근 따위를 계산하여 그 답을 구하는 방법.

서기	나이	교류 활동
1656년	35	○ 박자진(朴自振)과 더불어 동국지지(東國地志)를 논하다. 이후 책으로 편찬.
1657년	36	○ 청하자(靑霞子) 권극중(權克中, 1589~1659)을 방문하다. 도교의 단법(丹法)과 권극중이 저술한 『참동계(參同契)』에 대해 토론하고, 반계가 그를 위해 세 군데를 정정해 주고 한 질을 베껴서 간직했다.
1658년	37	○ 정문옹(鄭文翁)에게 글을 써서 이기(理氣)·인심도심(人心道心)을 논하다.
1665년	44	○ 미수 허목 선생을 뵙다.
1666년	45	○ 미수 선생에게 글을 올리다. 이에 앞서 『동명집(東溟集)』 서문에 대한 감사의 글이 있었다. 또 작은 책자를 드리고 고문(古文)과 고명(古銘)을 써 주기를 청하였다. 이때에 이르러 또 글을 올리고, 정원에서 취한 긴 대나무 두 개를 보내드렸다.
1668년	47	○ 미수 선생을 찾아뵙다. 고종사촌 아우 김준상(金儁相)과 같이 동명(東溟) 선생 묘소를 참배하고, 그 일로 연상(漣上, 지금의 연천)으로 가서 미수 선생을 예방한 것이다. —동명 선생의 비문을 청하기 위해서였는데, 그로 인해 며칠을 머물면서 도리(道理)를 강론하고 고금(古今)에 대해 토의했다. 미수 선생은 탄복해 마지않으면서 사람들에게 말했다. "유 아무개는 왕을 보필할 인재이다. 노년에 이와 같은 인물을 갖게 될 줄은 생각도 못했다."(이때 미수는 74세)
1669년	48	○ 배상유(裵尙瑜, 1610~1686)에게 '학문을 논하는 글'을 써서 답장하다.
1672년	51	○ 백호(白湖) 윤휴(尹鑴, 1617~1680)에게 글을 주어 조심하도록 하다. 당시 윤휴는 명망이 매우 높았지만 이미 사문난적(斯文亂賊)으로 지목당하고 있었다. 이에 반계는 "사람이 몸가짐과 처세에 주밀(周密)하지 않으면 후회해도 따를 수 없을 것이다"라고 말했다.(이때 백호는 56세)

62

「연보」에 의하면, 반계의 학문 교류 대상과 그 빈도는 그리 많은 편이라고 볼 수는 없다. 그 가운데서도 미수 허목에 대한 기록이 세 건을 차지하고 있음이 주목된다. 사실 미수와 반계는 서로 잘 아는 처지는 아니었고, 정문옹의 부탁을 받고 미수가 반계를 만나 준 것이 교류의 시작이었다.[30] 그나마 처음 만나려던 목적은 고모부 김세렴의 문집 서문을 부탁하기 위해서였고, 두 번째는 김세렴의 비문을 청하기 위해서였다. 비문을 청할 때는 아예 그 자리에서 받아 오려 했던 듯 미수의 집에서 며칠을 묵으며 담론했다. 처음에 미수는 반계를 만나 보는 것에 대해 별로 탐탁지 않게 여겼지만, 결국 두 번째의 만남에서 반계의 사람됨을 인정하기에 이르렀다. 이 기사만으로는 반계와 미수의 관계가 그리 친밀한 것 같지는 않다. 그럼에도 미수에게 글을 올리고, 예방하는 것은 순전히 고모부 일 때문이다. 스승이자 아버지 같았던 고모부의 일을 위해, 당대 최고의 고전(古篆) 전문가 겸 학자의 글씨를 받아 비문을 쓰고 문집의 서문을 받는다는 일은, 어쩌면 의무감도 있으면서 즐거운 일이었을 것이다. 반계는 육예(六藝) 중 서(書)를 공부할 때 고전(古篆)을 제일로 쳤던 만큼, 고전(古篆)의 대가(大家)를 무척 만나고 싶어 했을 것이다.

미수를 반계에게 소개하기까지 했던 문옹 정동직은 반계가 가장 친밀하게 지냈던 지기(知己)로, 그와 토론한 성리학은 수준 높은 것이었다. 또 하나 중요한 인물은 배상유이다. 배상유 역시 반계가 성리학을 토론했던 상대이며, 반계 사후 배상유는 묘당에 상소를 올려 『수록』의 가치를 역설한 바 있다.

권극중은 당대 최고의 도교 수련가로서, 반계가 그를 만났을 때는 이미 고희를 바라보는 나이였다. 그리고 반계의 예방을 받은 2년 후

---

30 許穆, 『眉叟記言』 記言別集 제6권의 「與柳馨遠德夫」와, 같은 책 記言別集 제6권의 「東溟金學士遺卷序」를 보면 저간의 사정을 알 수 있다.

타계한다. 권극중의 학문은 이때는 원숙의 경지에 들었다고 할 수 있을 것이다. 그런데 권극중이 해석한 『참동계(參同契)』를 보고 일부 수정할 정도로 반계는 도교에도 일가견이 있었던 것이다.

2. 주유산수(周遊山水)와 저술 활동

1) 실사구시의 주유산수

반계는 천성이 산수(山水)를 좋아해서 전국 곳곳을 즐겨 돌아다녔다. 어떤 때는 한 번 나가면 한 달 이상을 머물다 오기도 하고, 한 번 간 곳을 다시 찾을 때는 꼭 다른 길을 택하여 되도록 많은 곳을 보도록 애썼다. 그러나 반계의 주유산수는 단순한 행락(行樂)이 아니라 분명한 목적의식이 있었다. 가는 곳마다 지세(地勢)며, 길의 원근(遠近)이며, 유사시 방비하기가 어떤지 등을 자세히 기록하였다. 어쩌면 이는 스승이기도 했던 외삼촌 이원진과 고모부 김세렴의 영향일지도 모른다. 일찍이 김세렴은 1636년[31] 일본에 사신으로 갔을 때 사행(使行)의 모든 일정을 자세히 기록하여 『해사록(海槎錄)』을 남기고, 이원진은 1653년[32] 제주목사 재임시 제주도의 풍속·지리 등을 종합적으로 기록하여 『탐라지(耽羅志)』를 편수(編修)한 바 있다.

어쨌든 생활 전선에서 벗어나 자주 유람 길에 나선다는 것은 그만큼 여유가 있지 않고서는 어려울 터이다. 반계는 개인적으로는 어려서 부친을 잃는 등 불우했지만, 결국은 조상과 친지의 덕으로 나름대로 경제적 생활에는 큰 지장이 없었던 것으로 보인다. 사실 반계는

---

31 반계가 15세 때, 병자호란이 일어나던 때이다. 고모부 김세렴이 일본에 사신으로 갔던 까닭에, 반계는 고모부 집안 식구도 같이 모시고 피난을 갔었다.
32 반계가 32세 때, 화도사(和陶辭)를 읊으며 부안의 우반동으로 내려가던 해이다.

조상이 남긴 덕으로 의식(衣食)을 누리고 있으니, 이는 공후(公侯)의 낙이다. 나는 세상에 공덕(功德)도 없으니, 죽음을 면하고 사는 것만으로도 이미 아주 과분한 것이다.[33]

고 하여 자신의 여유로운 삶이 조상 덕임을 토로한다. 그러고는

하늘이 사농공상(士農工商)의 사민(四民)을 냈으니 각기 자기의 직분이 있다. 나는 조상의 음덕을 입어 편안히 앉아서 죽을 먹으니, 이는 천지 사이에 한 마리의 좀이다. 마땅히 선왕의 도를 강구하여 내 선비된 자의 본분을 다할 뿐이다.[34]

고 하여, 조상과 세상에 대해 부끄럽지 않게 선비로서의 본분을 다할 것을 다짐한다. 이러한 경제적 조건이 반계가 학문에 전념하고, 마음대로 주유산수할 수 있는 토대가 되었다고 볼 수 있는 대목이다.

조상의 선영이 여기저기 흩어져 있어 그곳을 다니느라 혹은 이거(移居)해 살면서 서울·경기·충청 일원의 산천 지리를 익힐 수 있었고, 고모부인 동명 김세렴이 관찰사를 하는 덕에 함경도·평안도 일대를, 또 친척 형이 경상도에서 벼슬하는 김에 영남을 돌아볼 수 있었다. 이러한 경험이 나중에 지리서(地理書)를 편찬하는 데 직접적인 도움이 되었을 것이다.

「연보」를 통해 반계가 전국을 답사 다닌 기록을 정리하면 다음과 같다.

---

33 梁墍, 「磻溪柳先生行狀」, 영인본 589쪽.
34 洪啓禧, 「傳」, 영인본 520쪽.

서기	나이	답사 기록
1642년	21	○ 지평현(砥平縣) 화곡리(花谷里)의 조상의 묘소 아래로 옮겨가 살다 ○ 겨울에 아들 하(昰)가 태어나다
1643년	22	○ 여주(驪州)의 백양동(白羊洞)으로 옮겨가 살다 ○ 겨울, 함흥으로 동명(東溟) 김 선생(金先生)을 찾아뵙다. — 당시 동명 선생은 함경도 관찰사였는데, 바로 뒤에 평안도 관찰사를 제수 받았다. 선생은 이번 행차에서 관서(關西)·관북(關北)의 산천을 마음껏 살펴보고 돌아왔다.
1647년	26	○ 금천(衿川) 안양동(安養洞)을 유람하고, 불사비(佛師碑) 뒤에 글을 쓰다
1648년	27	○ 봄. 영남(嶺南)을 유람하다. — 당시 외형(外兄) 조송년(趙松年)이 금산(金山)의 수령이었다. 이에 영남에 가서 산천을 두루 살피고 세상을 피해 숨을 만한 곳을 찾았다. ○ 4월. 어머니 이 부인(李夫人)의 상을 당하다.
1650년	29	○ 가을. 한강 이남과 호서 지방을 유람하다가 방향을 돌려 원주 지평까지 갔다가 돌아왔다.
1651년	30	○ 봄. 금강산을 유람하다. ○ 5월. 할아버지 참판공(參判公)의 상(喪)을 당하다.
1653년	32	○ 복상(服喪)의 기간이 끝나다. ○ 도연명(陶淵明)의 「귀거래사(歸去來辭)」를 차운(次韻)하다. — 선생은 국가가 치욕을 입고, 중국이 망했을 때부터 당세(當世)를 즐거워하지 않아 매번 멀리 은거할 뜻이 있었는데, 「귀거래사」를 차운하여 그 뜻을 내보였다. ○ 관악산 영주대(靈珠臺)를 유람하다. 「유선사(遊仙辭)」를 지었다. ○ 겨울. 부안현(扶安縣) 우반동(愚磻洞)으로 이거(移居)하다.
1657년	36	○ 봄. 서울에 갔다. — 선생은 우리나라의 지세(地勢)에 유의하여 왕래할 때마다 다른 길을 택해 다니면서 산천을 두루 살피고, 그 길의 원근(遠近)과 경계 방비의 평탄함과 험준함을 요약하여 기록하였다.

1657년	36	○ 가을. 호남(湖南)을 두루 유람하고 남쪽 해안을 따라 돌아왔다.
1658년	37	○ 8월. 남쪽 지방을 유람하다. 추월산(秋月山) 등을 구경하고 돌아오다.
1659년	38	○ 9월. 다시 호남의 여러 곳을 유람하고 한 달 넘겨서 돌아왔다.
1661년	40	○ 정월. 영남에 가다. 그로 인해 영남과 호남의 산천을 두루 돌아보고 돌아오다.
1663년	42	○ 봄. 선영에 가서 참배하고 돌아오다. 부안으로 돌아오다. ─ 과천(果川)·지평(砥平)·여주(驪州)·죽산(竹山) 여러 곳의 선영이다. ○ 11월. 호남의 담양 등지를 유람하다.
1673년	52	○ 3월 19일 인시(寅時). 선생은 우반(愚磻)의 정침(正寢)에서 돌아가시다.

위의 기록에서 보듯이, 반계는 틈만 나면 전국 곳곳을 돌아다녔고, 가는 곳마다 지세 등을 꼼꼼히 살피며 모든 것을 기록했다. 실지 답사를 통한 실증(實證)으로 그곳에 맞는 올바른 이치를 강구하기 위함이었다. 말하자면, 반계의 주유산수(周遊山水)는 단순한 행락이 아니라 실사구시(實事求是)의 체험이었다. 이렇게 하는 데는 시간이 많이 걸릴 수밖에 없다. 『수록』이 31세에 시작해서 49세에 완성된 까닭이 여기에 있다. 반계의 이러한 작업이 얼마나 주도면밀하고 합리적이었는가는 다음의 일례를 보더라도 충분히 알 수 있다. 다음은 정조(正祖)가 반계에게 성균관 좨주를 증직하면서 내리는 교서(敎書)이다.

고 처사 증(贈) 집의 겸 진선(執義兼進善) 유형원은 그가 지은 『반계수록(磻溪隨錄)』의 보유편(補遺編)에서, "수원 도호부(水原都護府)에 광주

(廣州) 아래 지역인 일용면(一用面) 등을 더해 주고 치소(治所)를 평야로 옮겨 내를 끼고 지세를 따르도록 하면 읍성(邑城)을 지을 수 있다. 거기에다 읍치의 규모와 평야의 대승(大勝)을 더하면 진실로 대번진(大藩鎭)의 기상을 가진 땅이 될 것이니 안팎으로 1만 호를 수용할 수 있을 것이다" 하고, 또 말하기를, "성을 쌓는 부역은 향군(鄕軍)이 정번(停番)하면서 내는 재물로 충당해야 한다" 하였다.

대개 그 사람은 유용한 학문으로 경제(經濟)에 관한 글을 지었던 것이다. 기이하도다. 그가 수원의 형편(形便)을 논함에 있어 읍치를 옮기자고 한 계획과 성을 쌓자고 한 방책은 100년 전에 살았으면서도 오늘날의 일을 환히 알았던 것이니, 면(面)을 합치고 정번에서 나오는 재물을 쓰자고 하는 등의 세세한 절목과 일에 있어서도 모두 병부(兵符)처럼 딱 들어맞았다. 그의 글을 직접 읽고 그의 말을 응용하였다 해도 오히려 대단한 감회가 있다고 할 것이다. 그런데 그의 글을 보지 못했는데도 본 것과 같고 그의 말을 듣지 못했는데도 이미 응용하였으니, 그 사람이 품고 있던 바가 실로 풍부하였던 것이다. 곧 이 화성(華城) 한 가지 일은 나에게 있어서는 아침저녁으로 만나게 된 것이라 할 만하다.[35]

정조가 화성(華城) 건설을 위해 많은 공을 들인 것은 주지의 사실이다. 정조는 기회를 만들어가면서까지 수원 나들이를 하고 주변의 정세를 주도면밀하게 파악했는데, 『반계수록』을 보니 자신의 구상과 부절처럼 정확하게 들어맞는다고 감탄하고 있다. 반계가 수원 일대의 지세를 정확하게 파악하지 않고서는 제시할 수 없는 이야기이다.

반계는 이처럼 전국을 한편으로는 유람하며 한편으로는 답사를 하고 있었으니, 그 유람은 실사구시적 답사였고, 그 결과는 정책을 제시하는 저술로 나타났던 것이다.

---

35 『弘齋全書』 卷三十四, 敎五, 「故處士柳馨遠加贈祭酒敎」. 한국고전번역원 번역서에서 인용함.

2) 실증적(實證的) 저술 활동

정책을 제시하는 저술만 실증적이고 실사구시적인 것이 아니다. 반계의 저술은 역사이든, 지리이든, 언어이든 모든 영역에서 정확한 논거와 고증을 바탕으로 작업이 진행되었다.

반계의 실사구시적 방법에 대해 홍계희는 "책에 대해서는 예전 사람들의 말을 그대로 받아들여 사수(死守)하는 것이 아니라, 반드시 현재에 맞는지 헤아려 보고 옛날에 그런 것은 있었는지 고증해 보며, 마음으로 깨달은 다음에는 실제의 일에 적용해 보고, 생각하고 또 생각하여 최후의 세밀한 것까지를 연구하였다"[36]고 했다. 반계의 모든 저술이 이런 과정을 거쳐 탄생된다.

「연보」에 의하면, 반계의 저술 작업은 31세 때부터 본격화된다. 『수록』의 초고를 시작하는 해가 이때이다. 반계의 저술 활동을 연대순으로 정리해 보면 다음과 같다.

서기	나이	저술 활동
1652년	31	①『정음지남(正音指南)』: 우리나라 한자음을 중국의 원음과 맞추기 위한 것. 중종조(中宗朝)에 최세진(崔世珍, 1473~1542)이 편찬한 『사성통해(四聲通解)』의 주해(注解)를 없애고, 오로지 음운(音韻)만을 밝혀서 살펴보기에 편하게 했다. ②『수록』의 초고(草稿)를 시작하다.(완성은 49세)
1656년	35	①『동국지지(東國地志)』: 반계는 평소 사군(四郡)·삼한(三韓)·대방(帶方)·국내(國內)·환도(丸都)·졸본(卒本)·개마(蓋馬)·대산(大山)으로부터 삼국의 지계(地界)에 이르기까지 우리나라 역사에는 아직 정설(定說)이 없다고 여겼다. 이에 중국 역대의 여러 역사책 및 지지(地志)와 우리나라 문헌 중에 고찰해 볼만한 것을 두루 취해서 각각 땅을 나누어 이 책을 만들었다.

---

36 洪啓禧, 「傳」, 영인본 520쪽 하단.

연도	나이	내용
1656년	35	②『여지지(興地志)』: 역시 우리나라의 지지(地志)는 참고하여 의거할 만한 것이 없다고 여겨서 만든 책. 비록『여지승람(興地勝覽)』한 책이 있으나, 오로지 시문(詩文)만을 취했고 또 승람(勝覽)이라는 이름도 옛사람이 지지(地志)를 만든 뜻을 이미 잃어버렸다고, 반계는 생각한다.
1662년	41	○『중흥위략(中興偉略)』: 초고를 시작하다. 반계 생전에 책은 완성되지 못했다. 반계는 명(明)의 멸망과 호란(胡亂)에 의한 나라의 치욕이 설욕되지 못함을 늘 한스럽게 여기고 있었다. 글자 그대로 나라의 중흥을 위한 방책을 기술하려는 책이다.
1664년	43	○『동방문(東方文)』『동국문선(東國文選)』: 문장은 도를 표현하는 수단이어야 한다는 '재도론(載道論)'적 문학관에 입각하여 역대 문장을 가려 뽑아 편찬한 책이다. 반계는 당시 우리나라에 남아 있는 문장이 도와 상관없이 하나의 기예(技藝)로 전락한 것에 한탄한다. 그래서 이 책은 우리나라(동방)의 문장을 널리 구하고, 그중에서 정치·교화(敎化)와 서로 통하는 문장을 선택해서 하나로 묶었다. 이 글을 읽고 정교(政敎)와 작품이 선왕의 도로 일관됨을 느낀다면, 한낱 기예에만 매달려 문장을 지으려는 부화(浮華)함으로부터 벗어나, 글을 통해 덕의(德義)가 충만해지는 실질(實質)을 얻게 될 것이라는 기대를, 반계는 갖고 있었다. 그런 기대가 실현된다면, 지금이 곧 삼대이고, 조선이 곧 중국이다. 즉, 반계는 '재도지문(載道之文)'에는 고금(古今)과 화이(華夷)의 차이가 없다고 생각한다.
1665년	44	①『동국사강목조례(東國史綱目條例)』: 우리나라 역사 기술에 있어서 기사(記事)의 올바른 조례(條例)가 없음을 안타깝게 여겨서, 주자의『자치통감강목(資治通鑑綱目)』을 본보기로 삼아 우리의 상황에 맞게 몇 가지 조례를 시범적으로 만들어 놓은 책이다. ②『동사괴설변(東史怪說辨)』: 반계는 우리나라 역사의 설화 등을 괴설(怪說)이라 생각하고 그를 병폐로 여겨 조목마다 논변하여 별도로 한 편의 글을 만들었다. ③『역사동국가고(歷史東國可考)』:『사기(史記)』·『한서(漢書)』이래로 역대의 사전(史傳) 및『통전(通典)』[37]·『통고(通考)』[38] 등

---

37 당(唐)나라의 재상(宰相) 두우(杜佑, 735~812)가 편찬한 제도사(制度史). 예(禮)에 자세하다.

1665년	44	의 책에서 우리나라 관련 기사(記事)를 뽑아 정리했다. 북이(北夷)와 왜(倭)는 땅이 서로 이어져 가깝고, 역사적 사건도 간혹 상고할 만한 것이면 또한 아울러 기재했다. ④ 『속통감강목의보(續通鑑綱目擬補)』: 『속통감강목(續通鑑綱目)』에서 소홀한 것을 보강한 것. 그러나 순암(順菴)은 「연보」를 작성하면서, 이것이 어느 때 지은 것인지는 불분명하지만, 이곳에 적어 둔다고 밝혔다. 이해에 특별히 역사 관계 저술이 많은 것으로 보아 이해의 작품일 가능성이 충분히 있다고 보인다.
1667년	46	○ 『주자찬요(朱子纂要)』: 『주자대전(朱子大全)』에서 시문(詩文)을 가려 뽑았는데 모두 15권이다. 옛날 주석에는 잘못된 곳이 많아 또한 바로잡았다.
1669년	48	○ 『도정절집(陶靖節集)』: 특별히 선본(善本)을 얻어서 편찬했다.
1670년	49	○ 『수록』이 완성되다.(초고 시작은 31세)
1671년	50	○ 향음주례절목(鄕飮酒禮節目)을 정하다.

이 밖에도 「언행록」에 의하면, 『이기총론(理氣總論)』·『경설(經說)』 등이 있다.[39]

이처럼 언어·문학·역사·지리·철학·경세(經世) 등 다방면에 많은 저술을 남기고 있는데, 안타깝게도 『수록』 이외에는 남아 있는 것이 없다. 그나마 순암(順菴) 안정복(安鼎福, 1712~1791)의 친필 사본으로 남아 있는 몇 개의 단편적인 자료와 「연보」가 반계를 연구하는 데 많은 도움을 준다.

---

38 『문헌통고(文獻通考)』를 말한다. 중국 송말(宋末), 원초(元初)의 학자 마단림(馬端臨)이 편찬한 제도와 문물사(文物史)에 관한 저서. 당(唐)나라의 두우(杜佑) 저작인 『통전(通典)』, 송나라의 정초(鄭樵) 저작인 『통지(通志)』와 아울러 3통(三通)이라 불린다. 『통고(通考)』는 경제 제도에 대해 자세하다.
39 「언행록」, 『잡고』 288쪽 참조.

3. 반계의 품성과 가치관

1) 불인인지심(不忍人之心)의 호생지덕(好生之德)

불인인지심(不忍人之心)이란 『맹자』 「공손추(公孫丑)」에 나오는 말이다. '남에게 차마 하지 못하는 마음' '남의 고통을 보고 견디지 못하는 마음' 정도로 번역할 수 있는데, 맹자가 이 말을 쓰기 위해서 내세운 예가 '우물에 빠지는 아이'였다. 아무것도 모르는 어린아이가 엉금엉금 기어가다 우물에 빠지려는 찰나, 사람들은 놀라고 안타까워서 조건 없이 그 아이를 구해 주는데, 이때 가지는 마음이 불인인지심(不忍人之心)이라는 것이다. 어린아이의 불행을 차마 볼 수 없는 이 마음이 어린아이의 생명을 건져낸다는 점에서, 이 불인인지심(不忍人之心)은 '살리기를 좋아하는 덕〔호생지덕(好生之德)〕'이다.

반계는 이 '불인인지심', 곧 살리기를 좋아하는 호생(好生)의 덕(德)이 누구보다도 충만했다. 어려서부터 풀 한 포기 나뭇가지 하나 차마 꺾지를 못하고, 생명 있는 동물들을 함부로 대하지 않은 의젓한 아이였다.[40]

먹을거리가 풍부한 우반동에 은거한 후, 생선과 게 등 별미를 볼 때마다 일찍 여읜 어버이 생각이 더욱 간절했다. 어버이가 살아 계신다면 이 맛있는 것들을 다 드실 텐데, 어버이 살아 계실 때는 이런 것을 드실 기회가 없었는데…… 하는 생각에 눈물 흘리며 차마 먹지를 못했다. 누이가 우반동에서 같이 살았으면 하는 아쉬움을 늘 가지고 있던 반계는, 서울에 살고 있는 누이가 생활하는 데 지장이 없도록 곡식을 대주는 일도 잊지 않았다.[41]

반계는 우반동에 들어온 후 서울을 자주 왕래한 편이었다.[42] 집안

---

40 「연보」 4세조 참조.
41 「연보」 32세조 참조.

대소사를 챙긴다든가, 혹은 집필 작업상 필요한 때 서울을 다녀왔다. 이때 꼭 지나치는 데가 신창진(新倉津)이다. 이곳은 익산·김제 지역의 우각호(牛角湖)와 배후습지를 형성하며 흘러오던 만경강이 머무는 곳이다. 만경강은 우리나라 하천 중에서도 바닷물의 변화가 생생하게 살아 있는 대표적인 감조하천(感潮河川), 즉 밀물과 썰물의 영향을 받는 하천이다. 그래서 물때를 잘못 만나면 이곳은 늘 위험하다. 반계는 서울을 왕래하면서 신창진의 심술을 곧잘 받아들여야 했다.

한번은 이런 일도 있었다.[43] 신창진을 건너는데, 이때 물 한가운데서 폭풍을 만나 노가 부러지고 배가 뒤집히려 하자, 뱃사공은 구할 수 없음을 알고 저 혼자 헤엄쳐서 갔다. 사람들이 모두 실색(失色)했으나, 반계 혼자만이 태연하게 두려운 기색이 없었다. 조금 있다가 이웃해 있던 배가 와서 구해 주어 잘 건넜다. 이렇게 신창진의 물은 반계를 어찌하지는 못했지만, 늘 사람들을 혼내곤 했다.

우반동에 들어온 지 2년이 지나 처음 서울 나들이 길에서 돌아오던 날도 신창진에서는 사고가 있었다. 반계가 신창진에 막 도착했을 때, 사람과 말을 가득 싣고 가던 배 한 척이 중간쯤 가다가 부서져 모두 물에 빠졌다. 반계는 급히 상류의 배 두 척을 불러 건져 구하도록 독려했으나, 이미 대여섯 명은 목숨이 끊어졌고, 가슴에 따뜻한 기가 남아 있는 자가 아홉 명이었다. 곁의 하인들이 업고 가까운 마을로 들어가서 젖은 옷을 벗기고 다른 옷으로 갈아입히는 한편, 죽을 끓여 먹이고 밤새 치료를 하도록 했다. 정성을 다한 결과 다음 날 모두 살아났다. 반계는 그들이 깨어나는 것을 본 뒤에야 그곳을 떠났다.

---

42 「연보」에 의하면, 부안에 살면서 도합 아홉 차례 정도 이래저래 서울을 드나들었음이 확인된다. 34세 겨울, 36세 봄, 37세 12월, 39세 8월(겨울에 돌아옴), 41세 11월(겨울 나고 봄에 돌아옴), 42세 9월(외삼촌 이원진 장례 참석), 45세 3월〔고모 상(喪)〕, 47세 정월, 49세 2월.
43 반계 49세 때의 일이다.

반계가 50세 되던 해에 전국적으로 큰 기근이 들었다. 반계는 혜성(彗星)의 흐름을 관찰하고 기근이 들 것을 미리 예견하고는, 동네 사람들에게 대비책을 세우도록 조언했으나 사람들은 믿지를 않았다. 한편 반계는 가축을 팔아 곡식을 사들이고, 최대로 절약하면서 생활하는 등 기근에 대비했는데, 정말로 큰 기근이 들었다. 팔도에 굶어 죽은 시체가 서로 베개를 하고 누워 있고, 먹을 것을 찾아 떠도는 백성들이 길을 메웠다. 반계는 비록 준비를 철저히 해 놓았지만, 밥을 적게 먹기 위해 반찬도 두 가지 이상 손대지 않았고, 최대한 곡식을 남겨 힘써 보존해서 친척과 마을 사람들에게 나누어 주었다. 심지어는 떠돌이 거지에 이르기까지 정성을 다해 대접하고 구제했다. 당시 사람들이 황급하게 기물(器物)과 의복가지 등을 다투어 가지고 와서 밤낮으로 문을 가득 메우고 곡식 팔기를 요구했으나, 반계는 그를 물리치고 모두 곡물을 주어 보냈다. 행여 집안사람들이 시세를 틈타 이익을 노릴까봐 식구들이나 노복들을 엄하게 단속했다.[44]

그 마음 씀씀이와 사람을 사랑함이 이와 같았다. 어디 사람뿐이랴. 어려서 풀 한 포기 나뭇가지 하나 함부로 꺾지 못하고, 생명 있는 짐승들을 함부로 다루지 않던 반계였다.

「언행록」에 의하면, 일찍이 죽림원(竹林院)에 앉아 있는데, 큰 사슴이 산지기에 쫓겨 마당으로 뛰어 들어오자, 사슴을 감추어 두도록 하고는 날이 어두워지자 놓아주었다.[45]

「연보」에는, 무신년에 새끼 밴 사슴 한 마리가 사냥꾼에게 쫓겨 선생이 누워 있는 방안으로 뛰어 들어왔는데, 선생은 끈으로 옷 시렁에 붙들어 매 놓았다가 다음 날 놓아주었다고 기록하고 있다.[46]

---

44 「연보」 50세조 참조.
45 「언행록」, 『잡고』 286쪽.
46 반계의 장례 기사에 의하면, 반계 47세 때의 일이다.

「언행록」과 「연보」의 기록이 같은 사건을 약간 다르게 기록한 것인지, 별도의 사건인지는 잘 모르겠으나,[47] 어쨌든 생명 있는 미물을 사랑함이 이와 같았다. 「연보」에 기록된 반계의 장례 기사를 보면, 죽산 선영으로 모시기 위해 초빈(草殯)하는 날, 수많은 사슴 떼가 몰려와 서성였다고 한다.

생명 사랑은 동물뿐만 아니라 식물도 그 대상에서 예외가 아니었다. 어느 날 어린아이가 시를 지어 동산에 있는 대나무 줄기에 그것을 새기자 "이는 공경하고 삼가는 도(敬愼之道)가 아니다"라고 훈계한다.[48]

반계의 덕행(德行)이 이랬다. 자(字)가 괜히 덕부(德夫)가 아니었다. 신창진에서의 일이나, 이 기근 구제의 일이나, 미물인 사슴을 살려 주는 일이나, 모두 불인인지심(不忍人之心)이 일관되게 발휘되는 반계의 아름다움이었다.

이처럼 반계는 천성이 '생명 살림'이 충만한 인자(仁者)였다. 그런 점에서 반계는 '살림살이'를 기본적으로 잘할 수 있는 품성을 타고났다. 이 '생명 살림'의 마음이 민족과 나라를 살리는 큰 '살림살이'로 전개된 것이 『수록』에 담긴 실학적(實學的) 사고라 할 수 있을 것이다.

반계는 진정한 '살림꾼'이었다.

2) 경(敬)의 삶

일찍이 스물한 살 때 사잠(四箴)을 지어 자신을 단속한 바 있거니와, 우반동에서의 삶은 이 사잠을 철저하게 실천하는 생활이었다. 일상은 늘 이랬다.

어둑새벽 일찍 일어나 침구를 정리하고 방을 깨끗이 청소한다. 관

---

47 우반동에 내려오던 해의 기록에 의하면 사슴이 낮에도 마당을 드나들었다니, 다른 사건의 기록일 가능성도 크다.
48 「언행록」, 『잡고』 287쪽.

대(冠帶)를 바르게 하고, 가묘(家廟)에 들러 절을 한다. 사당 문을 들어서면 숨을 죽이고 모든 행동거지에 온 정성을 다한다. 사당 안을 이리저리 살펴보며 깨끗이 청소를 한 후 문을 나선다. 대청에 올라 좌정(坐定)하고 집안일 챙기고는 곧바로 서실(書室)로 돌아간다.

상대를 공경하고 대우하는 일도 남달랐다. 손님이 대문에 이르면 상의(上衣)를 입고 섬돌에 내려와 서서, 손님이 먼저 오르도록 여러 번 사양하고, 집 안에 들어와 자리에 앉으면 절을 하며 맞이한다. 건네는 말은 진실하고 너그럽고 정성어리다. 사람을 만나면, 비록 그가 비천한 사람일지라도, 아주 바보라는 소리를 들을 정도로 언제나 허리를 굽혀 상대를 공경한다. 반계의 생각에 사람은 그저 같은 사람일 뿐이다. 혹 자녀들이 집에서 일하는 사람들에게 말이 불손하면 심하게 꾸짖는다. 옛날 정이천(程伊川)은 불교를 배척하면서도 절에서 부처를 등지고 앉지는 않았음을 떠올리며, 상대를 존중해 주는 일이 중요함을 강조한다. 그래서 높은 양반들이 하인에게 가마를 메게 하는 일은 영 못마땅하다. 이는 사람을 소나 말로 취급하는 것이기 때문이다. 아이들이 곁에 있어도 어른처럼 대해 준다.[49]

이렇게 반계의 일상은 모든 것이 경건함과 공경의 태도, 요컨대 경(敬)으로 일관되어 있었다. 일상이 수양(修養)이요, 수양이 일상이었다. 반계는 주위 사람들에게 늘 이렇게 일깨웠다.

옷이 아름답고 먹는 것이 많으면 혈기(血氣)에 진(疹)이 생기고, 마음이 안일하면 덕성이 어그러지게 되니, 진실로 두려워할 만하다. 교만하고 제멋대로면 패가망신하고, 부지런하고 검소하면 덕이 이루어지고 명예가 선다.[50]

---

49 「언행록」, 『잡고』 285~286쪽 참조.
50 「언행록」, 『잡고』 287쪽.

이 중의 어떤 것들은 요즘 사람들에게 너무 형식의 경건함에 매달리는 것처럼 보일 수도 있을 것이다. 아니, 예쁜 옷 입고 식도락을 즐기면 덕성을 어그러뜨리고, 입을 것 안 입고 먹을 것 참아야 덕과 명예를 얻을 수 있는 것인가? 위 말을 액면 그대로 보면 이렇게 의문이 들 수도 있을 터이다. 과연 그렇기야 하겠는가. 위의 말이 전하고자 하는 메시지는 '외적인 무절제는 결국 내적인 마음의 세계를 황폐화시킨다'는 것이다. 우리는 덕성을 말할 때 일반적으로 내적인 것을 먼저 떠올리는데, 그 내적인 덕성을 잘 간직하기 위해서는 외적인 몸가짐을 잘 유지해야 한다. 내적으로는 이렇게 마음먹고 있으면서 외적으로는 저렇게 행동하는 것이 우리에게는 얼마나 많던가? 안과 밖은 하나이어야 한다. 안팎이 서로 다른 것은 결국 내 자신을 속이는 〔자기(自欺)〕 행위이다. 내 자신을 속이지 않기〔무자기(毋自欺)〕 위해서는 안팎이 하나 되는〔합내외(合內外)〕 수양이 필요하다. 그것을 '내외교양(內外交養)'이라고 한다. 또 다른 말로 하자면 '합내외지도(合內外之道)'라 하며, 그것이 이른바 경(敬)이다. 요컨대 외적인 내 행동을 늘 돌아보며, 그 행동이 내적인 내 덕성에 합치되도록 해야 한다. 그래서 반계는 이렇게 말한다.

> 외모가 가지런하면 속마음도 반드시 잘 꾸며져 있고, 외모가 쭈그러져 있으면 속마음도 또한 제멋대로이다. 그러므로 배움을 행하려면 반드시 정좌(靜坐)를 우선으로 삼아야 한다.[51]

외적인 모든 것이 천방지축이어서는 내적인 것이 가지런해질 수 없다, 그래서 정좌(靜坐)를 통해 내적 평상심을 찾아야 한다……는 것이다. 이 말을 더 정확하게 이해하기 위해서는 다음의 글을 읽을 필

---

51 「언행록」, 『잡고』 287쪽.

반계선생유적지(반계서당터, 출처 부안군청 홈페이지)

요가 있다.

옛사람은 밥 먹고 말할 수 있으면서부터 평상시 기르는 바가 정제(整齊) 공숙(恭肅)이 아님이 없었고, 혹 놀이에조차 게으름 피는 일도 없었으니, 평상시의 삶이 진실로 이미 경(敬)입니다. 【옛사람은 이미 예악(禮樂)으로써 사람을 기르고, 세숫대야〔盤〕·사발〔盂〕·안석〔几〕·지팡이〔杖〕에 이르기 까지 모두 명(銘)이 있고 계(戒)가 있었으니, 이 마음을 잡고 기르는 것이 아닌 것이 없습니다.】 그러므로 그 말이 저절로 이와 같습니다. 지금은 이러한 수양이 없기 때문에, 어려서부터 몸에 배고 보고 듣는 것이 모두 어지러이 뒤섞여 질서가 없어서 편안함과 욕심만을 추구합니다. 그러므로 수습(收拾)하기를 바란다면, 부득불 따로 정(靜)에 전일(專一)할 수 있는 공부를 더해야 합니다. 이것이 정좌(靜坐) 등의 설이 있게 되는 까닭입니다.[52]

옛사람은 따로 정좌(靜坐)를 할 필요도 없이 평상시의 모든 행동, 심지어 노는 것조차 경(敬)이 아님이 없었지만, 지금 사람은 이러한 수양이 없어서 외적인 모든 일상이 안일함과 욕심에 빠져 있기 때문에 정좌가 필요하다는 것이다.

이것이 반계가 외적인 사소한 행동 하나하나를 중시하는 까닭이다. "공부는 마땅히 소홀해지기 쉬운 곳에 삼가야 한다"면서, 문하의 어린아이에 대해서도 "옷매무새가 단정하지 못하면 마음이 바르지 못하다"든지 "청소를 말끔히 하지 않은 것은 마음이 성실하지 않은 것이다"든지 하여,[53] 평소의 작은 생활 태도 하나하나가 마음을 다스리는 공부임을 일깨우고 있다.

당연히 이러한 생활 태도는 준법 정신에도 철저할 수밖에 없었으니, 반계는 언제나 세금은 반드시 이웃보다 먼저 내고, 관가에서 소나무를 베지 못하도록 한 금령을 어기는 일이 없도록 노복(奴僕)들을 단속했다.[54]

선악(善惡)은 아주 작은 차이로 갈리지만, 그 결과는 하늘과 땅 차이이다. 그 처음의 갈림길[기미(幾微)]을 살피는 일, 스스로를 속이지 않는 성실한 몸가짐을 갖는 일은 아주 작은 일에서부터 실천해야 하고, 그것이 몸에 배도록 해야 한다는 것이 반계의 생각이다.

3) 화이관(華夷觀)

병자호란은 반계의 화이관에 결정적인 역할을 한 것으로 보인다. 하긴 생각을 해보라. 15세의 어린 나이에 전쟁을 만나 조부모와 모친, 그리고 두 분의 고모를 모시고 피난을 가는 일이 얼마나 고생스러웠

---

52 「答梁退淑」, 『잡고』 110쪽.
53 「언행록」, 『잡고』 287쪽.
54 「언행록」, 『잡고』 286쪽.

으랴.[55] 더구나 도중에 강도까지 만나야 했던 고통을 안긴 이 '호란(胡亂)의 아픈 추억'은 반계에게는 결코 잊을 수 없는 일이리라. 이 피난의 경험은 반계가 청(淸)나라를 적대시하는 데 상당 부분 기여했으리라 본다.

반계는 중원을 지배하는 청(淸)을 중국으로 여기지 않았다. 반계의 관념 속에는 명(明)만이 중국이고 중화(中華)였다. 따라서 중화를 멸망시키고, 조선을 침략한 청(淸)은 오랑캐일 뿐이다. 반계는 명(明)의 멸망을 항상 가슴 아프게 여겼다. 어느 날 아직 명(明)이 남명(南明)으로 명맥을 간신히 유지하면서 영력(永曆) 황제가 사천(泗川)에 도읍했다는 소식을 듣고는 감격하여 다음과 같은 시구(詩句)를 남기기도 한다.

멀리서 바다 밖 외로운 신하의 눈물을
바다 끝 황제 땅 언저리에 뿌린다.[56]

그래서 중국 사람을 만나기만 하면 시를 지어 주면서 슬픔을 표현했다. 다음의 두 수는 중국인 계수진(季守眞)이라는 사람에게 준 글이다.

나라 안은 온통 병란(兵亂)뿐
그대 상국 사람을 슬퍼한다.
긴 노래에 괴로운 뜻 많으니
언제쯤 봄날을 볼까.[57]

아직 명(明)이 남명(南明)으로 청(淸)과 대적하고 있는 상황이긴 하지

---

55 「연보」 15세조 참조.
56 「언행록」, 『잡고』 291쪽, "遙將海外孤臣淚 / 添灑重冥日馭邊"
57 「언행록」, 『잡고』 288쪽, 「贈季守眞中國人」, "海內風塵滿 / 嗟君上國人 / 長歌多苦意 / 幾日見陽春"

만, 천하의 대세는 이미 결판났음을 슬퍼하는 시이다.

또 한 수가 있다.

> 청명이라 좋은 시절 풍연(風煙)이 아름답다
> 넓은 바다 끝이 없어 바라보니 하늘인 듯.
> 좌중에 강남 손 뉘신가?
> 슬픈 노래 부르니 생각은 아득 아득.[58]

청명 절기의 아름다운 봄날, 바람이 일자 가없는 바다 위로 연기 같은 바다 아지랑이가 춤을 춘다. 자연은 아름답고 바다는 저렇게 툭 터져 있는데, 그대를 보는 내 마음은 더욱 답답하기만 한 것을 어찌하랴. 반계는 이런 마음이었다.

이렇듯 중국인, 정확히 말해 한인(漢人)은 늘 반계에게 중화(中華) 의식을 일깨우는 대상이었고, 당시 청(淸)이라는 오랑캐에 의해 무너진 중화의 현실은 통탄스러울 뿐이었다.

한번은 중국 북방의 호걸로 세상을 피해 불문(佛門)에 들어가 몸을 숨기고 있던 오공(悟空)이라는 중을 만났다. 아직 등용되지 못하고 초야에 묻혀 있을 당시, 명(明)이 멸망하는 바람에 의탁할 곳이 없어 이리저리 떠돌다가 부안까지 이르고, 반계의 소문을 듣고 찾아온 것이었다. 둘은 몇 날을 중국어로 대화하여 옆의 사람들은 무슨 소리인지도 몰랐으나, 그들이 나눈 이야기는 중국을 일으키고 오랑캐를 물리치는 계책이었다.[59]

반계는 명(明)이 멸망하고 나라의 치욕이 아직 설욕되지 못한 것을

---

58 「언행록」, 『잡고』 288쪽, "淸明佳節好風烟 / 濶海無邊望若天 / 座中誰是江南客 / 一唱商音思眇然"
59 「언행록」, 『잡고』 288쪽 참조.

매우 한스럽게 여겼다. 우반동 시절, 달이 뜨는 밤이면 감상에 겨워 중국어〔漢音〕로 노래하며 거문고를 연주하니 소리가 아름다웠다. 연주 후에는 매번 집 뒤 산꼭대기에 올라가 북쪽을 바라보며 눈물을 닦으니 사람들은 그 까닭을 알지 못했다. 늘 복수와 설욕의 계책을 강구했다. 집에서는 준마를 길렀는데, 하루에 삼백 리를 갔다. 좋은 활과 조총을 집안의 노복과 마을 사람들에게 가르치고 한가로운 날 그것을 연습하니, 모두 묘수(妙手)가 되었는데 그 수가 이백여 명에 이르렀다. 전국의 지리를 답사하면서 그곳의 험한 요새 및 물과 뭍의 역참의 거리를 하나하나 대략이라도 기록했다. 그를 바탕으로 나라의 치욕을 설욕하기 위한 방책을 책으로 엮기 시작했다. 『중흥위략(中興偉略)』이었다. 그러나 이 책은 반계가 생전에 완성하지는 못했다.[60]

반계가 마흔여섯 살 되던 해(1667) 여름, 제주도에 중국 사람이 표류해 왔다.[61]

그간 반계는 중국의 사정이 무척 궁금했다. 반계가 알고 있는 사정은 이랬다. 숭정(崇禎) 갑신년(甲申年, 1644)부터 북경은 몰락하고 홍광(弘光)이 이어 수립되었는데, 남경도 곧 전복되었다. 영력(永曆) 황제가 남방에서 제위에 올랐다는 소문을 듣고 한때 기뻐하기도 했으나, 임인년(壬寅年, 1662)에 영력이 사로잡혔다는 소문을 듣고는 그 사실 여부를 알지 못하고 있던 상황이었다. 이때에 중국 배 한 척이 일본에 장사하러 갔다가 표류하여 제주에 이르렀는데, 도합 95명으로 복건성(福建省) 장주(漳州) 사람들이고 모두 중국 복색(服色)이었다. 그중에 진득(陳得), 임인관(林寅觀), 정희(鄭喜), 증승(曾勝)이라고 하는 네 사람은 글에 능한 자였기에, 반계가 그들에게 가서 만나 보았다. 당시 여러 고을에서 대접한 음식 중에 황권채(黃卷菜)가 있었는데, 중국 사

---

60 「연보」 41세조 참조.
61 이하 「연보」 46세조 참조.

람들은 어떤 음식인지 몰라 그 이름을 물었다. 우리나라 사람들이 우리말의 이름으로 대답하니 중국 사람들이 이해하지 못했다. 반계는 본디 중국어를 알고 있었기에 중국 발음으로 '황떠우야주(黃豆芽葅 : 콩나물 절임)'라고 하니 중국 사람이 크게 기뻐했다. 드디어 선생과 문답하면서 "영력 황제가 남방의 4개 성(省)을 보유하고 있어서 종묘사직이 바뀌지 않았고, 의관(衣冠)도 옛 그대로이며, 지금이 영력 21년이다"라고 말하는데, 그들이 간직한 역서(曆書)를 받아 보니 또한 그러했다.[62] 반계는 그 말을 듣고 아주 기쁘면서도 한편으론 슬퍼하며 시를 지었다.

황가 소식 20년 남짓
오늘에야 처음 들으니 눈물이 옷자락에 흠뻑.
오히려 온전한 의관이 바닷가에 있으니
마땅히 좋은 꾀 내어 군대를 강하게 해야 하리.
천심은 덕을 돌보고 사람은 분발하려 하니
오랑캐 운세 망조 드리우고 도적들 쉽게 없어지겠네.
이제 우리 황제 구업을 회복하고
언젠가 훌륭히 무려를 다스리리.[63]

북경의 명(明)은 멸망했으나 남쪽에 명(明)의 명맥이 그대로 이어지고 있어서, 만족(滿族)의 복장을 하지 않고 한족(漢族)의 의관을 그대로 하

---

62 역사적 사실로는 1662년에 남명은 완전히 멸망한다. 그때가 영명왕(永明王) 곧 영력 16년이니까, 반계가 이들을 만난 1667년이 영력 21년임은 계산상으로는 맞는 이야기라 볼 수 있다. 이는 그 상인들이 남명의 멸망을 인정하지 않든가, 아니면 일본에서 오랫동안 머물러 옛 복장을 그대로 하고 있는 등 아직 최근 국내 소식에 어둡던가 하는 원인일 수도 있을 것이다.

63 「연보」 46세조, "皇家消息廿年餘 / 今日初聞淚滿裾 / 尙有衣冠全海甸 / 應勤謀略壯戎車 / 天心眷德人思奮 / 胡運垂亡賊易除 / 從此吾皇恢舊業 / 幾時奇烈勒巫閭"

고 있는 것을 눈앞에서 보니, 반계는 너무 감개무량한 것이다. 또,

    문득 황가 소식 얻으니

    기쁘기가 부모 돌아오신 듯.

    황제의 연호 세상에 있으니

    성덕은 꼭 다시 회복되리.

    너무 기뻐 눈자위 눈물 고이고

    마음 아파 뼈는 꺾이려 하네.

    출사표 길게 읊조리고

    눈물 흩뿌리며 북두칠성 바라본다.[64]

현재 영력 21년이라니, 아직 한력(漢曆)을 그대로 쓰고 있다니, 반계는 그저 기쁨에 겨워 눈물을 흘릴 뿐이다.

이때 중국인은 조정에 글을 올려 실정(實情)을 아뢰고 고향에 돌아가기를 원했는데, 결국 북경으로 보냈다.[65] 이들의 소원대로 고향에 못 보내고, 청(淸) 관할의 북경으로 보내는 조선의 사정에 반계는 또 한 번 통탄해 마지않았다.[66]

이 두 수의 시를 보면 반계는 완전히 친명(親明) 사대주의자 같다. 친명배청(親明排淸)적 사고는 15세 때 병자호란의 영향도 클 것이다.

그러나 반계가 맹목적으로 명(明) 자체를 그리움의 대상으로 삼는 것은 아니다. 반계에게 명(明)은 중화(中華)의 상징이다. 중화는 고대 성인의 예악(禮樂)·문물(文物) 곧 도(道)가 실현된 사회 혹은 그 도 자체를 의미한다. 따라서 중원 땅이라 해서 모두 중화가 되는 것은 아

---

64 「연보」, 46세조, "忽得皇家信 / 歡如父母廻 / 蒼天存漢曆 / 聖德必重恢 / 喜極眶先淚 / 心傷骨欲摧 / 長吟出師表 / 霑灑望河魁"

65 이상, 「연보」 46세조 참조.

66 「언행록」, 『잡고』 291쪽.

니고, 도가 무너지면 그 땅은 이미 중화의 세계가 아니다. 명(明)이 멸망할 수밖에 없었던 것도 이미 중화의 기능이 상실되어 오랑캐와 다름없기 때문이라고 반계는 생각했다. 명의 멸망 이유를 반계는 대체로 다음과 같이 정리했다.

첫째, 명(明)의 법(法)은 작은 일에도 지나치게 가혹하여 사람 죽이는 일을 능사로 삼는다. 둘째, 붕당(朋黨)이 심하고, 셋째, 예(禮)가 무너졌고, 풍속이 음란하다. 그래서 땅은 중화이지만, 그곳에 사는 사람은 오랑캐와 다름없으니, 기질이 같은 오랑캐가 오랑캐를 불러들이는 것은 자연스런 이치이다. 천하의 원기(元氣)가 크게 상한 까닭에 다시 소생하기가 쉽지 않을 것이다. 더구나 호걸의 봉기도 없다.[67]

이처럼 명(明)은 이미 중화가 아니고 오랑캐이며, 오랑캐로서 오랑캐를 불러들인 것은 필연이라는 것이다.

이를 감안하면 『반계수록』의 집필 목적은, 소극적 의미에서는 조선의 부국강병을 꾀하는 것이지만, 더 적극적 의미에서는 기대할 수 없는 명(明) 대신에 조선에 중화를 건설하기 위함이라고 볼 수 있다.

어쨌든 이러한 반계의 화이관은, 뒤에 일어나는 북학파의 그것과는 달리, 당시 집권 세력인 노론 일파의 화이관과 동일해 보인다. 즉 화이(華夷)를 나누는 기준이 문화(文化) 정도의 차이라는 점, 그리고 그 연장선에서 친명배청(親明排淸)이라는 정서적 유대감을 갖는다는 점은 분명히 동일하다. 그러나 방법론에서 결정적으로 차이가 난다. 당시 집권 세력은 북벌론(北伐論)의 카드를 내밀었지만, 반계는 기본적으로 국력 신장에 초점을 맞추고 있다. 사실 뒤에 북학론자들이 북벌의 허구성을 누누이 설파하지만, 반계는 이미 그것을 간파하고 부국강병의 대책을 강구한 것이다. 그 결정체가 『반계수록』임은 재론의 여지가 없다.

---

67 「언행록」, 『잡고』 290~291쪽 참조.

뒷날 연암(燕巖) 박지원(朴趾源, 1737~1805)이 북벌의 허구성을 통렬하게 꾸짖으며 북학을 주상할 때, 허생(許生)의 입을 빌려 "유형원(柳馨遠) 반계거사(磻溪居士)는 넉넉히 군량을 나를 만하였으나 저 해곡(海曲)에서 서성대고 있지 않았던가"〔「허생전(許生傳)」〕라고 통탄하였는데, 이는 반계 화이관의 본질을 정확하게 꿰뚫은 평가라고 할 수 있다.

제 **2** 부

반계의 사상

제1장 반계의 철학 사상: 성리학적 견해

1. 이기론

1) 리(理)와 기(氣)의 개념

우선 반계는 이전 학자들의 이기설에 대해서 전적으로 수긍하지 않았다. 이는 당시 학자들이 사승(師承) 관계에 의해 스승의 학설을 고수하는 풍토와는 좀 다르다. 예컨대 퇴계학파는 퇴계의 설을, 율곡학파는 율곡의 설을 존숭하는 것이 상례였는데, 반계는 특별한 사승 관계가 없어서인지는 몰라도 어느 한 설에 얽매이지 않았다. 자신이 생각해 보고, 사실에 증험해 보아 옳다고 생각되는 부분만 취했다. 이런 과정 속에서 반계 나름의 일정한 취향은 있었다. 다음의 말을 보자.

이기설은 선유(先儒)들이 논한 것이 많고, 또한 일찍이 여러 번 가르침을 받았으나 여전히 의문을 없앨 수 없습니다. (중략) 왕왕 소강절(邵康節)의 글을 읽으면서, 기뻐할 만한 점은 깨닫지 못했으나 질서정연함이 있는 것 같기는 했고, 나정암(羅整菴)과 서화담(徐花潭)의 이론에 대해서는 의심스러웠으나 또한 그것이 그런 게 아니라는 것을 분명하게 하지는 못했습니다. 주자의 설에 이르러서는 바로 의심스러운 것이 많아서 반복해서 그를 생각해 보았는데, (이기를) 하나의 물건〔一物〕이라 생각하면 분명히 하나가 아니고, 두 개의 물건〔二物〕이라 생각하니 둘로 될 수가 없습니다. 그러나 그를 하나라고 하면 합일의 묘를 볼 수가 있지만, 둘이라고 하면 사실적으로 둘이 됨을 볼 수가

與鄭文翁 東櫟 論理筆書

반계 유형원의 성리설 자료(순암 안정복의 친필 사본. 출처『반계잡고』)

없습니다.[1]

소강절(邵康節, 1011~1077. 이름은 雍), 나정암(羅整菴, 1465~1547. 이름은 欽順), 서화담(徐花潭, 1489~1546. 이름은 敬德), 주자(朱子, 1130~1200. 이름은 熹) 4인에 대한 반계의 관점이다. 주자에 비해 앞의 3인에 대한 관점에 주의를 기울일 필요가 있다. 그들에 대해 100% 만족하는 것은 아니라 하더라도, 그렇다고 그들이 딱히 틀렸다고 확실하게 논변하기도 어렵다는 것이다. 그에 비해 주자의 이기설은 너무 의심스럽다는 것이다. 바꾸어 표현하면, 소강절, 나정암, 서화담 등의 이론이 반계에게는 상당히 설득력이 있다는 이야기가 된다. 이들의 어떤 점이 그러할까? 반계가 이들로부터 시사 받는 공통점은 무엇일까? 반계의 언설(言說)을 통해 그것을 추출해 보자.

반계는 "소강절의 물리(物理)에 대한 학문은, 물(物)을 보고 그 이치를 알아내고, 물(物)을 완상하여 그 묘함을 얻는다"[2]고 하여, 소강절의 특징을 '물리의 학문'이라 규정짓는다.

나정암에 대해서는 따로 「잡록(雜錄)」[3]을 만들어 놓고 참고할 만큼, 반계가 그로부터 받은 영향은 컸다. 반계가 「잡록」에 정리해 놓은 정암의 글―이는 『곤지기(困知記)』이다―을 보기로 하자.

① 대개 천지를 통하고 고금을 꿰뚫어 하나의 기(氣)가 아님이 없을 뿐
    이다. 기는 본래 하나인데, 한번 움직이면 한번 고요하고, 한번 가면

---

1 「與鄭文翁東稷論理氣書」, 『잡고』 72~73쪽, "理氣之說, 先儒論之多矣,, 亦嘗屢蒙誨諭, 而猶不能無疑…往往讀康節之書, 自不覺其可喜, 似有秩然者. 於整菴花潭之論, 不能無疑, 而亦未明其不然. 至於朱子之說, 則直是可疑者多, 思之反覆, 以爲一物, 則明是非一, 以爲二物, 則不成爲二. 然一之方見合一之妙, 二之未得爲二之實."
2 「與鄭文翁東稷論理氣書・別紙」, 『잡고』 82쪽, "康節物理之學也, 觀物而知其理, 玩物而得其妙."
3 『잡고』 115~121쪽에 실려 있다.

한번 오며, 한번 닫히면 한번 열리고, 한번 오르면 한번 내리니, 순환(循環)이 끝이 없다. 미미함이 쌓이면 드러나고, 드러나면 다시 미미하게 되어, 사철의 온(溫)·량(凉)·한(寒)·서(署)가 되고, 만물의 생(生)·장(長)·수(收)·장(藏)이 되며, 백성들의 일용이륜(日用彛倫)이 되고, 인사(人事)의 성(成)·패(敗)·득(得)·실(失)이 된다. 천 가닥 만 갈래 어지럽게 움직이고 흔들려도 끝내 어지러워질 수 없는데, 그렇게 되는 까닭을 알 수는 없지만 그렇게 되는 것이 있다. 이것이 이른바 리(理)이다. ② 애초에 따로 하나의 물건이 있는 것이 아니라 기(氣)에 의해 서고, 기에 붙어서 행해진다. 혹자는 '변역함에 태극이 있다〔易有太極〕'라는 한마디 말을 의심하는데, 곧 음양이 변화하고 바뀔 때 무리 속에 한 물건이 있어 (그것이) 그 (음양의 변역) 사이에서 주재하는 것이라고 의심하는데, 이는 그렇지 않다. 대저 역(易)이란 양의(兩儀)·사상(四象)·팔괘(八卦)를 총괄하는 이름이고, 태극은 뭇 이치〔衆理〕를 총칭하는 이름이다. '역유태극(易有太極)'이라고 말하는 것은 만 가지의 다름이 하나의 근본에 근원하고 있음을 밝히는 것이고, 따라서 낳고 낳는 순서를 미루어가는 것은 하나의 근본이 흩어져서 만 가지의 다름이 됨을 밝히는 것이다. 이것은 진실로 스스로 그러함의 기틀〔自然之機〕이며, 주재하지 않는 주재〔不宰之宰〕이다. ③ 이 뜻은 오직 정백자(程伯子 ; 明道)의 말이 가장 정밀하며, 숙자(叔子 ; 伊川)와 주자는 조금 합당하지 못한 것 같다. (중략) 이른바 숙자(叔子)가 조금 합당치 못하다는 것은, 유승원(劉承元)이 그 말을 기록했는데, "음양의 소이(所以)가 도(道)이다" 또는 "합벽(闔闢)의 소이가 도이다"라고 말하는 것이 있는데, 가만히 소이(所以)라는 두 글자를 생각해 보니, 진실로 형이상자(形而上者)를 가리켜 말하는 것이지만, 그러나 이물(二物)의 혐의가 조금 있음을 면하지 못한다. 백자(伯子)의 "원래 다만 이것이 도이다"라는 말로 살펴본다면, 스스로 혼연(渾然)의 묘(妙)를 보았으니, 다시 소이(所以)라는 글자를 붙일 필요는 없을 듯하다. 이른바 주자가 조금 합당하지 못하다는 것은, 대개 그 말에 "리와 기는 결단코 두 개의 물건이다〔理氣

決是二物)"는 게 있고, 또 "기는 강하고 리는 약하다〔氣强理弱〕" "만약 이 기(氣)가 없다면 이 리(理)는 어디에 둘 것인가?"라고 하는 게 있는 데, 이러한 것이 너무 많은 것 같다.[4](원문자는 필자의 표시)

① 문단은, 사물의 다양한 운동과 현상에서부터 인간의 현실의 세계에 이르기까지 기(氣)의 작용이 아닌 것이 없고, 그 작용과 과정이 어지럽지 않고 질서가 있는 것은 리(理) 때문이라고 한다. 그렇다고 리(理)가 기(氣)의 우위에 있는 것은 아니다. ② 문단에서는, 그 리(理)는 처음부터 따로 별물(別物)로 존재해서 기(氣)의 질서를 바로잡아 주는 것이 아니라, 기(氣)에 빌붙어서 존재하고 작용하며, 그것조차도 명령자로서 작용하는 것이 아니고 그저 형식적이다. 기(氣)의 모든 운동·작용이 질서를 유지하는 것은 '저절로 그러한 기틀〔自然之機〕' 때문이며, 바꿔 말하면 '주재하지 않는 주재〔不宰之宰〕' 때문이라는 것이다. 그래서 ③ 문단에서는 소이연자(所以然者)로서의 리(理)의 주재성(主宰性)·구극성(究極性)을 부정하고, 따라서 '리(理)의 소이연(所以然)을 말하기 위해 리(理)와 기(氣)를 나누어 설명하는 것'을 비판한다. 결코 이기(理氣)는 이물(二物)이 아니라는 '이기일물(理氣一物)적' 사고가 배어난다. 여

---

4 「雜錄」『잡고』 115~117쪽, "蓋通天地亘古今, 無非一氣而已. 氣本一也, 而一動一靜一往一來一闔一闢一升一降, 循環無已, 積微而著, 由著復微, 爲四時之溫涼寒暑, 爲萬物之生長收藏, 爲生民之日用彝倫, 爲人事之成敗得失, 千條萬緖, 紛紜膠轕, 而卒不可亂, 有莫知其所以然而然, 是卽所謂理也. 初非別有一物, 依於氣而立, 附於氣以行也. 或者因易有太極一言, 乃疑陰陽之變易, 類有一物主宰乎其間者, 是不然. 夫易, 乃兩儀四象八卦之總名. 太極, 則衆理之總名也. 云易有太極, 明萬殊之原于一本也. 因而推其生生之序, 明一本之散爲萬殊也. 斯固自然之幾, 不宰之宰, 夫豈可以形迹求哉. 斯義也, 惟程伯子言之最精, 叔子與朱子, 似乎少有未合 ……所謂叔子少有未合者, 劉承元記其語, 有云所以陰陽者道, 又云所以闔闢者道. 竊詳所以二字, 固指言形而上者. 然未免微有二物之嫌. 以伯子元來只此是道之語觀之, 自見渾然之妙, 似不須更着所以字也. 所謂朱子小有未合者, 蓋其言有云理與氣決是二物. 又云氣强理弱. 又云若無此氣, 則此理如何頓放. 似此類頗多."(羅欽順, 『困知記』 上)

기서 '이기일물'이 아닌 '이기일물적'이라고 표현함은, 나정암이 이기이물(理氣二物)을 부정한다고 해서 결코 이기(理氣)가 일물(一物)이 되는 것을 긍정하는 것은 아니기 때문이다. 리(理)와 기(氣)의 기능적인 차이는 있다고 보는 것이다. 이러한 관점에서 "리지시기지리(理只是氣之理)", 곧 리(理)는 단지 기(氣) 속에 내재하는 조리(條理)일 뿐이라는 논리가 도출된다.[5] 리(理)는 기(氣)의 소이연자(所以然者)는 아니지만, 기(氣) 속에 내재하면서 기(氣)의 질서를 바로잡아 주는 역할을 한다고 보는 것이다. 어쨌든 리(理)의 일차성(一次性)·선험성(先驗性)은 부정되고, 리(理)는 사물의 동정(動靜) 속에서 추구될 수밖에 없는, 말하자면 오히려 기(氣)보다 이차적이고 후차적(後次的)인 존재이다.[6] 때문에 리(理)는 반드시 기(氣)와 마주하고 난 뒤에야 인식이 가능한 것이다. 그러나 여기서 유의할 것은, 그렇다고 해서 절대 기(氣)를 리(理)로 잘못 인식해서는 안 된다.[7] 이런 이유에서 나정암의 이기론을 이기일물적 혹은 이기일원적(理氣一元的) 주기론(主氣論)이라고 부른다.

화담(花潭) 서경덕(徐敬德)은 어떠한가?

앞의 '지행일치의 공부론'에서도 잠시 언급했듯이 반계는 화담을 높게 평가하는데, 그 이유가 스승의 가르침이 없는데도 자득(自得)의 묘(妙)가 많고, 사물에 대한 관찰을 통해 물리(物理)와 도리(道理)를 깨치고 있는 것이 고금의 현인(賢人)이나 철인(哲人) 못지않다는 것이었다.[8] 반계가 화담을 높이는 이유가 바로 이 '사물의 관찰을 통해 물리와 도리를 깨친다'는 것이었는데, 이는 물(物)의 관찰을 통해 물(物)의 이치를 깨치는 소강절의 '물리(物理)의 학문'과 통한다. 이에 상응하여 이기론

---

5 羅欽順, 『困知記續』上, "理只是氣之理, 當於氣之轉折處觀之, 往而來, 來而往, 便是轉折處也."
6 羅欽順, 『困知記』上, "至理之源, 不出乎動靜兩端而已. … 不於動靜求之, 將何從而有見哉."
7 羅欽順, 『困知記』下, "理須就氣上認取, 然認氣爲理便不是."
8 「언행록」, 『잡고』 290쪽.

에서는, 화담은 나정암 이상으로 기(氣)에 철저하게 초점을 맞춘다.

나정암이 "리(理)는 단지 기(氣)의 리〔理只是氣之理〕"라는 명제를 강조했다면, 화담은 "기(氣)를 떠나서 리(理)는 없다"는 "기외무리(氣外無理)"의 명제를 내세운다.[9] 화담도 형이상적 개념의 리(理)를 인정하지 않고, 리(理)를 기(氣) 속에서 파악하는 것이다.

더구나, 화담에게서 기(氣)의 양태는 운동 상태 이전의 허정(虛靜)과, 운동 상태 이후인 취산(聚散)의 양 방면으로 나뉘어 설명된다. 여기서 허정(虛靜)의 기가 선천(先天)－형이상(形而上)－체(體)－본체(本體)로 정리된다면, 취산(聚散)의 기는 후천(後天)－형이하(形而下)－용(用)－현상(現象)에 해당된다.[10] 이를 주자적인 개념과 대비시킨다면, 선천(先天)의 기와 후천(後天)의 기는 각각 주자적 개념으로서의 리(理)와 기(氣)에 상응한다. 달리 말한다면, 리(理)는 '그러그러한 모습〔所然者〕으로서 존재하는 기(氣)'에 대해 '그러그러한 모습으로 있을 수밖에 없도록 규정하는 존재자〔所以然者〕가 아니며, 역으로 기(氣)는 리(理) 때문에 작용하고 운동하는 것이 아니다. 오히려 기(氣)는 만물의 근원자이며 스스로 작용하고 운동한다. 단지 리(理)는 기(氣)가 작용하고 운동할 때 내재하는 원인이며 철저하게 기(氣)에 의해서만 규정된다.[11] 이것은 나정암의 논리가 이기일원적(理氣一元的) 주기론(主氣論)임에 비해 철저히 기일원적(氣一元的) 논리이다. 여기서 나정암과 화담의 공통점은 리(理)의 구극성을 부정하고 기(氣)에 내재하는 형식지리(形式之理), 법칙지리(法則之理)만을 리(理)로 인정하고 있다는 점이며, 다른 점은 나정암은 이기불상리성(理氣不相離性)의 측면에서 구체적 사실의 경험 세계를

---

9 『花潭集』, 理氣說, 「原理氣」(『李朝初葉名賢集』, 성대대동문화연구원, 1959)
10 기(氣)의 선(先)·후천(後天)에 관한 것은『화담집』의 「원이기(原理氣)」와 「태허설(太虛說)」을 참조할 것.
11 『花潭集』「原理氣」, "倏爾躍, 忽爾闢, 孰使之乎. 自能爾也, 亦自不得不爾, 是謂理之時也…不能無動靜無闔闢, 其何故哉? 幾自爾也."

설명하기 위해 기(氣)를 강조하는 반면, 화담의 경우는 그 기(氣)가 만물의 근원자로서의 구극성까지 지닌다는 점이다.[12]

이처럼 소강절·나정암·서화담의 경우는 구체적인 현실과 사물의 세계에 초점을 맞추고 있다. 그리고 이것은 반계의 일관된 학문적 방법론이기도 하다. 반계는 항상 "도는 먼 곳에 있지 않고 날마다 쓰는 사물 사이에 있는데도, 사람들은 그것을 탐구하지 않는다"고 지적한 바 있다.[13] 여기에서 반계가 이 3인의 이기설에 접근할 가능성은 충분히 예견된다.

반계에게서도 "리(理)는 단지 기(氣)의 리〔理只是氣之理〕"라는 명제와 "기(氣)를 떠나서 리(理)는 없다"는 "기외무리(氣外無理)"의 명제는 상당히 중요하다. 37세 때 문옹(文翁) 정동직(鄭東稷)에게 보낸 편지에서, 반계는 자신의 이기관의 일단을 이렇게 밝힌다.

생각건대 천지 사이에 가득 찬 것은 기(氣) 아닌 것이 없습니다. 오가고〔往來〕·오르내리고〔升降〕·여닫고〔闔闢〕·모이고 흩어지는〔聚散〕 것은 기이고, 그렇게 "오가고, 오르내리고, 여닫고, 모이고 흩어지게 하는 소이(所以)는 리(理)입니다. 비록 기를 리로 인정해서는 안 된다 하더라도 기의 밖에 리가 있는 것은 아니니〔氣外無理〕, 요컨대 리는 단지 기의 리입니다〔理只是氣之理〕. 종전의 소견이 꾸준히 이와 같았는데, 혹 물(物)에 나아가 그를 증험해 보면 볼수록 더욱 그렇다는 것을 알 수 있었습니다. 이로 인하여, 물의 소이연(所以然)은 곧 사(事)의 소당연(所當然)이고, 소이연이라는 것은 '지순(至順)'의 리가 아님이 없는 까닭에 소당연은 '지선(至善)'의 도가 아님이 없으며, 성명(性命)의 리도 진실로 이와 같을 뿐이라고 여겼습니다. 이러한 입장에서 여러 경서를 읽으면, 그와

---

12 안재순, 「磻溪 柳馨遠 實學思想의 哲學的 基調」, 『朝鮮朝 儒學思想의 探究』, 여강출판사, 1988. 353쪽 참조.
13 「언행록」, 『잡고』 286쪽.

부합되지 않는 것을 볼 수 없었으나, 끝내 마음에 흡족치 않았습니다.[14]

여기서 반계는 나정암이나 화담처럼 '리지시기지리(理只是氣之理)'와 '기외무리(氣外無理)'의 입장에 선다. 그러나 모든 운동·작용의 '소이(所以)'를 리(理)라고 인정했다는 점에서, 나정암이나 화담이 리(理)의 '소이연(所以然)'을 인정하지 않고, '저절로 그러한 기틀'로 인해 모든 운동·작용이 질서를 유지한다고 보는 것하고는 결정적으로 다르다. 그래서 반계는, "나정암의 이론은 기를 리로 여긴 것은 아니지만, 그러나 리의 본원(本原)에는 투명하지 못한 바가 있고, 화담은 기를 리로 인정한 것에 가깝다"[15]고 평가한다.

그럼에도 불구하고, 기를 리라고 인정하는 것은 아니라 하더라도, 기를 떠나서 리는 존재할 수 없고〔氣外無理〕, 리는 단지 기의 리일 뿐이라고 한다.

반계 이기론의 해명 작업은 바로 이 "기외무리(氣外無理)"와 "리지시기지리(理只是氣之理)"라는 두 명제가 의미하는 바가 무엇인지를 정확하게 이해하는 작업이다. 과연 반계에게서 "기외무리"와 "리지시기지리"는 어떤 의미일까?

이미 그러한 물(物)로부터 보면, 리는 단지 기의 리이며, 기의 밖에 리는 없습니다. 그 본연(本然)으로부터 보면, 리가 있기 때문에 기가 있습니다. 기가 한번 오고 가고, 한번 열리고 닫히는 데는 반드시 그러

---

14 「與鄭文翁東稷論理氣書」, 『잡고』 72쪽, "心以爲盈天地之間者, 莫非氣也. 其往來升降闔闢聚散者氣也. 其所以往來升降闔闢聚散者理也. 雖不可認氣爲理, 然氣外無理. 要之, 理只是氣之理也. 從前所見, 一向如此, 或驗之於物上, 愈見其然. 因以爲物之所以然, 卽事之所當然. 所以然者, 莫非至順之理, 故所當然者, 莫非至善之道也, 性命之理, 固如斯而已矣. 以此讀諸經書, 未見其不合, 而終未浹洽."

15 「與鄭文翁東稷論理氣書·別紙」, 『잡고』 86쪽, "羅整菴之論, 亦非以氣爲理者, 然於理之本原, 有所未透. 花潭, 則近於認氣爲理."

한 까닭이 있으니, 이것이 이른바 리입니다. 【여기에 이르러 본연의 순수한 리를 볼 수 있으며, 또한 이기합일(理氣合一)의 묘(妙)를 볼 수 있습니다. '리가 있기 때문에 기가 있다'는 이 말은 또한 선후(先後)로 보아서는 안 됩니다. 리는 본래 시작이 없고, 기 또한 시작이 없습니다.】[16]

이미 존재하는 물(物)의 입장에서 보면, "리(理)는 기(氣)의 리(理)"이고 "기외무리(氣外無理)"이며, 그 물(物)의 본원(本原)을 따지자면, 리(理)가 있는 까닭에 기(氣)가 있을 수 있다는 것이다. 다시 말하면, 그렇게 되는 원인〔소이연(所以然)〕이 있어서 그렇게〔소연(所然)〕 물(物)이 존재한다는 것이다. 요컨대 소이연지고(所以然之故)로서의 리(理)를 말하고 있다. 그렇다고 리선기후(理先氣後)는 아니고 이기(理氣)는 언제나 서로 떨어질 수 없다. 이를 정리하자면, 리(理)는 소이연지고(所以然之故)이고, 이기(理氣)의 관계는 이기합일의 묘〔理氣合一之妙〕라고 말할 수 있다. 결국 "기외무리(氣外無理)"와 "리지시기지리(理只是氣之理)"는 이기합일지묘(理氣合一之妙)를 강조하는 표현이라고 해도 무방할 듯하다. 이는 율곡의 이기지묘(理氣之妙)를 연상시킨다. 어쨌든, 소이연지고(所以然之故)로서의 리(理)를 강조하는 것은 '이기불상잡(理氣不相雜)'을, "기외무리(氣外無理)"와 "리지시기지리(理只是氣之理)"는 '이기불상리(理氣不相離)'를 말하려는 것임을 알 수 있다.

일단 이렇게 보면, 반계는 주자 이기론의 기본 명제인 이기불상잡(理氣不相雜)과 이기불상리(理氣不相離)를 벗어나지 않는다.

본래 이기불상잡은 리와 기를 구분하여 기에 대한 리의 우위성을

---

16 「與鄭文翁東稷論理氣書·別紙」, 『잡고』 76쪽, "自物之已然者觀之, 則理只是氣之理, 氣外無理. 自其本然者而觀之, 則以其有此理, 故有此氣也. 氣之一往一來一闔一闢, 必有所以然, 是則所謂理也.【至於此處, 可見理之本然之純, 亦可見理氣合一之妙. 有此理, 故有此氣. 此語亦不可以先後看. 理本無始, 氣亦無始.】"

확보하는 데 목적이 있다. 그 우위성이란 '존재와 당위성의 근거' 확보로부터 비롯된다. 모든 사물의 존재 근거로서의 '소이연지고(所以然之故)'와, 그 존재의 가장 바람직한 상태를 유지하기 위해 마땅히 그렇게 되어야 하고 또 해야만 하는 준칙으로서의 '소당연지칙(所當然之則)'을 인정하느냐의 여부에 따라 리(理)의 우위 정도가 결정된다.

이기불상잡이 논리적 접근이라면, 이기불상리는 이기에 대한 사실적 접근으로부터 파악된 개념이다. 리(理)와 기(氣)에 의해 구성된 사물이 현실적으로 존재하는 모습은 그냥 한덩어리이다. 리와 기가 따로따로 존재하고 그래서 그것이 따로따로 보이는 것이 아니라, 그냥 한덩어리, 실은 기(氣)의 모습으로 보일 뿐이다. 그래서 이기불상리를 강조한다는 것은 현실의 구체적 사물을 중시한다는 의미와 통하고, 때로는 기(氣) 중시적 사고로 나타나기도 한다.

그러면 반계는 어떠할까?

위에서 보듯이 반계는 이기의 불리(不離)·부잡(不雜)을 모두 이야기한다. 그러나 "기외무리(氣外無理)" "리지시기지리(理只是氣之理)"를 강조함으로써 이기불상리(理氣不相離)에 더 초점이 맞추어져 있다. 그런데 성명(性命)의 리(理)도 그 범주 속에 넣어야 하는지는 확신이 서지 않아 반계는 많은 고민을 했다.

기라는 것은 물(物)이 무엇을 따라서 이루어지는 것이고, 리라는 것은 물이 이루어지는 까닭〔所以〕입니다. 조화(造化)가 유행(流行)하고, 만물이 생식(生息)하는 데는, 리와 기가 섞여 녹아 있어서 틈을 허용하지 않습니다. 절대로 틈을 꿰맬 곳이 없습니다. 그러므로 기를 리로 알기가 쉽지만, 리와 기의 구별은 본래 분명합니다. 만약 단지 '리는 기의 리이다'라고 말한다면, ① 이른바 인의(仁義)라는 것, 이것은 기입니까? 리입니까? 【인의가 사람의 리라면, 리는 마땅히 물(物)의 리라고 해야지, 기의 리라고 해서는 안 됩니다. 여기에서 본체인 리가 순수한 모

습으로 기와 섞이지 않은 곳을 볼 수가 있습니다.]¹⁷

결국 ①의 물음은 이기(理氣)의 불잡성(不雜性)을 설명하기 위한 것이다. 여기서 "리(理)는 물지리(物之理)이다"라는 표현에 주목할 필요가 있다. 이기는 물(物)을 구성하는 두 요소이다. 리(理)는 물(物)의 생성과 성격을 규정하는 이치이고, 이 점에서 '리(理)는 물지리(物之理)'라고 한다. 기(氣)는 물(物)을 구체적으로 형성하는 재료이다. 하나의 물(物)을 이루기 위해 리와 기라는 서로 다른 두 요소가 필요하다. 이렇게 리와 기가 서로 다른 한, 리를 기지리(氣之理)라고 하는 것은 어폐가 있다. 리가 기 속에 내재하는, 그래서 리와 기가 일물(一物)인 것처럼 보이기 때문이다.

또 하나 유의해야 할 점은, '리(理)는 물지리(物之理)'라는 언명은 결국 주자적 의미에서 '재물지리(在物之理)'이고, 성(性)이며, 분수지리(分殊之理)의 성격이 강하다는 점이다. 따라서 인의(仁義)는 물(物) 중의 사람에게 있는 리(理)이므로 '사람의 리(理)' 곧 '물(物)의 리(理)'이지 '기의 리'라고는 볼 수 없다는 것이다. 만일 "인의도 기의 리"라고 한다면, 인의는 언제나 기의 구속을 받아 인의의 순수함이 살아날 수 없게 된다는 것이 반계의 생각이다. 이 때문에 모든 사물의 경우 "기외무리(氣外無理)"와 "리지시기지리(理只是氣之理)"의 명제는 참이지만, 성명지리(性命之理)는 그 범주 속에 넣을 수 없다는 것이다.

이렇게 본다면, "리(理)는 기(氣)의 리(理)이다"는 "리(理)는 물(物)의 리(理)이다"로 표현하는 것이 더 타당하다는 게 반계의 생각이다. 그렇

---

17 「與鄭文翁東稷論理氣書・別紙」, 『잡고』 80쪽, "氣也者物之所由成者也, 理也者物之所以成者也. 造化之流行, 品物之生息, 理氣混融無間可容. 絶無罅縫處. 故易以認氣爲理, 然理氣之辨, 本自分明. 若但謂理是氣之理, 則所謂仁義者, 是氣耶, 理耶. 仁義, 卽人之理, 則理當爲物之理, 不當爲氣之理. 可於此處, 見得理之本體, 粹然不雜乎氣處也."

다면 '기지리(氣之理)'와 '물지리(物之理)'의 차이는 무엇일까?

> 리는 단지 기의 리라고 말하는 것도 또한 불가할 것은 없지만, 그러나
> 기의 리라고 말할 때는 끝내 기 쪽의 뜻이 되어 버려서, 곧 리의 본원
> (本原)을 가리게 되어서, 이제 사람들이 성명(性命)의 본원(本原)을 볼
> 수가 없습니다. 【이와 같으면, 비록 기를 리로 인정해서는 안 된다고
> 말을 할지라도, 끝내는 기 자(字)가 주가 됩니다. 또 이와 같으면, 리는
> 단지 기를 따르는 물건이 되어서 그 본연의 실함[本然之實]을 볼 수가
> 없게 됩니다. 】[18]

물(物)이 이미 이루어진 이상 리(理)와 기(氣)는 그 물(物) 속에 뒤엉켜 같이 있다. 이 상태에서 '리(理)는 기지리(氣之理)'라고 표현한다. 그러므로 "리는 단지 기의 리"라고 말하는 것도 또한 불가할 것은 없지만, 이 경우 리(理)는 기(氣)에 의해 규정되는 피동적인 것이 되어 버려서, '본연지실(本然之實)'이라는 리(理)의 특성을 보기가 어렵다는 것이다. 이처럼 '기지리(氣之理)'의 표현은 주기적(主氣的)이어서 리(理)의 특성을 묻히게 하기 쉽다는 것이다. 바꾸어 말하면, 이기불상잡(理氣不相雜)을 알 수 없게 한다는 것이다. 이에 비해 '물지리(物之理)'는, "본래 이 리(理)가 있는 까닭에, 물(物)에는 반드시 소이연이 있고, 일에는 반드시 소당연이 있다"[19]는 언명에서도 보듯이 일단 소이연(所以然)·소당연(所當然)으로서의 리(理)의 특성을 살아나게 한다. 그러면서 '물(物)' 자체가 이기(理氣)에 의해 구성된 것이라는 점에서 이기불상리(理氣不

---

18 「與鄭文翁東稷論理氣書·別紙」, 『잡고』 80쪽, "謂理只是氣之理, 亦無不可. 然才
   謂氣之理時, 終是氣邊意思, 便重掩了理之本原, 今人見不得性命之原. 如此, 則雖
   謂曰不可認氣爲理, 終是氣字爲主. 又如此, 則理只爲隨氣之物, 而其本然之實, 無
   以見矣."
19 「與鄭文翁東稷論理氣書·別紙」, 『잡고』 79쪽, "以其本有是理, 故在物必有所以
   然, 在事必有所當然."

相離)의 상태이다. 그러므로 '물지리(物之理)'는 이기의 불리(不離)·불잡(不雜)을 모두 충족시키는 표현이라고 볼 수 있다. 여기서 하나 짚고 넘어갈 중요한 사실은, '물지리(物之理)'는 구체적으로 드러난 사물의 리라는 점에서 결국 분수지리(分殊之理)의 성격을 지닌다는 점이다. 이 점은 다음의 진술에서도 엿볼 수 있다.

> 대개 하늘이 싣고 있는 것은 소리도 없고 냄새도 없지만 지극히 참되고 지극히 실합니다. 그 본체〔한편으로는 본연(本然)이라고도 함〕로부터 보면 도라 하고, 지극히 진실함으로부터 보면 성(誠)이라 하며, 한군데 모여 있는 것으로부터 보면 태극이라 하고, 곁가지의 맥락〔條理〕으로부터 보면 리(理)라고 하지만, 사실은 모두 한가지입니다.[20]

도(道), 성(誠), 태극(太極), 리(理)가 사실은 동일한 대상을 다르게 표현한 이름이라는 것이다. 여기서 주목할 것은 태극과 리의 관계인데, 태극은 모든 리를 포괄하는 본부회사 격이고, 리는 조리(條理)—곁가지의 리라는 점에서 지사 격이다. 달리 비유하자면, 태극은 모든 가지의 리(理)를 내뿜는 뿌리이고, 리는 가지의 리이다. 이를 이일분수(理一分殊)로 설명한다면, 태극은 이일지리(理一之理)이고, 리(理)는 분수지리(分殊之理)이다. 또 다음의 말을 보자.

> 경서 속에서는 도를 많이 말하는데, 정주(程朱) 이후에는 리를 많이 말합니다. 리는 단지 도입니다. 그러나 도는 본체이고, 리는 조리(條理)의 리입니다. 그런 까닭에 리와 기는 나누어 해설하기가 더욱 어렵고, 그래서 분분한 이론이 있습니다. 만약 도라는 글자를 써서 본다면 저절

---

20 「與鄭文翁東稷論理氣書·別紙」,『잡고』73쪽, “蓋上天之載, 無聲無臭, 而却至眞至實. 自其本體—作然而謂之道, 自其眞實而謂之誠, 自其總會而謂之太極, 自其條理而謂之理, 其實一也.”

로 분명합니다. '본성을 따르는 것을 도라고 한다〔率性之謂道〕'의 도는 도로(道路)의 도와 같으니 사람을 주로해서 말한 것이고, '형체 이상의 것을 도라고 한다〔形而上者謂之道〕' '한번 음이 되고 한번 양이 되는 것을 도라고 한다〔一陰一陽之謂道〕'는 오로지 그 본체를 가리켜서 하늘을 위주로 말한 것인데, 사실은 한가지입니다.[21]

이처럼 도(道)와 리(理)는 사실 동일한 대상이지만 이름이 다르다. 도는 본체(本體)를 가리키고, 리는 조리(條理)를 지칭한다. 도(道)와 리(理)를 본체와 조리(곁가지의 맥락)로 대비시킬 때, 이를 이일분수(理一分殊)로 환치시켜 설명한다면, 본체인 도는 이일지리(理一之理)에, 조리의 리는 분수지리(分殊之理)에 해당한다고 볼 수 있다.

이로부터 반계의 리(理)에 대한 기본 관점은 이일지리(理一之理) 보다는 분수지리(分殊之理)에 놓여 있음이 확인된다. 분수지리, 바꾸어 말해서, 개물(個物)의 리(理)를 중시하는 것은 반계 이기론에서 중요한 의미를 갖는다. 우선 이미 존재하는 물(物)을 말하고 있다는 데서, 이는 이기불상리(理氣不相離)를 벗어나지 않는다. 곧 '기외무리(氣外無理)'라는 명제를 벗어나지 않는다. 그 물(物)의 리(理)를 말함으로써 이기불상잡(理氣不相雜)의 측면이 살아난다. 반계의 '물리(物理)' 곧 분수지리(分殊之理)의 강조는 이기(理氣)의 불리(不離)·불잡(不雜)을 모순 없이 드러내는 관점이라 할 수 있다. 다음의 진술이 그를 뒷받침한다.

비와 이슬, 서리와 눈, 산과 내, 지게미 (모두) 가르침이 아닌 것이 없습니다. 허다한 물(物)에 허다한 리(理)가 실려 있어서 본디 하나 둘로 말

---

21 「與鄭文翁東稷論理氣書·別紙」, 『잡고』 76~77쪽, "經書中多言道, 程朱以後多言理. 理只是道. 然道其本體, 理其條理之理. 以故理與氣, 尤難分解, 所以有紛紜之論也. 若作道字看, 則自分明. 率性之謂道, 猶道路之道, 主人而言. 形而上者謂之道, 一陰一陽之謂道, 專指其本體, 主天而言, 其實一也."

할 수가 없습니다. 다만 하나라는 것만 알고 그를 하나로 하면 '선과 악이 모두 리'라는 설로 쉽게 흐르고, 다만 둘이라는 것만 알고 그를 둘로 하면 불교의 '물을 끊어 버리는 폐단〔絶物之弊〕'에 쉽게 빠집니다.[22]

이렇게 반계는 일단 허다한 물(物)부터 이기의 불리와 불잡을 말한다. 물(物)이라는 현상에 주목하여 이기(理氣)의 불리(不離)만을 보고 이(理)와 기(氣)가 하나라고 한다면 선악(善惡)이 구분되지 않는 맹점이 있고, 반대로 이기(理氣)의 불잡(不雜)만을 강조하여 리(理)에 매몰되면 구체적인 물(物)의 세계를 등한시하게 된다는 것이다. 여기서 다시 주목해야 할 점은 이기불상잡의 초점은 선악이라는 점, 이기불상리의 초점은 물(物)이라는 점이다. 이기불상잡의 논리는 '가치'의 영역이고, 이기불상리는 '사실'적 '존재'의 영역에 해당되는 논리 구조라는 점을 우선 유념해 둘 필요가 있다.

이런 관점에서, 반계는 자연관을 설명할 때는 이기(理氣)가 불리(不離)·불잡(不雜)하는 묘(妙)함을 드러내기 위해 도(道)라는 용어를 쓰고, 인간의 심성(心性)을 논할 때는 이기불상잡(理氣不相雜)에 초점을 맞추어 리(理)를 강조한다. 결국 리(理)의 강조는 인간의 도리(道理)를 강조하는 것이다. 그리고 인간 도리의 핵심은 성실함이다. 다음의 진술을 보자.

주자는 태극이란 '동(動)하여 양이 되고 정(靜)하여 음이 되는 까닭'의 본체라고 말했는데, 더할 나위 없다고 이를 만합니다. 이것이 이른바 성(誠)이고, 이것이 이른바 리의 본연(本然)입니다.[23]

---

22 「與鄭文翁東稷論理氣書·別紙」, 『잡고』 84쪽, "雨露霜雪山川糟粕, 無非敎也. 許多物, 載得許多理出來, 本不可以一以二言也. 徒知爲一而一之者, 易流於善惡皆理之說. 徒知爲二而二之者, 易陷於佛氏絶物之弊也."
23 「與鄭文翁東稷論理氣書·別紙」, 『잡고』 81쪽, "朱子曰, 太極者, 所以動而陽·靜而陰之本體也, 可謂盡矣. 斯所謂誠也. 斯所謂理之本然也."

모든 사물의 운동 원인은 태극이고, 태극의 본질은 성(誠)이며, 그 성(誠)이 리(理)의 본연의 모습이라는 것이다.

리는 모양도 없고 형체도 없으니, 사람에게 있는 것으로써 그를 본다면 거의 알 수가 있습니다. 정자(程子)는 '성(性)이 곧 리이다'라고 했으니, 성이란 사람에게 있는 리입니다. 인의예지가 마음에서 발하여, 부자(父子)·군신(君臣) 사이에 행해지니, 스스로 그러해서 그칠 수 없고, 마땅히 그래야 해서 어길 수 없으며, 실로 그러해서 없앨 수 없습니다. 리가 지극히 실하지 않다면 어떻게 이럴 수 있겠습니까? 이것이 곧 사람이 사람다울 수 있는 까닭입니다.[24]

그런데, 사람에게 있는 리, 곧 사람이라는 물(物)의 리(理)는 성(性)이고, 이 성(性)이라는 리(理)를 남김없이 드러낼 때, 사람은 사람다울 수 있다는 것이다.

이제 정리를 해 보자.

첫째, 천지간의 모든 운동·작용은 기(氣)이고, 그것을 가능하게 하는 원인자는 리(理)이다.

둘째, 리(理)는 별도의 시공간에 존재하면서 기(氣)의 운동·작용을 가능하게 하는 것이 아니라, 기(氣)에 의지하고 붙어서 그를 행한다. 요컨대 "기외무리(氣外無理: 기를 떠나서 리는 존재하지 않는다)"이고 "리지시기지리(理只是氣之理: 리는 다만 기의 리일 뿐이다)"이다.

셋째, "기외무리"나 '기지리(氣之理)'는 이기불상리(理氣不相離)에 초점

---

24 「與鄭文翁東稷論理氣書·別紙」, 『잡고』 85~86쪽, "理無方無體, 以在人者觀之, 則庶可知矣. 程子曰性卽理也. 性, 是理之在人者也. 仁義禮智發於心, 行於父子君臣之間, 自然而不能已, 當然而不可違, 實然而不可泯. 理非至實, 安能如此. 此乃人之所以爲人者也."

을 맞춘 표현이다. 결국 구체적인 사물을 마주할 때 이것은 진실이다.

넷째, 인간의 성명지리(性命之理)를 논할 때는 '기지리(氣之理)'는 너무 기 일변도의 표현이어서 어폐가 있고, 따라서 '기지리'보다는 '물지리(物之理)'라는 표현이 더 정확하다. 이때 '물지리(物之理)'라는 것은 이기불상잡(理氣不相雜)의 측면을 드러내기 위한 표현이면서 결국 분수지리(分殊之理)를 강조하는 결과를 가져온다.

다섯째, 리(理)라는 말 자체가 태극이나 도에 비해 조리(條理)를 지칭하는 것으로서, '물지리(物之理)'라는 표현의 적합성을 뒷받침한다. 즉 물(物)은 만물이라는 말에서도 알 수 있듯이 물(物)의 리(理)는 만가지이다. 분수지리(分殊之理)이다.

여섯째, 따라서 소이연(所以然)의 리(理)를 강조하여 이기불상잡(理氣不相雜)을 말하고, 기외무리(氣外無理)를 말하여 이기불상리(理氣不相離)를 강조함으로써, 서로 모순되는 것 같지만, 개물(個物)의 리(理)를 강조함으로써 그 문제는 해결된다. 즉 이미 물(物)이 존재함으로써 그것은 이기불상리(理氣不相離)의 차원이고, 그 물(物)의 리(理)를 말함으로써 이기불상잡(理氣不相雜)의 측면을 드러내고 있기 때문이다.

일곱째, 반계가 자연관에서는 '기지리(氣之理)'를 강조하면서, 심성관(心性觀)에서는 '물지리(物之理)'라는 말로 '사람의 도리'를 강조하고 있다. 사람〔人〕이라는 물(物)의 리(理)는 기(氣)에 섞이지 않은 성명지리(性命之理)라는 것이다. 이처럼 반계는 존재론의 영역에서는 이기불상리(理氣不相離)의 관점을, 가치론의 영역에서는 이기불상잡(理氣不相雜)의 관점을 지니고 있다.

반계 이기론의 핵심은 바로 이 일곱 번째의 관점이다.

2) 리와 기의 관계

앞에서 이기(理氣)의 개념을 설명하면서 이미 언급했듯이, 리(理)와 기(氣)의 관계는 '이기불상잡(理氣不相雜)'과 '이기불상리(理氣不相離)'로 특징지어진다. 이는 주자학의 기본이다. 다만 주자는 이기불상잡을 말할 때는 리선기후(理先氣後), 이기불상리를 말할 때는 기선리후(氣先理後) 등의 논리를 전개시키는데, 반계는 그 선후(先後)의 논리에 거부감을 갖는다. 이기(理氣)는 기본적으로 불상리(不相離)하기 때문에 어느 것이 선(先)이고 어느 것이 후(後)라고 말할 수 없다는 것이다. 주자가 비록 이기불상리를 말하더라도 그런 관점을 가지고 있는 한 리(理)와 기(氣)는 이물(二物)이 되어버린다는 것이다. 그래서 반계는 이렇게 말한다.

> 대개 리와 기는 서로 섞여 녹아 있어서 틈새가 없습니다〔渾融無間〕. 비록 기의 밖에 리가 있는 것은 아니지만, 그러나 리가 기로 인하여 있는 것은 아닙니다.[25]

> 기를 떠나서는 다시 리가 없습니다. 그러나 리는 실리이며, 기로 말미암은 뒤에 있는 게 아닙니다.[26]

리(理)와 기(氣)는 그 관계가 첫째, 혼융무간(渾融無間), 둘째 기외무리(氣外無理)로 요약되고, 그 전제하에서 리(理)의 독자성을 설명하고 있다. '혼융무간'과 '기외무리'는 자칫 리(理)의 존재를 묻히게 할 염려가 있기에, 리(理)는 기(氣) 때문에 비로소 존재하는 기(氣)의 부속물이 아니라 독자적인 실리(實理)라는 것을 강조하고 있다.

사실 반계는 리(理)와 기(氣)를 대거(對擧)하여 사용하는 것을 달가워하지 않는다. 리와 기를 함께 사용하여 설명하는 한 이기불상잡(理氣

---

25 「與鄭文翁東稷論理氣書」, 『잡고』 74쪽, "蓋理氣渾融無間, 雖氣外無理, 然理非因氣而有也."
26 「與鄭文翁東稷論理氣書·別紙」, 『잡고』 76쪽, "離了氣, 更無理. 然理自是實理, 非因氣而有也."

不相雜)에 치우쳤던가[이때가 주리적(主理的)이다], 이기불상리(理氣不相離)에 치우칠[이때가 주기적(主氣的)이다] 염려가 있기 때문이다. 아니면, 구차하게 불리(不離)·불잡(不雜)의 관계를 요모조모로 뜯어서 설명해야 한다. 그러면 리와 기를 대거하여 설명하지 않고, 그를 아울러서 포괄적으로 말할 수 있는 방법은 무엇일까?

앞에서 이기의 개념을 설명할 때도 언급했지만, 특히 반계가 리(理)를 언급할 때는 조리(條理) 곧 분수지리(分殊之理)의 의미가 크기 때문에, 통일성을 추구하는 측면에서는 리(理)보다 도(道)라는 개념이 타당하다고 생각한다. 다음의 진술을 보자.

주자가 태극을 해석하면서, "음양과 떨어질 수 있다는 것이 아니라, 음양과 붙어 있기는 하지만, 그 본체가 음양과 섞이지 않음을 가리켜 말한 것이다"라고 하는데, 이 말을 가만히 살펴보자면, 비록 분명하기는 하지만, 보기에 그리 생생하지는 않습니다. 그 위의 문장, '태극이란, 동(動)하여 양이 되고, 정(靜)하여 음이 되게 하는 원인으로서의 본체이다'가 이미 대단히 명백합니다. 시험 삼아 성인의 말을 본다면, 곧 매우 생생합니다. 『주역』에서 '일음일양지위도(一陰一陽之謂道)'라 하고, 또 '형이상자위지도(形而上者謂之道), 형이하자위지기(形而下者謂之器)'라 하는데, 이 몇 가지 말은 이기(理氣)가 서로 떨어지지 않고, 서로 섞이지 않는 묘함을 한마디 말로 다 드러낸 것입니다.[27]

태극(太極)은 음양(陰陽)·동정(動靜)의 소이연(所以然)으로서의 본체이다, 이렇게 말하면 충분한데, 구차하게 음양과의 불리(不離)·불잡(不雜)

---

27 「與鄭文翁東稷論理氣書·別紙」, 『잡고』 77쪽, "朱子解太極曰, 非有以離乎陰陽, 而卽陰陽, 而指其本體不雜乎陰陽而爲言. 若止觀此言, 雖是分明, 然看來未甚活. 其上文曰, 太極者, 所以動而陽·靜而陰之本體也, 已極明白. 試觀聖人之言, 直是大快活. 易曰, 一陰一陽之謂道, 又曰, 形而上者謂之道, 形而下者謂之器. 此數語理氣之不相離不相雜之妙, 可謂一言盡矣."

을 들먹이며 태극을 설명하지 말라는 이야기이다. 반계에 의하면, 이기(理氣)의 불리(不離)·불잡(不雜) 관계는 도(道)를 설명하는 『주역』「계사전」의 두 구절로 충분하다. 즉 "일음일양지위도(一陰一陽之謂道)"와 "형이상자위지도(形而上者謂之道), 형이하자위지기(形而下者謂之器)"로써 이기(理氣)의 불리불잡지묘(不離不雜之妙)를 충분히 설명할 수 있다는 것이다. 여기서 "일음일양지위도(一陰一陽之謂道)"는 이기불상리(理氣不相離)를, "형이상자위지도(形而上者謂之道), 형이하자위지기(形而下者謂之器)"는 이기불상잡(理氣不相雜)을 설명하는 것이다.

반계는 이기의 불리·불잡을 이렇게 예를 들어 설명한다.

시험 삼아 사람의 한 몸을 보자면, 혈육(血肉)·호흡(呼吸)은 기이고, 그 성(性)은 곧 리입니다. 리는 심에 갖추어져 있습니다. 형(形)과 기(氣)와 성(性)은 그것을 떼어놓으려 해도 떼어놓을 수 없고, 그것을 하나로 하려 해도 또한 할 수 없습니다. 그것을 하나로 하려 해도 또한 할 수 없는 까닭은 본래 스스로 분별이 있기 때문입니다. 본래 스스로 분별이 있으면서도, 원래 서로 떨어지지 않습니다. 이곳이 지극히 묘한데, 묵묵히 살펴볼 수가 있습니다. 모든 조화의 리가 다 그렇지 않음이 없습니다. 그러므로 '헤아리지 못한다〔不測〕'고 말하고, 그러므로 '신비롭다〔神〕' 하고, 그러므로 '묘하다〔妙〕'고 말합니다. 【다만 리와 기만이 아니라, 형(形)과 기(氣)가 합함에 이르러서도 합함이 있고 떨어짐이 있지만, 합할 때에는 절대로 틈이 없습니다. 대체로 사물의 체용(體用)의 류(類)가 모두 그렇지 않음이 없습니다. 여기에서, 서로 떨어지지 않는다고 해서 분별이 없다고 말하는 것은 불가하다는 것을 알 수 있습니다.】[28]

---

28 「與鄭文翁東稷論理氣書·別紙」, 『잡고』 78쪽, "試觀人之一身, 血肉呼吸氣也, 其性則理也理具於心. 形也氣也性也, 離之, 則離不得, 一之, 又不可. 其所以一之又不可者, 以其本自有分別也. 本自有分別而元不相離, 此處之妙, 默而觀之可也. 凡

이처럼 사람의 몸으로 비유하자면, 형(形)과 기(氣)와 성(性)은 불리(不離)·불잡(不雜)의 신묘(神妙)한 관계망을 구축하고 있는데, 리(理)와 기(氣)도 그렇다는 것이다. 대개 리와 기 둘은 본래 서로 떨어지지도 않고 서로 섞이지도 않는 까닭에, 이 점은 몹시 말하기 어려운 대목으로, 깨달을 수는 있어도 말로 다할 수는 없다는 것이다.[29] 이기(理氣)에 대해서는 말이 많으면 많을수록 본래의 뜻에서 멀어질 수도 있기 때문이다. 반계는 이렇게 말한다.

> 옛사람이 도를 본 것은 분명합니다. 그러므로 다만 늘 마땅히 행해야 할 사물을 말하지만, 리는 그 가운데 있습니다. 혹 꼭 끄집어내어 말하는 곳이 있어서, 곧바로 꽉 차서 밝게 드러나는 도체(道體)를 밝혀내기도 하지만, 물(物)에서 떨어질 수는 없습니다. 후세의 사람들이 리와 기를 이미 상대적인 것으로 들어내어 말한 까닭에, (리와 기를) 구별할 때는 둘이 있는 것으로 의심이 되고, (이기) 일체를 말할 때는 구별이 없는 것으로 의심이 됩니다. 이것이 이른바 말이 많으면 많을수록 더욱 그 실(實)을 얻지 못한다는 것입니다.[30]

옛사람이 도를 파악한 것은 확실한데, 그들은 통괄적으로 말했다는 것이다. 즉, 사물만을 말하기도 하고, 본체인 도를 말하기도 하지만, 사물 안에는 리가 내재해 있고, 도체(道體)는 사물을 떠나 존재하

造化之理, 莫不皆然, 故曰不測, 故曰神矣乎, 故曰妙矣乎. 非獨理氣至於形氣之合, 則有合有離, 而方其合時, 絶無間隙. 凡事物體用之類, 無不皆然 於此可見 不可以不相離而謂無分別也."

29 「與鄭文翁東稷論理氣書·別紙」, 『잡고』 78쪽, "蓋理氣二者, 本不相離, 又不相雜. 此處極難說, 可以意得, 不可以言窮."

30 「與鄭文翁東稷論理氣書·別紙」, 『잡고』 86쪽, "古人見道分明, 故只常說事物所當行者, 而理在其中. 或有剔言處, 則直發明道體之充塞昭著者, 而物不能離. 後之人, 以理與氣, 旣爲對擧而言之, 故爲有辨時, 疑於有二, 謂一體時, 疑於無別. 此所謂言有愈多而愈不得其實也."

지 않는다는 것이다. 예컨대, 맹자가 성선(性善)을 말하는 것[31]은 도체(道體)만을 말한 것이고, "형색(形色)이 천성(天性)이다"[32]라고 말한 것은 '기역도(器亦道)'의 뜻이라고 한다.[33] 그런데 후인들이 괜스레 리와 기를 나누어 설명하다보니 여러 갈래가 생겨나 더 혼란스럽다는 것이다. 그래서 이기(理氣)는 선후(先後)를 논할 수 없고, 나누거나 합치거나 하는 방법으로 볼 필요도 없다고 한다. 다음의 말을 보자.

대개 리와 기는 선후(先後)로 논할 수 없고, 나누고 합하는 것[分合]으로 논할 필요도 없습니다. 오직 형이상(形而上)·형이하(形而下)만이 가장 완벽하니, 묵묵히 살필 일입니다. 아마도 묘할 것입니다.【「계사전」에 "형이상자위지도(形而上者謂之道), 형이하자위지기(形而下者謂之器)"라 하고, 그 아래에 이어서 "조화하면서 마름질하는 것을 변이라 한다[化而裁之謂之變], 미루어서 행하는 것을 통이라 한다[推而行之謂之通], 들어다가 천하 백성들에게 조치하는 것을 사업이라 한다[擧而措之天下之民謂之事業]"고 말합니다. 여기의 '조화하면서 마름질[化而裁之]'하고 '미루어서 행[推而行之]'하는 것은 이기합체(理氣合體)로서 조화하고[化之] 미루어 가는[推之] 것입니다. 이것은 사람의 입장에서 말한 것이지만, 도는 애초에 하늘과 사람의 구별이 없습니다. 사람의 민(民)이 곧 하늘의 물(物)이고, 사람의 사업(事業)이 곧 하늘이 조화하는 공력[造化之功]입니다.】[34]

---

31 『孟子』「滕文公上」, "孟子道性善, 言必稱堯舜."
32 『孟子』「盡心上」, "形色, 天性也. 惟聖人然後可以踐形."
33 「與鄭文翁東稷論理氣書·別紙」, 『잡고』83쪽, "理氣, 古人未嘗渾雜說. 孟子道性善一句, 已特地分明. 先立乎其大者性也命也等說, 意皆如此. 至曰形色天性也, 則又器亦道之意."
34 「與鄭文翁東稷論理氣書·別紙」, 『잡고』81쪽, "蓋理氣不可以先後論, 不必以分合論. 惟形而上形而下最盡, 默而觀之, 其妙矣乎. 繫辭, 形而上者謂之道, 形而下者謂之氣. 其下繼言, 化而裁之謂之變, 推而行之謂之通, 擧而措之天下之民謂之事業. 此是化而裁之, 推而行之, 理氣合體而化之推之也. 此以人言也, 而道未始有天人之別. 人之民, 卽天之物. 人之事業, 卽天之造化之功也."

이기는 선후(先後)나 분합(分合)으로 볼 것이 아니라, 형이상(形而上)과 형이하(形而下)로 보면 그 관계가 명확하며, 『주역』「계사전」의 서술 순서에 주목해서 해석해 보면 그것은 분명해진다는 것이다. 즉, "형이상자위지도(形而上者謂之道), 형이하자위지기(形而下者謂之器)"는 도(道)와 기(器)를 말함으로써 이기불상잡(理氣不相雜)을 설명하고 있고, 그 아래 이어지는 변(變)·통(通)의 과정은 도기(道器)가 합체(合體)된 상태에서 이루어진다는 것이다. 말하자면, 도기불상리(道器不相離)의 상태에서 모든 운동·작용·변화가 이루어진다는 것이다. 그래서 변통(變通)이라는 운동·작용·변화는 일반인의 눈에는 기(器)의 모습으로만 비칠 수 있지만, 그 안에는 도(道)의 작용이 있다는 것을 알아야 하고, 그 도(道)의 파악은 기(器) 속에서 이루어져야 한다는 것이 반계의 생각이다. 그래서 반계는,

> 기라는 것은 물(物)이 무엇을 따라서 이루어지는 것이고, 리라는 것은 물이 이루어지는 까닭〔所以〕입니다. 조화(造化)가 유행(流行)하고, 만물이 생식(生息)하는 데는, 리와 기가 섞여 녹아 있어서 틈을 허용하지 않습니다. 절대로 틈을 꿰맬 곳이 없습니다. 그러므로 기를 리로 알기가 쉽지만, 리와 기의 구별은 본래 분명합니다.[35]

라고 말했던 것이다. 일반인의 눈에는 모든 운동·작용·변화가 기(氣)의 소행으로 보이지만, 사실은 이기(理氣)가 합체인 상태에서 모든 것이 이루어지며, 그 안에서 리(理)를 파악해야 한다는 것이다. 요컨대, 리(理)를 드러내기 위해, 혹은 이기불상리를 강조하기 위해 리(理)와 기(氣)를 선후(先後)로 설명할 필요가 없다는 주장이다.

---

35 「與鄭文翁東稷論理氣書·別紙」, 『잡고』 80쪽, "氣也者物之所由成者也, 理也者物之所以成者也. 造化之流行, 品物之生息, 理氣混融無間可容. 絶無罅縫處. 故易以認氣爲理, 然理氣之辨, 本自分明."

주자는 '요컨대, 또한 먼저 리가 있다고 해서, 단지 오늘 이 리가 있고 내일 기가 있다고 말해서는 안 되지만, 또한 모름지기 선후가 있다'고 말했습니다. 이제 생각해 보니 이는 본원(本原)을 캐내는 뜻이기는 하지만, 성인이 말한 것은 이와 같지 않습니다. 다만 '일음일양지위도(一陰一陽之謂道)'와 형이상·형이하만을 말했을 따름입니다.[36]

이처럼 이기(理氣)를 선후(先後)의 관계로 파악하거나, 또는 리와 기를 서로 나누어 본다든지 혹은 합쳐서 파악해 보려는 방법에 대해 반계는 의구심을 갖는다. 리와 기를 『주역』 「계사전」의 "일음일양지위도(一陰一陽之謂道)"와 "형이상자위지도(形而上者謂之道), 형이하자위지기(形而下者謂之器)"로 설명하면, 리·기의 개념 및 상호간의 관계가 자연스럽게 설정된다는 것이 반계의 관점이다. 다음 장에서 설명하겠지만, "일음일양지위도(一陰一陽之謂道)"는 '지실(至實)의 리(理)'이고, 성(誠)이다.

결론적으로 다음과 같이 정리할 수 있겠다.

첫째, 반계에게서 리(理)와 기(氣)는 철저하게 불상잡(不相雜)·불상리(不相離)의 관계이다. 다만 그것을 이기(理氣)라는 용어를 사용해서 말할 필요는 없다.

둘째, 이기불상리는 『주역』 「계사전」의 "일음일양지위도(一陰一陽之謂道)"로, 이기불상잡은 "형이상자위지도(形而上者謂之道), 형이하자위지기(形而下者謂之器)"로 충분히 설명된다.

셋째, 모든 운동·작용·변화는 도기불상리(道器不相離), 곧 이기불상리(理氣不相離)의 상태에서 이루어진다. 따라서 도(道)는 도기불상리의

---

36 「與鄭文翁東稷論理氣書·別紙」, 『잡고』 82~83쪽, "或問, 有是理, 便有是氣, 似不可分先後. 朱子曰, 要之, 也先有理, 只不可說今日有是理, 明日却有是氣, 也須有先後. 今按此是極本窮源之意. 然聖人言之不如此, 只說一陰一陽之謂道, 形而上形而下而已."

상태에서, 리는 이기불상리의 상태에서 파악해야 한다. 다시 말해서, 도(리)는 사물 상에서 실현되므로, 사물을 떠나 도(리)를 파악할 수는 없다.

이 세 번째 관념이 반계에게서는 가장 중요한 인식론적 방법이라 할 수 있다.

3) 실리(實理): 기외무리와 실리는 모순되지 않는다

앞에서 살펴본 것처럼, 모든 운동·작용·변화를 행하는 것은 기(氣)이고, 그것을 가능하게 하는 것은 리(理)이다. 그러나 리가 기와 다른 시공간에서 그렇게 하는 것이 아니라, 이기(理氣)가 한 몸인 상태에서 모든 것이 이루어진다. 앞의 경우를 이기불상잡이라 하고, 뒤의 경우를 이기불상리라 한다. 그러니까 모든 운동·작용·변화는 이기불상리의 상태에서 이루어지고, 그 바탕 위에서 이기가 서로 섞이지 않음을 파악해야 한다. 이것이 '기외무리(氣外無理)'이다. 반계 이기론의 기본 전제는 이처럼 '기외무리'이다. 다른 각도에서 말한다면, 리(理)는 사물 상에서 발현되므로, 리는 반드시 사물을 통해서만 인식이 가능하다. 이것을 잘못 오해하면, 리는 기에 종속되는 부수적인 것으로 생각할 수 있다. 그래서 반계는 리의 소이연(所以然)을 강조하여, 그런 오해를 막으려 한다.

> 사람들은 물(物)이 생식(生息)하는 것이 기이고, 그것이 그렇게 되는 까닭(所以然)을 리라고 말합니다. 리는 진실로 소이연이지만, 그 소이연이라는 것은 도리어 본시 지극히 실합니다. 만약 본시 지극히 실한 곳을 보지 못하면, 그 소이연이라는 것을 또한 보기 어렵습니다.[37]

---

37 「與鄭文翁東稷論理氣書·別紙」, 『잡고』 80~81쪽, "人言物之生息, 氣也. 其所以
然者, 理也. 理固是所以然者, 却本是至實. 若不見本是至實處, 其所以然者, 亦難

여기서 반계는 리의 소이연(所以然)을 활성화시키기 위해 '실(實)'이
라는 용어를 선택한다. 그러그러한 모습〔소연(所然)〕으로 존재하는 여
러 현상들은 그러그러할 수밖에 없는 어떤 원인〔소이연(所以然)〕때문
이라고 말은 해도, 그 소이연이 그냥 논리적 설명으로만 그쳐서는 안
되고, 실지로 그러함을 볼 수 있어야 리의 소이연을 제대로 알 수 있
다는 것이다. 요컨대 리(理)는 소이연자(所以然者)이며 지극히 실질적
〔지실(至實)〕인 것이다. 역으로 말하면 지실(至實)한 것이 아니면 리(理)
가 아니다. 다음 말을 보자.

> 정자(程子)가 '이 리는 매우 실하다'고 말했는데, 이 말을 저번에는 마
> 음으로 진실로 그렇다고 여겨서 '리는 진실로 실리(實理)이다'라고 말
> 하고, 이와 같이 보기만 했을 따름이었습니다. 이제야 리가 지극히 참
> 되고 지극히 실하다는 것을 깨달았습니다. 만약 지극히 실하지 않다면
> 리가 될 수가 없으니, 정말로 중요하고도 중요한 말입니다.[38]

드디어 반계는 지실(至實)한 소이연자(所以然者)인 리(理)를 실리(實理)
라고 명명한다. 그러면 리(理)의 지실(至實)함은 어떻게 알 수 있을까?
반계는 이렇게 설명한다.

> 이 리(理)는 지극히 실한데, 어떻게 그 지실(至實)함을 볼 수 있겠습니
> 까? 유행하는 것은 하루가 이와 같고, 만고에 영원함이 이와 같으며,
> 생식(生息)하는 것은 일물(一物)이 이와 같고, 만물이 모두 이와 같습니
> 다. 만일 조금의 허위(虛僞)라도 있다면, 곧 틈새가 생기고 끊어지고

見矣."
38 「與鄭文翁東稷論理氣書·別紙」,『잡고』81쪽, "程子曰, 此理甚實. 此言向也心固
　　然之, 曰理固是實理, 如此看過而已. 今乃覺得理是至眞至實. 若非至實, 無以爲
　　理, 眞是喫緊喫緊語也."

어긋나게 됩니다. 여기에서 그 지실함을 볼 수가 있습니다. 그러므로 '천지의 도는 하나의 말로 다할 수 있다'고 하는 것이니, '하나'라는 것은 '성(誠)'입니다.[39]

한 치의 허위도 없이 유행하는 만물의 모습에서 반계는 '지실(至實)'을 읽어낸다. 그리고 그것은 곧 성(誠)이다.[40] 그런데 그 유행의 소이연자(所以然者)는 태극이고 '본연(本然)의 리(理)'라는 점에서 태극도 성(誠)이다.[41] 그 지실한 소이연자인 태극(리)에 의해서 만물이 유행하고 조화한다는 점에서 모든 조화는 실리(實理)의 표현이다.

조화가 조화함에는 실리가 아님이 없습니다. 사람들은 형체의 조화〔形化〕에 대해서는 부모가 낳고 기르는 것을 보고 진실로 그렇다고 여기지만, 기의 조화〔氣化〕에 이르러서는 그것을 의심합니다. 기의 조화가 조화할 수 있음을 안다면, 리가 정말로 실하다는 것을 알 수 있습니다. 기가 조화할 수 있는 것은 리, 이 실리 때문입니다. 기의 조화가 조화할 수 있게 된 연후에 형체의 조화가 조화할 수 있음을 안다면, 또한 리는 단지 실리일 뿐이라는 것을 참으로 알 수 있습니다. 마땅히 그 실지로 그러한 곳〔實然處〕을 보아야 할 것입니다.[42]

---

39 「與鄭文翁東稷論理氣書·別紙」, 『잡고』 82쪽, "此理至實. 何以見其至實也? 流行者一日如此, 萬古常如此. 生息者一物如此, 萬物皆如此. 設有一毫虛僞, 便間斷舛錯了. 於此可以見其至實. 故曰天地之道, 可一言而盡, 一者誠也."

40 실리(實理)를 성(誠)이라고 한 것은 이미 정이천(程伊川)에게서 보인다. 『朱子語類』 권96, 程子之書二 참조.

41 「與鄭文翁東稷論理氣書·別紙」, 『잡고』 81쪽, "朱子曰, 太極者, 所以動而陽·靜以陰之本體也, 可謂盡矣. 斯所謂誠也, 斯所謂理之本然也."

42 「與鄭文翁東稷論理氣書·別紙」, 『잡고』 82쪽, "造化之爲造化, 莫非實理也. 人於形化, 見其父生母育也, 而以爲固然, 至於氣化疑之. 知氣化之能化, 則可以知理之眞實矣. 氣能化者理, 是實理故也. 知氣化之能化, 然後形化之能化, 亦可眞知理只是實理而已, 當觀其實然處."

여기서 형화(形化)를 가능하게 하는 것은 기화(氣化)이고, 기화를 가능하게 하는 것은 실리(實理)라고 한다. 조화의 단계를 실리→기화→형화로 파악하고 있다. 보통 사람은 형화의 단계를 인식한다. 부모가 나를 낳고 기른다는 것은 지극히 현실적이고 사실적이어서, 곧 지실(至實)한 것이어서 잘 알고 있지만(이는 형화의 단계이다), 그 이전에 부모의 기가 결합하여, 바꾸어 말하면 음양의 기가 결합하여 구체적인 형체로 변화되는 단계[氣化]는 쉽게 알지 못한다. 더구나 그 음양을 결합하게 하는 기본 이치, 즉 주역의 관점에서 말하면 "일음일양지위도(一陰一陽之謂道)"의 '실리(實理)'를 파악하기란 더욱 어렵다. 이렇게 볼 때, 조화와 유행의 지극히 실질적인 모습에서 실리를 파악한다는 점에서, 실리는 구체적이고도 실질적인 사(事)·물(物)의 이치[理]라고 볼 수 있을 것이다. 좀 더 부연설명하자면, 비록 반계가,

> 이 리(理)가 있는 까닭에 물(物)에는 반드시 소이연이 있고, 일에는 반드시 소당연이 있다. 이 리는 지극히 실하다. 【지실(至實)한 까닭에 지순(至順)하다.】 하늘의 하늘 됨, 땅의 땅 됨, 사람의 사람 됨이 실리(實理) 아닌 것이 없다. 이 실리를 쫓아 남김없이 다 드러내는 것을 '본성을 남김없이 드러낸다[盡性]'고 하며, 이 실리를 체득하여 확고히 세우는 것을 '극을 세운다[立極]'고 이른다.[43]

고 하여, 물(物)의 소이연지고(所以然之故)와 사(事)의 소당연지칙(所當然之則)의 근거로서 실리(實理)를 말하고 있기는 하지만, '리지본연(理之本然)'으로서의 태극이 실리라고 주장하는 근거가 만물의 지실(至實)한 유행·조화에 있다는 점에 주목할 필요가 있다. 한 치의 허위도 없이

---

43 「與鄭文翁東稷論理氣書·別紙」, 『잡고』 79쪽, "以其本有是理, 故在物必有所以然, 在事必有所當然. 此理至實至實, 故至順, 天之爲天, 地之爲地, 人之爲人, 無非實理也. 循此而盡之謂之盡性, 體此而立之謂之立極."

유행하는 만물의 모습에서 '지실'을 읽어내고, 그를 통해 그 소이연자가 지실하다고 파악하는 것은, 연역적 사고가 아니라 귀납적 사고이다. 선험적 사고가 아니라 경험적 사고이다. 이는 무엇을 의미하는가? 존재론과 인식론의 차원에서, 반계의 관심과 초점은 이미 주어진 현실과 사물, 곧 이미 그러그러한 세계[소연(所然)]에 있지, 왜 어떻게 그러그러한 모습을 만들었느냐[소이연(所以然)]에 있지는 않다. 이것은 '기외무리(氣外無理)'의 이기관과 외연관계에 있기도 하다.

반계가 소이연(所以然)을 말하는 것은 사실 소당연(所當然)의 근거를 확보하기 위해서이다. 계속해서 다음의 말들을 보자.

> 예의(禮儀) 삼백 가지와 위의(威儀) 삼천 가지는 (모두) 실리(實理)가 드러난 것이 아님이 없습니다. 이른바 절문(節文)이라는 것은 그 도수(度數)에 따라 적절하게 꾸미는 것입니다.[44]

『논어(論語)』의 극기복례[45]를 참조한다면, 인(仁)을 실현하기 위해 마땅히 행해야 할 구체적인 법칙·규범이 예의(禮儀)·위의(威儀)이다. 여기서 말하는 절문(節文)이란 극기복례 장의 주자 주석인 "예자(禮者), 천리지절문(天理之節文)"이다. 천리를 조절하고 꾸며 놓은 것이 예라는 것이다. 그러니까, 예는 천리를 담아 놓은 형식이다. 그래서 반계는 모든 예는 실리(實理)의 표현이라고 말하는 것이다. 예는 인간이 마땅히 행해야 할 규범이라는 점에서, 결국 인간에게 있어서 실리는 소당연지칙(所當然之則)임을 의미한다. 소당연(所當然: 마땅히 그래야 하는 것)에는 성실(誠實)이 요구된다. 천지조화(天地造化)의 유행지리(流行之理)로

---

44 「與鄭文翁東稷論理氣書·別紙」, 『잡고』 83쪽, "禮儀三百·威儀三千, 無非實理之形著也. 所謂節文者, 因其度數而節文之也."
45 『論語』 顏淵, "顏淵問仁. 子曰, 克己復禮爲仁.""

서의 실리(實理)는 저절로 자강불식(自彊不息)의 상태이지만, 인간에게
는 그를 닮는 부단한 노력이 요구된다.

사실 성(誠)을 매개로 천도(天道)와 인도(人道)를 하나로 꿰뚫는 논리
구조는 『중용』에서 비롯된다. "성(誠)은 하늘의 도이고, 성 되려고 하
는 것이 인간의 도이다"[46]가 그것이다. 그리고 실(實)을 매개로 천도
와 인도를 아우르는 논리는 율곡에게서 찾아볼 수 있다. 율곡은 천도
를 '실리의 성〔實理之誠〕'으로, 인도를 '실심의 성〔實心之誠〕'으로 표현
한다. '실리의 성'은 저절로 그러해서 그런 것〔自然而然者〕이고, '실심
의 성'은 인위적인 노력으로 그렇게 된 것〔有爲而然者〕이다. 성(誠)이
진실무망(眞實無妄)이라는 점에서 진실무망 그 자체가 천도라면, 진실
무망해지려고 노력하는 것이 인도이다. 요컨대 같은 성(誠)이고 실(實)
이라 해도 자연(自然)과 유위(有爲)의 차이가 있다.[47] 따라서 인도의 차
원에서 말하는 성(誠)·실(實)은 있는 그대로 존재하는 존재의 영역이
아니라, 당위의 노력을 요구하는 가치의 영역이다.

반계도 성(誠)을 강조하고, 그것이 이기(理氣)의 실(實)이라 하지만,[48]
그 실(實)의 모습은 바람직한 인간관계의 실현에서 확인된다고 한다.
즉, 사람에게 있는 리(실리)가 성(性)인데, 이 성리(性理)가 남김없이 드
러날 때 인간이 인간다울 수 있다는 것이다. 여기서 실리(實理)는 소
당연지칙(所當然之則)이다. 이 리(理)는 인간 사이의 관계성을 규정해
주는 것으로서, 사람이 사람 노릇을 하려면 이 리(理)의 유행이 그치
거나 없어지게 해서도 안 되고, 어거서도 안 된다.[49] 이를 위한 간단

---

46 『中庸』 20장, "誠者, 天之道也. 誠之者, 人之道也. 誠者, 不勉而中, 不思而得, 從
　　容中道, 聖人也. 誠之者, 擇善而固執之者也."

47 『栗谷先生全書』 拾遺, 卷之六, 雜著 三, 「四子言誠疑」 참조.

48 「與鄭文翁東稷論理氣書·別紙」, 『잡고』 84쪽, "誠者合內外之道也, 不誠無物. 理
　　氣之實, 誠而已."

49 「與鄭文翁東稷論理氣書·別紙」, 『잡고』 85~86쪽, "性, 是理之在人者也. 仁義禮
　　智發於心, 行於父子君臣之間, 自然而不能已, 當然而不可違, 實然而不可泯. 理非

없는 노력이 지성(至誠)이고 지실(至實)이다.

결국 반계의 실리(實理)는 비록 존재론적인 개념을 아우르기는 하지만, 사실은 소당연(所當然) 즉 가치론의 영역을 겨냥한 표현이다.

우리는 이쯤에서 앞에서 살펴본 리와 기의 관계성에 대해 상기해 볼 필요가 있다. 리와 기의 관계는 기본적으로 불상리(不相離)와 불상잡(不相雜)이다. 그런데 반계는 리와 기라는 용어의 사용이 부적절하고, '일음일양지위도(一陰一陽之謂道)'와 '형이상자위지도(形而上者謂之道)·형이하자위지기(形而下者謂之器)'라는 표현을 더욱 선호한다. 그런데 중요한 것은, 이것은 존재론의 영역에 대한 설명이라는 점이다. 그리고 그 존재론 영역에서의 실리에 대한 인식은 이기불상리를 바탕으로 한다는 점이다. 반계가 이기불상잡을 말하는 것은 사실 성명지리(性命之理)를 겨냥한 것이었다. 성명지리를 제외한 일반에서는 "리는 기의 리"라는 것을 인정하지만, 인의(仁義) 등 인간의 당위적 가치에 해당하는 것은 이기불상잡으로 설명하고, 그것도 실리의 개념을 도출하여 특별히 강조하고 있다. 요컨대, 존재론의 영역에서는 '도(道)'를 말하고, 가치론의 영역에서는 '실리'를 말하고 있음에 주목할 필요가 있다. 그리고 존재론과 인식론의 영역에서는 도기불상리(道器不相離) 혹은 이기불상리(理氣不相離)적인 입장이고, 가치론의 영역에서는, '실리'라는 말이 단적으로 드러내듯이, 이기불상잡(理氣不相雜)의 입장이다. 다음의 말에서 그 의미는 확실하게 드러난다.

공자는 "한번 음이 되고 한번 양이 되는 것을 도라고 하며〔一陰一陽之謂道〕, 그것을 잇는 것이 선이고〔繼之者善〕, 그것을 이루는 것이 성이다〔成之者性〕"라고 말했습니다. 만약 단지 "리는 다만 기의 리일 뿐이다"고만 말한다면, 이것은 기를 주로 삼는 것이어서 리가 주재(主宰)가 되

至實, 安能如此. 此乃人之所以爲人者也."

지 못합니다. 이와 같다면 "계지자선(繼之者善)" 이 네 글자는 붙일 수 없고, "성지자성(成之者性)" 또한 이 네 글자를 붙일 수가 없습니다. 리 는 다만 실리(實理)입니다. 그러므로 "성(誠)하지 않으면 물(物)이 없다 [不誠無物]"고 말하지, "물(物)이 없으면 성(誠)하지 못하다[無物不誠]" 고 말하지 않습니다. 【마땅히 선(善)과 계(繼)라는 글자가 무엇을 이어 서 선해질 수 있는지를 살펴보아야 합니다. 이것은 음양을 쪼개어 버리 고 말하는 것은 아니지만, 그 주된 뜻은 저절로 분명합니다. 】[50]

일음일양지위도(一陰一陽之謂道)는 이기불상리(理氣不相離)의 상태이고, 그래서 그 상황에서는 리(理)를 기(氣)의 리(理)라고 해도 무방하지만, 문제 는 다음의 '계지자선(繼之者善)'과 '성지자성(成之者性)'에서 발생한다. 계 지(繼之)·성지(成之)의 '지(之)'가 무엇일까? 반계는 당연히, 이기불상리인 도의 유행 속에서 기와 섞이지 않은 리(실리)를 가리킨다고 생각한다. 즉 실리(實理)로 특징지어지는 이기불상잡은 선(善)한 성(性)을 담보하는 논리적 근거이다.

이렇게 볼 때 반계가 실리를 말했다고 해서, 그를 주리론자(主理論 者)로 보아서는 안 된다. 반계가 실리를 강조하는 것은 사실 가치론의 영역에 초점이 놓여 있기 때문이다. 존재론과 인식론의 영역에서는, 기외무리(氣外無理)의 명제에서 보듯이, 철저하게 오히려 기 중시적이 다. 그리고 존재론의 영역에서도 리(理)를 말할 때는 분수지리(分殊之 理)의 성격이 짙기 때문에 존재론과 인식론의 영역에서는 철저하게 이기불상리(理氣不相離)의 입장을 견지하고 있다. 이 점은 다음에 논할

---

50 「與鄭文翁東稷論理氣書·別紙」, 『잡고』 79쪽, "孔子曰, 一陰一陽之謂道, 繼之者 善, 成之者性. 若但曰, 理只是氣之理而已, 則是以氣爲主, 理不爲宰也. 如是則繼 之者善, 着此四者不得. 成之者性, 亦着此四者不得. 理只是實理. 故曰不誠無物, 不曰無物不誠. 【當觀善字繼字, 於何繼而能善. 此非割捨陰陽而言, 然其主意自 分明. 】"

인심도심론과 사단칠정론에서 확실하게 드러난다.

2. 인성론(人性論)

1) 인심도심론: 인도동행(人道同行)

반계는 "대저 인심(人心)이란 보통 말하는 사람의 마음이고, 도심(道心)이란 남의 불행을 차마 보지 못하고 아파하며[惻隱], 나의 불선(不善)을 부끄러워하고 남의 악함을 미워하는[羞惡] 부류의 마음"[51]이라고 정의한다. 말하자면 춥고 배고프거나, 아프고 가려운 것을 아는 마음, 배고프면 먹으려 하고, 목마르면 마시려고 하는 마음, 이런 마음이 인심이고, 측은(惻隱)·수오(羞惡)·사양(辭讓)·시비(是非)의 마음은 도심이라는 것이다. 그러나 이것은 반계만의 독창적인 견해는 아니고, 반계도 주자의 견해를 수용하여 그렇게 정의한 것이다.[52] 반계가 인심도심설에서 주자 및 기존의 주자학자들과 차별화되는 것은, 반계가 인심을 기(氣)에 도심을 리(理)에 배속시키는 데 있다. 반계는, 마음은 하나인데 인심이니 도심이니 하고 구별해서 말하는 것은 이기(理氣)의 구별 때문이라고 한다. 인심과 도심이 각자 리(理)와 기(氣)를 갖추고 있는 것이 아니라, 도심은 리이고, 인심은 기라는 것이다.[53]

이렇게 '인심＝기, 도심＝리'라는 구조 속에서 인심도심설은 이기설과 불가분의 관계를 맺을 수밖에 없다. 앞에서 살펴보았듯이 반계

---

51 「又論人心道心書」, 『잡고』 88쪽, "大抵人心, 卽尋常所言人心是也. 道心, 惻隱羞惡之類是也."
52 「又論人心道心書·別紙」, 『잡고』 99쪽, "朱子曰惻隱羞惡是非辭遜, 此道心也. 飢寒痛痒, 此人心也. 又曰喜怒, 人心也. 又曰飢欲食渴欲飮, 人心也."
53 「又論人心道心書·別紙」, 『잡고』 94쪽, "心一也, 而曰人曰道, 只是理氣之別耳. 【心一也, 有理氣之別, 故曰人心曰道心, 非可以人爲一心, 而又具理氣, 道又一心, 而又具理氣而論也.】"

이기설의 특징은 존재론과 인식론의 영역에서는 철저하게 이기불상리의 입장을 견지하고, 가치론의 영역에서는 이기불상잡의 논리를 펴고 있다. 반계의 인심도심설의 논리적 구조도 이 이기론의 연장선상에 있다. 다음의 말을 보자.

이제야 인심과 도심은 다만 리와 기라는 것을 깨달았습니다. 사람의 몸에 나아가서 말하기 때문에 인(人)이라 말하고 도(道)라고 말합니다. 이른바 "물이 있으면 법칙이 있다〔有物有則〕"는 한마디 말로 그것을 다 드러낼 수 있습니다.【칙(則)은 곧 이른바 '소당연자(所當然者)'입니다.】본래 하나의 마음이지만 지각(知覺)에는 다름이 있으니, 인(人)은 물(物)이고, 도(道)는 칙(則)입니다. 그러나 이기(理氣)에서는 저절로 그러한 까닭에, 물(物)과 칙(則)이 한몸을 이루는 실지〔物則同體之實〕는 쉽게 볼 수가 있습니다. 다만 사람에게는 마음에 지각이 있고, 지각에 의해 발하는 것이 같지 않기 때문에, 인(人)〔인심〕과 도(道)가 함께 행해지는 실지〔人道同行之實〕는 쉽게 보지 못할 따름입니다.【여기의 이른바 동체(同體)는 합하여 한 몸이 된다고 말하는 것과 같습니다. 이른바 동행(同行)도 또한 이 뜻입니다.】[54]

이기불상리의 존재론적 구조 속에서 반계가 이기불상잡을 말할 때는, 이미 논한 바처럼, 개물(個物)에서의 리(理)를 말하는 데 초점이 맞추어져 있다. 그 논리 속에서, 물(物)이 있으면 그 물(物) 안에는 리(理)가 있다. 그것이 유물유칙(有物有則)이다. 사람〔人〕이라는 물(物)이 있으면,

---

54 「又論人心道心書」, 『잡고』 88쪽, "今乃覺得人心道心, 只是理與氣也. 只就人身上言, 故曰人曰道. 所謂有物有則者, 可以一言蔽之.【則卽所謂所當然者也.】本一心也, 而知覺有異, 人是物道是則也. 然在理氣, 則自然, 故物則同體之實, 易以見. 只爲在人者心有知覺而發於知覺者不同, 故人人心道同行之實, 未易見耳.【此所謂同體, 猶言合爲一體也. 所謂同行亦此意.】"

역시 그 인물(人物)의 리(칙)가 있어야 하는데, 그것이 도심이라는 것이다. 유물유칙(有物有則)에 입각한, 유인유도(有人有道)의 입장이다. 즉, 물(物)=인(人), 칙(則)=도심(道心)의 연결고리를 갖는다. 요컨대 도심·인심을 이기로 대응시킬 때, 이 논리 속에서 리(理)는 기지리(氣之理)인 것처럼 칙(則)은 물지리(物之理)이고, 도심은 인심지리(人心之理)이다.

그런데 '인심=기, 도심=리'라는 인심도심론의 구조 속에서, 이기불상리인 한 인심도심(人心道心)도 불상리(不相離)한 관계일 수밖에 없다. 반계는 개물(個物)에서의 이기불상리를 물칙동체(物則同體)로, 사람에게서의 인심도심불상리(人心道心不相離)를 인도동행(人道同行)이라는 말로 표현하고 있다. 다만 물(物)에서는 물칙동체(物則同體)의 실(實)을 쉽게 볼 수 있지만, 사람에게서는 지각의 다름 때문에 인도동행(人道同行)의 실(實)은 보기 어렵다고 한다.

이처럼 반계의 인심도심설에서 우선적인 특징으로 꼽을 수 있는 것은, '인심=기, 도심=리'의 구조 속에서 이기불상리에 상응하여 인심도심불상리를 주장하는 것이다.

또 하나 반계 이기설에서 중요한 명제는 기외무리(氣外無理)였다. 이는 반계 이기론의 존재론적 영역과 인식론적 영역을 한마디로 압축 표현한 것이다. 리(理)가 기(氣)를 떠나 존재할 수 없는 한, 리의 인식은 기(氣)를 통해 이루어질 수밖에 없다는 게 그 요지이다. 따라서 인심도심설에서도, '인심=기, 도심=리'의 논리구조 속에서, 도심은 인심을 떠나서 따로 존재하는 것이 아니고, 도심은 인심을 통해서만 인식이 가능하다. 그래서 반계는,

> 도심은 다만 인심 상에서 발현되며, 만약 인심이 없다면 도심 또한 행해질 곳이 없습니다.[55]

---

55 「又論人心道心書」, 『잡고』 88쪽, "道心只在人心上發見. 若無人心, 道心亦無所

라고 한다. 그렇다면 서로 떨어지지 않으면서, 각각 기와 리로 불상
잡의 관계를 유지하는 인심과 도심은 도대체 어떤 관계일까? 이기불
상리이기는 하지만 리(理)와 기(氣)가 일물(一物)이 아닌 것처럼, 인심과
도심은 '불상리(不相離)'이기는 하되 일심(一心)은 아니어야 한다. 문제
는 여기에 있다. 반계의 '인심＝기, 도심＝리'의 논리대로라면 인심과
도심은 일심(一心)이 아닌 이심(二心)이 되어야 한다. 그러나 반계는 인
심 도심은 일심(一心)인데, 지각의 차이 때문에 인심 도심의 구별이
있게 된다고 한다. 다음의 진술을 보자.

①인심 도심은 다만 이기일 따름입니다. 그것이 마음에서 지각에 의해
발하기 때문에 인심 도심이라고 말합니다. ②리와 기는 본래 서로 섞
이지 않는 까닭에 인심과 도심 또한 서로 섞이지 않으며, 이기는 본래
서로 떨어지지 않기 때문에 인심 도심 또한 서로 떨어지지 않습니다.
기는 본래 없을 수 없는 것인 까닭에 인심도 또한 없앨 수 없으며, 리
는 본래 실리이기 때문에 도심은 '당연지칙(當然之則)'이 됩니다. ③도
심이 따로 하나의 마음으로 있는 것이 아니라 다만 인심 속에서 발현
됩니다. ⓐ어떤 이가 말하기를, '리는 물칙(物則)이니, 이기에 있어서
는 진실로 그러하나, 이제 이미 마음에서 발하여 지각이 각기 다른데
도 도심이 인심의 준칙〔人心之則〕이 되는 것은 왜인가?'라고 해서 이
렇게 말했습니다. 이 리는 지극히 실(實)하여 하늘에서나 사람에게서
나 미발과 이발에 차이가 없습니다. ④비록 지각에 의해 발하더라도
이기의 실(實)은 하나입니다. 그러므로 도심의 깨침〔道心之覺〕은 곧 인
심의 준칙〔人心之則〕이며, '칙(則)'은 밖에 있는 기준이 아니라 다만
속에 있습니다. 【모든 물(物)의 칙(則)이 다 그러합니다.】 ⓑ사람의
마음은 지극히 허령(虛靈)하여 이기 모두가 지각되는데, 이미 지각에

於行."

의해 드러나기 때문에 두 개의 마음이 있는 것으로 의심됩니다. 기실 분별이 있기는 하지만, 사실은 하나의 마음입니다. 【ⓒ 마음이라는 물건은 이목(耳目)과 같지 않습니다. 이목은 기(氣)에 의해 감응될 뿐이지만, 마음은 지극히 허령하기 때문에 리와 기가 지각되지 않음이 없습니다. 그 지각에 의해 드러난 것으로부터 본다면, 원래 리와 기가 분별이 있음을 역시 알 수 있습니다.】[56](밑줄, 원문자 등 기호는 필자가 표시한 것임)

위 인용문에서는 인심 도심에 대한 반계의 여러 입장이 종합되어 있는데, 이해를 돕기 위해 그 내용을 정리해 보기로 한다. ①의 '인심 = 기, 도심 = 리'라는 기본 전제하에, ②에서는 이기불상리와 이기불상잡에 상응하여 인심도심불상리와 인심도심불상잡의 논리를 도출해 낸다. ③에서는 이기설의 기외무리(氣外無理)에 상응하여 '도심지재인심중발현(道心只在人心中發見)'의 논리를 이끌어 낸다. ④에서는 이기불상리에 입각하여 도심지각(道心之覺) = 인심지칙(人心之則)을 말한다. 그러나 여기서는 더 정확하게 말한다면, '도심지각(道心之覺) = 인심지칙(人心之則)'은 '리(理) = 기지리(氣之理)〔理只是氣之理〕'에 상응하는 표현이다.

그런데 문제는 이기 관계에서 이기불상리이면서 리와 기는 일물(一物)이 아닌 것처럼, 인심 도심의 관계도 인심도심불상리이면서 인심과 도심은 일심(一心)이 아니어야 한다. 그래야 '리(理) = 기지리(氣之理)'

---

56 「又論人心道心書·別紙」,『잡고』95~96쪽, "人心道心只是理氣而已. 以其在心而發於知覺, 故曰人心道心. 理氣本不相雜, 故人心道心亦不相雜. 理氣本不相離, 故人心道心亦不相離. 氣本不能無者, 故人心亦不容去除. 理本實理, 故道心爲當然之則. 道心非別有一心也, 只在人心中發見也. 或曰理爲物則, 在理氣則固然. 今也旣發於心, 知覺各異, 而道心爲人心之則何也. 曰此理至實, 無間於在天在人未發已發. 雖發於知覺, 而理氣之實一也. 故道心之覺, 卽人心之則也, 則非在外之准也, 只在裡面. 【凡物之則, 亦皆然.】人心之靈, 理氣皆覺, 旣形於覺, 故疑於有二心. 其實有分別, 而實一心也. 【心之爲物, 非如耳目. 耳目則感於氣而已. 心則至虛至靈, 故理與氣無不覺. 自其形於知覺者而觀之, 則原理氣之有分別, 亦可知矣.】"

혹은 '리(理)=물지칙(物之則)'에 상응하여 '도심(道心)=인심지칙(人心之
則)'이 될 수 있는데, 인심과 도심이 일심(一心)이라면 이러한 형식논
리가 성립될 수 없기 때문이다. 그에 대한 문제 제기가 ⓐ의 내용이
고, 그에 대한 해명이 ⓑ와 ⓒ 부분이다. ⓐ에서는 인심과 도심이 이
미 서로 다른 영역이어서 하나의 마음으로 보기 어렵다는 입장이고,
ⓑ와 ⓒ에서는 마음이라는 물건은 다른 물건과 달리 허령(虛靈)한 지
각을 갖고 있어서 리와 기 모두에 감응하기 때문에 두 개의 마음으로
보이는 것이지 실은 하나의 마음이라는 것이다. 반계는 그에 대해 다
음과 같이 부연 설명한다.

도심은 스스로 도심이고, 인심은 스스로 인심이니, 진실로 이와 같습
니다. 그러나 인심이 없으면 도심 또한 행해질 곳이 없습니다. 이것이
리와 기가 서로 떨어지지 않는 증좌입니다. 【인심이 없으면, 도심은
실릴 곳이 없습니다. 그러므로 도심을 말하면 반드시 먼저 인심을 말
합니다.】 리와 기가 서로 떨어지지 않는 것은, 하늘에서나 물(物)에서
는, 리는 무위(無爲)이고 기는 유위(有爲)인 까닭에 사람들이 쉽게 보지
만, 마음에서는 인심과 도심이 각자 지각이 있기 때문에 보기 어렵습
니다. 특히 이기가 서로 떨어지지 않는 것은 하늘에서나 사람에게서
나, 지각이 없거나 있거나, 기실 한가지라는 것을 알지 못합니다. 【마
음에서 그를 증험해 보면, 지각은 각기 다르지만 항상 함께 행해지니,
한 가지 일이라도 함께 있지 않음이 없습니다. 이것이 '불상리(不相
離)'의 묘처(妙處)입니다.】[57]

---

57 「又論人心道心書·別紙」, 『잡고』 96쪽, "道心自道心, 人心自人心, 固是如此. 然
無人心, 道心亦無所於行. 此理氣不相離之驗. 【無人心, 道心無所載. 故言道心,
必先言人心.】 理氣之不相離者, 在天在物, 則理無爲而氣有爲, 故人易見. 在心則
人心道心, 各自有知覺, 故難見. 殊不知理氣之不相離者, 在天在人, 無知覺有知
覺, 其實一也. 【驗之於心, 則人心道心, 雖知覺各異, 而每每同行, 無一事不具有.
此是不相離之妙處.】"

천도(天道)나 물(物)의 입장에서는 리는 무위(無爲)하고 기는 유위(有爲)하기 때문에 이기불상리를 쉽게 인식하지만, 사람의 마음에는 인심과 도심이 각자 지각이 있어 인심 도심이 둘로 보이고 따라서 인심도심불상리를 보기 어렵다는 것이다. 이 논리대로라면 천도나 물(物)의 입장에서는 리무위(理無爲)·기유위(氣有爲)이나, 사람의 경우에는 리와 기 모두 유위(有爲)가 되어 논리적 일관성이 결여된다. 사실 이것은 '도심=리, 인심=기'의 전제하에 인심도심론을 철저하게 이기론에 상응시키던 논리와는 어긋난다. 결국 자연관과 심성관(心性觀)을 나누어 파악하려는 시도가 여기에서 극명하게 드러난다. 물론 반계는 자신의 논리가 모순이 아니라는, 다시 말해 자연관과 심성관이 일관된 논리 체계를 갖추고 있음을 강변한다. 그 연장선상에서 반계는 왜 인심도심불상리인가를 다음과 같이 역설한다.

> 어떤 이가 말하기를, "사람은 본디 인심이 홀로 발하는 때가 있고, 또 도심이 홀로 발하는 때가 있다. 어디에 '서로 떨어지지 않는다'는 게 있는가?"라고 합니다. (나는) 말합니다. 마음의 감응은 무상하여 혹은 여기에서 깨닫고, 혹은 저기에서 깨닫습니다. 그러나 인심이 발할 때에 도심이 일찍이 없지 아니하고, 도심이 발할 때에 역시 인심에서 떨어지지 않습니다. 이제 무릇 어린아이가 우물로 들어가는 것을 보면 곧 측은한 마음이 있게 되는데, 이것이 도심입니다. 그러나 이 '측은(惻隱)'이라는 것은 '애(愛)'라는 마음에서 벗어나서 또 어떤 하나의 마음이 '측은'이 되는 것이 아닙니다. 대저 즐거움을 만나면 즐거워하고, 기쁨을 만나면 기뻐하는 이것이 인심입니다. 그 즐거워하고 기뻐할 때 역시 이의(理義)의 지각이 없는 게 아닙니다. 자연히 가운데에 있습니다.[58]

---

58 「又論人心道心書·別紙」, 『잡고』 97~98쪽, "或曰人固有人心獨發之時, 又有道心獨發之時, 安在其不相離也. 曰心之感應無常, 或覺於此, 或覺於彼. 然人心發時, 道心未嘗無也. 道心發時, 亦未嘗離乎人心也. 今夫見孺子之入井, 而便有惻隱之

앞에서 보았듯이, 반계는 이기불상리에 상응하여 인심도심불상리를 말하고, 그 인심도심불상리의 실상을 인도동행(人道同行)으로 표현한 바 있는데, 인심과 도심은 비록 지각하는 바가 다르더라도 발할 때 함께 존재한다는 것이다. 반계는 이 인도동행으로 인심도심불상리를 강조하는 것이다. 즉 측은이라는 도심은 애(愛)라는 인심에서 나오는 것이고, 희로애락이라는 인심이 그 희로애락의 마땅함을 얻으면 도심이기 때문에, 인심과 도심은 동행(同行)한다는 것이다.

어쨌든 반계는 두 개의 마음으로 보이기 쉬운 인심 도심이 하나의 마음이라는 것을 강조하는데, 그럼에도 불구하고 '도심＝리, 인심＝기'로 대거(對擧)하는 한, 특히 '인심이 도심의 명령을 듣는다〔人心聽命於道心〕'는 것과 관련해서는, 인심과 도심이 하나의 마음이라기보다는 상대적인 두 개의 마음으로 보이기 쉽다. 그래서 반계는 다음과 같이 해명한다.

도심이 주가 되면 인심은 저절로 명을 듣게 됩니다. 【도심이 주가 되면, 인심이 행해지는 바가 도심이 아님이 없어서, 하는 바가 명령을 듣는 것 같습니다. 】도심이 하나의 마음이 되고, 인심이 하나의 마음이 되어서, 도심이 여기에서 주인이 되고, 인심이 저기에서 와서 명령을 듣는 것이 아니라, 단지 하나의 일입니다. 본래 깨닫기 어려운 말이 아닌데 깨닫기 어렵게 된 까닭은, 이미 인심과 도심이라고 해서 나누어 말했기 때문에, 비록 그 마음에 둘이 있는 것이 아니라는 것을 알지라도 오히려 '나란히 서서 짝이 되어 다니는〔並立雙行〕' 폐단을 면하기 어렵습니다. 수많은 의혹이 여기서부터 일어납니다. 시험 삼아 형이상・형이하로 이 뜻을 생각해 구해 본다면, (인심과 도심) 둘은 비

心, 此道心也, 而此惻隱者, 非外於愛之心, 而又有一心爲惻隱也. 且夫遇樂而樂, 遇喜而喜, 此人心也. 方其樂與喜時, 亦不無理義之覺, 自然在中也."

록 각기 지각의 다름이 있기는 하지만, 그에게 분별이 있으면서도 서로 떨어지지 않음을 거의 볼 수 있습니다.[59]

인심이 도심의 명령을 듣는다는 것은, 도심이 주가 되면 행해지는 인심이 모두 도심 같다는 것이지, 하나의 마음이 다른 마음을 명령하거나 명령을 듣는 것이 아니라는 것이다. 형체가 있는 물(物)이 형상(形上)·형하(形下)의 이기(理氣) 합체로 이루어졌지만 이기의 나뉨이 있는 것처럼, 심(心)은 인심·도심의 나뉨은 있지만 인심도심은 동체(同體)이라는 것이다.

비록 반계가 이렇게 인심 도심이 두 개의 마음이 아니라 하나의 마음이라는 것을 강조하기는 하지만, 그러나 반계에게서 인심 도심은 불상리의 입장보다는 불상잡의 경우가 도드라져 보이고, 위에서 언급했듯이 자연관의 논리 구조와 완벽하게 일치하는 것도 아니다. 여기에서, 반계가 의도하든 하지 않았든 자연관과 심성관의 논리 체계가 다르게 나타나고, 반계는 그것이 모순된 것이 아니라 이기불상리(理氣不相離)의 논리로 일관된다고 주장한다. 이와 같은 논리는 사단칠정론에서도 그대로 적용된다.

2) 사단칠정론: 동행이정(同行異情)

반계는 "도심은 곧 사단이고, 인심은 곧 칠정"[60]이라고 한다. 반계는 주자의 여러 언설, 특히 "사단은 리가 발한 것이고, 칠정은 기가

---

59 「又論人心道心書」, 『잡고』 89~90쪽, "夫如是, 故道心爲主, 則人心自聽命. 道心爲主, 則人心所行, 無非道心, 所爲, 若聽命者然. 非是道爲一心人爲一心, 道心在此爲主, 而人心在彼來聽命也, 只是一項事也. 本非難曉之言, 而所以難曉者, 旣曰人心道心, 分而言之, 故雖知其心非有二, 而猶未免並立雙行之弊. 許多疑惑, 皆從此起. 試以形而上形而下, 此意思求之, 則二者雖各有知覺之不同, 庶可見其有分別而不相離也."

60 「又論人心道心書·別紙」, 『잡고』 95쪽, "道心卽四端是也, 人心卽七情是也."

발한 것〔四端理之發, 七情氣之發〕”이라는 말과, 퇴계가 아예 “칠정은 인심이고, 사단은 도심이라”고 한 데서부터 그 근거를 확보하고 있다.[61] 이미 “인심＝기, 도심＝리”의 논리를 폈던 반계에게 “사단(四端)＝이발(理發), 칠정(七情)＝기발(氣發)”로부터 “인심＝칠정＝기, 도심＝사단＝리”라는 논리 구조가 성립되는 것은 당연하다. 이렇게 인심과 도심이 칠정과 사단으로 환치될 때, 사단칠정의 경우에도 인심 도심의 경우와 같은 문제가 발생할 수밖에 없다. 즉, 하나의 마음인데 지각의 다름에 기인하여 인심과 도심의 나눔이 있는 것처럼, 사단칠정도 두 개의 정(情)이 아니라 하나의 정이면서 리와 기의 분별이 있을 따름이라고 한다.

> 말하건대, 정(情)은 실로 성(性)이 발한 것입니다. 그러나 ‘성의 발〔性之發〕’이란 성이 스스로 발한 것이 아니라, 마음에 지각이 있어서 발하는 것입니다. 그러므로 그 발하는 것에는 성리(性理)로 말미암아 발하는 것도 있고, 형기(形氣)에 이끌려 발하는 것도 있습니다. 측은(惻隱)·수오(羞惡)의 류(類)는 성리로 말미암아 발하는 것이고, 희로애락의 류는 형기로 인하여 발하는 것입니다. 사단칠정은 두 개의 정(情)이 있는 게 아닙니다. 그 정은 하나이지만 리와 기의 분별이 있을 따름입니다. 사단은 다만 칠정 중에서 발현되지만, 그 묘맥(苗脈)은 스스로 어지러울 수 없는 것이 있습니다. 사람들이 진실로 증험하여 살핀다면, 스스로 알 수가 있습니다. 어찌 두루뭉실하게 해서 거기에 분별이 있음을 말하지 않을 수 있겠습니까? 【사단은 칠정 속에서 행해지지만, 그 직분에는 도리어 분별이 있습니다. 리와 기가 동체(同體)이면서

---

61 「又論人心道心書·別紙」, 『잡고』 99쪽, “朱子曰惻隱羞惡是非辭遜, 此道心也. 飢寒痛痒, 此人心也. 又曰喜怒, 人心也. 又曰飢欲食渴欲飲, 人心也. 又曰如鄉黨所記, 飲食衣服, 本是人心之發. 又曰道心是義理上發出來低, 人心是人身上發出來低. 如此則四端之爲道心, 七情之爲人心, 已無疑矣. 【後復考得, 朱子已曰四端是理之發, 七情是氣之發. 退溪亦曰人心, 七情是也. 道心, 四端是也.】”

분별이 있는 것이 본디 이와 같습니다. 주자의 사단(四端)에 대한 여러 설 및 「악기(樂記)」의 동정설(動靜說)을 살펴보면 역시 이기(理氣)·성정(性情)의 묘(妙)를 깨달을 수 있습니다.】[62]

이처럼 반계에게 있어서, 심(心)은 하나이지만 지각의 다름으로 인하여 인심과 도심이 나뉜 것처럼, 성(性)이 발하여 정(情)이 될 때도[63] 하나의 정(情)이지만 지각의 차이 곧 성리(性理)와 형기(形氣)로 인하여 사단과 칠정으로 나뉜다. 마찬가지로 도심이 인심 상에서 발현하는 것처럼, 칠정도 사단에서 발현한다. 즉, 인심 도심이 동행(同行)하는 것처럼 사단칠정도 동행한다. 인심 도심처럼 사단칠정도 이른바 동행이정(同行異情)의 관계이다. 물론 이들의 논리적 근거는 이기불상리에 바탕한 이기동체(理氣同體)이다.

그렇다면 사단과 칠정의 관계는 어떠할까?

어떤 이가 말했습니다. "성인의 희노(喜怒) 역시 기의 발이라고 말할 수 있는가?"
말하건대, 그 기발(氣發)이란 것은 본래 성인과 어리석은 사람의 차이가 없습니다. 그러나 리와 기는 본래 서로 떨어지지 않으므로, 기쁨과 성냄이 그 바름을 얻으면 (그것이 곧) 기쁨과 성냄에 합당한 리(理)입니다. 순임금이 사흉(四凶)을 죽인 일 같은 것은, 비록 일찍이 성내지 않

---

62 「又論人心道心書·又別紙」, 『잡고』 100~101쪽, "情固性之發也. 然性之發也, 非性自發, 心有知覺而發也. 故其發有由性理而發者, 有引形氣而發者. 惻隱羞惡之類, 由性理而發者. 喜怒哀樂之類, 引形氣而發者. 四端七情, 非有兩情也. 其情則一, 而有理與氣之辨爾. 故四端只在七情中發見, 而其苗脈自有不可亂者. 人苟驗而察之, 自可見矣. 豈可囫圇之而不謂其有辨也.【四端行於七情中, 而其分却有辨. 理氣之同體而有別, 本如此. 觀朱子四端諸說及樂記動靜說, 亦可以悟理氣性情之妙矣.】"
63 이때 성(性)이 직접 발(發)하는 것이 아니라 심(心)의 지각에 의해 발한다는 언명에 일단 유의해 두자. 뒤이어 이 점에 대해 살펴볼 것이다.

은 것은 아니나, 전적으로 이의(理義)가 주(主)가 된 것입니다. 이것은 『논어』「향당」편에 기록된 음식·의복의 류가 본래는 인심이 발한 것이지만, 성인의 신분상에서는 전적으로 도심인 것과 같습니다.[64]

이기불상리이므로, 기발(氣發)이라 하더라도 그 기가 합당함을 얻으면 리(理)와 다름 없다는 것이 반계의 생각이다. 이 바탕에서 인심(人心)이 마땅함을 얻으면 곧 도심(道心)이고, 칠정이 마땅함을 얻으면 곧 사단이다. 이것은 다음의 말에서도 확인할 수 있다.

대개 이기는 본래 스스로 혼합(渾合)하여 체(體)가 됩니다. 그러므로 옛날부터 성현은 혹은 리로써 말했지만 기가 버려지지 않았고, 혹은 기에 나아가 말했지만 리가 그 가운데 있습니다. 그러나 사물이 드러나고 인심이 운용하는 것은 모두 기입니다마는, 리는 본래 기에 의해 행해지는 것입니다. 그러므로 기에 나아가 말하더라도 리를 주(主)로 하는 것이 많습니다. 『중용』에서 다만 희로애락만을 들고 있는 것은 곧 기에 나아가 말한 것이지만, 거기의 이른바 중절(中節)이란 것은 곧 리를 주(主)로 삼는 곳입니다. 그래서 비록 사단을 말하지 않더라도, 사단의 리가 이미 그 가운데 있습니다. 『대학』의 친애(親愛)·천오(賤惡)·애긍(哀矜)의 류 역시 기에 나아가 말한 것이지만, 거기의 편벽(偏僻)을 경계하는 것은 또한 리를 주로 하는 곳입니다.[65] 주자가 그를 밝혀서 "다섯 가지[66]는 사람에게 있는데, 본래는 당연지칙(當然之則)이

---

64 「又論人心道心書·又別紙」,『잡고』101쪽, "或曰, 聖人喜怒, 亦可謂氣之發乎. 曰, 其爲氣發, 本無聖愚之殊. 然理氣本不相離, 喜怒得其正, 則理之當喜怒者也. 如舜之誅四凶, 雖未嘗不怒, 而全是理義爲主. 此猶論語鄕黨所記飮食衣服之類, 本是人心之發, 在聖人分上全是道心者也."

65 『大學章句』8장, "所謂齊其家在修其身者, 人之其所親愛而辟焉, 之其所親愛而辟焉, 之其所賤惡而辟焉, 之其所畏敬而辟焉, 之其所哀矜而辟焉, 之其所敖惰而辟焉. 故好而知其惡, 惡而知其美者, 天下鮮矣."

66 친애(親愛)·천오(賤惡)·외경(畏敬)·애긍(哀矜)·오타(敖惰).

134

있다"고 말했는데, 칙(則)이 곧 리(理)이며, 곧 도심의 절제(節制)입니다. 『맹자』사단장(四端章) 같은 것은 리로써 말한 것이지만, 거기에 '부모를 섬기고〔事父母〕' '사해를 보존한다〔保四海〕'고 말하고 있으니, 기역시 미상불 그 사이에서 행합니다. 성현이 도체(道體)를 통찰하여 본까닭에, 그 말은 비록 각자 설(說)이 되지만 직절하게 다 드러내고 있습니다. 후인(後人)이 이것을 보고 저것을 가리며, 머리를 두려워하고 꼬리를 두려워하는 것과 같지 않습니다.[67]

위 내용을 정리해 본다면 다음과 같다.

(ㄱ) 모든 물체(物體)는 이기불상리이다.

(ㄴ) 사물과 사람의 마음을 포함한 모든 물체의 작용은 기(氣)에 의한 것이고, 리(理)는 기에 의해 행해진다.

(ㄷ) 표현에 따라 리(理)를 주로 하여 말하는 것이 있지만 기는 그 가운데 있고, 기를 주로 하여 말하는 것도 있지만 리(理)는 그 가운데 있다. 전자의 경우 『맹자』의 사단(四端)이 좋은 예이고, 후자의 경우 『중용』의 네 가지 정(情)과 『대학』의 다섯 가지 편벽된 마음이 그 예에 속한다.

(ㄹ) 『중용』의 희로애락은 기(氣) 입장에서의 표현이지만, 중절(中節)한 희로애락은 기가 아닌 리(理)를 위주로 한 표현이다. 말하자면 중절한 칠정은 사단이고, 절제된 인심은 곧 도심이다.

여기서 우리는 중요한 사실을 몇 가지 확인하게 된다.

---

[67] 「又論人心道心書·又別紙」, 『잡고』 102쪽, "蓋理氣本渾合爲體者. 故從古聖賢, 或以理言之, 而氣未嘗遺. 或就氣言之, 而理在其中. 然凡事物形著人心運用, 皆氣也, 理本行於氣者. 故就氣言之, 而主乎理者爲多. 中庸只擧喜怒哀樂者, 乃就氣言之者, 而其所謂中節者, 卽主乎理處. 然則雖不言四端, 而四端之理, 已在其中矣. 大學親愛賤惡哀矜之類, 亦是就氣言, 而其戒偏僻, 亦主乎理處. 朱子發明之曰, 五者在人, 本有當然之則, 則卽理也, 乃道心之節制也. 若孟子四端章, 則是以理言之者, 而其謂事父母保四海, 氣亦未嘗不行乎其間也. 聖賢洞見道體, 故其言雖各自爲說, 而直切以盡, 非若後人窺此蔽彼畏首畏尾也."

첫째, (ㄴ)에서 보는 것처럼, 반계는 사실의 세계와 존재론의 영역에서는 기발(氣發) 하나만이 있다는 것을 인정한다. 이는 율곡의 기발이승일도설(氣發理乘一途說)과 다름 없다.

둘째, (ㄹ)도 퇴계보다는 오히려 율곡설에 가깝다. 율곡의 경우 중절한 칠정〔七情之中節者〕은 곧 사단이지만, 퇴계의 경우는 이것 외에 이지발(理之發)인 사단과 기지발(氣之發)인 칠정의 영역이 따로 있다. 곧 퇴계에게서는 '칠정지중절자(七情之中節者)'로서의 사단과 '이지발자(理之發者)'로서의 사단이 완전히 일치하는 것은 아니기 때문이다. 쉽게 말하면 한번 기에 떨어졌다 리를 회복한 것과 애초부터 리를 그대로 갖고 있는 것과는 순도에서 차이가 난다는 것이다. 당연히 '이지발자(理之發者)'로서의 사단이 더 가치 있다.

셋째, (ㄷ)과 (ㄹ)에서처럼, 반계는 '칠정지중절자(七情之中節者)'로서의 사단과, 절제된 인심으로서의 도심을 이기동체(理氣同體) 속에서의 주리(主理)적 표현이라고 말한다. 여기서는 사단과 도심을 이발(理發)이라 하지 않는다는 점에 주목할 필요가 있다. 이것은 앞에서, '성의 발〔性之發〕'이란 성이 스스로 발한 것이 아니라, 마음에 지각이 있어서 발하는 것이라고 언급한 것과 관련이 있다. 지각 중에 성리(性理)에 의해 발한 것이 사단과 도심이고, 형기(形氣)에 의해 발한 것이 칠정과 인심인데, 반계의 논리대로라면, 사단과 도심은 주리(主理)적 명칭이고, 칠정과 인심은 주기(主氣)적 명칭일 뿐이다. 이미 기발(氣發)로서 드러난 이기동체의 물체(物體) 속에서, 예컨대 사람의 마음이라는 물체 속에서 다시 인심을 기발, 도심을 이발(理發)이라고 하기에는 논리적 정합성이 문제가 된다는 것을 반계도 충분히 의식했을 것이다.

요약컨대, 반계는 "리＝도심＝사단, 기＝인심＝칠정"의 논리 구조 속에서, 철저하게 이기불상리에 입각하여 이기동체(理氣同體)＝인도동행(人道同行)＝사단칠정의 동행이정(同行異情)이라는 존재론적 구조와, 이기론의 "기외무리(氣外無理)"에 상응하여 "도심은 인심 상에서 발현"

되고, "사단 또한 칠정 중에서 발현"된다는 논리 체계를 만들어낸다. 아울러 이기론의 "리는 기의 리"에 상응하여 이기동체의 물체에서는 "칙(則)은 물(物)의 리"이고, "도심은 인심의 칙(則)"이고, "사단은 칠정의 중절지리(中節之理)"이다.

그러나 이렇게 이기불상리의 이기동체에 집착하다 보면, 이기불상잡의 측면을 놓치기 쉽다. 그래서 반계는 한사코 인심과 도심, 사단과 칠정의 분별을 또한 강조한다.

인심과 도심이 동체라는 것이 더욱 분명하면 할수록, 그것이 동체임이 분명하기는 하나, 그에게 분별이 있음도 더욱 더 분명해져서, 순임금의 말[68]이 명백하고 친절함이 이와 같음에 이르는 것을 볼 수가 있습니다. 또 저 마음이라는 물건이 지극히 묘하고 지극히 위태로워서, 간직하고 놓아 버리는 사이[操舍之間]와 경건하고 방자한 사이[敬肆之際]의 어느 한 순간이라도 모두 삼가지[謹悉] 않으면 안 된다는 것을 알 수가 있습니다.[69]

인심과 도심이 동체인 가운데 인심과 도심의 분별 또한 확실하지만, 마음이라는 게 도심보다는 인심이 쉽게 드러나기 때문에, 어느 한 순간 방심하면 도심은 사라지고 인심만이 남기 때문에 늘 삼가지 않으면 안 된다는 것이다. 결국 인심 도심의 분별을 강조한다는 것은 상대적으로 취약한 도심에 관심을 기울여야 한다는 것과 같은 의미이다. 인심=칠정, 도심=사단의 논리 속에서, 이것은 사단칠정론에도 똑 같이 적용된다. 요컨대, 사실적 존재 구조에서는 이기불상리(이

---

68 『書經』「大禹謨」, "人心惟危, 道心惟微, 惟精惟一, 允執厥中."
69 「又論人心道心書」,『잡고』91쪽, "(驗之, 心性之實, 其妙無窮, 人心道心之爲同體, 愈益分明.) 其爲同體分明, 其爲有別, 自愈益分明, 有以見大舜之言, 明白親切, 至於如此. 又以見夫心之爲物, 至妙至危, 操舍之間, 敬肆之際, 不可一刻不致謹也."

기동체)이로되, 우리가 당위적으로 고려해야 할 것은 도심과 사단이라
는 것이다. 반계에게서 이 논리는 심성론에 일관되어 있다. 다음의
말을 보자.

> 대개 이기는 서로 떨어지지 않으면서 스스로 서로 섞이지 않습니다.
> 그러므로 성(性)은 본연지성(本然之性)·기질지성(氣質之性)이라 하고,
> 심(心)은 인심·도심이라 하며, 정(情)은 사단·칠정이라고 합니다. 성
> 은 하나이고, 심은 하나이고, 정은 하나이지만, 다만 그 사이에 스스로
> 리와 기의 다름이 있을 뿐입니다.[70]

왜 성(性)이나 심(心)이나 정(情)은 이기동체로서 하나의 체(體: 물체)
로 존재하면서, 각각 서로 다른 두 개의 이름으로 나뉘는 것일까? 그
것은 기질지성보다는 본연지성을, 인심보다는 도심을, 칠정보다는 사
단을 지향해야 한다는 당위적 가치 때문이다. 다음에서 그 의미가 확
실하게 드러난다.

> 명(命)이 나에게 있는 것이 성(性)입니다. 몸을 주관하면서 지각하는 것
> 이 심(心)입니다. 성(性)이 발하여 운용되는 것이 정(情)입니다. 그러므
> 로 성(性)에서는 '솔성(率性)' '교유(矯揉)'이고, 심(心)에서는 '위주(爲
> 主)' '청명(聽命)'을 말하고, 정(情)에서는 '확충(擴充)' '중절(中節)'을 말
> 합니다. (심·성·정) 세 가지는 본래 간단(間斷)함이 없기 때문에, 공부
> 또한 두 가지 일이 아닙니다. 다만 도심이 위주(爲主)가 되면, 확충(擴
> 充)과 솔성(率性)은 그 가운데 있습니다. 여기에서 '심통성정(心統性情)'
> 의 실(實)을 볼 수가 있습니다.[71]

---

70 「又論人心道心書·又別紙」,『잡고』102쪽, "蓋理氣元不相離, 而自不相雜. 故性曰
　　本然之性·氣質之性, 心曰人心道心, 情曰四端七情. 性一也, 心一也, 情一也, 而
　　只於其中, 自有理與氣之辨耳."

　정리하자면, 본연지성은 그대로 잘 따르기만 하면 된다. 이른바 솔성(率性)이다. 기질지성은 본연지성이 되도록 고치지 않으면 안 된다. 그것이 교유(矯揉)이다. 도심이 위주가 되면 인심은 행해지는 바가 모두 도심 같고, 인심이 횡행할 때는 인심으로 하여금 도심의 명령을 듣도록 해야 한다. 사단은 그 싹을 확충해 나가면 되고, 칠정은 그것이 중절(中節)하여 사단이 되도록 해야 한다. 본연지성·도심·사단은 당위적으로 실현해야 할 가치이고, 그 가치 실현을 위해 해야 할 공부가 '솔성(率性)' '교유(矯揉)'이고, '위주(爲主)' '청명(聽命)'이고, 그리고 '확충(擴充)' '중절(中節)'이다. 그러나 그 공부는 각각 다른 것이 아니고, 도심이 위주가 되면 그것이 곧 확충이고 솔성이라는 것이다. 여기서 도심 위주의 공부면 모두 통한다는 것은, "도심＝사단, 칠정＝기"라는 논리 구조가 "도심＝사단＝본연지성＝리, 인심＝칠정＝기질지성＝기"라는 논리 구조로 확장됨을 의미한다.

　이처럼 반계의 이기·심성론은 단순 명쾌하다. 자연관에서는 이기불상리이고, 심성관에서는 이기불상잡이다. 이기불상리는 이기동체이고, 이기불상잡은 심성관에서 철저하게 리와 기의 이원구조로 되어 있다. 즉 본연지성과 기질지성, 인심과 도심, 사단과 칠정으로 분별이 된다.

　이러한 입장에서 반계는 퇴계(退溪) 이황(李滉, 1501~1570)과 율곡(栗谷) 이이(李珥, 1536~1584)의 심성관을 비판하며, 구암(久菴) 한백겸(韓百謙, 1552~1615)의 사단칠정론에 대해서는 일부 도식(圖式)을 제외하고는 긍정적으로 검토한다.

---

71 「又論人心道心書·又別紙」, 『잡고』 103쪽, "命之在我者性也. 主於身而知覺者心也. 性之發而運用者情也. 故於性則率性矯揉, 於心則曰爲主聽命, 於情則曰擴充中節. 三者本無間斷, 故工夫亦非二事, 只道心爲主而擴充率性在其中矣. 此可見心統性情之實."

3) 퇴계·율곡·구암의 심성관에 대한 입장

반계가 구암의 심성설의 어떤 점을 높게 평가하는 것일까? 이를 살펴기 위해 먼저 구암의 심성관을 알아보자.

일단 구암은 사단은 의리(義理)가 발한 것이고, 칠정은 형기(形氣)가 발한 것이라고 하여, 사단과 칠정을 의리와 형기의 차이로 구별하고, 사단＝도심, 칠정＝인심이라고 한다.[72] "의리＝사단＝도심, 형기＝칠정＝인심"이라는 논리 구조가 형성되어, "리＝사단＝도심, 기＝칠정＝인심"이라는 반계의 논리 구조와 동일하다. 또한 사단과 칠정이 별개의 정이 아니라, 칠정 가운데 형기에 섞이지 않은 것을 끄집어내어 사단이라고 하는 것, 예컨대 사단 중의 하나인 측은(惻隱)은 칠정 중의 하나인 애(愛)에서 분리되어 행하는 것이 아니라 애(愛) 속에서 발휘된다는 것[73]은 반계의 "사단은 칠정 중에서 발현된다"는 논리와 일치한다.

인심 도심의 경우도 사단칠정론과 상응하여 "도심은 인심 상에서 발현된다"는 것이 반계의 논리였는데, 구암도 "손으로 잡고 발로 걷는 것은 인심이나, 손발의 모습을 공손히 하고 조심하는 것은 도심이며, 물을 긷고 땔나무를 나르는 것은 인심이나, 그 긷고 나르는 것이 옳음을 얻으면 도심이다"[74]라고 하여, 도심은 인심 상에 발현되는 것임을 말하고 있다.

이렇듯 구암은 반계의 경우처럼, 하나의 정(情)이고 하나의 심(心)이지만, 리와 기의 구별에 따라 사단과 칠정, 인심과 도심으로 나뉜다

---

72 韓百謙, 『久菴遺稿』 「四端七情說」, "或問, 四端何情, 七情何情. 曰, 以形氣之發而謂之七情, 以義理之發而謂之四端. 四端, 道心是也. 七情, 人心是也."

73 韓百謙, 『久菴遺稿』 「四端七情說」, "盖人之一身, 酬酢萬變, 只有七情. 非七情之外別有四端, 只就七情中, 不雜於形氣者, 而拈出此四端. 如惻隱, 本不離愛而行, 然尋其苗脈, 自有不可亂者."

74 韓百謙, 『久菴遺稿』 「四端七情說」, "手持足履, 何莫非人也, 而必手容恭·足容重, 然後爲道. 運水搬柴, 何莫非人也, 而必運得是·搬得是, 然後爲道."

고 본다. 구암은 그 논리적 근거를 주자가 "심(心)은 하나인데, 지각(知覺)이 이목(耳目)을 따라 행해지면 인심이고, 의리를 따라 나오면 도심"이라는 데서 찾으며, 그것은 아주 명쾌하다고 한다.[75]

이러한 논리 체계를 바탕으로 구암은 나정암·퇴계·율곡을 평가하는데, 이 점이 그들에 대한 반계의 평가와 비교해 볼 때 흥미롭다. 구암은 먼저 위의 주자설을 제시하고 나정암·율곡·퇴계의 순으로 그들의 심성관을 평가한다. 다음 글을 보자.

㉮ 어떤 이는 도심을 미발(未發)이라 하고, 인심을 이발(已發)이라고 한다. 그렇다면 도심은 미발 전에만 있고, 이미 발한 후에는 행해지지 않게 되어, 이른바 도심이란 좋기는 하지만 쓸모없는 물건이 되어 버리고, 이른바 인심이란 한 덩어리의 혈육일 뿐이니, 결코 우리 유가의 설이 아니다. ㉯ 어떤 이는 도심을 발(發)하는 것은 기(氣)이고, 인심에 근원한 것은 리(理)라고 한다. 또한, 발하는 것은 기요, 발하게 하는 까닭은 리라고 한다. 이렇다면, 리는 단지 앞에서만 소이연지고(所以然之故)이고, 뒤에서는 소당연지칙(所當然之則)이 되어 맥락이 통하지 않는다. 비록 앞의 설과 차이는 있다 하더라도 다만 오십보백보일 따름이다. ㉰ 오직 퇴계의 이발(理發)·기발(氣發) 설만이 주자와 오랜만에 부합하며, 후학에게 끼친 은혜가 크다. 다만 가르고 쪼갠 것이 너무 심하여, 사단이 스스로 하나의 정이 되고 칠정이 스스로 하나의 정이 되는 것으로 의심되어, 사단과 칠정 두 가지가 서로 배합하여 달도(達道)의 묘를 이루지 못한다. 이것이 밝지 못한 것 같다.[76](원문자는 필자의 표시)

---

75 韓百謙, 『久菴遺稿』「四端七情說」, "朱子曰, 只是一箇心. 知覺從耳目上去, 便是人心. 知覺從義理上去, 便是道心. 反覆此說, 大小大快活."

76 韓百謙, 『久菴遺稿』「四端七情說」, "或以道心爲未發, 人心爲已發. 然則, 道之在於未發之前, 不行於已發之後. 其所謂道無用之長物, 其所謂人血肉之一塊, 決非吾儒之說. 或以爲發道心者, 氣也. 原者人心者, 理也. 又曰, 發之者, 氣也. 所以發之者, 理也. 此則, 理只爲前所以然之故, 而於後所當然之則, 脈絡不通, 雖與前說

㉮문단은 나정암의 인심도심설에 대한 비판이다. 나정암은 도심과 인심을 동정(動靜)과 체용의 관계로 파악한다. 그를 성체정용(性體情用)의 성정(性情)관에 적용시켜서, "성(性)＝도심＝체(體)＝정(靜), 정(情)＝인심＝용(用)＝동(動)"의 구조로 파악한다.[77] 이 바탕에서 인심과 도심이 모두 이발(已發)이라는 논리를 배격하고 그를 수정한 바 있다.[78] 나정암처럼 미발(未發) 이전만이 도심이고, 이미 발한 후에는 인심뿐이라고 생각한다면, 현실에서 도심은 아무 쓸모가 없게 되고, 때문에 인심만이 횡행하는 결과가 된다고, 구암은 비판하는 것이다.

㉯문단은 율곡의 인심도심설에 대한 비판이다. "도심을 발(發)하는 것은 기이고, 인심에 근원한 것은 리이다"[79]와 "발하는 것은 기이고, 발하게 하는 까닭은 리이다"[80]라고 하는 말은 각각 율곡이 우계(牛溪) 성혼(成渾, 1535~1598)에게 답하는 글에서 한 말이다. 리의 특성은 소이연지고(所以然之故)와 소당연지칙(所當然之則)이 함께 있는 것인데, 율곡처럼 말한다면 그 둘이 분리되어 리의 의미가 상실된다는 것이 구암의 견해이다.

㉰문단은 일견 퇴계설에 찬동하는 것 같으나, 반드시 그렇지도 않다. 퇴계가 사단과 칠정을 확실히 구분하여 사단의 우위를 강조하는

有間, 直百步五十步之間耳. 惟退溪理發氣發之說, 與朱子千載相符, 其惠後學, 大矣. 但剖判之極, 疑於四端自爲一情, 七情自爲一情. 無二者相配, 而爲達道之妙. 此似未瑩."

77　羅欽順, 『困知記』上, "道心, 性也. 人心, 情也. 心一也, 而兩言之者, 動靜之分・體用之別也."

78　羅欽順, 『困知記』上, "凡言心者皆是已發, 程子嘗有是言, 旣自以爲未當而改之矣."

79　『栗谷先生全書』卷之十, 書二, 答成浩原, "發道心者氣也, 而非性命則道心不發. 原人心者性也, 而非形氣則人心不發. 以道心謂原於性命, 以人心謂生於形氣, 豈不順乎."

80　『栗谷先生全書』卷之九, 書一, 答成浩原壬申, "發者氣也. 所以發者理也. 其發直出於正理而氣不用事則道心也, 七情之善一邊也. 發之之際, 氣已用事則人心也, 七情之合善惡也. 知其氣之用事, 精察而趨乎正理, 則人心聽命於道心也. 不能精察而惟其所向, 則情勝慾熾, 而人心愈危, 道心愈微矣."

것에는 찬동하지만, 그 구분이 너무 심하여 사단과 칠정이 별개의 것으로 오인될 수 있다는 점에 대해서는 퇴계가 투철하지 못하다고 비판한다.

이처럼 구암은 나정암과 율곡의 설에 대해서는 리(理)의 소당연지칙(所當然之則)이 약화되어 무용지물이 되기 쉬울 수 있다는 점에서 비판을 가하지만, 반대로 퇴계의 경우는 소당연지칙으로서의 리의 의미는 활발하게 살아나지만, 사단과 칠정이 서로 떨어져 별개의 것으로 존재하는 것으로 오인될 수 있다는 점에서 비판한다. 구암은 비록 스스로 퇴계의 문하에서 배우지는 못했지만, 퇴계를 사숙했다고 자처하면서도,[81] 퇴계의 설에 완전히 찬동하는 것은 아니다.

그들과 구암의 차이는 무엇일까? 사단이 칠정 중에서 발현된다는 것은 율곡의 논리와 비슷하지만, 사단은 리이고 칠정은 기라고 하는 것은 퇴계와 비슷하다. 그런데 그들과 구별되는 것은 칠정의 정 하나하나에 사단이 들어 있다는 것이다. 율곡에게서 이기불상리(理氣不相離)의 논리를, 퇴계에게서 이기불상잡(理氣不相雜)의 논리를 가져와서, 구암대로 이기(理氣)의 불리(不離)·불잡(不雜)의 묘(妙)를 살렸다고 볼 수 있는 대목이다.[82] 이 부분은 반계가 구암의 설을 타당하다고 여기면서 구암의 설을 그대로 인용하고 있으므로, 그곳에서 살펴보기로 한다.

이러한 구암의 나정암·퇴계·율곡에 대한 평가와 다음의 반계가 그들에 대해 내린 평가를 대비해 보자. 글의 전개 순서나 내용이 아마도 반계가 구암의 사단칠정설을 기본 텍스트로 하여 논리를 전개

---

81 韓百謙, 『久菴遺稿』「晦齋論太極圖後跋」, "百謙未及遊退溪之門, 而猶得私淑諸人."
82 그렇다고 퇴계와 율곡이 이기의 불리불잡지묘를 모른다는 것이 아니다. 오히려 이기지묘(理氣之妙)에 대해서는 율곡이 특히 강조한다. 다만 구암의 생각으로, 율곡의 인심도심론의 경우는 불잡(不雜)의 특성이 없고, 퇴계의 경우는 불리(不離)의 측면이 살아나지 않는다는 것이다.

하지 않았나 싶다. 반계가 퇴계와 율곡의 심성설을 평가하기에 앞서 나정암의 인심도심설을 비판하는데, 이 나정암·퇴계·율곡에 대한 일련의 평가는 그들에 대한 구암의 평가와 일치한다. 그들의 심성론에 대한 반계의 평을 들어 보자. 문맥상의 이해를 돕기 위해 원문의 순서대로 인용하기로 하되, 이후 설명의 편의를 위하여, 원문자 등을 이용하여 문단을 분류 표시하기로 한다.

㉠ 나정암(羅整菴)은 인심을 이발(已發), 도심을 미발(未發)이라고 했습니다. 이 설은 주자 때에 이미 있었지만, 주자는 그렇지 않다고 여겼으니 실로 의심할 게 없지만, 근래에 한구암(韓久菴) 역시 그 병통을 깊이 깨트렸습니다. 이제 다만 마음을 비우고 우서(虞書)의 이 장(章)과 『중용(中庸)』 수장(首章)을 음미하며 읽어 보면, 순임금이 말한 인심·도심은 결코 『중용』에서 말한 이발·미발이 아님을 저절로 알 수 있습니다. 【나공(羅公)의 여러 설을 두루 살펴보면, 나공은 인심·도심에 대해서는 전혀 깨닫지 못했습니다.】[83]

㉡ 근세의 여러 선생의 설에 이르러서는 비록 감히 망녕되이 의론할 바는 아니지만, 가만히 생각해 보면, "도심을 발(發)하는 것은 기이고, 인심에 근원한 것은 리이다" 및 "발하는 것은 기이고, 발하는 소이(所以)는 리이다" 등의 말은 아마도 옛사람의 본지(本旨)가 아닌 듯합니다. 또한 인심·도심이 '나란히 서서 짝이 되어 다니〔並立雙行〕'게 되어, 각각 이기(理氣)가 있게 되니, 글쎄 모르겠습니다. 어떠한지요?[84]

---

83 「又論人心道心書·別紙」, 『잡고』 92쪽, "羅整菴以人心爲已發, 道心爲未發. 此說朱子時已有之, 而朱子不以爲然, 則固無可疑, 近來韓久菴亦深破其病. 今但虛心玩讀虞書此章及中庸首章, 自可見大舜所謂人心道心, 決非中庸所謂已發未發也. 遍觀羅公諸說, 則羅公於人心道心, 全未曉得者也."

84 「又論人心道心書·別紙」, 『잡고』 92쪽, "至於近世諸先生之說, 雖不敢妄有所議, 窃想發道心者氣也, 原人心者理也, 及發之者氣也, 所以發者理也等語, 恐非古人本旨. 且人心道心並立雙行, 各有理氣矣, 未知如何如何."

144

㉢기가 발해서 리가 거기에 타고〔氣發而理乘之〕, 리가 발해서 기가 그를 따른다〔理發而氣隨之〕는 말은, 앞의 설과 비록 같지는 않지만, 역시 병립쌍행(並立雙行)하여 각각 이기(理氣)가 있게 되는 폐단을 면할 수 없습니다. 어떠한지요?

【후에 『정우복집(鄭愚伏集)』을 보니, "주자는 '사단은 리가 발한 것이고〔四端理之發〕, 칠정은 기가 발한 것〔七情氣之發〕'이라고 했다. 이선생(퇴계)은 처음에는 기수(氣隨) 이승(理乘)의 설이 있었지만, 마지막에는 '주자의 본래 설을 쓰는 것이 병폐가 없는 것만 못하다'고 말씀하셨다"고 하는데, 그렇다면 퇴계는 마침내 그것을 고쳤을 것입니다.】[85]

㉣율곡의 인심도심설 운운.【문집에 보입니다. 또『성학집요』에 대략적으로 보입니다.】이 설을 살펴보면, 이기(理氣)를 논한 것은 옳지만, 인심·도심에 대해서는 인식한 것이 투철하지 못합니다. 리와 기는 원래 서로 떨어지지 않기 때문에, 인심과 도심도 애초에 서로 떨어지지 않으며, 도심은 인심 속에서 발현됩니다. 다만 그 사이에 스스로 분별이 있을 따름입니다. 그러므로 '동행이정(同行異情)'이라고 말하는데, 이제는 매번 쪼개어 두 개의 물건으로 만들어서 각기 선 채로 쌍으로 행〔各立雙行〕하고 있습니다. 그러므로 인심에 대해서도 이기로 말하고 도심에 대해서도 역시 이기로 말을 해서, 특별히 인심에 선(善)이 있는 것이 곧 도심으로부터 나온 것이요, 도심이 발하는 것 또한 인심 속을 떠나지 않는다는 것을 살피지 못합니다. 그러한 즉, 인심의 이기는 한 개의 리(理) 자(字)를 남기고, 도심의 이기는 한 개의 기(氣) 자(字)를 남깁니다. 정말 말한 대로라면, 비록 마음은 본디 하나라고 말할지라도 실지로는 떨어지게 하여 둘로 하는 것이고, 비록 자연히 명령을 듣는다고 말할지라도 실은 강제로 그렇게 시키는 것입니다.[86]

---

85 「又論人心道心書·別紙」,『잡고』 93쪽, "氣發而理乘之, 理發而氣隨之之語, 與前說雖不同, 亦未免並立雙行, 各具理氣之弊如何.【後見鄭愚伏集云, 朱子謂四端理之發, 七情氣之發. 李先生始有氣隨理乘之說, 而終則曰不如用朱子本說之爲無病也. 然則退溪末乃改之也歟.】"

ⓗ인심도심설은, 오직 근래에 한구암의 말이 가장 명백하게 성인의 본지를 얻었습니다. 다만 그 도설(圖說)의 분배는 완전히 합당한 것 같지는 않은데 어떠한지요?[87]

이제 위의 내용을 분석해 보자.

㉠의 나정암에 대해서는 구암의 비판적 평가에 그대로 동조하고 있다.

㉡은 율곡의 인심도심설을 비판하는 대목이다. 구암의 율곡 비판 부분에서 보았듯이 "도심을 발(發)하는 것은 기이고, 인심에 근원한 것은 리이다"와 "발하는 것은 기이고, 발하는 소이(所以)는 리이다"라고 하는 말은 각각 율곡의 말이다. 이러한 율곡의 발언에 대해, 반계는 율곡의 인심도심설은 병립쌍행(並立雙行)의 폐단이 있다고 비판한다. 그를 자세히 설명한 것이 ㉢의 내용이다. 즉 반계에 의하면 도심은 리이고, 인심은 기일 따름인데, 율곡처럼 "도심을 발하는 것이 기"라고 하면 리(理)인 도심에 기가 첨가되어 도심에 리와 기가 있는 것이 되고, 마찬가지로 "인심에 근원한 것이 리"라고 하면, 기인 인심에 리가 있게 되어 인심에도 리와 기가 있게 된다는 것이다. 반계에 의하면 리와 기가 같이 있으면 이기동체(理氣同體)로 하나의 물체가 되는데, 이렇게 율곡처럼 도심에도 리와 기가 있고 인심에도 리와 기가 있게 되면, 인심도 하나의 물체가 되고 도심도 하나의 물체가 되

---

86 「又論人心道心書·別紙」,『잡고』93~94쪽, "栗谷人心道心說云云. 見文集. 又略見聖學輯要. 按此說, 其論理氣則可矣, 而於人心道心則認得未透. 理氣元不相離, 故人心道心未始相離, 道心只在人心中發見. 但於其間自有分別耳. 故曰同行異情. 今也每以判爲二物而各立雙行. 故於人心以理氣言, 於道心亦以理氣言, 殊不察人心之有善, 卽道心之所出, 而道心之發, 亦不離人心中也. 然則人心之理氣, 剩一理字, 道心之理氣, 剩一氣字矣. 誠如所云也, 則雖曰心固一也, 實離而二之. 雖曰自然聽命, 實强使之也."

87 「又論人心道心書·別紙」,『잡고』94쪽, "人心道心之說, 惟近來韓久菴之言, 最明白得聖賢本旨. 但其圖說分配, 似有未盡當者, 未知如何."

어, 인심과 도심은 두 개의 마음으로 된다는 것이다. 즉 인심과 도심이 병립쌍행한다는 것이다.

ⓒ은 퇴계의 사단칠정론을 비판하는 대목이다. 퇴계처럼 “칠정은 기가 발해서 리가 거기에 타는〔氣發而理乘之〕 것이고, 사단은 리가 발해서 기가 그를 따른다〔理發而氣隨之〕”고 한다면, 비록 앞의 율곡의 인심도심설과 같지는 않더라도, 역시 병립쌍행(並立雙行)의 폐단이 있다는 것이다.

여기서 율곡의 인심도심설과 퇴계의 사단칠정설이 같지 않다는 것은 무엇일까? 율곡은 “도심을 발하는 것은 기”라 하고, 또 “발하는 것은 기이고, 발하는 소이는 리”라고 한다. 이같은 율곡의 논리는 “도심＝리, 인심＝기”의 반계 논리 속에서 ‘도심＝리’라는 영역을 약화시킬 우려가 있다. 차라리 퇴계처럼 사단과 칠정을 이발(理發)과 기발(氣發)로 대치시키는 것이 사단(혹 도심)의 의미가 확실히 더 살아난다고 보는 것이다. 이것이 율곡의 인심도심설과 퇴계의 사단칠정설이 같지 않다고 하는 의미이다. 이처럼 퇴계는 율곡에 비해 사단(도심)의 의미를 더 강화하기는 했지만, 그럼에도 불구하고 퇴계는 사단을 “이발이기수지(理發而氣隨之)”라고 표현하여 리(理)인 사단에 쓸데없이 기(氣)를 하나 더 첨가해서 마치 사단도 이기동체(理氣同體)의 일물(一物)처럼 되고, 칠정을 “기발이리승지(氣發而理乘之)”라 해서 기(氣)인 칠정에 리(理)를 하나 더 보태 칠정 역시 이기동체의 일물이 되게 해서, 사단과 칠정이 두 개의 정(情)으로 병립쌍행하는 결과를 초래했다는 것이다. 요컨대 병립쌍행이라는 점에서 율곡이나 퇴계는 똑같은 오류를 범했다는 것이다. 그래서 반계는 퇴계의 “사단(四端), 이발이기수지(理發而氣隨之)”에서 뒤의 “기수지(氣隨之)”와, “칠정(七情), 기발이리승지(氣發而理乘之)”에서 뒤의 “리승지(理乘之)”는 불필요하다고 주장한다.

이같은 이유에서 반계는 ⓜ에서, 구암의 사단칠정론이 도설(圖說)을 제외하고는 논지가 제일 명확하다고 주장한다.

그래서 반계는 구암의 사단칠정론을 그대로 인용하여, 사단과 칠정이 하나의 정이면서 분별이 있다는 것, 각도를 바꾸어 말하면 사단은 칠정 중에서 발현된다는 것을 말한 구암의 견해는 정밀하다고 찬사를 보낸다. 다음의 진술이 그렇다.

한구암이 말하기를, "하나의 정 속에는 모두 사단을 갖추고 있다. 여기에 사람이 있다. 오랫동안 굶주리다가 먹을 것을 얻으면 진실로 기뻐한다〔喜〕. 그러나 넓적다리를 베어 먹이면 반드시 측은히 여기는 마음〔惻隱之心〕이 있고, 소리 지르며 발로 차면서 주면 반드시 부끄럽고 미워하는 마음〔羞惡之心〕이 있고, 얻은 것이 분에 넘치거나 바라던 것보다 지나치면 반드시 사양하는 마음〔辭讓之心〕이 있으며, 받고 사양하는 사이에는 또한 반드시 옳고 그름을 따지는 마음〔是非之心〕이 있다. 이 네 가지가 있어서 느끼는 바를 따라 그를 절제한다면, 그 기쁨〔喜〕은 중절(中節)이 된다. 나머지 정(情)도 다 그렇지 않음이 없다"[88]고 했는데, 이 말이 도리어 정밀합니다.[89]

구암은 저처럼 사단과 칠정은 분명히 구별되지만, 사단과 칠정은 하나의 정이어서, 사단은 칠정 중에서 발현된다는 것을 예증하고 있다. 즉 구암은 사단과 칠정의 불리(不離) 불잡(不雜)의 묘를 잘 드러내고 있다는 것이 반계의 견해이다.

이처럼 반계는 당시 조선 유학계의 양대 산맥이던 퇴계와 율곡의 견해와는 다른 제 3의 길을 걷는다. 그것은 앞서 구암이 그랬듯이 퇴계와

---

88 한백겸, 『구암유고』「사단칠정론」에서 반계가 인용한 것으로, 원문은 바로 다음의 각주를 참조할 것.

89 「又論人心道心書·又別紙」, 『잡고』 104쪽, "韓久菴云, 一情之中, 皆俱四端. 有人於此. 久飢得食, 固欣然有喜矣. 然割股而啖之, 則必有惻隱之心. 呼蹴而與之, 則必有羞惡之心. 所得過分過望, 則必有辭讓之心. 當受當辭之間, 又必有是非之心. 有此四者, 隨所感而爲之節制, 則其喜爲中節矣. 餘情莫不皆然. 此語却精密."

율곡의 절충이다. 무엇의 절충인가? 이기불상리(理氣不相離)는 율곡으로부터, 이기불상잡(理氣不相雜)은 퇴계로부터의 절충이다. 바꾸어 표현하면 사실의 세계 곧 자연관에서는 율곡의 입장을, 당위의 가치론에서는 퇴계의 입장을 지지한다. 반계는 앞서 인용한 글의 ㉣에서 율곡의 인심도심론은 병립쌍행의 폐단이 있다고 비판하지만, 이기론(理氣論)은 옳다고 평가한 바를 주목할 필요가 있다. 반계의 이기론의 핵심은 이기불상리와 기외무리(氣外無理)였는데, 이는 율곡의 기발리승일도설(氣發理乘一途說)과 맥을 같이하는 것이다. 오히려 반계는 이기불상리의 차원에서 이기동체(理氣同體)의 사물(事物)을 강조함으로써, 율곡보다 더 실사(實事) 실물(實物)을 중시하는 입장에 선다. 그것이 개물(個物)의 리를 강조하는 "리는 기의 리[理只是氣之理]"였다. 그러나 가치관의 영역에서는 이기불상잡으로 논리를 전개한다. 이때의 리는 "물(物)의 리(理)"로 표현된다.

3. 반계 성리설의 특징 : 실사(實事)의 중시

지금까지 논한 반계의 이기(理氣) 심성(心性)에 대한 관점을 정리하면서, 그 특징적인 요소를 끄집어내 보자.

우선 반계의 이기설에 큰 영향을 미친 학자로서는 나정암과 화담을 들 수가 있다. 나정암 이기론의 핵심 명제는 "리(理)는 기(氣)의 리"이고, 화담의 경우는 "기외무리(氣外無理)"이다. 반계 이기설의 경우는 "기외무리(氣外無理)"와 "리지시기지리(理只是氣之理 : 리는 다만 기의 리일 뿐이다)"가 그 주요 명제이다. 후자의 "리지시기지리"는 반계가 심성론을 전개할 때 "기지리(氣之理)" 대신 "물지리(物之理)"라는 표현으로 대치되기는 하지만, 어쨌든 자연관의 이기론에서는 여전히 "리지시기지리"의 명제는 유효하다. 이에 비해 "기외무리"는 이기론과 심성론을 관통하는 일관된 논리 체계이다.

그렇다고 반계가 나정암이나 화담의 이기론을 그대로 받아들이는 것은 아니다. 반계는, 천지간의 모든 운동·작용은 기(氣)의 소행이나, 그것을 가능하게 하는 원인자는 리(理)라고 하여, 리(理)의 소이연(所以然)을 부정하는 나정암이나 화담하고는 결정적으로 다른 입장에 선다. 그래서 반계는, "나정암의 이론은 기를 리로 여긴 것은 아니지만, 그러나 리의 본원(本原)에는 투명하지 못한 바가 있고, 화담은 기를 리로 인정한 것에 가깝다"[90]고 평가한다.

그럼에도 불구하고, 기를 리라고 인정하는 것은 아니라 하더라도, 기를 떠나서 리는 존재할 수 없고〔氣外無理〕, 리는 단지 기의 리일 뿐이라고 한다. 다만, 인간의 성명지리(性命之理)를 논할 때는 '기지리(氣之理)'보다는 '물지리(物之理)'라는 표현을 쓴다. 왜냐하면, '기지리'는 너무 기 일변도여서, 바꾸어 말하면 너무 이기불상리(理氣不相離)에 치중한 표현이어서 성명지리의 특성이 살아나지 못한다는 것이다. 따라서 심성(心性)을 논할 때는 '기지리'보다는 '물지리'라는 표현이 더 정확하다고 한다. 사람〔人〕이라는 물(物)의 리(理)는 기(氣)에 섞이지 않은 성명지리라는 것이다. 즉, 심성관(心性觀)에서는 '물지리'라는 말로 '사람의 도리'를 강조하고 있다.

그런데 여기서 주목해야 할 점은, '물지리'라는 것은 이기불상잡(理氣不相雜)의 측면을 드러내기 위한 표현이면서 결국 분수지리(分殊之理)를 강조하는 결과를 가져온다는 사실이다. 반계에게서는 리(理)라는 말 자체가 태극이나 도에 비해 조리(條理: 곁가지의 리)를 지칭하는 것으로서, '물지리'라는 표현의 적합성을 뒷받침한다. 즉 물(物)은 만물이라는 말에서도 알 수 있듯이 물(物)의 리(理)는 만 가지이다. 말하자

---

90 「與鄭文翁東稷論理氣書·別紙」, 『잡고』 86쪽, "羅整菴之論, 亦非以氣爲理者, 然於理之本原, 有所未透. 花潭, 則近於認氣爲理."

면, 분수지리(分殊之理)이다.

이렇듯 반계의 성리론은 자연관에서는 이기불상리(理氣不相離)를 강조하고 심성관에서는 이기불상잡(理氣不相雜)을 말하여 서로 모순되는 것 같지만, 개물(個物)의 리(理)를 강조함으로써 그 문제는 해결된다. 즉 이미 물(物)이 존재함으로써 그것은 이기불상리의 차원이고, 그 물(物)의 리(理)를 말함으로써 이기불상잡의 측면을 드러내고 있기 때문이다.

반계는 이러한 이기(理氣)의 불리(不離)·불잡(不雜) 관계를 『주역』「계사전」의 "일음일양지위도(一陰一陽之謂道)"와 "형이상자위지도(形而上者謂之道), 형이하자위지기(形而下者謂之器)"로 설명한다. 이에 의하면, 모든 운동·작용·변화는 도기불상리(道器不相離), 곧 이기불상리(理氣不相離)의 상태에서 이루어지는데, 그것이 "일음일양지위도"이다. 따라서 도(道)는 도기불상리의 상태에서, 리는 이기불상리의 상태에서 파악해야 한다. 다시 말해서, 도(리)는 사물 상에서 실현되므로, 사물을 떠나 도(리)를 파악할 수는 없다. 이 관념이 반계에게서는 가장 중요한 인식론적 방법이라 할 수 있다.

이러한 논리 구조는 인심도심론·사단칠정론에서도 그대로 적용된다. 반계에게서 인심 도심과 사단칠정은 철저하게 리와 기에 의해서 구분된다. 그래서 "리(理)=사단=도심, 기(氣)=칠정=인심"이라는 논리 구조 속에서, 철저하게 이기불상리에 입각하여 이기동체(理氣同體)=인도동행(人道同行)=사단칠정의 동행이정(同行異情)이라는 존재론적 구조와, 이기론의 "기외무리(氣外無理)"에 상응하여 "도심은 인심 상에서 발현"되고, "사단 또한 칠정 중에서 발현"된다는 논리 체계를 만들어 낸다. 아울러 이기론의 "리는 기의 리〔理只是氣之理〕"에 상응하여 이기동체의 물체에서는 "칙(則)은 물(物)의 리"이고, "도심은 인심의 칙(則)"이고, "사단은 칠정의 중절지리(中節之理)"이다.

이 논리가 『주역』「계사전」의 도기론(道器論)과, 성론(性論)의 본연(本

然)·기질(氣質)의 성(性)과 연결될 때는 "도심＝사단＝본연지성(本然之性)＝도(道)＝리(理),　인심＝칠정＝기질지성(氣質之性)＝기(器)＝기(氣)"라는 논리 구조로 확장된다.

이처럼 반계의 이기·심성론은 단순 명쾌하다. 자연관에서는 이기불상리이고, 심성관에서는 이기불상잡이다. 이기불상리는 이기동체(理氣同體)이고, 이기불상잡은 심성관에서 철저하게 리와 기의 이원구조로 되어 있다. 형체가 있는 물(物)이 형상(形上)·형하(形下)의 이기(理氣) 합체로 이루어졌지만 이기의 나뉨이 있는 것처럼, 심(心)은 인심·도심의 나뉨은 있지만 인심 도심은 동체(同體)라는 것이다. 사단칠정과 본연지성·기질지성의 경우도 마찬가지이다.

어쨌든 반계가 하나의 심·성·정을 강조하기는 하지만, 반계에게서 인심과 도심, 사단과 칠정, 본연지성과 기질지성은 각각 불상리(不相離)의 입장보다는 불상잡(不相雜)의 경우가 도드라져 보이고, 앞에서 반계의 심성관을 다루면서 언급했듯이, 자연관의 논리 구조와 완벽하게 일치하는 것도 아니다. 여기에서, 반계가 의도하든 하지 않았든 자연관과 심성관의 논리 체계가 다르게 나타나지만, 반계는 그것이 모순된 것이 아니라 이기불상리의 논리로 일관된다고 주장한다.

이러한 반계의 이기·심성론은 당시 조선 유학계의 양대 산맥이던 퇴계와 율곡의 견해와는 조금 다르다. 그것은 앞서 구암이 그랬듯이 퇴계와 율곡의 절충이다. 무엇의 절충인가? 이기불상리는 율곡으로부터, 이기불상잡은 퇴계로부터의 절충이다. 바꾸어 표현하면 사실의 세계 곧 자연관에서는 율곡의 입장을 지지하고, 당위의 가치론에서는 퇴계의 입장, 이 경우 더 정확하게는 구암의 입장을 지지한다. 반계가 율곡의 인심도심론은 병립쌍행(並立雙行)의 폐단이 있다고 비판하지만, 이기론(理氣論)은 옳다고 평가한 바를 주목할 필요가 있다. 반계의 이기론의 핵심은 이기불상리와 기외무리(氣外無理)였는데, 이는 율곡의 기발리승일도설(氣發理乘一途說)과 맥을 같이하는 것이다. 오히려 반계는 이기불상리의 차원에서 이기동체(理氣同體)의 사물(事物)을 강조함으로써, 율곡보다 더 실사(實事) 실물(實物)을 중시하는 입장에 선다.[91] 그것이 개물(個物)의 리를 강조하는 "리는 기의 리[理只是氣之理]"였다. 그러나 가치관의 영역에서는 이기불상잡으로 논리를 전개한다. 이때의 리는 "물(物)의 리(理)"로 표현된다. 반계에게서 "물리(物理)"는 이기불상리와 이기불상잡의 묘(妙)를 잘 드러낸다고 생각되는 표현이었다.

요컨대, 이기불상잡은 당위적 가치, 즉 "도심＝사단＝본연지성＝도(道)＝리(理)"를 현실에서 실현하기 위한 당위성을 강조하는 표현이었고, 이들은 사실적으로는 "인심＝칠정＝기질지성＝기(器)＝기(氣)"라는 구조 속에서 인식이 가능하고, 또 구체적으로 시행되는 것들이었다.

그래서 반계의 공부론 또한 구체적인 사물을 통한 귀납적·경험적 공부를 중시한다. 다음의 말을 보자.

대저 학문을 함에는 모름지기 형체의 근거[形據]가 있는 것으로부터 공부를 해야 합니다. 【저번에 말한 거처공(居處恭)·집사경(執事敬)·언충신(言忠信)·행독경(行篤敬)·비례물시청언동(非禮勿視聽言動)의 류는 모두 때에 형거(形據)가 있습니다.】 그 정미(精微)한 곳은 다만 여기에서 얻습니다. 왜냐하면, 이른바 도라는 것은 모두 사물이 마땅히 행해야 할 리[事物當行之理]이기 때문에, 사물의 밖에서 리를 구할 수는 없습니다. 미발(未發)·이발(已發)에 이르러서는, 사람의 마음이 적연부동(寂然不動)하고 감이수통(感而遂通)하는 묘함은 비록 매우 정미하고 은밀하기는 하지만, 그 '성(性)과 정(情)'·'동(動)과 정(靜)'의 다름

---

91 이런 입장에서 반계의 철학적 견해는 율곡의 입장을 계승 발전시킨 것이라는 평가도 있다(정성철, 『실학파의 철학사상과 사회정치적 견해』, 한마당, 1989. 122쪽 참조). 그러나, 반계는 단순히 퇴계나 율곡 어느 한 학파의 견해를 그대로 따르는 것이 아니라, 각 학파의 장점을 취하여 절충하고 있음이 목격된다.

은 실로 나뉨이 있습니다. 그 적연(寂然) 미발(未發)할 때에 다시 어떻게 구할 수 있겠습니까?[92]

이처럼 형체의 근거[形據]가 있는 것으로부터 공부를 해야 한다는 것, 도리(道理)는 사물의 밖에서 구할 수 없다는 것, 이발(已發)에서 성정(性情)의 묘함을 구한다는 것 등은 모두 구체적인 사물을 통한 귀납적·경험적 공부를 중시하는 중요한 발언들이다. 이러한 맥락에서 반계는 다음과 같이 첨언한다.

> 옛사람의 뜻이 다만 이와 같았기에, 궁리(窮理)라 말하지 않고, 격물(格物)이라고 하고 집의(集義)라고 했으며, 복리(復理)라 말하지 않고 복례(復禮)라고 하며, 거경궁리(居敬窮理)라고 말하지 않고 박문약례(博文約禮)라고 했습니다. 모두 형체의 근거[形據]가 있는 것으로부터 공부를 하는 것이니, 그 지극히 정밀하고 지극히 묘함을 볼 수 있습니다.[93]

궁리(窮理)가 보다 더 관념적인 표현이라면, 격물(格物)[94]은 구체적인 물(物)에 나아간다는 면에서 실제적이며, 집의(集義)[95] 또한 내 마음에서 실제적으로 실천한다는 면에서 아주 현실적이다. 예(禮)는 리(理)를 담아 놓은 그릇·형식이라는 면에서, 복례(復禮)[96]나 박문약례(博文約

---

92 「答梁退叔」, 『잡고』 113쪽, “大抵爲學, 須從有形據上做工夫.【如向所說居處恭·執事敬·言忠信·行篤敬, 非禮勿視聽言動之類, 皆時有形據.】其精微處, 亦只在這裡而得之. 何則, 所謂道者, 皆是事物當行之理, 故外事物, 求理不得也. 至於未發已發, 則人心寂感之妙, 雖極微密, 其性情動靜之辨, 實有其分, 方其寂然未發時, 更何容求.”

93 「答梁退叔」, 『잡고』 114쪽, “古人意思只如此, 而不曰窮理, 而曰格物, 曰集義. 不曰復理, 而曰復禮. 不曰居敬窮理, 而曰博文約禮. 皆從有形據上做工夫也, 可見其至精至妙也.”

94 『大學』 經1章.

95 『孟子』 「公孫丑上」, “……是集義所生者, 非義襲而取之也, 行有不慊於心則餒矣.”

96 『論語』 「顏淵」, “顏淵問仁. 子曰, 克己復禮爲仁. 一日克己復禮, 天下歸仁焉. 爲

禮[97]는 구체적인 모습을 띄고 실행되는 것들이다. 이처럼 반계의 공부론은 구체적이고 현실적이고 실제적인 것으로부터 그 이면에 있는 도리를 깨쳐 가는 것을 중요하게 여긴다. 이른바 하학상달(下學上達)에 충실하다고 할 수 있을 것이다.

이러한 사유 구조는 『수록(隨錄)』을 집필하면서 일관되게 나타난다. 즉, 제도(制度)를 중시하는 논리적 근거가 여기서 마련되는 셈이었다. 반계는 『수록』을 집필할 때, 구체적인 절목(節目)을 중시하는 이유에 대해 다음과 같이 설명하고 있다.

> 천지의 리(理)는 만물에 드러나며, 물(物)이 아니면 리(理)는 드러날 곳이 없다. 성인의 도(道)는 만사(萬事)에서 행해지며, 일이 아니면 성인의 도는 실현될 곳이 없다.[98]

이처럼 반계에게서 천지의 리(理)와 성인의 도(道)는 구체적인 사물(事物)을 통해 실현되기 때문에, 그 도리(道理)는 사물을 통해 인식하는 수밖에 없다. 또한 구체적인 사물에 드러난 그 도리도 본말(本末)과 대소(大小)로 분별이 되기는 하지만, 사물과 도리가 서로 떨어지지 않는 것처럼, 본과 말, 대와 소가 서로 떨어지는 것은 아니다. 그래서 반계는,

> "천하의 리(理)는 본말(本末)과 대소(大小)가 애초에 서로 떨어져 있지 않다. 눈금이 그 마땅함을 잃으면 자는 자라 할 수 없고, 저울추가 그 마땅함을 잃으면 저울은 저울이라 할 수가 없다. 그물코가 없거나 제

仁由己而由人乎哉."
97 『論語』「雍也」, "子曰, 君子博學於文, 約之以禮, 亦可以弗畔矣夫."
98 『隨錄』권26, 續篇下, 「書隨錄後」, "天地之理, 著於萬物. 非物, 理無所著. 聖人之道, 行於萬事. 非事, 道無所行."

대로 된 그물코가 아니라면 벼리는 벼리가 될 수 없다.[99]

고 하여, 눈금·저울추·그물코가 자·저울·그물과는 본말·대소의 관계에 있으면서 서로 없어서는 안 되는 것처럼, 사물도 도리에 못지않게 중요함을 역설한다.

이로부터, 도와 리를 담은 그릇으로서의 사(事)와 물(物)을 중시하는 반계의 사유 체계가 각종 제도론으로 연결되는 것은 아주 자연스러운 것임을 알 수가 있다. 『수록』과 관련하여 자세한 것은 장을 바꾸어 살펴보기로 한다.

---

99 『隨錄』권26, 續篇下, 「書隨錄後」, "天下之理, 本末大小, 未始相離. 寸失其當, 則尺不得爲尺. 星失其當, 則衡不得爲衡. 未有目非其目, 而綱自爲綱者也."

제2장 반계의 경세 사상 : 『반계수록』

1. 『반계수록(磻溪隨錄)』 저술의 목적과 내용

1) 저술의 목적

『반계수록』의 본래 책 이름은 『수록(隨錄)』이다. 반계가 지은 『수록』이라는 의미에서 통상적으로 『반계수록』이라고 부른다.

이 『수록』은 반계 필생의 역작이다. 그가 31세에 처음으로 『수록』의 초고를 시작해서 49세에 완성을 보고, 3년 뒤인 52세에 세상을 떠났으니, 그야말로 반계의 일생은 『수록』을 위한 삶이었다고 할 수 있다. 그렇게 필생의 역작임에도 불구하고 반계는 책 이름을 아주 겸손하게 『수록』이라고 했다. '수록(隨錄)'이란 생각이 미치는 대로 그때 그때 기록한 것이라는 의미이다. 그러나 책 이름과는 달리 내용은 아주 체계적이고, 다루는 범위가 미치지 않는 곳이 없다. 먼저 전제(田制)에서 토지 제도의 개혁을 세밀히 다루고, 이어서 차례로 교선(敎選)·임관(任官)·직관(職官)·녹제(祿制)·병제(兵制)를 취급하여 교육 제도·관리 제도·군사 제도의 개혁에 대해 심도 있게 논의하고 있다. 전제·교선·임관·직관·녹제·병제는 각각 고설(攷說)을 두어 그 주장의 역사적 근거와 타당성을 제시하고 있다.

현행 출판본을 기준으로 좀 더 구체적으로 소개하자면 다음과 같다.

* 전제(田制 ; 권1~권2) … 토지 제도에 대한 개혁안
* 전제후록(田制後錄 ; 권3~권4) … 전제와 관련된 호적·조운(漕運)·제언(堤堰)·화폐·시장 등에 대한 개혁안

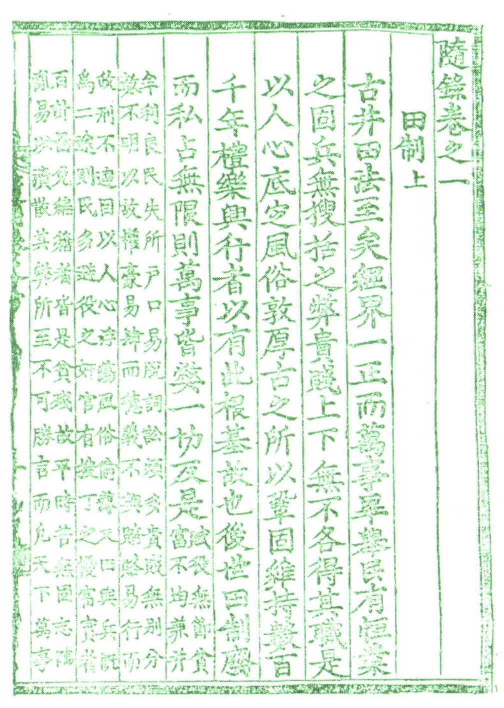

隨錄卷之一

田制上

古井田法至矣經界一正而萬事畢擧民有恒產
之固兵無搜括之弊貴賤上下無不各得其威是
以人心底定風俗敦厚古之所以鞏固維持義言
千年禮樂興行者以有此根基故也後世田制廢
而私占無限則萬亭皆癸一切反是富不均兼幷貪
今制良民失所戶口易閱詞訟多貴賤易行而分
敦不明以政棟豪易肆而德義不興賄俗易行而
故刑不迪民多逃人役之安竊官有俗倫丁役之獲高寅兵若
烏二途則民多逃人役之安竊
百易甘此見散其緖弊所至是不貪可勝言而兄吾天下萬事喟

『반계수록』(경인문화사 영인본, 1974)

* 전제고설(田制攷說 ; 권5~권6) … 전제의 역사적 고찰

* 전제후록고설(田制後錄攷說 ; 권7~권8) … 전제후록의 내용에 대한 역
  사적 고찰

* 교선지제(敎選之制 ; 권9~권10) … 학교 및 과거 제도의 개혁안

* 교선고설(敎選攷說 ; 권11~권12) … 교선지제의 내용에 대한 역사적
  고찰

* 임관지제(任官之制 ; 권13) … 관리 임용 제도에 대한 개혁안

* 임관고설(任官攷說 ; 권14) … 임관지제의 역사적 고찰

* 직관지제(職官之制 ; 권15~권16) … 관제에 대한 개혁안

* 직관고설(職官攷說 ; 권17~권18) … 관제에 대한 역사적 고찰

* 녹제(祿制 ; 권19) … 녹봉 제도의 개혁안

* 녹제고설(祿制攷說 ; 권20) … 녹봉 제도에 대한 역사적 고찰
* 병제(兵制 ; 권21) … 군사 제도의 개혁안
* 병제후록(兵制後錄 ; 권22) … 병제와 관련되는 성지(城池)·병거(兵車)·목마(牧馬)·우역(郵驛) 등에 대한 개혁안
* 병제고설(兵制攷說 ; 권23) … 병제에 대한 역사적 고찰
* 병제후록고설(兵制後錄攷說 ; 권24) … 병제후록의 내용에 대한 역사적 고찰
* 속편(續篇 ; 권25~권26) … 조례(朝禮)·경연(經筵)·연례(燕禮)·혼례(昏禮)·상례(喪禮)·능침(陵寢)·좌아(坐衙)·순선(巡宣)·여악(女樂)·공궤(供饋)·의관(衣冠)·언어(言語)·도량(度量)·제조(制造)·가사(家舍)·도로(道路)·교량(橋梁)·용거(用車)·장빙(藏氷)·승무(僧巫)·음사(淫祠)·노예(奴隷)·적전(籍田)·양로(養老) 등 제반절목(諸般節目)

이 중 속편은 체계로 보아서 반계의 말대로 '수록(隨錄)'이라 할 만하지만, 이는 『수록』 전체의 26권 중에 25~26권의 두 권의 분량에 지나지 않으며, 나머지 24권의 분량은 체계가 확실하게 잡혀 있다. 이 개혁안들은 모두 전제(田制)에 기초해서 완성된 법안들이었다.

요컨대 반계의 이 『수록』은 당시 조선의 제반 제도를 점검하고 잘못된 점을 고치기 위한 종합적인 개혁안을 담은 책이었다. 왜 반계는 국정의 담당자도 아니면서 이처럼 개혁안을 마련하는 데 일생을 바쳤을까? 그 저술의 목적은 다음의 글에서 확연히 드러난다.

생각하건대 왕도(王道)가 없어진 뒤로 만사가 기강을 잃어, 처음에는 사사로움을 따라 법을 만들더니, 끝내는 오랑캐가 중국을 지배하는 데 이르렀다. 우리나라도 고루한 폐습이 고쳐지지 않은 것이 많았는데, 더욱 쇠약해져 마침내는 (오랑캐에게) 큰 치욕을 당하고 말았다. 천하 국가가 대개 이 지경에 이르렀으니 나쁜 법을 고치지 않으면 치세(治

世)로 돌아갈 수가 없다.[1]

반계에게서 뼈저린 기억은 15세 때 호란을 만나 피난길에 나섰던 일이었다. 왜 나라가 그 지경이 되었을까? 왜 중국이나 조선이 오랑캐라고 여기는 북방 민족에게 치욕을 당하는 지경에 이르렀을까? 반계에게 이것은 일생의 화두였고, 해결해야 할 과제였다. 반계는 그 근본 원인을 위정자의 사리사욕과 그로 인하여 파생된 잘못된 제도(법)라고 진단하고, 그를 고치지 않으면 국력의 신장은 이룰 수 없다고 보았다. 여기서 반계 실학의 출발은 약해진 국력에 대한 처절한 반성과 그 극복을 위한 노력의 선상에 있다는 것을 알 수 있다.

당시 상황이 저러함에도 위정자들은 그를 고칠 생각은 하지 않고 무사안일을 추구할 뿐이었고, 폐단은 새로운 폐단을 낳아 점점 쌓여 여기저기 얽혀 있었다. 초야의 선비들은 혹시 스스로의 수양에는 뜻이 있을지라도 경세(經世)의 실용(實用)에 대해서는 뜻을 세우지 못하는 상황이었다. 즉 당시 학자들은 수기(修己)의 체(體)에만 관심을 두지, 치인(治人)의 용(用)에는 전혀 관심을 두지 않는 풍토가 만연되어 있었다.[2]

이 점은 오광운(吳光運, 1689~1745)의 『수록』 서문에서도 지적되고 있다. 오광운은 아무리 형편없는 학자라도 입만 열면 형이상학적인 도(道)의 문제를 논하면서도, 형이하학적인 제도의 문제에 대해서는 명신(名臣) 석보(碩輔)도 그저 눈만 휘둥그레할 뿐이라고 당시의 세태를

---

1 『隨錄』 권26, 「書隨錄後」, "念自王道廢塞, 萬事失紀, 始焉因私爲法, 終至戎狄淪夏. 至如本國, 則因陋未變者多, 而加以積衰, 卒蒙大恥. 天下國家, 蓋至於此矣, 不變廢法, 無由反治."

2 『隨錄』 권26, 「書隨錄後」, "顧弊之爲弊也, 其積漸數百千年, 以謬襲謬, 仍成舊規, 繆錯相因, 有如亂絲, 不究其本而祛其梦, 無以救正, 而在位者, 旣由科目而進, 唯知徇俗之爲便. 草野之士, 雖或有志於自修, 而於經世之用 【一作施措之方】, 則或未之致意. 是則斯世無可治之日, 而生民之禍, 無有極矣."

꼬집고 있다.[3]

반계는 그러한 세태가 두려웠다. 만일 이러한 풍토가 개선되지 않는다면 백성은 더욱 도탄에 빠지고, 세도(世道)의 회복은 요원하다고 여겼기 때문이다. 이로부터 반계는 이것저것 따지지 않고 세도의 회복과 국력의 신장을 위해 할 수 있는 일을 다하리라 다짐하고 시작한 것이 이 『수록』이다.[4]

이 『수록』의 특징을 한마디로 요약하면 제도론〔政制·法制論〕이라고 할 수 있는데, 왜 반계는 당시의 학자들이 도를 논하는 것과 달리 제도를 논하는 데 정력을 기울였을까? 그에 대해 반계는 다음과 같이 말한다.

천지의 리(理)는 만물에 드러나며, 물(物)이 아니면 리(理)는 드러날 곳이 없다. 성인의 도(道)는 만사(萬事)에서 행해지며, 일이 아니면 성인의 도는 실현될 곳이 없다. 옛날에는 교화(敎化)가 밝게 행해져서 대경대법(大經大法)으로부터 작은 한 가지 일에 이르기까지 그 제도와 법규가 모두 갖추어져서, 천하 사람들이 날마다 쓰는 사이에 마음에 익어서 마치 물을 긷고 땔나무를 하듯 모든 일에서 실제로 행해졌다. 주(周)나라가 쇠잔해지자 비록 왕도(王道)는 행해지지 않았으나, 그 제도와 법규가 천하에 여전히 남아 있었다. 이런 까닭에 성현들의 경전(經傳)에는 오직 다스림의 근원만을 논해서 학자에게 전하고, 제도에 대해서는 시시콜콜히 일삼을 필요가 없었다. 진(秦) 이래로는 전장(典章)제도(制度)마저도 함께 없어져서, 옛 성인들이 정치를 행하고 가르침을 펴던 모든 절목들은 하나도 세상에 전하는 것이 없었다. 천하 사람

---

3 『隨錄』권1, 吳光運序, "繫辭言繼之者善, 成之者性. 書言惟皇上帝, 降衷于民. 若此類甚多, 謏聞末學, 輒能言道原之自天. 若夫斁地道而設王制, 雖名臣碩輔瞠如也."
4 『隨錄』권26, 「書隨錄後」, "區區於此, 深切懼焉. 故嘗愚不自料, 竊與同志, 思所以稽古正事, 少補世道者, 而事有緩急, 不可遍擧, 一事之中, 緒目百方, 若不擬例, 無由明其得失之際. 乃敢條列, 掇其曲折, 以自識之於心, 而備其遺忘."

들의 이목은 후세에 사사로운 뜻에 의해 만들어진 제도에만 고착되어서 다시는 선왕의 문물제도가 있었음을 알지 못했다. 재주가 뛰어나 옛것에 밝은 자도 또한 그 자세한 것을 알 수 없었다. 간혹 선비들 중에는 그 대체(大體)를 알고 이 세상에 한번 시행해 볼 만하다고 말하기도 하지만, 일단 해보고자 하면 일을 시행하는 과정에 많은 빈틈이 생겨 끝내 시행할 수 없게 되는 것은 단지 그 대체만을 믿고 조목과 절목이 그 마땅함을 잃었기 때문이다.[5]

여기에서 보듯이 반계에게서 제도는 도(道)를 담아내는 그릇이다. 성인의 도란 현실과 동떨어진 것이 아니라 구체적인 일(제도)을 통해 실현된다. 이는 천하의 리(理)가 물(物)을 통해 드러난다는 그의 이기론(理氣論)과 상응하는 것으로, 도기불상리(道器不相離)의 철학적 관점에서 비롯된다. 삼대의 치세에는 이 도기불상리가 그대로 실현되는 세상이었고, 그래서 일상생활의 모든 것이 도가 드러나는 삶이었다는 것이다. 비록 주나라의 왕도가 쇠잔했을지라도 진(秦) 이전에는 그래도 도를 담은 그릇으로서의 전장(典章)·제도(制度)가 남아 있어서, 경전에서 다스림의 근원만 이야기해도 그것이 어느 전장·제도와 연결되는지 알 수 있었지만, 진 이후에는 성인의 도를 담은 절목(節目)을 찾아볼 수 없어서, 고대 성인들에게는 도에 관한 말이나 대강의 제도만 있고, 제도에 대한 구체적인 조목과 절목은 없는 줄 알고 있

---

5 『隨錄』권26, 「書隨錄後」, "天地之理, 著於萬物. 非物, 理無所著. 聖人之道, 行於萬事. 非事, 道無所行. 古者教明化行, 自大經大法, 以至一事之微, 其制度規式, 無不備具, 天下之人, 日用而心熟, 如運水搬柴, 皆有其具, 以行其事. 周衰雖王道不行, 而其制度規式之在天下者, 猶在也. 是以, 聖賢經傳, 唯論出治之原, 以傳於學者, 而其制度之間, 則無所事於曲解也. 亡秦以來, 幷與其典章制度而蕩滅之, 凡古聖人行政布教之節, 一無存於世者. 天下耳目, 膠固於後世私意之制, 不復知有先王之典章, 高才英智博於古者, 亦無由以得其詳也. 間有儒者, 識其大體, 謂可行之斯世, 而一欲有爲焉, 則施措之際, 事多矕礴, 而終至不可行者, 以其徒恃大體, 而條緒節目, 失其所宜故也."

다는 것이다. 어느 시대나 전장·제도가 있는 한 구체적인 조목과 절목이 없을 리 만무하지만, 왜 진 이후에는 성인의 절목을 볼 수 없다는 것일까? 반계는 진 이후의 전장·제도의 조목과 절목이 마땅함을 잃었기 때문이라고 한다. 그렇다면 왜 그런 일이 생겼을까?

삼대(三代)의 제도는 모두 천리(天理)와 인도(人道)를 따라 만든 것이니, 그 요점은 만물로 하여금 제 있을 곳을 얻게 하고 온갖 상서로움이 다 이르도록 하는 것이다. 후세의 제도는 모두 인욕(人欲)에 따라 구차하고 편한 것만을 쫓아 만든 것으로, 그 요점은 인류로 하여금 혼란스럽게 하고 천지가 막히도록 하는 데 이르도록 하는 것이니, 옛날과 더불어 정반대이다. 삼대의 경세(經世) 제도는 대개 전해오는 책에서 볼 수 있지만, 그를 실행하던 조목들은 지금 남아 있지 않아 자세히 얻어 보기 어렵다. 후세 사람들의 마음과 눈은 이미 옛날 일과 더불어 통하지 않는 까닭에 비록 옛것에 뜻을 둔 자가 있더라도 폐단과 간격이 있게 됨을 면할 수 없다. 그 생각하는 것에서부터 이미 성글고 빠져 있어서 옛 사람들이 일을 실지로 일삼아 하던 것 같지는 않다. 이런 까닭에 반드시 그 법전과 제도를 철저히 연구하여 본래의 뜻을 얻고, 그것을 일에 미루어 자세한 조목에 이르기까지 절목 하나하나가 모두 마땅히 빠진 것이 없게 된 연후에야 실행에 들어갈 수 있다.[6]

반계는 후대 제도의 조목과 절목이 그 마땅함을 잃게 된 이유를

---

6 『隨錄』 권26, 「書隨錄後」, "三代之制, 皆是循天理, 順人道, 而爲之制度者. 其要使萬物, 無不得其所, 而四靈畢至. 後世之制, 皆是因人欲圖苟便, 而爲之制度者. 其要使人類, 至於靡爛, 而天地閉塞, 與古正相反也. 三代經制, 雖槩見於傳記, 而其擧行間條目, 今無存者, 難可得而詳之. 後人心目, 旣與古事, 不相諳熟. 故雖有志於古者, 猶未免蔽隔. 自其思慮之間, 已自疎脫, 不能如古人之實事其事. 是以, 必究極典制, 得其本旨, 推之於事, 以至條目之間, 節節皆當, 無有欠漏, 然後可底於行."

천리(天理)를 따르지 않고 인욕(人欲)을 따라 제도를 만들었기 때문이라고 본다. 그래서 천리를 따라 만든 옛 절목들을 볼 수가 없어 삼대의 도를 실현할 수 없는 까닭에, 삼대의 도를 실현하기 위해서는 그에 맞는 절목들을 우선 복원해야 한다는 것이다. 그래서 반계는,

> 나는 이를 두려워하여 참람함을 피하지 않고 옛날(제도)의 뜻을 연구하고 지금의 사정을 헤아려서 그 절목을 만들어 상세하게 하였으니, 대개 경전의 쓰임새를 미루어 나가면 이 도가 반드시 후세에 밝혀질 수 있다는 것을 밝히려는 것이다.[7]

라고 하여, 각종 제도의 구체적인 조목과 절목을 자세히 갖추어 『수록』을 저술했다는 것이다. 그리고 그것은 경전의 내용과 동떨어진 것이 아니라, 경전의 내용을 잘 파악하면 그 절목과 경전의 내용이 다른 것이 아님을 알게 된다는 것이다. 다시 말하면, 제도(制度)와 도(道)는 불가분의 것으로, 어느 한쪽만으로는 참다운 정치를 펼 수가 없다는 것이다. 그래서 반계는 다음과 같이 강조한다.

> 아, 법만으로는 스스로 시행이 되지 않고, 단지 선함만으로는 정치를 하기에 부족하다. 진실로 뜻이 있는 자가 있어서, 정성껏 생각해 보고 시험해 본다면 또한 반드시 이를 알 수 있을 것이다.[8]

"법만으로는 스스로 시행이 되지 않고, 단지 선함만으로는 정치를 하기에 부족하다"는 것은 『맹자』에 나오는 말이다.[9] 선(善)과 법(法)의

---

7 『隨錄』 권26, 「書隨錄後」, "余爲是懼, 不避僭越, 究古意, 揆今事, 幷與其節目而詳焉. 蓋將以推經傳之用, 明此道之必可行於世也."
8 『隨錄』 권26, 「書隨錄後」, "嗚呼. 徒法, 不能以自行. 徒善, 不足以爲政. 苟有有志者, 誠思以驗焉, 則亦必有以知此矣."

일치를 주장하는 맹자의 이 말은 율곡에게 강한 영향을 미친다. 율곡이 제도의 정비를 주장하면서, "선함은 법이 아니면 미루어 갈 수 없고, 법은 선이 아니면 행할 수 없다"[10]고 한 것은 바로 맹자의 이 말을 염두에 둔 것이었다. 그리고 반계 역시 이 점에 공감하여 선(善)과 법(法)의 일치를 주장한다. 달리 말하면, 도기불상리(道器不相離)의 중요성을 강조하는 대목이라 하겠다.

사실 반계는『수록』을 저술함에 있어서 첫째, '도로써 일을 헤아리는[以道揆事]' 선왕지정(先王之政)을 이상향으로 삼고, 둘째, 천하를 다스리는 실효(實效)는 공전(公田)과 공거(貢擧)라는 제도에 있으며, 셋째, 왕정(王政)의 요점은 '백성의 산업을 잘 다스리는 데[制民産]'에 있고, '제민산(制民産)'은 ' 토지의 경계를 바르게 함[正經界]'에 있음을 밝히고,[11] 치세(治世)의 성공 여부는 그것들이 잘 지켜지는가의 여부에 달려 있다고 본다.[12]

여기에서 우리는 반계의 기본적 사상이 구체적인 제도로서의 실사(實事)의 문제와 보편적인 인도(人道)로서의 천리(天理)의 문제를 조화시키고자 하는 데 초점이 놓여 있음을 알 수 있다. 이러한 반계 사상의 기본적 입장은『수록』서문의 오광운의 말에 의해 적절히 표현되고 있다. 그는『수록』서문에서 정제(政制)와 도덕은 별개의 것으로 생각할 수 없음을 밝히고,[13] 보편적 원리인 형이상(形而上)의 도(道)와 특수적 사실인 형이하(形而下)의 기(器)를 말하면서 반계의 정제(政制)는 기(器)라고 한다.[14] 이어서 그는 삼대(三代)에는 이 도(道)와 기(器)가 서로

---

9 『孟子』「離婁上」, "徒法不能以自行, 徒善不足以爲政."
10 『栗谷全書』 권5 疏箚三, 「萬言封事」, "徒善非法不推, 徒法非善不行."
11 「연보」, 31세조 참조.
12 이하 안재순, 「유반계 실학사상의 철학적 기조」, 『동방사상논고(도원유승국선생화갑기념논문집)』, 1983. 참조.
13 『隨錄』 권1, 吳光運序, "道德原乎天, 政制本乎地, 師天而不知地, 師地而不知天, 可乎."

갖추어져서 선왕지치(先王之治)가 이루어졌고, 맹자도 도기(道器)가 불상리(不相離)한 왕도정치[王政]를 주장했으나, 주나라 말기부터 진(秦)에 이르기까지는 기(器)만이 더욱 성하고, 송(宋) 이후로는 도는 밝아졌으나 기(器)는 소홀했다고 서술하고, 반계 사상의 특성은 도기(道器)의 불상리(不相離)에 있다고 말한다.[15] 「반계유선생전(磻溪柳先生傳)」에도 형이상적인 천리(天理)와 형하(形下)의 실사(實事)인 인정(人情)이 상함(相涵)하여 마치 근맥(筋脈)이 서로 이어져 있고 기혈(氣血)이 유통(流通)하는 것 같은 것이 『수록』이라고 한다.[16]

이러한 진술은 바로 반계가 이제까지 성리학자들이 일반적으로 소홀히 취급하고 있던 기(器), 곧 현실적이고 구체적인 제도를 중요시함을 강조하는 말들이다.

이제 제도의 중요성에 대한 반계의 말을 보기로 하자.

무릇 제도라는 것은 장인(匠人)의 먹줄 자[繩尺]와 같고 대장장이의 주물 틀[鑄型]과 같다. 이른바 먹줄 자가 먹줄 자답지 못하고, 주물 틀이 주물 틀 같지 않으면, 비록 천하의 재주꾼이라도 한 칸의 집과 한 개의 그릇을 만들 수 없다. 세상 사람은 다만 재주꾼만을 말하고 그 먹줄 자와 주물 틀을 반드시 쓸 필요는 없다고 말하니 그 사려 깊지 못함이 퍽 심하다.[17]

요컨대, 임병양란 이후 피폐할 대로 피폐한 경제적 상황과 이에 따

---

14 『隨錄』 권1, 吳光運序, "形而上者謂之道, 形而下者謂之器. 道圓而器方, 政制者器也."

15 『隨錄』 권1, 吳光運序, "方三代載籍罔缺, 道與器俱載焉…夫以程朱之大賢, 慨然有意於三代之治, 而其所論著, 詳於道而闕於器何也."

16 李瀷, 「磻溪柳先生傳」, "驗乎人情, 稽乎天理, 筋脈相連, 氣血流通, 命之曰隨錄."

17 『隨錄』 권4, 「田制後錄下」, 國朝名臣論弊政諸條附, "大抵法者, 猶匠人之繩尺也, 猶治人之模範也. 所謂繩尺非繩尺, 所謂模範非模範, 雖有天下良工, 無以成一間室一箇器. 世之徒談良工, 而謂不必用其繩尺模範者, 其不思甚矣."

른 민중의 고통을 "도가 밝으면 기는 저절로 회복될 뿐"[18]이라는 종래의 성리학적 사유 구조만으로는 이미 해결할 수 없고, 통치자는 무엇보다도 어려운 민중의 현실에 대해 사실적으로 인식하고 그에 근거해서 현실의 개혁을 단행해야 하며, 그 개혁은 제도를 통해 이룩하되, 그 제도는 누구에게나 보편적으로 타당할 수 있는 도(道)에 입각해 만들어진 올바른 제도라야 한다는 것이 반계 사상의 기본적 특질이다.

이러한 목적 의식을 가지고 저술된 것이 바로 『수록』이다. 반계에 있어서 제도 개혁론의 핵심은 크게 나누어 토지 제도와 과거 제도(교육 제도)의 두 가지에 초점이 놓여 있다. 이에 토지 제도 개혁의 기본 정신과 과거 제도의 개혁, 곧 전제(田制)와 공거제(貢擧制)에 대해 살펴보기로 한다.

2) 전제(田制); 토지 제도 개혁의 기본 정신

반계가 살았던 시대는 조선조의 건국 이래 누적되어 오던 여러 가지의 모순이 극대화되어 가던 시점이었다. 이미 반계 이전에 율곡 이이가 역사 발전의 단계를 창업·수성·경장의 세 단계로 설명하고 당시의 시대를 개혁이 필요한 경장의 시대로 설파한 적이 있거니와, 반계가 살았던 시기는 그보다 더욱 어려운 시기였다. 우선 대외적으로는 임진왜란과 병자호란이라는 두 차례의 큰 전란으로 국력은 고갈되어 버렸고, 그만큼 정치·사회·경제적으로 심각한 변동의 원인들이 생겨나고 있었다.

첫 번째의 모순은 사회·경제적인 모순이었으며, 그중에서도 기본적으로 문제가 되는 것은 수세(收稅) 제도인 이른바 삼정(三政)의 문란

---

18 『隨錄』 권1, 吳光運序, "道明則器自復爾."

이었다. 삼정이란 토지세로서의 전부(田賦), 병역 대신에 내는 군포(軍布), 그리고 일종의 빈민 구제 제도인 환곡(還穀)을 말한다.

조선조의 토지세의 근본 골격은 결부법(結負法)이었다. 결부법이란 토지의 면적을 징세의 기준으로 삼는 것이 아니라 토지의 비옥 여부를 그 기준으로 삼는 것이었다. 예컨대 척박한 토지의 2부 2결에 대한 세액이 옥답의 1부 1결의 세액과 같게 한다는 것이었다. 이것의 본래의 취지는 세금을 공평하게 징수하려는 데 있었지만, 당시의 양반 지주들과 힘있는 부호들은 지방의 아전들과 결탁하여 자신들의 기름진 땅의 등급을 척박한 땅으로 조작하고, 대신 그 양만큼 힘없는 농민들의 척박한 땅을 옥답의 등급으로 바꾸어 놓았다. 따라서 힘없는 농민들에게 부과되는 세금은 그만큼 많아질 수밖에 없었다.

군포의 부과 대상도 농민과 천민이었는데, 본래 적용 대상자는 병역을 맡는 나이에 해당하는 장정들이었으나, 그것도 무제한 적용하여 태아와 사망자에게까지 부과했다.

환곡의 경우는 삼정의 문란 중에서도 가장 정도가 심했다. 환곡은 본래 춘궁기에 국가가 곡식을 대여해 주고 추수기에 그것을 되돌려 받는 일종의 빈민 구제의 성격을 지니고 있었으나, 이 시기에는 그 성격이 변질되어 지배층의 고리대(高利貸) 착취 수단으로 되어 버렸다. 그래서 환곡을 받을 필요가 없는 농민들에게도 강제로 환곡을 나누어 주고 가을에 그 이자를 착취하는 경우까지 생겨났다. 이를 견디다 못해 대상자가 도망하면 그 친척 이웃에게까지 부과했다.

이리하여 농업을 파기하고 유랑민이 되든가 아니면 부호의 소작인으로 전락하는 이들이 많아졌으며, 더 심한 경우는 소작인에서 노비로 전락하든가 도적으로 되는 경우도 있었다. 이것을 이른바 '일족절린의 폐(一族切隣之弊)'라고 한다.

상대적으로 부호들은 헐값에 그들의 토지를 인수하여 부익부 빈익빈 현상은 날로 심화되고 있었다. 반계는 당시의 상황을 다음과 같이

고발한다.

> 부자는 땅이 끝없이 이어지고 가난한 자는 송곳 꽂을 땅도 없다. 이런
> 까닭에 부자는 더욱 부자가 되고 가난한 자는 더욱 가난하게 되어, 급
> 기야는 모리배들이 토지를 소유하고 양민은 서로 흩어져 그들의 소작
> 인이 되었으니 그 폐해는 지극하여 이루 말할 수 없다.[19]

이러한 모순을 바로잡기 위해 반계는 토지 제도를 개혁할 것을 구
상한다. 반계의 개혁안에서 제일 기본이 되고 또 전체를 일관하는 핵
심이 바로 「전제(田制)」이다.

반계에게서 토지 제도의 기본 골격은 사전(私田)을 배격하고 공전
(公田)을 추구하되, 그 공전은 '토지를 기준으로 삼는〔以田爲本〕' 원칙
하에 고르게 분배하는 것이었다.

반계는 모든 땅을 일단 국유화〔곧 공전(公田)〕해서 공정하게 재분배
할 것을 주장한다. 그 안(案)에 의하면, 분배된 토지는 특별한 사정이
없는 한 일생 동안 경작하고, 죽은 다음에는 국가에 반환하며, 분배
하는 과정 중에, 토지는 많은데 인구가 적은 곳과 반대로 토지는 적
은데 인구가 많은 곳은 서로 인구의 이동을 통하여 1인당 경지의 면
적을 조절한다. 세금은 토지의 등급을 정확하게 정하여 그에 따라 수
확량의 10분의 1을 내도록 하며 토지에 관계된 그 밖의 일체의 세금
은 폐지한다. 군역(軍役)의 문제도 이 제도에 따라 해결한다. 예컨대
사내 1인당 1경(頃)의 토지를 주고, 매 4경 마다 군인 1인을 징발한다
는 것이다〔『수록』 권1, 전제 상, 분전정세절목(分田定稅節目)〕. 이렇게 되면
군대의 조직이 지역별로 편성되어 유대감이 높아 결속력이 강해지는

---

19 『隨錄』 권2, 「田制下」 13면, "富者連絡阡陌, 貧者無立錐之地. 是以富者漸益富,
貧者漸益貧. 及其久也, 則牟利之輩, 盡有土地, 而良民相率流移, 爲其傭作之人,
其害所至, 不可勝言."

장점을 기대할 수 있다는 것이다〔『수록』권21, 병제(兵制), 각도영진진관(各道營鎭鎭官) ; 『수록』권1, 전제 상, 분전정세절목(分田定稅節目)〕.

그것이 이른바 '토지를 기준으로 삼는' 원칙이다. 이를 원칙으로 삼는 이유는 다음과 같다.

> 대개 사람은 토지가 아니면 살 수가 없고, 토지는 사람이 아니면 개간할 수가 없다. 그러나 토지는 일정해서 옮길 수 없고, 사람은 동정존망(動靜存亡)이 일정하지 못하다. 이런 까닭에 토지에 근본을 두고 그 나눔을 분명히 하면 사람은 그 가운데 있어 고르지 못함이 없으며, 토지에 근본을 두지 않고 사람으로 살피려 한다면 차이가 나고 빠지는 것이 많아 살필 수가 없다.[20]

다시 말하자면, 만약 사람을 기준으로 세금을 정하고 군역이나 기타 부역을 정한다면, 대상자인 그 사람이 죽거나 도망갔을 때 문제가 생기고 이에 따라 일족절린의 폐가 생겨나기 쉽지만, 땅을 기준으로 한다면 사람이 죽더라도 땅은 여전히 그대로 있으므로 문제가 없다는 것이다〔『수록』권2, 전제 하). 즉, 군역의 경우 군역 대상자를 군적에 올리고 그 군적에 의해 징발함으로써, 만일 대상자가 죽거나 도망하면 친척이나 이웃으로부터 그를 대신할 자를 징발하고자 했기 때문에 일족절린의 폐단이 생겨난다. 그러나 토지를 기준으로 한다면, 한 사람이 죽으면 그에게 주어졌던 1경의 땅은 환수되어 필요한 다른 사람에게 주어지고, 매 4경의 토지에서 1인의 군인을 내는 원칙에 따라 다른 곳에서 군인을 내면 된다. 반계는 당시 군역의 문제로 일족절린의 폐단이 있는 것은 바로 사람을 기준으로 대상자를 정했기 때

---

20 『수록』권6, 「田制攷說下」 8면, "蓋人非土不生, 土非人不墾. 然而土者一定而不遷者也, 人者動靜存亡之不可常者也. 是本乎田而明其分, 則人在其中, 而自無不均. 不本乎田而欲察於人, 則參差漏脫, 無由可察矣."

문이라고 생각한다. 따라서 일족절린의 폐단을 없애려면, 마땅히 '토지를 기준으로 삼는〔以田爲本〕' 원칙을 지켜야 한다는 것이다.

이렇게 '토지를 기준으로 삼는' 공전제(公田制)라야만 당시의 모순을 해결할 수 있다고 반계는 생각한다. 반계가 공전을 추구하는 이유는 공전이 공평하고 균등하기 때문이었다.

> 공전은 공평하고 균등하지만, 사전은 사사롭고 편벽되다. 공평하면, 백성들의 생산은 일정하고, 인심이 안정되며, 교화가 이루어지고, 풍속이 온후해지며, 만사가 제각기 제 직분을 얻게 된다. 사사로우면 모든 것이 이와 반대가 된다.[21]

이러한 '토지를 기준으로 삼는' 공전제에서 아주 중요한 철학적 의미가 발견된다. 그것은 반계의 제도론(制度論)이 '주정론(主靜論)'에 입각하여, '존천리(存天理) 알인욕(遏人欲)'이라는 천리(天理)·인욕(人欲)관을 반영하고 있다는 점이다.[22]

'이전위본(以田爲本)'의 원칙을 내세우는 이유는, 토지와 사람의 관계에서 토지는 정(靜)이고 사람은 동(動)이어서, 정(靜)인 토지가 근본이 되어야 문제가 없었기 때문이었는데, 이것은

> 공부는 비록 동정(動靜)을 일관해야 한다 하더라도, 정(靜)이 아니면 본(本)으로 삼을 수 없으며, 비단 학문만 이와 같은 것이 아니라 조화(造化)의 리(理)가 유행(流行)하여 그침이 없는 가운데 동정이 서로 뿌리가 되지만, 그러나 자세히 보면 그 주된 곳은 반드시 정(靜)에 있다.

---

21 『隨錄』 권2, 「田制下」, 田制雜議附 12면, "公田則公而均, 私田則私而偏. 公則民産有恒, 人心有定, 敎化可成, 風俗可厚, 萬事無不各得其分. 私則一切反是耳."
22 이하 안재순, 「유반계 실학사상의 철학적 기조」, 『동방사상논고(도원유승국선생화갑기념논문집)』, 1983. 참조.

성인의 정전법은 땅에 근본을 두고 사람을 고르게 하는 것이니, 또한 정으로써 동을 제어한다〔由靜制動〕고 하는 의미이다.[23]

고 하는 주정론(主靜論)과 상응한다. 그러나 반계에게서 정(靜)은 주관적 수기론(修己論)의 차원에서 머무르지만은 않고, 구체적인 제도론과 불가분의 관계를 맺는다.

이러한 맥락에서 정(靜)으로서 동(動)을 제어하는 '이전위본(以田爲本)'의 정전법이라는 제도가 요구되는 것이다.

여기서 정(靜)은 천리(天理)와 인도(人道)를, 동(動)은 인욕(人欲)을 말하며, 따라서 '이전위본'의 정전법은 '이정위본(以靜爲本)'의 입장으로 '천리와 인도를 따르는' 제도이며, '이인위본(以人爲本)'의 제도는 '이동위본(以動爲本)'의 입장으로 '인욕(人欲)에 의한' 제도이다.

그러므로 '정(靜)으로써 동(動)을 제어한다'는 '유정제동(由靜制動)'이란 '존천리(存天理) 알인욕(遏人欲)'이라는 성리학적 명제로 귀결되며, 반계는 그러한 사실을 다음과 같이 분명히 밝힌다.

천하의 모든 일은 다만 천리와 인욕 두 가지일 따름이다. 가까이로는 한 마음의 조그만 것으로부터 멀리는 천하의 일에 이르기까지 다 마찬가지이다. 사람이 진실로 천리를 보존하면 인욕은 저절로 물러나며, (천리를) 들으면 길(吉)하여 이롭지 않음이 없다. 일찍이 천리를 보존하면서 몸을 병들게 한 자를 어디 보았는가? 성인이 주로 삼는 것은 한결같이 천리일 따름이다.[24]

---

23 『隨錄』, 傳, 영인본 520쪽, "功夫雖貫動靜, 非靜, 無以爲本. 不但學者如此, 造化之理, 流行不已, 動靜互爲其根, 然嘿而觀之, 其主處, 必在於靜. 聖人井田之法, 本地而均人, 亦由靜制動之意也."

24 『隨錄』 권2, 「田制下」, 田制雜議附 17면, "大凡天下萬事, 只是兩端, 天理人欲而已. 近自一心之微, 遠至於天下之事, 皆一規也. 人苟存天理, 則人欲自退聽, 而吉無不利. 何嘗見存天理而病身者乎. 聖人所主, 一於天理而已."

결국 반계에게서 '이전위본(以田爲本)'의 공전 제도는 사(私)를 배격하고 공(公)을 추구하는, 천리를 보존하고 인욕을 제거하는 그의 철학적 이론과 맞물려 있다. 이러한 입장은 다음에 살펴볼 공거제(貢擧制)에서도 일관되게 나타난다.

3) 공거제(貢擧制); 교육 제도와 관리 임용 제도의 개선

반계의 공거제는 관리 임용 제도이며, 이것은 교육 제도와 불가분의 관계를 맺고 있다. 즉 반계에게서 교육 제도는 관리 임용을 위한 기본 토대로서 기능하고 있다. 교육 제도의 개혁을 통한 관리 임용 제도의 개선은 반계에 있어서 전제(田制)의 개혁과 더불어 가장 중요한 사안 중의 하나였다. 이러한 이유에서 반계의 공거제를 살펴보는 것은 『수록』의 핵심을 이해하는 첩경의 하나가 될 것이다.

공거제의 제일 큰 특징은 '학교 제도의 계통화' 그리고 '학제(學制)와 관리 임용제의 일원화'를 추구하는 데 있다. 그 내용을 살펴보기로 한다.

〈학교 제도의 계통화〉

당시 교육 기관으로는 서울의 사학(四學), 지방의 향교 및 서원과 최고 학부인 성균관이 있었으나 이들이 서로 계통적으로 연결되어 있지는 않았다. 성균관의 입학 자격은 다만 소과(小科)에 합격한 생원(生員)이나 진사(進士)이면 되었고, 이들이 꼭 향교나 서원의 졸업생이어야 할 필수조건은 없었다. 한마디로 성균관과 향교(서울은 사학)는 서로 독립된 교육 기관이었을 따름이다.

이에 대해 반계는 3단계의 학교 제도를 만들 것을 주장한다.

그것은 각 부(府)와 군현(郡縣)에 '읍학(邑學)', 각 도에 '영학(營學)', 중앙의 최고 교육기관으로 '태학(太學)'을 두자는 것이다. 이와는 별도로 서울에는 읍학에 해당하는 것으로 '사학(四學)'을, 영학에 해당하는 것으로 '중학(中學)'을 두되 이것은 모두 국립으로 한다는 것인데, 이를 자세히 살펴보면 다음과 같다.

① 읍학(邑學) ; 서울은 사학(四學)

- 입학 자격 : 사대부 자제로서 학문에 뜻을 둔 자 및 평민 가운데 우수한 자로서 15세 이상인 자.[25]

- 입학 전형 : 서울은 사학의 교관(敎官)이, 지방은 수령과 교관이 입학 희망자가 학문에 대한 뜻이 돈독한가를 살핀 후에 결정함.[26]

- 철저한 졸업 정원제의 실시 : 외사(外舍)와 내사(內舍)를 두어 운영하되, 첫 입학생은 외사에 두고 1년 이상 지난 후에 시험을 거쳐 내사에 들게 한다. 단, 1년 내 학교 출석일이 70일 미만이면 시험 자격이 박탈된다. 시험 과목은 필수로 『소학(小學)』·사서(四書 : 『논어』·『맹자』·『중용』·『대학』)·『근사록(近思錄)』이 있고, 선택으로 육경(六經 : 『시경』·『서경』·『주역』·『춘추』·『주례』·『의례』) 중에서 한 과목이 있는데, 각 책의 한 부문을 추첨해서 읽는다. 예컨대 『맹자』는 전체 7편으로 되어 있는데, 각 편마다 1개 장(章)씩 추첨해서 모두 7개 장만을 읽으면 된다. 다른 책도 모두 마찬가지이다.[27] 외사생(外舍生)의 정원은 내사생(內舍生)의 2배수이며 이것은 반드시 지켜져야 한다. 요컨대 읍학(서울은 사학)의 졸업 정원은 입학 정원의 50%인 셈이다.

그리고 외사생의 정원은 다음과 같이 한다.[28]

▶ 사학(四學) : 200인(人)　▶ 대부학(大府學)·도호부학(都護府學) : 160인

---

25 『隨錄』 권10, 「敎選之制下」 4면.
26 『隨錄』 권10, 「敎選之制下」 4면.
27 『隨錄』 권10, 「敎選之制下」 4면 細注.
28 『隨錄』 권9, 「敎選之制上」 33면.

► 부학(府學): 120인 ► 군학(郡學) : 80인 ► 현학(縣學): 40인

이를 보면 읍학(사학)의 졸업 정원(내사생 정원)은 사학이 100인, 대부학·도호부학이 80인, 부학이 60인, 군학이 40인, 현학이 20인으로 된다.

내사생의 최소 교육 연한은 3년으로 한다.

- 입학생의 대우 : 외사생은 전(田) 2경(頃)을 주어 사류(士類)로서의 지위를 공인하고, 내사생은 전 4경을 준다. 그리고 입학생은 각자의 신분과 지위 고하를 막론하고 나이순으로 서열을 삼는다.[29]

② 영학(營學) ; 서울은 중학(中學)

- 입학 자격 : 읍학 및 사학의 내사생으로 3년이 경과된 자로서 향당(鄕黨) 및 학문하는 무리에서 덕행과 재능이 있다고 추천된 자 가운데 최종적으로 수령과 교관이 추천한 자.[30] 이때의 추천 기준은 신분의 귀천을 따지지 않고 오직 덕행과 능력만을 살필 뿐이다.[31]

- 입학 고사 : 사서(四書) 중에서 2과목 추첨. 육경 중에서 3과목 선택, 그리고 『근사록(近思錄)』을 시험 치른다.[32]

- 입학 정원[33]

  ► 중학 : 12인 ► 경기 : 27인 ► 충청 : 30인 ► 전라 : 33인
  ► 경상 : 42인 ► 강원 : 21인 ► 평안 : 24인 ► 황해 : 18인
  ► 함경 : 18인

---

29 『隨錄』 권10, 「敎選之制下」 4면.
30 『隨錄』 권10, 「敎選之制下」 13면.
31 『隨錄』 권10, 「敎選之制下」 14면.
32 『隨錄』 권10, 「敎選之制下」 15면 細注.
33 『隨錄』 권10, 「敎選之制下」 23면.

단, 경기의 경우는 별도로 영학을 설립하는 것이 아니라, 경기에 할당된 27인은 서울의 중학으로 입학한다.[34]

- 입학생의 대우 : 학교의 비용은 극히 넉넉히 하여 학생은 오로지 공부에 전념하도록 한다. 입학생 전원이 기숙사에서 생활해야 하며, 부모를 봉양해야만 할 처지라든가 기타 부득이한 자에 한하여 집에서 다니도록 허락해 준다. 입학 후 1년이 지나면 태학(太學)에 입학할 수 있는 추천을 받을 자격이 부여된다.[35]

③ 태학(太學)[36]

- 입학 자격 : 영학(서울은 중학)에서 1년 이상 수학한 자로서 영학 입학 때와 같은 방법으로 현자(賢者)·능자(能者)로 선발된 자.

- 입학 고사 : 사서(四書) 중에서 추첨한 두 과목과 육경 중에서 추첨한 세 과목을 시험. 불통자(不通者)는 입학을 불허한다.

- 입학 정원 : 각 영학 입학 정원의 대략 70% 선으로 그에 따른 각 도별 입학 추천 배정 인원은 다음과 같다.

  ▶ 중학 : 8인 ▶ 경기 : 18인 ▶ 충청 : 20인 ▶ 전라 : 22인
  ▶ 경상 : 28인(혹 29인) ▶ 강원 : 14인(혹13) ▶ 평안 : 16인
  ▶ 황해 : 12인 ▶ 함경 : 12인
  총 150명

- 입학생의 특혜 : 입학 후 1년이 지나면 현능(賢能) 여부에 따라 조정에 공거(貢擧)될 수 있는 기회가 주어진다.

---

34 『隨錄』 권9, 「敎選之制上」 31~32면.
35 『隨錄』 권10, 「敎選之制下」 15면.
36 이 부분은 모두 『隨錄』 권10, 「敎選之制下」,·貢擧事目 15~23면 참조.

이렇듯 반계는 종래의 학교 제도와는 달리 3단계의 학교가 서로 계통적으로 유기적인 관련을 맺어야 할 것을 주장했으니 이는 마치 오늘날의 학교 제도를 연상케 한다. 참으로 그 시대에 있어서 대단한 탁견이라 아니할 수 없다.

그런데 여기서 우리가 유의해야 할 점은 하급 교육 기관에서 상급 학교로의 진학은 우선 추천이라는 형식을 통해야 한다는 점인데, 이 추천이 잘못될 경우 이 제도는 그 생명력을 잃고 만다. 따라서 반계는 그 점에 대해 대단한 주의를 기울이고 있다. 예컨대 학문과 재주는 형편없고 행실이 바르지 못한 자가 추천되었을 때는 시험 과정을 통해 탈락시키는 것은 물론이고, 그를 추천한 수령과 교관을 파직시키며, 사사로운 연고를 따라 무능한 자를 추천했을 때는 기망죄(欺罔罪)로 다스린다.[37]

그러나 만일 그것이 두려워 추천을 하지 않는 경우가 생긴다면 그러한 수령과 교관 또한 태만죄로 파직시킨다. 그렇다고 진실로 추천할 만한 자가 없음에도 불구하고 구차하게 정원을 채우지는 않는다.[38] 다만 "열 집이 있는 곳이면 반드시 충신(忠信)한 이가 있는 법[39]이어늘 큰 고을에 이르러 추천할 만한 자가 없다는 것은 학교가 흥하지 못했다는 것"[40]을 의미하기 때문에, 수령과 교관은 그 점을 특히 명심하여 학교 교육을 진흥시키고 인재를 길러 추천해야 할 것을 강조하는 것이다.

이처럼 교관의 임무는 중차대하다. 따라서 교관은 가르치는 일 이외에는 일체의 잡무를 보게 해서는 안 되며, 그 지위를 사회적으로나 경제적으로나 최대한으로 보장해 주어야 한다.[41] 그런 만큼 교관이

---

37 『隨錄』 권10, 「教選之制下」, 15면.
38 『隨錄』 권10, 「教選之制下」, 21면.
39 『論語』 「公冶章」, "子曰, 十室之邑, 必有忠信, 如丘者焉, 不如丘之好學也."
40 『隨錄』 권10, 「教選之制下」, 21면.

지니는 의무도 막중하다.

감사는 매 해 봄 가을 두 차례에 걸쳐 친히 각급 학교를 순회하며 교관에 대한 평가를 실시하는데, 학생들이 도학(道學)을 숭상하고 궁리(窮理)하는 독서를 할 줄 알면 최상의 성적이 매겨지고, 글 읽기를 게을리 하지 않고 행실에 잘못이 없으면 그 다음 성적으로 매긴다. 만약 덕이 돈독하고 재주가 뛰어난[敦德達材] 학생을 많이 배출하는 교관이 있다면 특별히 높은 관직에 발탁하며, 교관은 정해진 임기 동안 신분이 보장되고, 임기가 차면 그 재직 시의 교수 성적에 따라 승진과 좌천이 결정된다.[42]

그러면 이렇게 계통적으로 체계화된 학교에서의 교육이 지향하는 목표와 내용은 어떤 것일까?

〈교육의 내용과 목표〉

앞에서 살펴보았듯이 제1단계의 학교인 읍학(邑學, 서울은 사학)의 입학 요건은 학문에 대한 입지(立志) 여부였다. 과연 반계가 말하는 학문의 내용 내지 그것이 추구하는 바는 무엇일까?

> 학문을 행함에는 모름지기 먼저 뜻을 세워야 하며 도(道)를 자기에게 맡겨진 임무로 생각해야 한다. 도는 고원(高遠)한 것이 아니며 사람들이 스스로 행하지 않을 뿐이다. 만 가지 선(善)이 나에게 갖추어져 있으므로 나 밖의 다른 곳에서 그 선을 구할 생각은 말아야 한다.[43]

이처럼 반계가 교육을 통해 추구하고자 하는 것은 바로 도의 실현

---

41 『隨錄』 권10, 「敎選之制下」 2면.
42 『隨錄』 권10, 「敎選之制下」 2면.
43 『隨錄』 권9, 「敎選之制上」 26면, "爲學先須立志, 以道自任. 道非高遠, 人自不行. 萬善備我, 不待他求."

이었다.

반계는 "그 도란 반드시 인륜에 근본을 두고 물리(物理)를 밝히는 것"[44]이라고 정의를 내리면서, 그 구체적인 실현 방법은 『소학(小學)』에서 말하는 쇄소응대(灑掃應對)로부터 시작하여 효제충신(孝弟忠信)을 진작시키는 일과 예악(禮樂)을 두루 익히는 일에 이르기까지 차례와 절차가 있다고 보았다. 다시 말해서 도를 실현하는 방법 내지 과정이 그대로 교육의 방법 및 과정이라 할 수 있겠는데, 반계는 그 요점을 "택선수신(擇善修身)하여 화성천하(化成天下)함에 이르는 것"이라고 했다.[45]

반계는 이를 구체화하기 위한 방안으로 향약 정신의 실천을 주장하는데, 향약은 덕업상권(德業相勸)·과실상규(過失相規)·예속상교(禮俗相交)·환난상휼(患難相恤)을 내용으로 하면서, 이익 사회·이질 사회가 아닌 공동 사회·동질 사회를 그려 나가는 나와 너의 '나눔'의 철학을 지향한다. 개인의 이욕이 아닌 공공의 의(義)를 추구하는 '우리'의 철학이다. 반계는 바로 이 향약의 실시를 통해 그가 추구하는 교육의 실효를 얻으려 했다. 그는 기존의 향약 절목을 당시 실정에 맞게 증손(增損)하여 새로운 절목을 만드는데, 그 자세한 내용은 『수록』 권9, 「교선지제(敎選之制) 상」 1~23면에 실려 있다.

여하튼 반계는 향약 정신의 구현을 위해 '학규(學規)'를 제정하는데, 주자의 백록동학규(白鹿洞學規)를 채택하여 5대 교육 영역을 설정했다. 그것은 부자유친(父子有親)·군신유의(君臣有義)·부부유별(夫婦有別)·장유유서(長幼有序)·붕우유신(朋友有信)의 오륜(五倫)이다. 이 다섯 가지는 사람이면 마땅히 걸어가야 할 길이며 당연지리(當然之理)로서 본연지심(本然之心)이다. 그러나 힘들여 닦지 않으면 편(偏)한 기질에 가려 물욕에 빠지고, 그 본연의 리(理)는 어두워져 서로 친애하지 못하고, 서

---

44 『隨錄』 권10, 「敎選之制下」 10면, "其道必本於人倫, 明乎物理."
45 『隨錄』 권10, 「敎選之制下」 10면, "其要在於擇善修身, 至於化成天下."

로 순순(遜順)하지 못하게 되기 때문에 교육으로써 인륜을 밝힐 필요가 있다고 본다.[46]

학문의 자세에는 박학(博學)·심문(審問)·신사(愼思)·명변(明辨)·독행(篤行)의 오사(五事)가 있다. 이는 『중용』에 나오는 것으로 반계는 이것을 배움의 자세로 채택하고 있는 것이다. 여기서 앞의 네 가지 곧 박학·심문·신사·명변은 궁리(窮理)의 일이고, 독행은 수신(修身)·처사(處事)·접물(接物)에서 요구되는 항목이다. 독행의 일을 더 구체적으로 밝히면 다음과 같이 정리된다.[47]

① 수신의 요점〔修身之要〕

• 언충신(言忠信) 행독경(行篤敬): 말은 충성스럽고 믿음직하게 하며, 행동은 독실하고 공경스럽게 한다.
• 징분질욕(懲忿窒慾) 천선개과(遷善改過): 성냄과 욕심을 막고, 선을 행하고 잘못은 고친다.

② 일을 처리하는 요점〔處事之要〕

• 정기의(正其義) 불모기리(不謀其利): 의를 바르게 하고, 이익을 꾀하지 않는다.
• 명기도(明其道) 불계기공(不計其功): 도를 밝히고, 공을 따지지 않는다.

③ 상대를 마주하는 요점〔接物之要〕

• 기소불욕(己所不欲) 물시어인(勿施於人): 내가 바라지 않는 바를 남에게 베풀지 말라.

---

46 『隨錄』 권11, 「敎選攷說上」 1면.
47 『隨錄』 권9, 「敎選之制上」 24면.

- 행유부득(行有不得) 반구저기(反求諸己): 행하고서도 얻지 못했으면, 자기자신에게서 돌이켜보고 구해야 한다.

수신(修身)에서의 충(忠)은 '중(中)+심(心)'으로 자기의 본마음을 다하는 것[48]을 말하고, 경(敬)은 자기 자신을 잘 붙드는 것[持己]을 말한다.[49] 다시 말해서 충(忠)으로 내 마음[心]이 도리에 딱 들어맞도록[中] 내 본심을 다해야 하고, 경(敬)으로 나를 붙들어 지탱해야 한다. 이는 대자적(對自的) 의미를 갖는 것임에 비해, '내가 바라지 않는 바를 남에게 베풀지 않는다'는 '기소불욕 물시어인'은 서(恕)의 정신에 해당한다. 서(恕)란 내 마음[心]을 미루어 남의 마음과 같게[如] 하는 것으로 대타적(對他的) 의미를 갖는다. 이 대자적인 충(忠)과 대타적인 서(恕)가 합하면, 곧 충서(忠恕)는 인(仁)을 이르는 말이 된다. 아울러 '정기의(正其義) 불모기리(不謀其利)'를 말하여 의를 높이고 사리(私利)를 배격한다. 이러한 입장은 반계에 있어서 학문이 궁극적으로 '존천리(存天理) 알인욕(遏人欲)'하는 목적으로 나타난다.[50]

이에 상응하여 교육의 목적도 마음을 밝히고[明心]·몸을 닦는[修身] 나의 문제로부터 오륜(五倫) 및 사물과 마주하는[事物之際] 대타적인 문제, 곧 너의 문제에 이르기까지 각자의 직분을 다하면서 윤리적인 공동체—'우리'의 세계로 이르는 데 있다.[51]

따라서 학(學)과 교(敎)가 이루어질 때 그 사회는 '공동 존재'의 사회가 이루어진다.[52]

---

48 『論語』「里仁」, 주희 주, "盡己之謂忠."
49 『論語』「顔淵」, 주희 주, "敬以持己."
50 『隨錄』 권9,「敎選之制上」 28~29면, "士子在學修飭, 歸家切宜勿忘事親接人存心處事, 務循天理, 務去人欲."
51 『隨錄』 권11,「敎選攷說上」 25면
52 『隨錄』 권11,「敎選攷說上」 25면, "及其學之旣成則……理義休明, 風俗醇厚."

〈과거 제도의 개혁안〉

　반계 당시의 과거제는 본래 제도 그대로의 공정한 임용고시로서의 기능을 발휘하지 못하고 특권층만을 위한 제도로 전락되어 있었다. 당시 과거제는 정기적인 대과(大科) 시험과 알성시(謁聖試) 등의 임시 시험이 있었는데, 대과는 초시(初試)·복시(覆試)·전시(殿試) 등 3중으로 되어 있음에 비해 임시 과거 시험은 단시제(單試制)일 뿐만 아니라 사실 재경(在京) 특권층에게 응시의 편의가 있었다. 뿐만 아니라 후대로 내려오면서 정규 시험보다는 임시 과거 시험이 자주 치러졌음은[53] 과거 제도 본연의 의의가 상실된 것이라 하겠다. 더욱이 과거 시험의 내용이 정해진 짧은 시간 내에 시문(詩文)을 짓는 것이어서 응시자의 깊은 학식과 높은 덕망을 가려낸다는 것은 아예 생각할 수도 없는 일이었다. 반계는

　　이른바 정시(庭試)·알성시(謁聖試) 등은 유사(有司)에게 명하여 짧은 시간 내에 시험을 치게 하며, 그 시험이라는 것이 문장 짝 맞추는 데 불과하고, 별안간에 합격의 취사(取捨)를 결정하므로, 속된 말로 정시·알성시는 맹인도 바라볼 만하다고 한다. 이런 까닭에 유취(乳臭) 소아(小兒)들 또한 다투어 시험을 치루며, 취해진 인재들이 모두 경솔하고 천박하며 요행만을 일삼는 무리들이니 더욱 가소롭다.[54]

고 하여 그 폐단을 신랄히 비판한다.

　반계가 시문(詩文)을 중시하는 과거제를 비판하는 이유는 "무릇 글이라는 것이 마음에서 나온 것이어서 그 글을 보면 그 사람의 학술(學

53　자세한 것은 역사학회편, 『한국사논문선집 V(조선후기편)』, 일조각, 1980. 67쪽 참조.
54　『隨錄』 권10, 「敎選之制下」 27면, "所謂庭試謁聖, 亦命有司燭刻試之. 其所試不過對偶之文, 而瞥眼之間, 定其取捨. 故諺曰庭試謁聖, 盲人亦望. 是以乳臭小兒, 亦皆爭試, 而其所取率皆輕佻僥倖之輩, 尤爲可笑."

術)이 정밀한가 조잡한가를 또한 알 수 있는 것이기는 하지만, 그러나 글 자체에만 뜻을 두고 마음을 써서 실(實)을 잃어버리게 된다”[55]고 보기 때문이다. 다음의 말을 보자.

> 천하의 일이란 실행(行)이 부족함을 항상 걱정해야 하며 말(言)이 부족한 것은 걱정하지 않아도 된다. 실(實)이 부족함을 항상 걱정해야지 문(文)이 부족한 것은 걱정하지 않아도 된다. 후세에 실덕(實德)을 잃어버린 것은 부문(浮文)에 뜻을 두게 했기 때문이다.[56]

이처럼 시문 위주의 과거제에서는 '행(行)·실(實)·실덕(實德)'이 근본적으로 배제되고 있었기 때문에, 도기불상리(道器不相離)·기외무리(氣外無理)의 철학 사상을 갖고 리얼한 현실 세계에 강한 관심을 표명했던 반계의 눈에는 당시 과거제가 비합리적인 것으로 보일 수밖에 없었다.

이러한 폐단을 없애기 위해 반계는 공거제를 주장하는데, 이는 바로 앞서 논한 교육 제도가 지향하는 최종 목표라 할 수 있다. 그 내용은 학교의 최종 관문인 태학(太學)에서 1년 이상 수학한 자에 대해 영학(營學)에서와 같은 방법으로 매년 35명을 조정에 공거(貢擧)하는 것이다. 이 공거된 자들은 정원에 관계없이, 그리고 보직 없이 별도로 마련된 진사원(進士院)에서 요즈음 식으로 말하면 수습기간을 갖는데, 여기서 1년이 지난 후에 그 능력과 차등에 따라 관직에 임명된다.[57]

관리로 선발되기 위해서는 이렇게 여러 단계의 과정을 거치지 않

---

55 『隨錄』 권10, 「敎選之制下」 18면, “夫文者出於心者也. 見其文, 則其人學術之精粗, 亦可知也. 然志於爲文, 則用心已外, 而喪其實矣.”
56 『隨錄』 권10, 「敎選之制下」 28면, “天下之事, 常患於行不足, 而不患言不足. 常患於實不足, 不患文不足. 後世實德之喪, 以役志於浮文之故也.”
57 『隨錄』 권10, 「敎選之制下」 16~17면.

으면 안 되게끔 하는 것이 공거제의 특색인데, 그에 대해 반계는 다음과 같이 말한다.

> 모든 천하의 일이란 여럿이 공동으로 하면 사사롭기가 어려우며, 독단적으로 하면 사사롭기가 쉽다. 실(實)을 추구하면 사사롭기 어려우며, 거짓으로써 하면 사(私)가 되기 쉽다. 겉으로 드러나게 하면 사사롭기가 어려우며, 몰래 비밀스럽게 하면 사사롭기 쉽다. 오랜 기간을 거치면 사사롭기 어렵고, 잠깐 사이에 하면 사사롭기 쉽다. 공거법은 널리 향당(鄕黨)의 공론(公論)을 채택하고, 평일의 선악지실(善惡之實)을 살펴서 공개적으로 추천한다. ……과거제는 일체 이와 반대이다. 이로써 볼 것 같으면 과거제가 사사로움이 끼어들기 쉬운가? 공거제가 사사로움이 끼어들기 쉬운가?[58]

이렇게 볼 때 결국 공거제는 전제(田制)에서와 마찬가지로 사욕(私慾)을 배제하고 공공의 천리(天理)를 높이고자 하는 '존천리(存天理) 알인욕(遏人欲)'의 성리학 정신을 구현하는 것이라 볼 수 있다.

지금까지 살펴본 공거제의 특징은 다음과 같이 정리될 수 있겠다.[59]

① 향약－학교－공거(貢擧)가 하나의 인재 양성 체계로 통일되고, 뿐만 아니라 경향 각지의 대중들의 교육·정치·사회적 관심과 기대가 이를 통해서 어느 정도 수렴될 수 있다. ②인재의 천거 과정이 향당(鄕黨)·학교 사회의 중론에 공개됨으로써, 응시자의 시문(詩文) 능력이

---

58 『隨錄』 권10, 「教選之制下」 29~30면, "凡天下之事, 衆共則難私, 獨見則易私. 責實則難私, 以僞則易私. 陽明則難私, 暗秘則易私. 經久則難私, 間暫則易私. 貢擧之法, 博採鄕黨公共之論, 覈以平日善惡之實. 明擧而會衆禮興, 保任而徵於久遠. 科擧之法, 一切反是. 據此觀之, 貢擧易以容私乎. 科擧易以容私乎."

59 김준석, 「柳馨遠의 政治·國防體制 改革論」 『연세실학강좌Ⅲ』, 연세대학교 국학연구원, 혜안, 2003. 182~183쪽 참조. 김준석은 이곳에서 『수록』 「교선지제(教選之制)」의 내용을 잘 요약 정리하고 있다.

나 문벌(門閥)·귀천(貴賤)만을 고려해 비공개로 등락(登落)이 결정되는 과거제보다는 그 객관성·공정성이 월등히 뛰어나다. ③승사자(升士者, 피천거자)의 수를 호구(戶口)·학생수를 참작하여 책정함으로써, 과거제에서와 같은 서울과 지방, 신분 계층에 따른 교육·관직 진출의 불균형이 자연 해소되어, 문벌 타파와 함께 정치 참여자의 지방 분산 효과를 기대할 수 있다. ④같은 맥락에서 공거제는 용인권(用人權)·관리 선발권의 일부를 지방민의 여론, 학장·교수의 교권, 지방 관장(官長)의 감독권 등에 나누어 줌으로써, 종래 문지(門地)·학연·당색으로 결집되었던 정치 세력의 당파적 대결이나 항쟁이 사라질 것으로 예상되었다. ⑤공거제에서는 벼슬을 지망하는 선비들이 과거제와 같은 요행수를 기대할 수 없게 됨으로써 행실과 능력을 연마하기에 힘쓰게 마련이고, 이로써 순후(淳厚)·방정(方正)·실질(實質)·염치를 숭상하는 사풍(士風), 사회 기강이 자리 잡게 될 것이다.

결국 공거제는 교육·관직 진출에서 세습 문벌의 특권을 제한하고, 인품과 능력 본위의 관리 선발을 보장하는 것이었다.

4) 『반계수록』과 반계 성리론의 상관 관계

오광운은 『수록』의 서문에서 반계의 사상적 특징은 도기불상리(道器不相離)에 있다고 말한 바 있는데, 과연 어느 면에서 그렇게 평가될 수 있을까? 지금까지 서술해 온 내용을 중심으로 한번 정리해 보기로 한다.

반계의 성리설은 주자를 비판하면서도 주자의 '이기불리불잡(理氣不離不雜)'의 기본 명제를 충실히 따르고 있다. 이에 앞서 퇴계는 심성론을 기준으로 이기(理氣)의 불잡성(不雜性)에 초점을 맞추어 이기호발설을 주장하고, 율곡은 불리성(不離性)의 이기설을 기준으로 심성론을 논하여 기발리승일도설을 말하고 있는 것이 특징이라면, 반계는 이기설의 경우는 '기외무리(氣外無理)' 등의 논리로 불리(不離)의 입장을 견지하고 심성론의 경우는 '사단이지발(四端, 理之發), 칠정기지발(七情, 氣之發)'이라는 불잡성(不雜性)의 입장을 견지한다. 그러나 불잡(不雜)이라고 하더라도 그 밑바탕에는 불리(不離)의 전제가 깔려 있다. 왜냐하면 반계가 퇴계의 호발설을 비판하는 이유가 만일 퇴계처럼 '사단리발이기수지(四端, 理發而氣隨之), 칠정기발이리승지(七情, 氣發而理乘之)'라고 한다면 사단에도 이기를 말하고 칠정에도 이기를 말하여, 이기가 같이 있는 이상 일물(一物)을 이루므로, 사단과 칠정이 별개의 물(物)로 되어 버린다고 하는 것이다. 반계가 사단칠정을 불잡(不雜)의 관계로 언표하고 있지만 실지 내용은 불리성(不離性)에 초점이 맞추어져 있는 것이다. 그렇다면 왜 율곡처럼 '기발리승일도설'로 언표하지 않았을까? 이것은 '인의(仁義)도 기의 리(氣之理)인가?'라는 물음과 관련이 있다. 곧 자연관의 입장에서는 철저히 불리(不離)의 관계가 진리이지만 심성의 입장에서는 분명히 이원적인 세계―당위의 세계와 그 반대의 세계―가 엄존한다고 보는 것이 반계의 입장이다. 때문에 당위의 세계로서의 '사단과 도심'은 극복되어야 할 대상으로서의 '칠정과 인심'과는 차원이 다르다. 그래서 사단＝도심＝리, 칠정＝인심＝기라는 불잡성(不雜性)의 논리 구조를 설정한다. 그러나 이기론에서 '리(理)는 기지리(氣之理)' '기외무리(氣外無理)'라고 했던 것처럼, 기본적으로 '사단은 칠정 중에서 발현'되고 '도심 또한 인심 상에서 발현된다'. 곧 사단과 칠정, 인심과 도심의 관계는 이른바 '동행이정(同行異情)'의 관계이다. 여기에서 우리는 율곡적 의미에서의 불리성(不離性)의 관계가 심성론에서는 불잡성(不雜性)의 의미를 더욱 강화하는 쪽으로 나타나고 있음을 알 수 있다. 그것은 이룩되어야 할 대상으로서의 당위성의 세계를 강조하는 의미를 지닌다. 달리 말하자면 이 세계는 언제나 가변적이며〔＝현실은 이기불상리(理氣不相離)일 따름이고 그것은 기(氣)의 세계로 드러난다〕, 그 가변적인 세계는 언제나 당위의 가치를 실현시킬 수 있는 주체에 의해 바람직한 방향으로 변혁되어야 한다(=이기불상잡(理氣不相雜)은 기보다는 리의 우위성을 강조하는 것이며 이것은 가치론적인 의미를 지닌다). 여기서 우리는 아주 중요한 사실 하나를 발견하게 된다. 그것은 다름이 아니라 자연관과 심성론의 경우를 따로 떼어 놓고 생각하는 발상법이다. 퇴계는 심성론의 입장에서 자연을 이해했고, 율곡은 자연관의 입장에서 심성을 이해하려고 했음에 비해(이 점은 다산이 지적한 바 있다),[60] 반계는 그 둘을 각기 다른 입장에서 보는 것이다. 다시 말해서 퇴계는 가치의 입장에서 현실을 보려 했고 율곡은 현실의 세계와 가치의 세계를 동일시했다고 말할 수 있다. 퇴계가 가치를 현실화시키려는 데 주력한 이상주의의 성격이 강했다면, 율곡은 가치의 세계란 현실을 떠나서는 논할 수 없다는 현실주의의 성격이 강했다고 볼 수 있는 것이다. 이에 비해 반계는 사실과 가치의 세계는 엄연히 혼동할 수 없는 각기의 독자적인 세계라고 인식하고 그것을 동일한 논리 체계로 설명하는 것은 무리라고 보는 것이다. 때문에 반계는 사실의 세계는 이기불상리의 논리로, 가치의 세계는 이기불상잡의 논리로 설명한다. 필자는 이 점을 상당히 주목하고 있다. 왜냐하면 일련의 실학파의 철학적 사유 구조를 살펴볼 때, 예컨대 북학파의 선하가 되는 농암학파의 성리설이라던가 그들과 일정한 연관이 있는 졸수제 조성기 및 창계 임영 등의 성리론, 그리고 성호학파와 관련이 있는 기호 퇴계학파인 우담 정시한 등의 성리설을 살펴보면 이들은 모두 자연관에서는 불리(不離)의 면을, 심성관에서는 불잡(不雜)의 면을 말하고 있다(우담의 경우는 영남 퇴계학파에 비해 이기의 불리성을 강조하여, 갈암 이현일은 우담이 지나치게 이기혼륜에 집착하고 있다고 비판하고 있다).[61] 이처럼 실학파의 철학 이론은 대체로 사실의 세계와 가치의 세계를 나누어 보고 있다. 이와

---

60 안재순, 「조선후기 실학파의 사상적 계보」, 『동양철학연구』 12집, 동양철학연구회, 1991. 77쪽 참조.
61 이에 대해서는 안재순, 앞의 글을 참조할 것.

같은 이해의 바탕 위에서 사실과 가치의 문제를 합치시키려 시도하는 것이다. 이 점은 실학자들의 개혁론을 보면 수긍이 간다.

반계는 그 이전의 성리학자들이 도(道)의 세계에만 집착하고 기(器)의 세계를 등한시하고 있었던 것을 비판한다. 목수에게 먹줄과 줄자, 대장장이에게 주물 틀이 없다면, 그들이 아무리 천하의 재주꾼이라고 하더라도 한 칸의 집과 한 개의 그릇도 만들 수 없는 것처럼, 기(器)의 세계를 도외시하고는 도(道)를 실현할 수 없다는 것이 반계의 입장이다. 여기서 기(器)는 도를 실현시킬 수 있는 구체적인 제도를 의미하며, 기(器=氣)의 세계가 가변적인 것처럼 제도는 현실에 맞지 않을 때 언제든지 개혁될 수 있어야 한다는 게 반계의 입장이다.

반계에 있어서 제도 개혁론의 핵심은 크게 나누어 토지 제도와 과거 제도(교육 제도)의 두 가지에 초점이 놓여 있다. 토지 제도의 기본 골격은 사전(私田)을 배격하고 공전(公田)을 추구하되 그것을 '이전위본(以田爲本)'의 원칙 하에 균전적(均田的)으로 분배하는 것이었다. 공전은 공평 균등하며 사전은 사사롭고 편벽되기 때문에, 공(公)을 추구해야 항산(恒産)이 일고 인심이 안정된다고 하는 것이었다. 그러나 반계는 현실을 무조건 부정하지는 않았다. 완전한 공전제로 가는 과도기적 단계로 현실적인 토지의 사적 소유를 인정하되, 그 규모의 상한선을 정해 그 이상의 독과점을 금하고자 하는 한전제(限田制)를 주장하기도 했다.

과거 제도의 개혁과 관련하여 반계는 교육 제도의 개혁을 주장한다. 당시 조선조의 학교는 각기 독립적이며 계통화되어 있지 못했는데, 반계는 오늘날의 초등학교-중등학교-대학교에 해당하는 읍학[邑學, 서울은 사학(四學)]-영학[營學, 서울은 중학(中學)]-태학(太學)으로 이어지는 학교 제도의 계통화를 제창하고, 최종적으로 태학을 수료하는 자를 공거(貢擧)해서 관리에 임명해야 한다고 한다. 여기서 유의할 것은 상급 학교로의 진학생 수는 점점 적어지며, 입학생이 졸업생보다

훨씬 많은 일종의 졸업 정원제이었다. 그만큼 졸업하기가 어려울 수밖에 없었다. 이렇게 어려운 여러 단계를 거치면서 선발된 능력과 덕행이 우수한 자를 관직에 임명하는 것이 반계가 주장하는 공거제인 것이다. 공거제를 주장하는 이유가 무엇일까? 그것은 여럿이 오랫동안 공동으로 하면 사사롭기가 어렵기 때문이다.

결국 반계에 있어서 제도의 개혁은 사사롭고 편벽된 것으로부터 공평하고 보편적인 것으로의 개혁이다. 이것은 앞서 말한 바 있는 양반 부호 지주들의 토지 독과점을 사이편(私而偏)한 것으로 보고, 그 독과점의 원인은 근원적으로 각 개인의 사욕에서 기인한다고 보는 것과 논리적 궤를 같이한다. 때문에 가치론의 입장에서 불잡성(不雜性)을 강조하여 사단＝도심＝리(理)＝공공(公共)의 의미를 강조하고자 했던 것이다. 그러나 그 도덕성은 아무나 도달하기 어려운 고고한 세계에 따로 존재하는 것이 아니라 누구나 노력에 의해 현실적으로 도달 가능한 것이다. 반계는 그래서 사단과 도심은 각기 칠정과 인심 중에서 발현된다고 말했던 것이다. 이처럼 반계에 있어서 철학 이론은 그의 개혁론과 표리 관계를 이룬다.

2. 『반계수록』에 대한 율곡의 영향

반계의 개혁 사상 및 제도론은 선배 사상가들의 영향 하에 형성되었는데, 『반계수록』 전편을 통해 보면 율곡의 영향을 제일 많이 받고 있음을 알 수 있다.

반계는 「전제」 편 말미의 '국조명신론폐정제조'에서 당시 사회의 난맥상에 대해서 소개하고 있는데, 총 11개조 가운데 율곡의 것이 8개조이고 중봉 조헌의 것이 3개조이다.[62] 율곡의 8개조는 「동호문답」의 것이 6개조이며, 「만언봉사」와 「진해서민폐소(陳海西民弊疏)」의 것이 각각 1개조이다. 내용은 일족절린의 폐단, 군속 및 관리의 부정, 궁중의 사치로 인한 진상과 공물의 폐단 등에 관한 것이다. 반계는 '국조명신론폐정제조'에서 율곡의 「동호문답」으로 당시 사회의 각종 폐단을 요약 정리하고 있는데, 그것은 곧 '일족절린(一族切隣)·진상번중(進上煩重)·공물방납(貢物防納)·역사불균(役事不均)·이서주구(吏胥誅求)'의 폐단이다. 이를 요약해 말한다면, 각종 세금의 폐단과 관리들의 횡포에 관한 것이라 할 수 있는데, 반계의 시대적 상황은 율곡의 시대나 다름없었고, 그런 점에서 율곡이 제기한 문제는 반계의 시대에도 그대로 유효했다. 따라서 시대적 병폐를 고치려고 수립한 『수록』의 개혁안은 율곡으로부터 직접적인 영향을 많이 받고 있다.

이 장에서는 율곡의 개혁안이 반계에게 어떻게 전승되고 있는가를 드러내는 데 주안점이 있다. 당시 시대적 병폐와 관련한 개혁안을 중심으로 공안(貢案)·군정(軍政)·관리 제도(官吏制度)·교육 제도의 개혁에 대한 율곡과 반계의 공통 입장을 비교해 볼 것이다.[63]

1) 공안(貢案) 개혁에 대한 율곡과 반계의 입장

율곡이 현실을 날카롭게 직시하고 그 폐단을 고쳐 보고자 애쓴 사실은 그가 임금에게 올린 소(疏)나 계(啓)에 잘 나타나 있다.[64] 31세 때의 「간원진시사소(諫院陳時事疏)」로부터 48세 때의 「시무육조계(時務六

---

62 『隨錄』권4,「田制後錄」下 7~24면, '國朝名臣論弊政諸條'附 참조.
63 이 장은 필자의 「율곡학과 반계 실학」(『율곡학과 한국유학』, 충남대유학연구소, 2007.)을 약간 수정하여 전재하는 것임을 밝혀 둔다. 율곡의 경세론이 반계─성호 이익─담헌 홍대용─다산 정약용으로 이어진다는 점에서 율곡과 반계의 사상적 맥락을 밝히는 것은 중요하다.
64 이를 시기 순으로 정리하면 다음과 같다. 諫院陳時事疏(선생 31세), 東湖問答과 玉堂陳弊疏(時務九事; 34세), 陳弭災五策箚(38세), 萬言封事와 司諫院請勉學親賢臣箚(39세), 聖學輯要(40세), 立議鄕約會集法及社倉(42세), 辭大司諫兼陳洗滌東西疏(陳保和朝廷之道; 44세), 司諫院乞變通弊法箚와 經濟司 설치 주장(46세), 陳時弊疏와 學校模範及事目(47세), 時務六條啓와 陳時事疏, 十萬養兵 주장(48세).

190

條啓)」「진시사소(陳時事疏)」에 이르기까지 율곡이 파악하고 있는 당시대의 문제점과 그에 대한 해결책은 일관되어 있다. 그중에서도 핵심은 “공안(貢案)을 개정하는 것, 관리의 인원을 줄이는 것, 감사의 임기를 길게 하자는 것”[65]의 세 가지이다.

먼저, 공안을 개정하는 문제는 진상(進上)·공물(貢物)의 폐단을 없애기 위한 것과 관련이 있다. 진상은 각 지방의 특산물을 궁중에 바쳐 어선(御膳)에 사용하도록 하기 위한 것이었고, 공물 또한 궁중 재정에 필요한 재원을 조달하기 위해 각 지방의 특산물을 징수하는 것이었는데, 이의 폐단이 심각했다. 진상의 경우, 당시 반드시 적합한 것도 아니면서 자질구레한 것까지도 헌상하지 않는 것이 없고, 바다나 육지에서 나는 산물은 남김없이 거둬들이고 있으나 어선에 진상할 만한 것은 거의 없었으며,[66] 공물의 경우, 특산물의 생산량은 때에 따라 변할 수밖에 없음에도 항상 일정한 양을 부과시키고, 심지어 그 지방의 특산품이 아닌 것까지도 부과하여 백성들의 고통은 가중되었다.[67] 더구나, 관(官)에서는 민(民)에게 무리하게 할당을 하여, 민중들은 그 할당량을 채우려고 이리저리 떠돌아다니느라 정착해 살 수가 없는 지경이었고,[68] “돈을 모아 멀리 다른 지방으로 사러 가서 비용이 열 배나 더 드는”[69] 경우도 예사였다.

---

65 『栗谷全書』 권7, 疏箚五, 陳時弊疏, “愚臣之每達于經席者, 是改貢案, 省吏員, 久任監司, 三者耳.”

66 『栗谷全書』 권15, 雜著二, 「東湖問答」, “今之所謂進上者, 非必盡合於上供也. 細瑣之物, 莫不畢獻, 水陸之産, 搜括無遺, 而眞擇其可進于御膳者, 則亦無幾焉. 古之聖王, 以一人治天下, 不以天下奉一人. 雖使筵獻之物, 一一皆合上供, 亦當減省, 以舒民力, 況以不急之需, 殘傷百姓也.”

67 『栗谷全書』 권5 疏箚三, 「萬言封事」, “物産隨時或變, 民物田結隨時增減, 而貢物分定…亦非量宜變通之也. 今則列邑所貢, 多非所産, 有如緣木求魚, 乘船捕獸, 未免轉貿他邑, 或市于京, 民費百倍, 公用不裕.”

68 『栗谷全書』 권5 疏箚三, 「陳海西民弊疏」, “獵山漁水, 日不暇給, 田蕪不耘, 屋壞不葺, 流離無以奠居.”

69 같은 곳, “若非厥土所産之物, 則頭會箕斂, 遠貿他境, 勞費十倍.”

이 과정에서 힘있는 일부 부호들과 관리들이 모든 특산물을 독과점하고, 백성들 대신 자신들이 지니고 있는 물품을 국가에 바치고 난 후에 백성들에게 백 배 이상의 값을 받아내는 이른바 '공물방납(貢物防納)의 폐단'이 생겨나 극성을 부리고 있었다.[70] 율곡은 이를 두고 "백성의 피를 빨아 몇몇 모리배들의 재물을 늘려 줄 뿐"[71]이라고 강력히 비난한다.

이러한 상황은 앞서 말한 것처럼 반계의 시대에도 마찬가지였다. 그러면, 율곡과 반계는 이를 어떻게 해결하려 했을까?

㈎ 율곡의 입장

첫째, 공물의 양을 줄이기 위해서는 우선 궁중에서의 쓰임새를 줄여야 한다. 궁중에서 쓰고 있는 소비량 중에서 3분의 1을 줄이고 따라서 공물의 양을 그만큼 줄이면 백성들의 형편은 많이 펴질 것이다.[72]

둘째, 공안(貢案)을 개정해야 한다. 더구나 당시의 공물은 옛날 연산군 때 사치스런 궁중의 용도를 충당하기 위해 만들어진 공안에 의해 징수하고 있었으므로, 마땅히 그 공안은 파기되어야 한다. 그리고 각 지방의 특산물 여부를 명확히 살펴서 그 지방에서 나지 않는 것이면 징수하지 말아야 하며, 경작지의 많고 적음, 민호(民戶)의 충실 여부를 살펴서 부과해야 하며, 공물이 소요되는 관청에 직접 납부하게 해야 한다.[73]

---

70 『栗谷全書』 권15, 雜著二, 「東湖問答」, "世道寖降, 弊習日滋, 姦猾之隷, 桀黠之吏, 私備百物, 愚弄官使, 阻當百姓. 雖持精美之物, 終抑不納, 必納私備之物, 然後索其 百倍之價, 而邦憲頹廢, 不能禁戢, 爲日已久, 國用不可毫末, 而民間已空杼柚矣."
71 『栗谷全書』 권5, 疏箚三, 「陳海西民弊疏」, "是則浚民膏澤, 以爲貴近罔利之資而已."
72 『栗谷全書』 권4, 疏箚二, 「擬陳時弊疏」, "其一曰減御用以舒民力… 損上益下今 日之所急也. 臣請自御膳御衣, 一切進供之物, 及闕中日用之需, 皆三分減一. 推此 量度, 凡八道進上貢物, 皆三分減一. 夫如是則恩澤下究, 民受實惠矣."
73 『栗谷全書』 권5, 疏箚三, 「萬言封事」, "雖祖宗之法, 民窮至此, 不可不變, 況燕山 之法乎. 伏望殿下 … 悉除燕山所加定, 以復祖宗之舊. 因考列邑之物産有無, 田結

셋째, 더 나아가서 궁중의 재정을 관장하는 내탕(內帑)·내수사(內需司)를 폐지하고 그 업무를 호조(戶曹)에 맡겨야 한다. 다시 말해서 이원화되어 있는 궁중 예산과 국가 예산을 일원화해야 한다. 더구나 내탕의 재물은 후궁들이 불공을 드리는데 대부분이 쓰이고 있으므로 빈약한 국가 재정 상태로 보아서는 지나친 낭비가 아닐 수 없다.[74] 내수사 또한 지나친 진상과 공물을 징수하는 원인이 되므로 이를 폐지하고, 내탕·내수사는 모두 호조가 관장하게 하며,[75] 다만 궁중에서 필요한 예산은 국가 예산에서 충당하면 된다.

특기할 만한 사실로서, 공물방납의 폐단을 없애기 위해서 궁극적으로는 특산물 대신 쌀을 수납할[76] 것을 율곡은 주장한다. 이는 김육에 의해 시도되는 대동법(大同法)의 효시가 된다는 점에서 특기할 만하다.

(나) 반계의 입장

진상 공물의 폐단을 없애는 법에 대해서는 반계도 율곡의 방안을 그대로 수용하고 있음이 발견된다. 정리하면 다음과 같다.

진상 공물의 폐단을 없애려면 궁중의 1년 예산을 미리 확정하고 그에 따라 예산을 집행해야 하며 전국적으로 고르게 대동법을 실시해야

多少, 民戶殘盛, 推移量定, 均平如一, 必以本色納于各司, 則防納不禁自罷, 民生如解倒懸矣. 今日急務無大於此矣."

74 『栗谷全書』권4, 疏箚二,「擬陳時弊疏」, "其四曰斂浮費而助國用. 國家浮費甚廣, 不可枚擧, 姑言其一二, 則內帑之財多歸於供佛. 兩宗雖廢而忌辰之設齋自若也. 淨業不毀而後宮之崇奉依舊也."

75 『栗谷全書』권4, 疏箚二,「擬陳時弊疏」, "臣請斷自聖心視宮府爲一體, 悉以內帑付之戶曹……" 또는, 위의 책, 권25,「聖學輯要」七, "殿下誠欲有爲, 則必先以內帑及內需司, 付之戶曹, 爲國家公費, 不以爲私財."

76 『栗谷全書』권15, 雜著三,「東湖問答」, "海州貢物之法, 每田一結, 收米一斗, 官自備物, 以納于京, 民間只知出米而已, 刁蹬之弊, 略不聞知. 此誠今日救民之良法也. 若以此法頒于四方, 則防納之弊, 不日自革矣."

한다.[77] 그에 상응하는 중요한 정책을 몇 가지 소개하면 다음과 같다.

첫째, 국가의 예산은 미리 액수를 확정해 놓고 정상적인 세금으로만 충당해야 하며 일체의 잡다한 공물은 파기해야 한다.[78]

둘째, 궁중에서 소요되는 일체의 물품 및 예산도 미리 책정하여 그 한도 내에서 쓰도록 해야 한다.[79]

셋째, 종래에는 내수사를 없애서 궁중 예산을 절약해야 한다. 특히 내수사의 경우, 율곡의 내탕·내수사 폐지론을 인용하여[80] 자신의 입론 근거로 삼고 있다.[81]

2) 병역 제도 개혁에 대한 율곡과 반계의 방안

'진상·공물' 및 각종 지방세의 폐단과 더불어 당시 백성들을 괴롭히던 또 하나의 큰 폐단은 병역 제도 곧 군정(軍政)에 관한 것이었다. 군(軍)에는 병사(兵使)·수사(水使)·첨사(僉使)·만호(萬戶)·권관(權管) 등의 직급이 설치되었는데, 그들에게 고정된 봉급이 없었다는 데 우선 문제가 있었다. 고정급이 없기에 그들은 자신들의 지위를 최대한 이용하여 생활비를 충당하려 했고, 더 나아가 축재의 수단으로까지 삼게 되었다. 이를테면 사졸들로 하여금 어부들의 고기잡이를 침탈하게 한다든가,[82] 군 인사를 단행할 때 돈을 받고 한다든지 하는 폐단이

---

77 『隨錄』 권4, 「田制後錄」 下, "一國均用大同之制, 一歲恒定御需之數, 則進上貢物之弊, 不期改而自改矣."

78 『隨錄』 권3, 「田制後錄」 上, "經費一以經稅(其行用如今大同制) 斷今科外之賦, 各司該用諸物, 皆量定其數……"

79 『隨錄』 권3, 「田制後錄」 上, "御需定其常數, 每歲以漕稅盡入, 以古者國君十卿祿之制, 準定其數."

80 여기서 인용된 율곡의 소론(所論)은 『栗谷全書』 권4, 疏箚二, 「擬陳時弊疏」에서 논한 대책 중 '其四曰斂浮費以助國用' 부분이다.

81 『隨錄』 권16, 「職官之制」 下, "內需司罷之. 內需司之當罷, 今有口者皆能言之. 府庫財莫非人君之有, 何爲別畜私財, 自喪其德也… 宣祖朝, 栗谷上疏曰內帑之財……"

82 『栗谷全書』, 권5, 疏箚三, 「萬言封事」, "我國法制多少欠闕. 只設兵使水使僉使萬戶權管等, 官而無廩養之具, 使之取辦於士卒. 邊將侵漁之弊濫觴於此矣."

일어났으며,[83] 특히 군역(軍役, 병역) 대상자로부터 돈을 받고 병역을 면제해 주며, 병역에 종사하는 자에게는 견딜 수 없는 고통을 주어 돈을 내고 면제를 받도록 유도하고 있었다.[84] 병역을 수행하자니 심신의 고통은 극에 달하고, 병역을 면하려니 대신 물어야 할 경제적인 부담이 태산 같았다. 자연히 백성들은 파산한 채 고향을 등지고 도망가지 않으면 안 되었다. 관(官)에서는 군적(軍籍)에 의거하여 병역 대상자를 고르고, 만약 대상자가 도망가고 없을 경우 그 친척에게 대신 부과했으며 그마저 도망하고 없으면 그 친척의 친척에게 부과했다.[85] 만약 그 친척마저 없으면 그 이웃에게 부담시켰다. 이른바 '족징(族徵)'과 '인징(隣徵)'의 폐단이다. 이것을 율곡은 '일족절린(一族切隣)의 폐(弊)'라고 부른다.[86]

이러한 폐단은 비단 군역에서뿐만 아니라 토지세(=田賦) 및 환곡(還穀)의 부문에서도 일반적으로 행해지게 된다. 율곡은 일찍이 군포(軍布), 선상(選上, 지방의 노비를 뽑아 올려 서울서 부역시키는 제도), 전세(田稅)의 세 가지 때문에 일족절린의 폐가 생겨난다고 지적한 바 있다.[87]

---

83 『栗谷全書』 권5, 疏箚三, 「萬言封事」, "法制漸弛, 貪暴轉盛, 加以銓選不公, 債帥接武, 公言曰某鎭之將其直若干, 某堡之官其價若干. 彼輩徒知割剝軍卒以發其身而已."

84 『栗谷全書』 권5, 疏箚三, 「萬言封事」, "士卒苦於留防, 願納綿布以免戍役者, 必悅而從之. 其留鎭者則必督以難堪之役, 責以難辦之需, 使煎熬於膏火之中, 人非木石孰不愛身."

85 『栗谷全書』 권5, 疏箚三, 「萬言封事」, "數度留防, 家已懸罄, 不能支保, 逋亡相繼, 明年按簿督戍, 則本邑必以一族應役, 一族又逃, 則侵及一族之一族."

86 『栗谷全書』 권15, 雜著二, 「東湖問答」, "何謂一族切隣之弊. 今玆一有逃散之民, 則必侵其一族及切隣. 一族切隣不能支保, 亦至流散, 則又侵其一族之一族, 切隣之切隣. 一人之逃患及千戶, 其勢必至於民無孑遺, 然後乃已也. 是故昔年百家之村, 今無十室. 前歲十家之村, 今無一室. 邑里蕭條, 人煙夐絶 無處不然."

87 『栗谷全書』 권3, 疏箚一, 「諫院陳時事疏」, "一族之被侵, 其故有三. 水陸之軍, 太半未充, 只存虛簿, 而又設旅外之卒. 當戍之時, 按籍督赴, 旣無其人, 則責其價布, 此其一也. 各司選上, 徵價償役, 而或因權設之司, 或因一時之役, 輒加其數. 民戶漸縮而選上漸增, 分徵之苦, 民莫不被, 此其二也. 久陳之田, 不減其稅, 雖流亡絶戶草樹成林, 而亦必斂於一族切隣, 使與耕穫之地, 略無差等, 此其三也."

이 폐단을 바로잡는 첩경은 군사 제도를 바로잡는 데 있다고 보았다는 점에서는 율곡과 반계가 같다. 다만 반계는 율곡의 안을 더 발전시켜 토지 제도의 개혁안을 내어 놓는다. 먼저 율곡의 군정 개혁안을 보고, 이어서 반계의 개혁안을 보기로 한다.

㈎ 율곡의 방안

군정에서 첫 번째 문제는 우선 변장(邊將) 및 군속들의 생활을 보장해 주는 문제이다. 생활이 보장된 이후에는 법제를 엄격히 하여 베나 쌀을 조금이라도 군졸에게서 거둬들이지 못하도록 해야 한다.[88] 두 번째로, 군대에서 승진할 때 뇌물을 주고받는 폐단을 막기 위해서는 훈련 상황을 철저히 점검하고 엄격한 시험을 거쳐 능력에 따라 승진시키도록 해야 한다.[89] 세 번째로, 병역의 대상자는 반드시 자기 고을에서 군역을 맡도록 하며, 군대가 주둔한 고을은 군역 이외의 모든 역(役)은 폐지시킨다.[90] 네 번째로, 군적은 모두 실지 군인이 될 수 있는 자만 올리도록 할 것. 군인이 부족할 경우에는 상대적으로 덜 필요한 지역의 군인의 수를 줄이고, 그래도 부족할 경우는 군포를 내고 군역을 면제받는 자의 수를 줄여서 현역으로 보충한다. 군역으로 인해 피해 받는 일이 없도록 한다면 현역 복무를 호랑이 피하듯 하지는 않을 것이다.[91]

---

88 『栗谷全書』 권5, 疏箚三, 「萬言封事」, “凡兵水營及鎭堡所在處, 必以其邑簿外之穀, 量宜優給邊將之糧. 其邑之穀不足, 則收旁邑之穀, 必使邊將, 有以自奉, 所需無闕, 而嚴明法制, 尺布斗米, 使不得斂於軍卒……”

89 같은 곳, “初授之時 必擇其人, 而旣授之後, 五考五上, 則由權管而陞萬戶, 由萬戶而陞僉使, 由僉使而授東班六品之職……”

90 같은 곳, “若其留防, 則必領其邑之卒. 其邑之卒不足, 然後乃定于旁邑, 而留防所在處, 則諸色良役皆廢, 只存留防之役……”

91 같은 곳, “至如籍兵, 務得實軍, 不爲苟充閒丁 ……若虞軍卒不足, 不能應諸處之役, 則上番之軍, 量減其數, 猶不足則防歇之處, 量減其數 ……猶不足則步兵之納價布者, 除其半以補留防之闕. 留防旣無侵暴之害, 則步兵亦不至如避豺虎矣.”

이 군정 개혁과 관련하여 주목되는 것이 서얼 허통과 노비 속량에 관한 것이다. 이는 인권 의식과 관련하여 중요한 의미를 지닌다.

조선조 사회에서의 노비 제도는 이른바 종모법(從母法)을 채택하고 있었다. 어미가 노비면 그 자식도 노비가 되고, 어미가 양민(良民)이면 그 자식은 양민이 되는 것이었다. 그러나 율곡의 시대에는 이것이 악용되어 어미가 양민인 경우에도 그 자식을 종의 신분으로 만들어서 양민이 천민으로 변하는 경우가 많았다.[92] 더구나, 이미 기술한 바와 같이, 당시 세금의 징수 대상과 군역의 대상은 일반 양민이었기에 불합리한 세금을 피하기 위해 농업을 포기한 채 유이민이 되거나 양반 부호의 노비가 되는 경우가 많았으므로, 양민은 점차로 줄어들고 천민만이 양산되어 여러 가지 문제점을 야기하고 있었다.[93]

세금과 군역의 대상인 양민의 감소는 아전 및 관리들의 사욕과 더불어 족징과 인징의 폐단을 낳는 중요한 원인이 되었다. 세금이야 부호들에게서 혹 거둔다고 할지라도, 군역의 경우는 설사 족징 등의 폐단이 없어진다 해도 당시 상황에서는 실제 군역을 담당할 계층이 태부족이서 커다란 문제였다.

율곡은 이 군역의 문제를 가지고 서얼과 노비의 문제를 해결하려 했다. 그러나 국가의 이익이라는 커다란 명제 앞에 천민 개개인의 희생을 요구하는 것이 아니라, 국가의 이익과 개개인의 이익을 조화시킴으로써 문제 해결의 실마리를 찾으려 했다는 점이 눈길을 끈다. 그 대책의 내용은 다음과 같다.

① 군인의 선발과 복무 기간 : 서얼과 공·사천(公私賤) 중에서 무예에

---

92 『栗谷全書』권15, 雜著二, 「東湖問答」, "從母之法, 不用於良女, 而良民盡變爲私賤"
93 후에 성호 이익은 서얼의 문제와 더불어 이러한 노비제 때문에 백성의 열 중 아홉은 울분에 차 있으므로 이를 풀어주는 개혁이 필요하다고 주장한다. 『성호사설유선』권3, 「결울(決鬱)」 편 참조.

재주가 있는 자를 군인으로 모집한다. 이들을 남북도(南北道)에 배치시켜 방위를 담당케 한다. 단, 자신의 식량은 스스로 준비하도록 한다. 군역의 복무 기간은 북도의 경우 1년, 남도의 경우 200일로 한다. 응모자가 많을 경우 병조에서 소정의 시험을 거쳐 선발한다.[94]

② 복무자의 대우 : (가) 서얼 허통, 곧 서얼의 경우는 벼슬길에 나아갈 수 있도록 허용한다. (나) 노예 속량, 곧 천민의 지위를 면하여 양민이 되도록 한다.[95]

국방의 문제를 해결하기 위해 서얼과 노비의 문제를 이해관계로 해결하려 했다는 점에서 율곡 경세 사상의 근대적인 성격을 엿볼 수 있다.

이러한 사고방식은, 바로 뒤에서 반계 사상을 다룰 때 언급하겠지만, 반계에 이르러 노비의 고공제(雇工制)라는 형식으로 나타난다.

⑷ 반계의 방안

반계의 시대에는 일족절린의 폐단이 더욱 심했다. 이를 해결하기 위한 것이 반계의 토지 제도 개혁안이다.

반계는 모든 땅을 일단 국유화(곧 공전)해서 공정하게 재분배할 것을 주장한다. 그리고 분배된 토지에 의해 모든 세금이나 군역의 문제를 해결하는 것이다. 예컨대 사내 1인당 1경(頃)의 토지를 주고, 매 4경마다 군인 1인을 징발한다는 식이다.[96] 그것이 이른바 '토지를 기준으로 삼는〔以田爲本〕' 원칙이다. 만약 사람을 기준으로 세금을 정하고 군

---

94 『栗谷全書』 권7, 疏箚五, 「陳時事疏」, "募庶孼及公私賤有武才者, 使自備餱糧入防于南北道, 北道以一期爲限, 南道以二十朔爲限. 使應募者衆, 而兵曹試才而遣之."
95 같은 곳, "庶孼則許通仕路, 賤隷則得免爲良."
96 『隨錄』 권1, 「田制」 上, "每一夫占受一頃, 依法收稅, 每四頃出兵一人."

역이나 기타 부역을 정한다면, 대상자인 그 사람이 죽거나 떠나갔을 때 문제가 생기고 이에 따라 일족절린의 폐가 생겨나기 쉽지만, 땅을 기준으로 한다면 사람이 죽더라도 땅은 여전히 그대로 있으므로 문제가 없다는 것이다.[97] 즉, 군역의 경우 군역 대상자를 군적에 올리고 그 군적에 의해 징발함으로써, 만일 대상자가 죽거나 도망하면 친척이나 이웃으로부터 그를 대신할 자를 징발하고자 했기 때문에 일족절린의 폐단이 생겨난다. 그러나 토지를 기준으로 한다면, 한 사람이 죽으면 그에게 주어졌던 1경의 땅은 환수되어 필요한 다른 사람에게 주어지고, 매 4경의 토지에서 1인의 군인을 내는 원칙에 따라 다른 곳에서 군인을 내면 된다. 반계는 당시 군역의 문제로 일족절린의 폐단이 있는 것은 바로 사람을 기준으로 대상자를 정했기 때문이라고 생각한다. 일족절린의 폐단을 고치기 위해서는 율곡의 설을 참조할 만하다고 하면서,[98] 반계는 율곡의 「만언봉사(萬言封事)」와 「동호문답(東湖問答)」을 인용하고 있다.[99]

군역의 문제와 관련해서, 반계도 율곡과 마찬가지로 노비의 문제로 그것을 해결하고자 했다.

앞에서 살펴본 바와 같이 율곡은 노비제의 종모법이 악용되고 있는 점을 지적하고, 또 노비의 속량을 군역의 문제와 결부시켜 추진하고 있는데, 반계도 그 토대 위에서 제도를 더 구체화시킨다. 예컨대, 노비의 종모법은 양녀(良女)에게는 적용되지 않아서 양녀의 자식이 양민이 되지 못하고 모두 천민으로 되는 폐단이 있는데, 이는 불합리하

---

97 『隨錄』 권2, 「田制」 下, "凡定稅定役, 莫善於以地, 莫不善於以人. 古今已然之效皆可見. 古者以地出稅, 以地出役(卽出兵), 則人或死亡, 而地有常所, 耕者代之. 故國無漏戶之弊, 民無無産之役. 後世以人定稅, 以人定役, 則人有死亡流移, 故唐之租稅, 有攤稅比隣之弊."

98 『隨錄』 권2, 「田制」 下, "本國軍役, 有一族切隣之弊. 此必至之勢, 而流毒億兆者也. 李勃丘濬, 近世栗谷說, 可考而見, 爲國家生民計者, 宜深思之."

99 같은 곳의 세주(細註)를 볼 것.

므로 획일적으로 균등하게 적용해야 하며, 군대에 들어가는 자는 능력에 따라 속량해 주어야 한다는 것[100]은 반계나 율곡이 같다. 노비의 문제를 이해관계에 의해 해결하려 했다는 점이 율곡에게 있어서 돋보이는 대목이라고 이미 지적한 바 있지만, 반계는 이를 완전히 경제적인 계약 관계에 의해서 해결하려 했다. 노비를 속량할 수 있으면 하되, 속량이 못 된 노비라고 하더라도 단순히 신분적 상하 관계에 의한 예속 관계에 놓이는 것이 아니라 고용에 의한 경제적인 계약 관계로 전환시키는 것이다.[101] 이른바 노비의 고공제(雇工制)를 반계는 제안한다.[102] 이 노비의 고공제 곧 임노동(賃勞動)은 군역의 경우에도 적용하여, 노비가 군에 입대할 때는 그에 해당하는 급료를 주도록 한다.[103] 이처럼 이 시기에 노비의 임노동을 주장한 반계의 생각은 상당히 진보적이라고 평가할 만하다. 이러한 정책은 훗날 정조(正祖)에 의해 장려되기도 한다.[104]

3) 관리 제도에 대한 율곡과 반계의 개혁안

그 시대 모든 폐단의 근본적 원인 중의 하나는 관리들의 심한 부정부패와 기강의 해이라고 볼 수 있다. 벼슬은 뇌물이 아니면 승진할 수 없고, 재판은 뇌물이 아니면 판결이 나지 않으며, 한때 죄지은 죄수는 뇌물이 아니면 풀려나지 못하는 상황이 바로 당시 상급 관리들의 부패에서 비롯된 현상이라면, 백성들이 국가에 바치는 공물을 그

---

100 『隨錄』 권26, 續篇下, 「奴隷」, "凡奴婢從母役之法, 畫一均用… 公私奴爲束伍軍者, 試才累度, 居魁則特許免賤." 이 문장 바로 뒤에 율곡의 노비 대책안을 인용하고 있다. 『栗谷全書』 권15, 雜著二, 「東湖問答」, '安民之術' 뒷부분, 그리고 같은 책 권7, 疏箚5, 「陳時事疏」 뒷부분 참조.
101 『隨錄』 권26, 續篇下, 「奴隷」, "各司各邑奴, 立役者, 皆給廩料."
102 노비의 고공제에 대해서는 『수록』 권21, 병제(兵制) 39면 및 같은 책 권26, 속편하, 「노예」 5면 참조.
103 『隨錄』 권21, 兵制, "束伍軍以公私賤出, 定給保一夫. 但令本地鍊習, 不爲立番."
104 『弘齋全書』 권12, 奴婢引 참조.

질과 양에 관계없이 뇌물의 많고 적음에 따라 적부(適否)를 가름하면서 이득을 취하는 일은 하급 관리들 이른바 아전(=吏胥, 吏隷)들의 몫이었다.[105] 이러한 상태에서 관리들이 자신들의 임무에 충실할 리는 만무였다. 율곡은 「만언봉사」에서 그 폐단을 '신하가 일을 책임지는 실공(實功)이 없다〔臣隣無任事之實〕'고 비판한다. 중앙정부에서는 고급 관리는 눈치만 살피며 몸 사리기에 바쁘고, 하급 관리는 틈을 보아 이권을 챙길 기회만 노린다.[106] 외직은 외직대로 기강이 엉망이다. 감사는 유람이 주목적이되 하급 관리의 성적은 뇌물의 다과에 따라 매기고, 절도사는 백성을 위무하고 군사를 훈련시키기보다는 백성을 위협하여 수탈하는 일에 전념하며, 수령 또한 백성을 수탈하여 제 이익만 챙기며, 진장(鎭將)은 국토 방위보다는 군포 거둘 일에만 신경을 쓰며, 아전이 그 중간에 끼어 틈날 때마다 이익을 챙겨 백성들의 고혈은 아전의 손에서 다 소진되었다.[107]

더구나 백성 수나 나라의 규모에 비해 관직이 쓸데없이 많았던 데다, 그들 모두가 위에서 본 바와 같이 족징·인징 등으로 백성들의 고혈을 짜내자 마을을 등지는 유리민(流離民)이 늘어나게 되었고, 따라서 백성은 없이 관청만 있는 고을도 생겨났다. 백성들의 고통의 도가 더 심해짐은 말할 나위도 없다.[108]

---

105 『栗谷全書』 권15, 雜著二, 「東湖問答」, "何謂吏胥誅求之弊. 自權姦濁亂之後, 上下惟貨賄是事. 官爵非賄不進, 爭訟非賄不決, 罪戾非賄不免, 以致百僚師師非度, 吏胥緣文舞術, 百物納官之際, 精麤不分 多寡不算, 惟貨賄等級以取捨之, 以至一皂一隷, 稍有所管則輒事漁奪."

106 『栗谷全書』 권5, 疏箚三, 「萬言封事」, "大官悠悠於上, 惟瞻前顧後是務. 小官泛泛於下, 惟相時射利爲事."

107 같은 곳, "監司巡遊自娛, 以廚傳豊約文書工拙爲殿最, 能明黜陟者有幾人乎. 節帥嚴刑以自威, 剝割以自奉, 撫綏精練, 兩失其策, 能不辱閫外之寄者有幾人乎. 守令只知斂民以自利, 行媚以干譽, 能以字牧爲心者屈指甚鮮. 鎭將先問軍卒之幾何, 以計綿布之多少而已, 能以防備爲虞者絶無幸有. 惟是胥吏之輩, 投閒抵隙, 執其機要, 生民膏血殆盡於胥吏之手矣."

108 『栗谷全書』 권4, 疏箚二, 「擬陳時弊疏」, "我國之大, 比於中朝, 不及一道. 臣見中

이 문제 해결에 대한 율곡의 방안을 보자. 율곡은 먼저 이서의 부정을 막아야 하고, 그리고 근본적으로 관리 제도를 개혁해야 한다고 보았다.

㈎ 율곡의 개혁안

공안을 개정하고 아무리 제도를 잘 만들어도 집행과정에 문제가 있으면 곤란하다. 법의 집행자인 이서(吏胥)들이 제대로 집행을 하지 않으면 개정된 공안은 유명무실하다.

이서의 부정을 막기 위해서는 법을 엄하게 할 필요가 있다. 만일 베 한 필 이상에 상당하는 뇌물을 받거나 수탈을 행했을 경우에는 변방도 충실히 할 겸 전 가족을 변방에 귀양 보내야 한다.[109] 연좌제에 대해 비판적인 율곡이[110] 이서의 부정에 대해서는 전가족의 귀양이라는 극형을 주장하고 있음을 볼 때, 당시 이서의 부정이 얼마나 심했는지 그 심각성을 알 수 있다. 그러나 엄중한 벌이 문제를 기본적으로 해결하지는 못한다. 이서들의 부정의 근본적인 원인은 그들에게 정상적인 수입원이 없기 때문이다.[111] 이서들의 녹봉을 책정해 주되 그를 위해 세금 이외에 별도로 돈을 거두는 것이 아니라, 정부의 각 부서에서 받는 벌금이나 문서 작성 시에 받고 있는 수수료 등이 적지

朝官職衙門, 不倍於我國, 可見我國之官司太冗也. 至於八道, 郡邑過多, 或有坐守無民之地者. 生之者寡, 食之者衆, 烏得而不困.”

[109] 『栗谷全書』 권15, 雜著二, 「東湖問答」, “若有吏胥使令之徒, 或受賂或漁奪事覺, 則布一匹以上, 悉治以全家之律, 以實六鎭空虛之地, 則非徒一洗賄賂之習, 亦將有助邊圉之固矣.”

[110] 『栗谷全書』 권25, 「聖學輯要」 七, ‘愼刑罰之道’ 참조. 여기에서 율곡은 『서경』 「대우모(大禹模)」를 인용하여 형벌은 신중히 해야 함을 역설한다. 이 부분의 주제는 “罰不及嗣 賞延于世(벌은 후손에게 까지 미쳐서는 안 되고, 상은 세세로 이어지도록 한다)”의 정신이라고 할 수 있다. 곧 형벌에 있어서는 연좌제에 반대하는 것이 기본적인 법 정신이다.

[111] 『栗谷全書』 권15 雜著二, 「東湖問答」, “古者府史胥徒, 皆有常祿, 仰食於上. 今之吏胥, 別無廩俸, 若不漁奪, 難免飢寒. 此我國之制有所未盡者也.”

않으므로 이를 활용하면 된다.[112]

그러면 관리의 문제는 어떻게 해결할까?

첫째로, 불필요한 관원의 수를 줄인다. 좁은 국토에 비해 군읍(郡邑)이 지나치게 많이 설치되어 있고, 유리민이 늘어남에 따라 심지어는 관원만 있고 백성들은 거의 없는 곳도 있다. 이런 곳의 백성일수록 공물이나 기타 요역(徭役)의 부담이 클 수밖에 없다. 따라서 이러한 고을은 서로 이웃해 있는 고을을 서넛씩 묶어 하나의 읍으로 만든다면 백성들의 부담은 3분의 1로 줄어들게 된다.[113]

둘째로, 감사의 임기를 최대한 보장하여 직제의 안정을 기해야 한다. 당시 관직의 경우 내·외직을 막론하고 너무 잦은 교체로 업무파악도 제대로 못하는 상태였다.[114] 더구나 감사직(監司職)은 백성들의 생활과 직접 부딪히는 수령들의 근무를 감독하는 중요한 자리임에도 불구하고 임명을 받은 자는 취임하기를 꺼려하고, 취임을 하더라도 겨우 일년 남짓 근무하여 이·취임하러 오가는 길만 번거로웠다.[115] 임기가 짧다보니 가족동반을 할 수 없는 사정이 생기고 이것 또한 감사직을 꺼리는 중요한 이유가 되었다. 따라서 이러한 폐단을 없애려면 감사의 임기를 최대한 늘리고 아울러 가족도 함께 임지로 가서 생

---

112 『栗谷全書』 권15, 雜著二, 「東湖問答」, "吾非謂減經費以給吏俸也. 但收國家虛棄之物, 可以足給矣. 何謂虛棄之物. 今府各司贖布及作紙, 皆散之無用之地. 若該曹收納無有, 則一歲所得, 必不下數萬疋矣. 以此爲吏胥之俸, 而其餘足以有補經用, 何不可之有. 此非賦外別科也, 只是轉無用爲有用矣."

113 『栗谷全書』 권7, 疏箚五, 「陳時事疏」, "小邑殘民, 困於繁役. 若一朝幷數邑爲一, 則斯民之歡忻, 如解倒懸矣." 또는 위의 책 권7, 疏箚五, 「陳時弊疏」, "今若擇數三殘邑之接壤者, 合而爲一, 則此非驚世駭俗之擧, 而民役加減三分之一."

114 『栗谷全書』 권8, 啓·議, 「六條啓」, "今之授官, 固皆擇人, 而朝拜暮遷, 夕不暇暖, 雖欲察任, 其道無由, 雖以周召伊傅之賢且才, 若今日授司徒, 明日除司寇, 則必不能成績, 只奔走勞苦而已, 況非賢才乎."

115 『栗谷全書』 권7, 疏箚五, 「司諫院乞變通弊法箚」, "且念生民休戚, 係於守令, 守令勤怠, 係於監司…… 監司瓜期之限周年, 故循俗者苟經日月, 盡職者未及施爲, 紛紜數遞, 只煩驛路……"

활의 안정을 기해야 한다.[116] 감사의 임기를 늘려야하는 또 하나의 이유는 군정(軍政)의 올바른 실시를 위해서이다. 병영(兵營)이 설치된 큰 고을의 책임자는 병사(兵使)가 겸하는 것이 좋으나, 감사가 먼저 오래 근무하여 모든 기강을 바로잡은 이후에 병사로 하여금 솔가(率家)해서 근무하게 함이 급선무이기 때문이다.[117] 왜냐하면 가장 좋은 군정은 양민(養民)이 최우선이기 때문이다. 민생이 곤란한 상태에서 튼튼한 국방이 기대될 수는 없는 것이다.[118]

(나) 반계의 개혁안

역사불균(役事不均)과 이서주구(吏胥誅求)의 폐단을 없애려면, 관리의 제도가 제대로 잡혀야 한다. 꼭 필요한 관직이 무엇인지를 헤아려 관리의 정원을 책정하고, 관리에게는 고정급을 주어 생활 보장을 해 주어야 한다.[119] 중요한 몇 가지의 정책을 골라보기로 하자.

첫째, 관리의 임기는 임무 수행을 충분히 할 수 있도록 되도록 길게 한다. 예컨대, 중앙직의 당하관의 경우 6년, 외직의 수령·진장·교관·찰방 9년, 관찰사 등은 6년으로 한다.[120]

이것은 「임관지제(任官之制)」의 제일 첫머리에 나오는 항목이다. 너무 잦은 인사이동은 관리의 능력을 시험해 볼 기회를 없애므로 누가

---

116 『栗谷全書』 권7, 疏箚五, 「陳時弊疏」, "監司只任一期, 而不以家眷自隨. 故人皆 厭苦, 受命之日, 已有謝病之計, 苟淹數月, 無意察任, 而終以疾免…… 今若於諸 道, 擇巨邑, 設營使, 監司率眷, 兼爲邑宰, 久於其位……"

117 『栗谷全書』 권7, 疏箚五, 「陳時事疏」, "若久任監司, 則臣於前日, 已盡仰達, 而尤 所汲汲者, 兵營之設於巨邑, 使兵使兼宰者, 最爲今日蘇復軍卒之良策, 而先須久 任監司, 然後始令兵使率眷, 故臣之切望在此."

118 『栗谷全書』 권25, 「聖學輯要」 七, "……究厥弊源, 則實是民無恒産, 將不得人之 所致. 此所以容民畜衆, 爲軍政之本. 丈人帥師, 爲軍政之綱."

119 『隨錄』 권4, 「田制後錄」 下, "量其任, 定吏數, 無不各使其職, 各有其廩, 則役事 不均胥吏誅求之弊, 不期革而自革矣."

120 『隨錄』 권13, 「任官之制」, "凡仕滿, 京職堂下官以下, 以六周年. 外職守令鎭將教 官察訪九周年. 觀察節都使都事虞候六周年."

진짜 백성을 위하는 자인지를 알 수 없게 한다. 그래서 능력과 자질은 없이 요행스럽게 자리를 차지하고 앉아 백성을 수탈하는 일이 있게 된다. 만일 관직의 임기를 최대한 보장하여 치적을 보고 부적절한 자를 도태시킨다면 정교(政敎)가 흥하고 풍속이 순화될 것이다.[121]

반계의 이러한 '관필구임(官必久任)'의 정책은 율곡의 관리에 대한 정책, 특히 '구임감사(久任監司, 감사직은 오래 재임시킬 것)'의 정책에서 많은 시사를 받았다. 반계는 '관필구임'의 타당성을 율곡의 정책에서 찾고 있다. 율곡의 「육조계(六條啓)」〔『율곡전서』 권8, 소수(所收)〕 중 '임현능(任賢能)' 조에서의 '관필구임' 부분과 '고번병(固藩屛)' 조의 '감사구임(監司久任)' 부분, 「사간원걸변통폐법차(司諫院乞變通弊法箚)」(같은 책 권7, 소수)에서 '감사구임' 부분, 「진시사소(陳時事疏)」(같은 책 권7, 소수)의 '구임감사(久任監司)' 부분 등을 원문 그대로 인용해서 반계 자신의 논리적 근거로 제시하고 있다.[122]

둘째, 백성의 생활과 직접 맞부딪치는 수령 등 외직의 관리는 특히 중시할 것. 반드시 현량(賢良)하고 시무에 밝아 목민(牧民)할 만한 자를 수령에 임명해야 한다.[123]

이것은 율곡의 「의진시폐소(擬陳時弊疏)」(『율곡전서』, 권4, 소수) 중 '중외임이위자목(重外任以委字牧)' 조, 「간원진시사소(諫院陳時事疏)」(같은 책 권3, 소수)의 '안민이고방본(安民以固邦本)' 중 '선외관(選外官)' 조로부터 직접적인 영향을 받았다. 이것은 모두 위의 안(案) 바로 뒤에 반계 자신의 입론 근거로 제시하고 있다.[124]

---

121 『隨錄』 권13, 「任官之制」, "官必久任責成, 然後人知事其職. 人知事其職, 然後不才者無僥倖之心, 而才者勉勵. 不才者無僥倖之心, 則民志定. 才者勉勵, 則賢人多. 如此以後冗濫絶而政敎興, 毁譽眞而風俗淳矣."

122 『隨錄』 권13, 「任官之制」, 4~6면 참조.

123 『隨錄』 권13, 「任官之制」, "無輕外任以重民寄. 守令必擇賢良識治體眞, 可以牧民者除授."

124 『隨錄』 권13, 「任官之制」, 15~17면 참조.

셋째, 관직을 조정하여 불필요한 직제는 없애고, 관원의 수를 줄인다. 반계는 『수록』의 「직관지제(職官之制)」(권15) 첫머리에서 율곡의 상소문을 인용하여 관직 조정안의 타당도를 높이고 있다. 율곡은 「의진시폐소(擬陳時弊疏)」(『율곡전서』 권4, 소수)에서 여섯 가지의 시무책(時務策)을 내놓는데, 그중 세 번째의 것이 관직을 조정하여 불필요한 인원을 줄이라는 '생관사이태용원(省官司以汰冗員)'이다. 반계는 율곡의 「의진시폐소」 가운데 바로 이 부분을 자신의 직제 개편안의 근거로 삼고 있는 것이다.[125]

넷째, 모든 관리에게는 고정급을 지급하여 생활 보장을 해 주어야 한다. 중앙정부의 백관으로부터 이서(吏胥) 복예(僕隷)에 이르기까지, 또 외직인 관원과 이예(吏隷)에게도 모두 고정급을 주어야 한다.[126]

율곡은 「동호문답(東湖問答)」에서 '이서주구(吏胥誅求)의 폐'를 논하면서, 그 폐단을 근절하려면 이서들의 생활을 보장할 수 있는 고정급을 주어야 한다고 주장하고 있는데, 반계는 바로 이 부분을 자신의 논리 근거로 내세우고 있다.[127]

4) 과거제 개혁에 대한 율곡과 반계의 구상

당시 관리 임용의 폐단은 덕행을 중시하지 않고 문예를 중시하는 풍토였다. 과거의 시험 과목 자체가 문사(文辭)를 중시하다보니 덕행을 살필 수 있는 기회는 제도적으로 마련되어 있지 않았다. 아무리 덕행과 식견이 높다 하더라도 과거를 통하지 않고서는 관리로 임용될 수 없으므로, 학생 때부터 덕행을 닦기보다는 재주부리는 일에 더 치중하는 폐단이 생겨 사습(士習)은 엉망이었다. 이 폐단을 없애기 위

---

125 『隨錄』 권15, 「職官之制」 上, 1면 참조.
126 『隨錄』 권3, 「田制後錄」 上, *"京中百官, 以至吏胥僕隷, 皆給常祿……" *"外方官員吏隷, 亦皆定給常祿."
127 『隨錄』 권3, 「田制後錄」 上, 27면 참조.

해서는 관리의 임용 방법을 바꾸는 수밖에 없고, 관리의 임용 방법을 바꾸기 위해서는 교육 제도를 정비하는 수밖에 없다. 그 구체적인 개혁안을 살펴보자.

㈎ 율곡의 구상

① 교수와 교육 목표

첫째, 학문과 덕행이 뛰어난 유신(儒臣)을 교관으로 뽑아 태학(太學)과 사학(四學)에 배치시킨다.[128]

둘째, 태학과 사학에서의 교육 목표는 안으로는 덕성의 함양이요 밖으로는 경제의 효율적인 운영이다.[129]

율곡의 학문 목표가 이른바 도학(道學)에 있음을 감안할 때, 위와 같은 교육 목표는 바로 진유(眞儒)의 양성을 위한 것임을 알 수 있다. 곧 "도학이란 격물치지로 선을 밝히고 성의정심으로 수신(修身)하여, 제 한몸에 쌓아서는 천덕(天德)이 되고 정치에 베풀면 왕도(王道)가 되는 것"[130]이므로, 위의 교육 목표는 그대로 도학의 추구이다. 도학을 행하는 선비가 진유[131]이므로 진유의 양성이 곧 교육의 목표인 셈이다.

---

128 『栗谷全書』 권15, 雜著二, 「東湖問答」, "別擇儒臣之學成行尊者, 爲太學及四學之官, 使誨諸生. 惟以講明正學爲務……"

129 『栗谷全書』 권15, 雜著二, 「東湖問答」, "……其學必本於人倫, 明乎物理, 擇善修身以成德爲期, 曉達治道以經濟爲志."

130 『栗谷全書』 권15, 雜著二, 「東湖問答」, "夫道學者, 格致以明乎善, 誠正以修其身, 蘊諸躬則爲天德, 施之政則爲王道" * 천덕(天德)이란 몸소 인의를 행하여 내 마음이 한 치의 사사로움도 없이 정대(正大)한 것을 말하고, 왕도(王道)란 백성들을 잘 가르치고 잘 살게 인도하되 일처리가 합리적이고 또 백성들의 여론에 맞는 것을 말한다. 『栗谷全書』 권25, 「聖學輯要」七, "夫躬行仁義者天德也. 教養生民者王道也…… 吾心之正大無私卽天德也, 處事之合宜而順於人心卽王道也."

131 『栗谷全書』 권15, 雜著二, 「東湖問答」, "道學之士謂之眞儒."

② 학생의 선발〔選士〕

첫째, 매년 전국적으로 도학을 숭상하는 유학(幼學) 가운데서 생원·진사를 뽑아 그 명단을 이조와 예조에 등록하고, 이조와 예조는 한군데 모여 그 명부에 의거해서 심사숙고하여 200인을 선출해서 태학에 보낸다. 이들 태학생을 5개조로 나누어 1개조 40인이 돌아가면서 태학에서 공부하고 나머지 조는 각자 공부하되 기일이 되면 비록 시골에 있더라도 반드시 태학으로 들어와야 한다.[132]

둘째, 유학(幼學) 200인을 선출 사학(四學)에 나누어 배치시키고, 사학에서도 각기 배치 받은 50인을 5개조로 나누어 순번에 따라 사학에서 공부하게 한다. 사학에서 공부할 순번에 있는 1개조 10인을 선사(選士)라고 명명한다.[133]

③ 선발된 학생〔選士〕의 대우

첫째, 선사들의 대우는 생활에 어려움이 없도록 충족하게 해 준다.[134]

둘째, 학행이 이 교육 목표에 합당한 자는 관리로 임용하되 대간이나 시종의 레벨로 한다. 이보다는 못하더라도 별 문제가 없으면서 나이가 40이 넘은 자는 백집사(百執事)의 직을 맡긴다. 만약 이 교육 목표에 합당치 못한 자는 명부에서 삭제하고 대신 다른 사람으로 보충한다.[135]

셋째, 외지에서 온 유학(幼學) 중에서 선발된 경우는 그 수의 다과에

---

132 『栗谷全書』 권15, 雜著二, 「東湖問答」, "當使八道及京師五部, 每年一度選生員進士. 幼學之稍有學問之志, 不爲非義之人, 不必太高其選, 只知道學之可尙者, 皆當與焉. 錄其名, 悉移于吏曹及禮曹. 吏曹禮曹會于一處, 按其簿而更加商議. 取上舍生二百人, 居于太學. 分五番, 每番四十人, 雖在鄕者, 必及期而至."

133 『栗谷全書』 권15, 雜著二, 「東湖問答」, "又取幼學二百人, 分處四學. 每學五十人, 亦分五番. 每番十人, 命之曰選士."

134 『栗谷全書』 권15, 雜著二, 「東湖問答」, "且其廩養之具, 極其豊潔, 以盡朝廷待賢之道."

135 『栗谷全書』 권15, 雜著二, 「東湖問答」, "若有學行, 皆中於是者, 則卽陞于朝, 使居臺侍之列. 雖不及此, 而行無瑕玷, 年過四十者, 亦授以百執事之職. 如有信道不篤, 行己無撿者, 刊除其籍. 吏禮曹更擇他人, 隨闕隨補."

따라 향교나 서원에 거주케 하고 교육을 받도록 할 것이며, 그중 학행이 뛰어난 사람은 주현(州縣)에서 감사에게 보고하고, 감사는 이조나 예조에 넘겨서 태학의 하재(下齋)에 거주케 하고 생원과 다름없이 대우한다. 그 후 덕행을 보아서 관직에 임명한다.[136]

이것은 뒤에서 다시 논하겠지만, 반계의 공거제의 사유구조와 비슷하다. 반계가 율곡의 선사 제도에서 틀림없이 시사를 받았으리라 생각된다.

(나) 반계의 구상

반계의 과거제 개혁안의 특징은 학교의 계통화와 공거제(貢擧制)에 있다. 학교 교육 제도는 공거제의 일환으로 논의된다. 공거제는 법제를 제대로 시행할 인재를 뽑기 위한 제도이다. 법제와 인재가 조화를 이루어야 민생의 안정을 가져올 수 있기 때문이다.

공거제의 핵심은 과거 제도의 개혁에 있다. 한 번의 시험을 거쳐 관리로 임명되는 것이 아니라, 오랫동안 계통적인 교육의 단계를 거쳐 양성된, 학행이 우수한 자를 관리에 임명함으로써 제대로 된 정치를 펴 보자는 것이 공거제의 주된 뜻이다. 따라서 공거제의 기본은 교육 제도와 맞물려 있다. 반계에 있어서 공거제 내지 교육 제도의 개략적인 내용은 다음과 같다.[137]

---

136 『栗谷全書』 권15, 雜著二, 「東湖問答」, "若外方幼學與選之人, 則隨其多少, 居于鄕校或書院, 量宜分番, 官給供具, 使受敎于訓導. 若於外方選士中, 別有學行卓異者, 州縣報于監司, 監司錄其名, 移于吏禮曹, 俾居于太學下齋, 接待與生員無異. 觀其實德而陞補于朝."
137 본서 제2부 제2장의 '공거제'를 참조.

① 학교 제도의 계통화

첫째, 제일 기본적인 단위의 학교로서 주현(州縣)에는 읍학(邑學), 서울에는 사학(四學)을 설치한다. 이 읍학과 사학에는 '내사(內舍)'와 '외사(外舍)'를 설치한다. 15세 이상의 적격자를 입학시키되 우선 외사생(外舍生)으로 한다. 일정 기간 공부하고 난 후 학식과 덕행을 종합적으로 테스트 받고 합격자는 내사생(內舍生)으로 승급한다.

둘째, 중간 단위의 학교로서 각 도의 감영(監營)에는 영학(營學), 서울에는 중학(中學)을 설치한다. 단, 경기도에는 별도로 영학을 설치하지 않고 서울의 중학이 그 기능을 겸한다. 읍학과 사학의 내사생을 대상으로 소정의 시험을 실시한 후 합격자는 각각 영학과 중학으로 진학한다.

셋째, 최고 학부로서 서울에 태학(太學)을 설치한다. 영학과 중학의 학생을 대상으로 3년에 한번 입학생을 선발하되 각 도별로 적정 인원을 분배하여 어느 한 지역만으로 편중될 가능성을 차단한다. 한 번의 입학생은 150명으로 한다.

그런데, 한 가지 재미있는 것은 학사 운영이 철저하게 일종의 졸업 정원제로 시행된다는 점이다. 예컨대, 읍학과 사학의 경우 외사생의 50% 수준만이 내사생으로의 승급이 가능하다.

② 선발된 학생의 대우

선발된 학생은 학업에만 전념할 수 있도록 생활을 보장해 주는데, 그 내용은 다음과 같다.

첫째, 읍학과 사학의 경우. 외사생은 전(田) 2경(頃), 내사생은 전(田) 4경에 해당하는 생활비를 보조받는다. 학생이 많아 모두 다섯 개의 번(番)으로 나누어 차례에 따라 입사(入舍)시켜 공부시키며, 이때의 숙식비는 공금(公金)으로 한다.

둘째, 영학과 중학의 경우. 극히 넉넉하게 주며, 번을 나누지 않는다.

셋째, 태학의 경우. 마찬가지로 생활비를 매우 넉넉하게 주며, 번을 나누지 않는다. 태학의 입학생은 선사(選士)라 하며, 이들에게는 액(額)을 하사한다.

넷째, 태학의 수료생 가운데 매년 35명을 선발하여 조정에 관리로 들여보낸다. 이를 이름하여 '공거(貢擧)'라 한다.

이 공거제의 목적은 학문과 덕행이 뛰어난 인재를 발굴하려는 데 있다. 당시 과거제는 문사(文辭) 위주로만 되어 있었기에 덕(德)보다는 재(才)를 테스트하기에 적당했고, 또 단 한 번의 시험으로 선발하는지라 부정이 개입될 수 있는 소지도 있었다. 물론 글이란 마음에서 나오는 것이기에 글을 보면 그 사람의 학술이 정밀한지 거친지를 알 수 있기는 하나, 글을 짓는 데만 뜻을 두면 실(實)을 잃기 쉽기 때문에, 쓸데없는 글〔浮文〕에만 신경을 쓰게 하는 문사 중심의 과거제는 '실덕(實德)'을 잃게 하는, 곧 불실(不實)한 것이라고 보는 것이다.[138]

그래서 공거제는 과거제처럼 단 한 번의 시험을 거쳐 관리를 선발하는 것이 아니라, 오랫동안 여러 단계의 학교 과정을 거치면서 선발된 인원을 그 능력과 인격에 따라 관리에 임명함으로써, 부적격자가 요행으로 자리를 차지하고 있는 일을 방지하고 관리의 내실을 기하자는 것이다.

이 공거제와 앞서 살펴본 율곡의 '선사' 제도를 살펴보면, 율곡의 그것을 좀 더 발전시킨 것이 반계의 공거제임을 쉽게 알 수 있다.

이처럼 반계에게 있어서 율곡의 영향은 절대적이다. 그러나 반계가 율곡의 모든 것을 그대로 수수한 것은 아니다. 특히 철학적 입장

---

138 『隨錄』권10, 「敎選之制」下, "夫文者出於心者也. 見其文, 則其人學術之精粗, 亦可知也. 然志於爲文, 則用心已外, 而喪其實矣." * "天下之事常患於行不足, 而不患言不足, 常患於實不足, 而不患文不足. 後世實德之喪, 以役志於浮文之故也."

에서는 이기론과 사칠론으로 나누어서, 율곡의 이기론에는 찬동하고, 사칠론에는 반대한다. 이는 사실과 가치의 문제를 분리해 보려는 데서 비롯된다. 사실의 세계에서는 율곡의 이기론이 적합하다고 보며, 이로부터 현실에 대한 절실한 인식과 그에 따른 개혁 이론이 정립되어 나오는 것이다.

지금까지 살펴본 바와 같이, 반계의 개혁안은 율곡의 정책 방안으로부터 많은 시사를 받고, 율곡의 개혁안을 더 구체적으로 발전시키고 있는 것임을 알 수 있다.

조선 후기 실학에서 중요한 내용을 차지하는 경세치용학파가 반계 →성호학파로 이어지고 있음을 감안할 때, 이렇게 반계의 개혁안이 율곡의 직접적인 영향 하에 놓여 있다는 것은, 율곡학이 조선 후기 경세치용학의 원류가 될 수 있음을 의미한다고 보아도 좋을 것이다.

요컨대 『수록』의 사상사적 의의는 율곡의 『성학집요』를 잇고, 성호의 『곽우록(藿雨錄)』, 담헌의 『임하경륜(林下經綸)』, 다산의 『경세유표(經世遺表)』로 이어지는 한국 실학파의 중요한 다리가 된다는 점에서 그 중요성이 부각된다고 하겠다.[139] 단, 율곡의 『성학집요』는 정책적 대안을 제시하는 수준이라면, 반계의 『수록』은 그 정책적 대안을 완전히 "제도(制度)"화하고 있다는 점에서 그 둘은 차원을 달리한다.

요컨대 『성학집요』가 상대적으로 도(道)의 성격이 강하다면, 『수록』은 그 도(道)를 담아내는 기(器)의 성격을 지닌다. 이것이 반계가 한국 실학의 비조, 특히 경세치용학파의 원류가 될 수 있는 까닭이다.

---

139 안재순, 「조선후기 실학파의 사상적 계보」, 『동양철학연구』 12집, 동양철학연구회, 1991. 78쪽 참조.

제 **3** 부

반계의 저술

시(詩)

　반계의 문집이 전하지 않는 터라 안타깝게도 그의 시문(詩文)의 전
모를 살펴볼 수는 없다. 여기 소개되는 시들은 반계의 재종제(再從弟)
인 유재원(柳載遠)이 기록한 『반계선생언행록』[1]에 있는 것들을 정리해
놓은 것이다.

* 삼각산(三角山)

天開三角玉芙蓉	하늘이 연 삼각산 옥으로 만든 연꽃,
千載神京鎭海東	천년 서울, 해동의 진산일세
魏闕雲深嚴蕭蕭	높은 대궐 문, 구름 깊어 엄숙한데
上林春霽鬱葱葱	상림원 숲, 개인 봄날 울창하다.
九街簾幕香風動	거리마다 발과 휘장 바람에 향기 날리고
萬戶歌鐘殷響通	집집마다 음악 소리 메아리쳐 통한다.
始覺聖人基業遠	비로소 깨닫노니, 성인의 터 닦음 뛰어나
太平嘉樂與民同	태평세월 아름다운 음악 백성과 함께 하네.

　상림원(上林院)은 창덕궁 요금문(耀金門) 밖에 있는 궁원(宮苑)으로 서

---

1 원본은 『반곡선생언행록(磻谷先生言行錄)』으로 되어 있으나, 『반계잡고(磻溪雜藁』
　에서는 『반계선생언행록(磻溪先生言行錄)』으로 고쳐서 싣고 있다. 반곡은 반계가
　살던 마을인 우반동(愚磻洞)을 말한다.

원(西苑)이라고도 했다. 경복궁은 임진왜란 때 소실되었으므로, 이때의 궁은 창덕궁이다.

반계의 외가는 소정릉동, 지금의 정동이다. 사대문 안 궁궐 옆의 풍경을 읊되, 한양 도읍터의 뛰어남을 감각적으로 느끼고 있다. 자연(自然)의 삼각산을 시제로 주었는데, 어린 소년은 성왕(聖王)의 도읍으로 풀이한다.

* 금강산(金剛山)

方丈蓬萊隔九州　　방장산 봉래산 중국과는 떨어져 있어
安期留寫幾千秋　　몇 천년이라도 기약할 수 없지만
天敎我輩生東海　　하늘이 우리를 동해에 태어나게 해서
要着仙山汗漫遊　　원하면 선산에서 땀 흘려 질펀하게 노네

* 중국 사람 계수진에게 주다〔贈季守眞中國人〕

海內風塵滿　　나라 안 풍진이 가득하니
嗟君上國人　　그대 상국 사람을 슬퍼한다
長歌多苦意　　긴 노래에 괴로운 뜻 많으니
幾日見陽春　　언제쯤 봄날을 볼까

又

淸明佳節好風烟　　청명이라 좋은 시절 풍연이 아름답다
濶海無邊望若天　　넓은 바다 끝이 없어 바라보니 하늘인 듯

座中誰是江南客　　좌중에 누가 강남 손님이신가
一唱商音思眇然　　슬픈 노래 부르니 생각은 아득 아득

* 송도를 지나며 포은 선생을 생각하다〔過松都有懷鄭圃隱先生〕

崧山王氣已烟空　　송악산 왕의 기운 연기처럼 사라지고
滿月臺荒落照紅　　황량한 만월대엔 지는 해 붉다.
立馬西風問往事　　가을바람 속, 말 세우고 지난 일 물으니
樵夫猶說鄭文忠　　나무꾼은 여전히 정문충공 이야기.

* 기묘사화를 탄식하다〔歎己卯士禍〕

東韓僻海外　　바다 밖 후미진 곳 우리나라
偏幅數千里　　한 쪽 폭이 몇 천리.
檀君肇開國　　단군은 나라 열고
箕子乃傳祀　　기자는 제사 전했네.
侵伐劇三邦　　삼국은 서로 심하게 다투었고
荒蒙嗤麗氏　　사나운 몽고 고려를 비웃었지.
聖朝啓文運　　조선이 문운을 열어
群賢出乎類　　어진 이들 무리지어 나왔네.
卓哉文正公　　뛰어나도다 문정공이여!
發强且剛毅　　강(强)하고 또 강직하였네.
旣篤敬義功　　경의(敬義) 공부 돈독히 하고
且興堯舜理　　요순의 도리 일으켰네
北門一夜開　　한 밤 북쪽 문 열리더니

邦國竟殄缺　　나라 기어이 망했네.
天意竟難知　　하늘 뜻 끝내 알기 어려우니
志士歎何已　　지사의 탄식 언제 그칠꼬?

* 퇴계선생집을 읽고 느낌을 적다〔讀退溪先生集志感〕

幽蘭在空谷　　그윽한 난초 빈 골짜기에 있어도
自與衆卉別　　뭇 풀과는 저절로 구별되지
燦燦敷華秀　　꽃은 눈부시게 아름답고
郁郁芳馨烈　　향기는 매우 세차지
豈無刺刺侵　　어찌 가시 없이 가시로 찌르는가?
永保孤貞節　　외곬 곧은 절개 길이 보존하네.
宿芬朝未已　　묵은 향기 아침에도 여전한데
時有淸風發　　마침 맑은 바람 불어온다.

산문(散文)

돌아가자.

해가 저문데 어찌 아니 돌아가랴.

진실로 자득하여 성실하면, 어찌 외물(外物) 때문에 슬퍼할까.

옛날 내 처음 앎이 있을 때, 오직 성인만을 기약했지.

경수(涇水) 위수(渭水)로 맑고 흐림 살피고,

조금이라도 혹시 잘못할까 두려워,

늘 바둥바둥 해 보내며, 아침밥 겨울옷도 잊었지.

어지러이 많고 많은 사물,

드러나건 숨어 있건 이치는 매한가지.

그 사이 밝게 드러나면, 나는 것도 있고 달리는 것도 있지.

경(敬)과 의(義) 붙잡는 건

덕으로 들어가는 문이라네.

은밀한 곳에 물러나 숨어 있지만, 어둡지 않은 것 있으니,

그 본성 잃지 말고, 저 술병 경계할지어다.

리(理)를 구하려니 옛날이나 지금이나 어지러워

증거는 곧바로 안자 맹자에서 찾았지.

뭇사람 시끌벅적 이리저리 치달아

아, 제 편안한 곳 알지 못하네.

권세 믿고 어지러이 이(利)를 다투는데

고향 떠난들 무슨 상관이랴

흐느끼다 탄식하다 의기가 북받쳐서

홀로 한숨 길게 쉬고 그윽하게 살펴보니,

하늘의 운행만이 머무는 일 없어

봄가을 홀연히 서로 돌아온다.

어찌 생각 짧았단 핑계로

머뭇머뭇 어슬렁거리며 슬퍼하랴.

돌아가자.

멀리 떠나 한가롭게 지내기를 청하자.

간 것은 미칠 수 없고, 오는 것은 구할 수 없으니,

속세를 초월하여 오래 살기만을 바랄뿐.

내게 마음 때문에 근심하는 일은

이제는 벗어 내던진 신발, 매미의 허물일지니

또 옛일을 어찌 생각하리오.

사내종이 수레와 배를 갖추었음을 고하거늘

약수(弱水)를 건너고 낭풍(閬風)을 따라가니

곧 단구(丹丘)의 신선이로다.

머리 쬐니 아침 햇볕이요, 갓끈 씻으니 맑은 물이로다.

이곳저곳 틈내 즐기는 일 극진히 하며,

날마다 멀리 무리에서 벗어남을 느낀다.

무리를 떠나 또 어디로 가리오.

내 마음 지극히 중요한 데로 되돌려, 백세(百世)를 기다려 기약하리.

오로지 분전(墳典)을 깊이 공부하며

또 김매고 북돋는 일 힘써 하리라.

정절(靖節)에 의탁하여 운(韻)을 다스리고

요순(堯舜)을 우러러 시를 짓는다.

부지런하여

늙어 장차 죽음에 이르는 것도 모른다면
내가 하는 일 어찌 의심하리.

和陶靖節歸去來辭

歸去來兮.

歲聿其暮, 胡不歸.

苟自得以誠之, 奚外物之爲悲.

昔余之始有知兮, 惟聖人爲可期.

察淸濁於涇渭, 懼毫釐之或非.

恒兀兀而窮年, 忘朝餐與冬衣.

紛事物之衆多, 理無間於顯微.

昭著兩間, 有飛有奔.

敬義夾持, 入德之門.

退藏於密, 不昧者存.

毋失爾性, 戒彼犧樽.

討理亂乎古今, 證直尋於孟顔.

衆囂囂而馳騖, 羌不知其所安.

紛怙勢而競利, 各越鄕而胡關.

曾欶戲余忧慨, 獨永歎而冥觀.

惟天運之不淹, 忽春秋之互還.

豈稱量之靡審, 悵猶預而槃桓.

歸去來兮.

請遌擧而優游,

往者不可及兮, 來者不可求, 欲度世而長年.

夫使我以心憂, 將脫屣而蟬蛻, 又何懷乎舊疇.

僕夫告具我車我舟, 涉弱水而循閶風, 仍羾人於丹丘.

晞余髮兮朝陽, 濯余纓兮清流.

極八荒而偸樂, 感日遠以絕類.

離群又奚之,

反余心於至要, 俟百世以爲期.

專潛究於墳典, 亦服勞于耘耔.

托龍門以理韻, 仰勳華以賡詩.

孜孜焉,

不知老將至卒, 吾所事夫何疑.

성리설(性理說)에 관한 글

* 문옹 정동직에게 보낸 이기를 논한 편지[與鄭文翁東稷論理氣書]

　이기설은 선유(先儒)들이 논한 것이 많고, 또한 일찍이 여러 번 가르침을 받았으나 여전히 의문을 없앨 수 없습니다.

　생각건대 천지 사이에 가득 찬 것은 기(氣) 아닌 것이 없습니다. 오가고[往來]·오르내리고[升降]·여닫고[闔闢]·모이고 흩어지는[聚散] 것은 기이고, 그렇게 "오가고, 오르내리고, 여닫고, 모이고 흩어지게 하는 소이(所以)는 리(理)입니다. 비록 기를 리로 인정해서는 안 된다 하더라도 기의 밖에 리가 있는 것은 아니니[氣外無理], 요컨대 리는 단지 기의 리입니다[理只是氣之理].

　종전의 소견이 꾸준히 이와 같았는데, 혹 물(物)에 나아가 그를 증험해 보면 볼수록 더욱 그렇다는 것을 알 수 있었습니다. 이로 인하여, 물의 소이연(所以然)은 곧 사(事)의 소당연(所當然)이고, 소이연이라는 것은 '지순(至順)'의 리가 아님이 없는 까닭에 소당연은 '지선(至善)'의 도가 아님이 없으며, 성명(性命)의 리도 진실로 이와 같을 뿐이라고 여겼습니다. 이러한 입장에서 여러 경서를 읽으면, 그와 부합되지 않는 것을 볼 수 없었으나, 끝내 마음에 흡족하지 않았습니다.

　왕왕 소강절(邵康節)의 글을 읽으면서, 기뻐할 만한 점은 깨닫지 못했으나 질서정연함이 있는 것 같기는 했고, 나정암(羅整菴)과 서화담(徐花潭)의 이론에 대해서는 의심스러웠으나 또한 그것이 그런 게 아니라는 것을 분명하게 하지는 못했습니다. 주자의 설에 이르러서는 바로 의심스러운 것이 많아서 반복해서 그를 생각해 보았는데, (이기를) 하나의 물건[一物]이라 생각하면 분명히 하나가 아니고, 두 개의 물건[二物]이라 생각하니 둘로 될 수가 없습니다. 그러나 그를 하나라고 하면 합일의 묘를 볼 수가 있지만, 둘이라고 하면 사실적으로 둘이 됨을 볼 수가 없습니다. 이에 다시 『주역』 계사전 및 주염계(周濂溪)·정자(程子)의 책을 모아놓고 조용히 보다가 문득 깨달은 것 같았습니다.

대개 이와 기는 서로 섞여 녹아 있어서 틈새가 없습니다[渾融無間]. 비록 기의 밖에 리가 있는 것은 아니지만, 그러나 리가 기로 인하여 있는 것은 아닙니다. 대개 하늘이 싣고 있는 것은 소리도 없고 냄새도 없지만 지극히 참되고 지극히 실합니다. 그 본체(한편으로는 本然이라고도 함)로부터 보면 도라 하고, 지극히 진실함으로부터 보면 성(誠)이라 하며, 한군데 모여 있는 것으로부터 보면 태극이라 하고, 곁가지의 맥락[條理]으로부터 보면 리(理)라고 하지만, 사실은 모두 한 가지입니다. 이 리(理)가 밝게 드러나 위아래를 꿰뚫어서 형체 있는 물체마다 빠짐이 없습니다. 하늘과 땅이 자리를 잡을 수 있는 까닭도 이것이요, 해와 달이 밝게 빛나는 까닭도 이것이며, 귀신이 그윽한 까닭도 이것이요, 인(人)과 물(物)이 생겨나는 까닭도 이것이니, 성명(性命)·인의(仁義)와 예악(禮樂)·형정(刑政)이 이것 아님이 없습니다. 이런 뜻을 깨닫고, 이런 의미로 경서를 보면, 제각기 모두 옳고 구구절절이 모두 합당하니, 진실로 천하의 리(理)가 여기에 있습니다. 참으로 이를 안다면, 리와 기가 하나이면서 둘이고, 둘이면서 하나라는 것은 반드시 말하지 않아도, 혼연한 가운데 서로 섞이지 않는 실(實)이 있음은 지극히 분명하며, 멀리 천지(天地)와 풍운(風雲)에서 구할 필요도 없이 다만 나의 몸에서 심신(心身)의 위에 온갖 이치가 갖추어져 있으니, 그 묘함이 끝이 없습니다. 정자(程子)가 "천하에 이 리보다 실한 것이 없다"고 한 말을 어찌 그렇다고 믿지 않겠습니까! 그런 까닭에 천지의 도는 한마디 말로 다 할 수 있다고 합니다. 또 성(誠)이 아니면 물(物)은 없다〔不誠無物〕고 합니다. 대저 이와 같음을 안 연후에야, 도는 넓고 넓어 어느 곳에서나 손을 대는 것을 알 수 있고, 천하의 사물은 실사(實事) 아님이 없음을 알 수 있으니, 이른바 (마음을 간직하고 본성을 잘 기르는) 존양(存養)이라는 것이 곧 실사(實事)입니다. 저번에 말한 "리는 기의 리"라는 것은 옳지 않은 것은 아니나, 천도의 본래 그러함〔本然〕과 성인의 본래의 뜻은 이와 같지 않습니다. 다만 사람이 본 바가 도에 밝지 못하고, 뜻이 한 군데 집착되어, 표현해낸 것이 이리 되었을 뿐입니다.

또 가만히 생각해 보니, 실리(實理)를 내 몸에 체득하면, 천하의 의리는 적당히 배치하는 일이 없어도, 사물에 접촉할 때마다 이 리(理)가 성대하게 펼쳐지니, 즐거운 까닭도 모르고 즐거워합니다. 물이 이르면 배가 뜨는 것이니, 또 미루어 옮겨감에 무슨 어려움이 있겠습니까. 이 도를 다함에는 오직 공경하여 틈이 없어야 합니다. 만약 조금이라도 마음에 꺼림칙한 게 있으면 곧 굶주린 것〔餒〕이니, 성현이 경(敬) 한 글자를 열어 보여서 후학에게 끼친 은혜는 지극합니다.

대체로 이 소견은 비록 저번과는 약간 다른 것이 있는 것 같기는 하지만, 어찌 감히 급히 자신하겠습니까? 글쎄 그것이 과연 차이가 없는 것인지도 알지 못하겠거니와, 또한 당신의 의견은 어떠한지도 모르겠습니다. 만약 합당하지 않다면, 소견의 차이는 반드시 갈리는 시발점이 있을 터이니, 아울러 그 뿌리부터 통렬하게 가르쳐준다면, 지극히 다행이겠습니다.

【여기에서 말한 "하늘이 싣고 있는 것〔上天之載〕"부터 "형체 있는 물체마다 빠짐이 없다〔體物不遺〕"까지(를 봅시다). 정명도(程明道)는 "그 체(體)는 곧 역(易)이라 하고, 그 리(理)는 곧 도(道)라고 한다."고 말했습니다. 여기에서 말하는 체(體)는 형체의 체와 같으니, 정이천(程伊川)이 말하는 "도와 더불어 체가 된다〔與道爲體〕"가 이것입니다. 이 도는 음양(陰陽)으로서 체를 삼으나, 오로지 본연처(本然處)를 가리키는 것은 아닙니다. 그러므로 주자가 또 "이 네 가지는 도의 체가 아니

다.”고 말했습니다. 다만, 이것으로 인하여 도의 체를 볼 수는 있으니, 리가 곧 도입니다. 그러나 상세하게 말하자면, 또한 마땅히 분별이 있어야 합니다. 그러므로 주자는 또 “마땅히 그러해야 하는 정해진 이치가 도이다”고 말했습니다. 『중용』의 “형체 있는 물체마다 빠짐이 없다”는 비록 귀신(鬼神)을 가리켜서 한 말이기는 하지만, 사실 이것은 성(誠)입니다. 고로 정자(程子)의 “도는 형체 있는 물체마다 빠짐이 없다”라는 말이 있습니다. 요컨대 마땅히 그 뜻이 어떠한지를 각기 보아야 할 따름입니다. 】

與鄭文翁東稷論理氣書

理氣之說, 先儒論之多矣,, 亦嘗屢蒙誨諭, 而猶不能無疑, 心以爲盈天地之間者, 莫非氣也. 其往來升降闔闢聚散者氣也. 其所以往來升降闔闢聚散者理也. 雖不可認氣爲理, 然氣外無理. 要之, 理只是氣之理也. 從前所見, 一向如此, 或驗之於物上, 愈見其然. 因以爲物之所以然, 卽事之所當然. 所以然者, 莫非至順之理, 故所當然者, 莫非至善之道也, 性命之理, 固如斯而已矣. 以此讀諸經書, 未見其不合, 而終未浹洽.

往往讀康節之書, 自不覺其可喜, 似有秩然者. 於整菴花潭之論, 不能無疑, 而亦未明其不然. 至於朱子之說, 則直是可疑者多, 思之反覆, 以爲一物, 則明是非一, 以爲二物, 則不成爲二. 然一之方見合一之妙, 二之未得爲二之實. 乃更聚集繫辭傳及周程之書, 從容以觀, 翻然似有覺得.

蓋理氣渾融無間, 雖氣外無理, 然理非因氣而有也. 蓋上天之載, 無聲無臭, 而却至眞至實. 自其本體一作然而謂之道, 自其眞實而謂之誠, 自其總會而謂之太極, 自其條理而謂之理, 其實一也. 此理昭著, 貫徹上下, 體物不遺. 天地之所以位者此也, 日月之所以明者此也, 鬼神之所以幽者此也, 人物之所以生者此也, 性命仁義禮樂刑政無非此也. 見得此意思後, 以此去觀經書, 頭頭皆是, 句句皆合, 信乎天下之理在是矣. 苟有見乎此, 則不必言理氣一而二, 二而一, 而渾然之中, 不相挾雜之實, 至爲

分明, 不必求於天地風雲之遠, 而只在吾身, 身心之上, 萬理俱足, 其妙
無窮. 程子之言天下無實於是理者, 豈不信然乎. 故曰天地之道, 可一言
而盡也. 又曰不誠無物. 夫知其如是而後, 可以知道之浩浩, 何處下手,
可以見天下事物, 無非實事, 而所謂存養者, 方是實事也. 若向所謂理是
氣之理者, 固無不可, 然天道本然, 聖人本意, 不如是. 正惟人之所見未
明乎道, 而意有所滯, 故說來自如此爾.

又窃以爲實理得之於己, 則天下義理, 不待按排, 觸事觸物, 無非是理,
沛然而行, 不知所以樂而樂矣. 水到船浮, 又何事乎推移. 致此之道, 惟
敬而無間. 若有一毫不慊於心, 則便餒矣. 聖賢開示敬之一字, 其惠後學
至矣.

凡此所見, 雖與向時似若有間者, 然豈敢遽自信乎. 不知其果無差乎.
又未知於高明之見, 復如何. 如其未當, 則所見之差, 必有所自來矣, 並
其根而痛砭之, 至幸.

【此云上天之載止體物不遺. 明道曰, 其體則謂之易, 其理則謂之道. 此所謂體, 猶
形體之體. 伊川所謂與道爲體是也. 是道以陰陽爲體也, 然非專旨其本然處也. 故
朱子又曰, 此四者非道之體也, 但因此可見道之體也. 理卽道, 然詳而言之, 又當有
分. 故朱子又曰, 其定理當然者道也. 中庸體物不遺, 雖指鬼神而言, 其實是誠也.
故程子有云, 道體物不遺. 要當各觀其意之如何耳.】

별지(別紙)

편지 중에 다하지 못한 것을, 또 별지로 아래에다 조목을 갖추다

태극에 동정(動靜)이 있으니 이것이 천명의 유행(流行)입니다. 【太極圖
解.】 천명이 유행하는 까닭은 무엇입니까? 그것은 성(誠)이기 때문이니,
정성되면 움직입니다. 진실로 지극히 정성되면 움직이지 않을 수 없습
니다. 대저 조화(造化)가 조화로 되는 것은 모두 실리(實理)입니다. 그런
까닭에 조화하지 않을 수 없으니, 모두 자연히 그러한 것입니다.

기를 떠나서는 다시 리가 없습니다. 그러나 리는 실리이며, 기로 말미암은 뒤에 있는 게 아닙니다.

이미 그러한 물(物)로부터 보면, 리는 단지 기의 리이며, 기의 밖에 리는 없습니다. 그 본연(本然)으로부터 보면, 리가 있기 때문에 기가 있습니다. 기가 한 번 오고 가고, 한 번 열리고 닫히는 데는 반드시 그러한 까닭이 있으니, 이것이 이른바 리입니다. 【여기에 이르러 본연의 순수한 리를 볼 수 있으며, 또한 이기합일(理氣合一)의 묘(妙)를 볼 수 있습니다. "리가 있기 때문에 기가 있다"는 이 말은 또한 선후(先後)로 보아서는 안 됩니다. 리는 본래 시작이 없고, 기 또한 시작이 없습니다.】

경서 속에서는 도를 많이 말하는데, 정주(程朱) 이후에는 리를 많이 말하고 있습니다. 리는 단지 도입니다. 그러나 도는 본체이고, 리는 조리(條理)의 리입니다. 그런 까닭에 리와 기는 나누어 해설하기가 더욱 어렵고, 그래서 분분한 이론이 있습니다. 만약 도라는 글자를 써서 본다면 저절로 분명합니다. "본성을 따르는 것을 도라고 한다〔率性之謂道〕"(의 도)는 도로(道路)의 도와 같으니 사람을 주로 해서 말한 것이고, "형체 이상의 것을 도라고 한다〔形而上者謂之道〕" "한 번 음이 되고 한 번 양이 되는 것을 도라고 한다〔一陰一陽之謂道〕"는 오로지 그 본체를 가리켜서 하늘을 위주로 말한 것인데, 사실은 한 가지입니다.

주자가 태극을 해석하면서, "음양과 떨어질 수 있다는 것이 아니라, 음양과 붙어 있기는 하지만, 그 본체가 음양과 섞이지 않음을 가리켜 말한 것이다."고 하는데, 이 말을 가만히 살펴보자면, 비록 분명하기는 하지만, 보기에 그리 생생하지는 않습니다. 그 위의 문장, "태극이란 '동(動)하여 양이 되고, 정(靜)하여 음이 되게 하는 원인'으로서의 본체이다"가 이미 대단히 명백합니다. 시험 삼아 성인의 말을 본다면, 곧 매우 생생합니다. 『주역』에서 "일음일양지위도(一陰一陽之謂道)"라 하고, 또 "형이상자위지도(形而上者謂之道), 형이하자위지기(形而下者謂之器)"라 하는데, 이 몇 가지 말은 이기(理氣)가 서로 떨어지지 않고, 서로 섞이지 않는 묘함을 한마디 말로 다 드러낸 것입니다.

시험 삼아 사람의 한 몸을 보자면, 혈육(血肉)·호흡(呼吸)은 기이고, 그 성(性)은 곧 리입니다. 리는 심에 갖추어져 있습니다. 형(形)과 기(氣)와 성(性)은 그것을 떼어놓으려 해도 떼어놓을 수 없고, 그것을 하나로 하려 해도 또한 할 수 없습니다. 그것을 하나로 하려 해도 또한 할 수 없는 까닭은 본래 스스로 분별이 있기 때문입니다. 본래 스스로 분별이 있으면서도, 원래 서로 떨어지지 않습니다. 이곳이 지극히 묘한데, 묵묵히 살펴볼 수가 있습니다. 모든 조화의 리가 다 그렇지 않음이 없습니다. 그러므로 "헤아리지 못한다〔不測〕"고 말하고, 그러므로 "신비롭구나〔神〕"라 하고, 그러므로 "묘하도다〔妙〕"라고 말합니다. 【다만 리와 기만이 아니라, 형(形)과 기(氣)가 합함에 이르러서도 합함이 있고 떨어짐이 있지만, 합할 때에는 절대로 틈이 없습니다. 대체로 사물의 체용(體用)의 류(類)가 모두 그렇지 않음이 없습니다. 여기에서, 서로 떨어지지 않는다고 해서 분별이 없다고 말하는 것은 불가하다는 것을 알 수 있습니다. 】

대개 리와 기 둘은 본래 서로 떨어지지도 않고, 서로 섞이지도 않습니다. 이곳이 몹시 말하기 어려운데, 깨달을 수는 있어도 말로 다 할 수는 없습니다.

어떤 이가

"물(物)에는 반드시 '그럴 수밖에 없는 까닭〔所以然〕'이 있고, 일〔事〕에는 반드시 '마땅히 그렇게 해야 할 바〔所當然〕'가 있는데, '소당연'의 도가 곧 '소이연'의 리이다. '소이연'이라는 것은 '지순(至順)'하지

않음이 없는【만약 지순하지 않다면 소이연이 될 수 없다】까닭에 ‘소당연’
은 지선(至善)이 아님이 없다. 성인이 궁극의 기준을 세우는 도〔立極之
道〕는 물(物)의 리(理)에서 벗어나지 않는다.”
고 말하기에, 저는 이렇게 말했습니다.

“이 말은 진실로 그러하다. 그러나 이것은 횡적으로 본 것이다〔平橫
看〕. 어찌 종적으로 보지는 않는가〔竪起 한편으로는 直下라고 한다看〕? 본
래 이 리(理)가 있는 까닭에 물(物)에는 반드시 소이연이 있고, 일에는
반드시 소당연이 있다. 이 리는 지실(至實)한 까닭에 지순(至順)하다.
하늘의 하늘 됨, 땅의 땅 됨, 사람의 사람 됨이 실리(實理)아닌 것이
없다. 이 실리를 쫓아 남김없이 다 드러내는 것을 ‘본성을 남김없이
드러낸다〔盡性〕’고 하며, 이 실리를 체득하여 확고히 세우는 것을 ‘극
을 세운다〔立極〕’고 이른다.”

공자는 “한 번 음이 되고 한 번 양이 되는 것을 도라고 하며〔一陰一
陽之謂道〕, 그것을 잇는 것이 선이고〔繼之者善〕, 그것을 이루는 것이 성
이다〔成之者性〕.”고 말했습니다. 만약 단지 “리는 다만 기의 리일 뿐이
다”고만 말한다면, 이것은 기를 주로 삼는 것이어서 리가 주재(主宰)
가 되지 못합니다. 이와 같다면 “계지자선(繼之者善)” 이 네 글자는 붙
일 수 없고, “성지자성(成之者性)” 또한 이 네 글자를 붙일 수가 없습
니다. 리는 다만 실리(實理)입니다. 그러므로 “성(誠)하지 않으면 물(物)
이 없다〔不誠無物〕”고 말하지, “물(物)이 없으면 성(誠)하지 못하다〔無物
不誠〕”고 말하지 않습니다.【마땅히 선(善)과 계(繼)라는 글자가 무엇을 이어
서 선해질 수 있는지를 살펴보아야 합니다. 이것은 음양을 쪼개어 버리고 말하는
것은 아니지만, 그 주된 뜻은 저절로 분명합니다.】

기라는 것은 물(物)이 무엇을 따라서 이루어지는 것이고, 리라는 것
은 물이 이루어지는 까닭〔所以〕입니다. 조화(造化)가 유행(流行)하고, 만

물이 생식(生息)하는 데는, 리와 기가 섞여 녹아 있어서 틈을 허용하지 않습니다. 절대로 틈을 꿰맬 곳이 없습니다. 그러므로 기를 리로 알기가 쉽지만, 리와 기의 구별은 본래 분명합니다. 만약 단지 "리는 기의 리이다"고 말한다면, 이른바 인의(仁義)라는 것, 이것은 기입니까? 리입니까? 【인의가 사람의 리라면, 리는 마땅히 물(物)의 리라고 해야지, 기의 리라고 해서는 안 됩니다. 여기에서 본체인 리가 순수한 모습으로 기와 섞이지 않은 곳을 볼 수가 있습니다. 】

리는 단지 기의 리라고 말하는 것도 또한 불가할 것은 없지만, 그러나 기의 리라고 말할 때는 끝내 기 쪽의 뜻이 되어 버려서, 곧 리의 본원(本原)을 가리게 되어서, 이제 사람들이 성명(性命)의 본원(本原)을 볼 수가 없습니다. 【이와 같으면, 비록 기를 리로 인정해서는 안 된다고 말을 할지라도, 끝내는 기자(氣字)가 주가 됩니다. 또 이와 같으면, 리는 단지 기를 따르는 물건이 되어서 그 본연의 실함〔本然之實〕을 볼 수가 없게 됩니다. 】

사람들은 물(物)이 생식(生息)하는 것이 기이고, 그것이 그렇게 되는 까닭〔所以然〕을 리라고 말합니다. 리는 진실로 소이연이지만, 그 소이연이라는 것은 도리어 본시 지극히 실합니다. 만약 본시 지극히 실한 곳을 보지 못하면, 그 소이연이라는 것을 또한 보기 어렵습니다.

주자는 "태극이란 '동(動)하여 양이 되고 정(靜)하여 음이 되는 까닭'의 본체라고 말했는데, 더할 나위 없다고 이를 만합니다. 이것이 이른바 성(誠)이고, 이것이 이른바 리의 본연(本然)입니다.

정자(程子)가 "이 리는 매우 실하다"고 말했는데, 이 말을 저번에는 마음으로 진실로 그렇다고 여겨서 "리는 진실로 실리(實理)이다"고 말하고, 이와 같이 보기만 했을 따름이었습니다. 이제야 리가 지극히 참되고 지극히 실하다는 것을 깨달았습니다. 만약 지극히 실하지 않다면 리가 될 수가 없으니, 정말로 중요하고도 중요한 말입니다.

대개 리와 기는 선후(先後)로 논할 수 없고, 나누고 합하는 것〔分合〕으로 논할 필요도 없습니다. 오직 형이상(形而上)·형이하(形而下)만이 가장 완벽하니, 묵묵히 살필 일입니다. 아마도 묘할 것입니다. 【계사전에 "형이상자위지도(形而上者謂之道), 형이하자위지기(形而下者謂之器)"라 하고, 그 아래에 이어서 "조화하면서 마름질하는 것을 변이라 한다〔化而裁之謂之變〕, 미루어서 행하는 것을 통이라 한다〔推而行之謂之通〕, 들어다가 천하 백성들에게 조치하는 것을 사업이라 한다〔擧而措之天下之民謂之事業〕"고 말합니다. 여기의 '조화하면서 마름질〔化而裁之〕'하고 '미루어서 행〔推而行之〕'하는 것은 이기합체(理氣合體)로서 조화하고〔化之〕 미루어가는〔推之〕 것입니다. 이것은 사람의 입장에서 말한 것이지만, 도는 애초에 하늘과 사람의 구별이 없습니다. 사람의 민(民)이 곧 하늘의 물(物)이고, 사람의 사업(事業)이 곧 하늘이 조화하는 공력〔造化之功〕입니다. 】

이 리는 지극히 실한데, 어떻게 그 지실(至實)함을 볼 수 있겠습니까? 유행하는 것은 하루가 이와 같고, 만고에 영원함이 이와 같으며, 생식(生息)하는 것은 일물(一物)이 이와 같고, 만물이 모두 이와 같습니다. 만일 조금의 허위(虛僞)라도 있다면, 곧 틈새가 생기고 끊어지고 어긋나게 됩니다. 여기에서 그 지실함을 볼 수가 있습니다. 그러므로 "천지의 도는 하나의 말로 다할 수 있다"고 하는 것이니, '하나'라는 것은 '성(誠)'입니다.

조화가 조화함에는 실리(實理)가 아님이 없습니다. 사람들은 형체의 조화〔形化〕에 대해서는 부모가 낳고 기르는 것을 보고 진실로 그렇다고 여기지만, 기의 조화〔氣化〕에 이르러서는 그것을 의심합니다. 기의 조화가 조화할 수 있음을 안다면, 리가 정말로 실하다는 것을 알 수 있습니다. 기가 조화할 수 있는 것은 리, 이 실리(實理) 때문입니다. 기의 조화가 조화할 수 있게 된 연후에 형체의 조화가 조화할 수 있음을 안다면, 또한 리는 단지 실리일 뿐이라는 것을 참으로 알 수 있습니다. 마땅히 그 실지로 그러한 곳〔實然處〕을 보아야 할 것입니다.

어떤 이가 "'리가 있으므로, 곧 기가 있다' 하는데, 선후를 나눌 수 없을 것 같습니다."라고 물었습니다. 주자는 "요컨대, 또한 먼저 리가 있다고 해서, 단지 오늘 이 리가 있고 내일 기가 있다고 말해서는 안 되지만, 또한 모름지기 선후가 있다."고 말했습니다. 이제 생각해보니 이는 본원(本原)을 캐내는 뜻이기는 하지만, 성인이 말한 것은 이와 같지 않습니다. 다만 "일음일양지위도(一陰一陽之謂道)"와 형이상(形而上)·형이하(形而下)만을 말했을 따름입니다.

리와 기는, 옛사람은 뒤섞어서 말하지 않았습니다. 맹자의 "성이 선함을 말하다〔道性善〕" 한 구절은 특히 분명합니다. 【"먼저 그 대체를 세운 것이 성(性)이고 명(命)이다" 등의 설은 뜻이 모두 이와 같습니다. "형색(形色)이 천성(天性)이다"고 하는데 이르러서는 또한 "기역도(器亦道)"의 뜻입니다. 】

예의(禮儀) 삼백 가지와 위의(威儀) 삼천 가지는 (모두) 실리(實理)가 드러난 것이 아님이 없습니다. 이른바 절문(節文)이라는 것은 그 도수(度數)에 따라 적절하게 꾸미는 것입니다.

소강절(邵康節)의 물리(物理)에 대한 학문은, 물(物)을 보고 그 이치를 알아내고, 물(物)을 완상하여 그 묘함을 얻는 것입니다. 성인이라면 바로 성(誠)으로서 본성을 따르기에〔率性〕 발이 춤을 추고 손으로 잡고 하는 것이 예(禮)가 아님이 없습니다. 그러므로 성문(聖門)의 학문은 아래에서 배워 위로 도달해 나가는[下學而上達] 것이지만, 소강절은 이러한 일은 없고, 다만 리를 기묘한 일로 간주하고 저 천기(天機)를 희롱할 따름입니다. 일찍이 이르건대, 그 앎이 미진하다고 해서 애초에 몸으로 체득하는 실(實)이 없는 것은 아니라고 했습니다마는, 이제야 말로 몸으로 체득하는 실이 없으면 또한 그 앎도 따라서 그렇게 된다는 것을 알겠습니다. 만일 그 앎이 성인과 더불어 부절처럼 합치된다면, 비록 한순간 실천하지 않으려 해도 할 수가 없습니다. 성인은 곧 천도(天道)입니다.

리가 하나인 까닭에 만 가지로 다를 수 있습니다. 만약 둘이라면 어찌 만 가지로 다르면서 각기 그 떳떳함을 잃지 않을 수 있겠습니까? 나뉨의 다름[分殊]은 비록 기에 가지런하지 못함이 있어서 그런 것이지만, 그러나 여기에서 리가 하나[理一]임을 알 수가 있습니다.

성(誠)이란 내외(內外)를 합하는 도이고, 성이 아니면 물(物)이 없으니, 이기의 실(實)은 성일 따름입니다.

비와 이슬, 서리와 눈, 산과 내, 지게미 (모두)가르침이 아닌 것이 없습니다. 허다한 물(物)에 허다한 리(理)가 실려 있어서 본디 하나 둘로 말할 수가 없습니다. 다만 하나라는 것만 알고 그를 하나로 하면 '선과 악이 모두 리'라는 설로 쉽게 흐르고, 다만 둘이라는 것만 알고 그를 둘로 하면 불교의 '물을 끊어버리는 폐단[絶物之弊]'에 쉽게 빠집니다.

어떤 이가 "기가 흩어지는 것이 흩어짐의 리이고, 모이는 것은 모임의 리이다"고 말하길래, 이렇게 말했습니다. "이 말은 옳지 않습니다. 성인이 '양(陽)이 양의 리이고, 음(陰)이 음의 리'라고 말하지 않고,

'일음일양지위도(一陰一陽之謂道)'라고 말했으니, 여기에서 그를 알 수가 있습니다. 만약 말씀하신 대로라면, 마땅히 '물이 순(順)한 것이 순의 리이고, 격(激)한 것이 격의 리이며, 사람이 선한 것이 선의 리이고, 악한 것이 악의 리'라고 말해야 할 것입니다. 리는 본래 이와 같지 않으니, 물의 리는 반드시 순하고, 사람의 리는 반드시 곧습니다〔直〕. 저 격함과 악함 같은 것은 리의 반대입니다. 【물이 격해서 산에 올라가 있는 것은 세(勢)가 그렇게 하게끔 한 것입니다. 그 (비정상적으로)격하게 산으로 올라가는 소리가 물의 성(性)이라면, 항상 저절로 아래로 흐를 것이니, 여기에서 물의 리를 볼 수 있습니다. 사람에게 어찌 다름이 있겠습니까? 사람이 불선을 행하는 것은 욕(欲)이 그로 하여금 그렇게 하도록 한 것이니, '은근슬쩍 자기의 불선을 감춘다'는 곳에서 삶의 리〔生理〕가 본래 곧은 것임을 알 수가 있습니다. 】

리는 모양도 없고 형체도 없으니, 사람에게 있는 것으로써 그를 본다면 거의 알 수가 있습니다. 정자(程子)는 "성(性)이 곧 리이다"고 했으니, 성이란 사람에게 있는 리입니다. 인의예지가 마음에서 발하여, 부자(父子)·군신(君臣) 사이에 행해지니, 스스로 그러해서 그칠 수 없고, 마땅히 그래야 해서 어길 수 없으며, 실로 그러해서 없앨 수 없습니다. 리가 지극히 실하지 않다면 어떻게 이럴 수 있겠습니까? 이것이 곧 사람이 사람다울 수 있는 까닭입니다.

옛사람이 도를 본 것은 분명합니다. 그러므로 다만 늘 마땅히 행해야 할 사물을 말하지만, 리는 그 가운데 있습니다. 혹 꼭 끄집어내어 말하는 곳이 있어서, 곧바로 꽉 차서 밝게 드러나는 도체(道體)를 밝혀내기도 하지만, 물(物)에서 떨어질 수는 없습니다. 후세의 사람들이 리와 기를 이미 상대적인 것으로 드러내어 말한 까닭에, (리와 기를)구별할 때는 둘이 있는 것으로 의심이 되고, (이기)일체를 말할 때는 구별이 없는 것으로 의심이 됩니다. 이것이 이른바 말이 많으면 많을수록 더욱 그 실(實)을 얻지 못한다는 것입니다.

나정암(羅整菴)의 이론은 또한 기를 리로 여긴 것은 아니지만, 그러나 리의 본원(本原)에는 투명하지 못한 바가 있고, 서화담(徐花潭)은 기를 리로 인정한 것에 가깝습니다.

與鄭文翁東稷論理氣書·別紙

太極之有動靜, 是天命之流行也【太極圖解.】天命之所以流行何也? 以其誠也. 誠則動矣. 苟其至誠, 自不能不動. 凡造化之爲造化, 皆實理也. 故不得不造化, 皆自然而然也.

離了氣, 更無理. 然理自是實理, 非因氣而有也.

自物之已然者觀之, 則理只是氣之理, 氣外無理. 自其本然者而觀之, 則以其有此理, 故有此氣也. 氣之一往一來一闔一闢, 必有所以然, 是則所謂理也.【至於此處, 可見理之本然之純, 亦可見理氣合一之妙. 有此理, 故有此氣, 此語亦不可以先後看. 理本無始, 氣亦無始. 】

經書中多言道, 程朱以後多言理. 理只是道. 然道其本體, 理其條理之理. 以故理與氣, 尤難分解, 所以有紛紜之論也. 若作道字看, 則自分明. 率性之謂道, 猶道路之道, 主人而言. 形而上者謂之道, 一陰一陽之謂道, 專指其本體, 主天而言, 其實一也.

朱子解太極曰, 非有以離乎陰陽, 而卽陰陽, 而指其本體不雜乎陰陽而爲言. 若止觀此言, 雖是分明, 然看來未甚活. 其上文曰, 太極者, 所以動而陽·靜而陰之本體也, 已極明白. 試觀聖人之言, 直是大快活. 易曰, 一陰一陽之謂道, 又曰, 形而上者謂之道, 形而下者謂之器. 此數語理氣之不相離不相雜之妙, 可謂一言盡矣.

試觀人之一身, 血肉呼吸氣也, 其性則理也理具於心. 形也氣也性也, 離之, 則離不得, 一之, 又不可. 其所以一之又不可者, 以其本自有分別也. 本自有分別而元不相離, 此處之妙, 默而觀之可也. 凡造化之理, 莫不皆然, 故曰不測, 故曰神矣乎, 故曰妙矣乎.【非獨理氣至於形氣之合, 則有合有離, 而方其合時, 絶無間隙. 凡事物體用之類, 無不皆然 於此可見 不可以不相離而謂無分別也.】

蓋理氣二者, 本不相離, 又不相雜. 此處極難說, 可以意得, 不可以言窮.

或曰物必有所以然, 事必有所當然. 所當然之道, 卽所以然之理也. 所以然者, 莫非至順【若非至順, 無以爲所以然】故所當然者, 莫非至善. 聖人立極之道, 非外於物理也. 曰, 此固然矣. 然此乃平橫看. 何不竪起【一作直下】看下. 以其本有是理, 故在物必有所以然, 在事必有所當然. 此理至實【至實, 故至順】天之爲天, 地之爲地, 人之爲人, 無非實理也. 循此而盡之謂之盡性, 體此而立之謂之立極.

孔子曰, 一陰一陽之謂道, 繼之者善, 成之者性. 若但曰, 理只是氣之理而已, 則是以氣爲主, 理不爲宰也. 如是則繼之者善, 着此四者不得. 成之者性, 亦着此四者不得. 理只是實理. 故曰不誠無物, 不曰無物不誠.【當觀善字繼字, 於何繼而能善. 此非割捨陰陽而言, 然其主意自分明.】

氣也者物之所由成者也, 理也者物之所以成者也. 造化之流行, 品物之生息, 理氣混融無間可容. 絶無罅縫處. 故易以認氣爲理, 然理氣之辨, 本自分明. 若但謂理是氣之理, 則所謂仁義者, 是氣耶, 理耶.【仁義, 卽人之理, 則理當爲物之理, 不當爲氣之理. 可於此處, 見得理之本體, 粹然不雜乎氣處也.】

謂理只是氣之理, 亦無不可. 然才謂氣之理時, 終是氣邊意思, 便重掩了理之本原, 今人見不得性命之原.【如此, 則雖謂曰不可認氣爲理, 終是氣字爲主. 又如此, 則理只爲隨氣之物, 而其本然之實, 無以見矣.】

人言物之生息, 氣也. 其所以然者, 理也. 理固是所以然者, 却本是至實. 若不見本是至實處, 其所以然者, 亦難見矣.

朱子曰, 太極者, 所以動而陽・靜而陰之本體也, 可謂盡矣. 斯所謂誠也. 斯所謂理之本然也.

程子曰, 此理甚實. 此言向也心固然之, 曰理固是實理, 如此看過而已. 今乃覺得理是至眞至實. 若非至實, 無以爲理, 眞是喫緊喫緊語也.

蓋理氣不可以先後論, 不必以分合論. 惟形而上形而下最盡, 默而觀之, 其妙矣乎.【繫辭, 形而上者謂之道, 形而下者謂之氣. 其下繼言, 化而裁之謂之變, 推而行之謂之通, 舉而措之天下之民謂之事業. 此是化而裁之, 推而行之, 理氣合體而化之推之也. 此以人言也, 而道未始有天人之別. 人之民, 卽天之物. 人之事業, 卽天之造化之功也.】

此理至實. 何以見其至實也? 流行者一日如此, 萬古常如此. 生息者一物如此, 萬物皆如此. 設有一毫虛僞, 便間斷舛錯了. 於此可以見其至實. 故曰天地之道, 可一言而盡, 一者誠也.

造化之爲造化, 莫非實理也. 人於形化, 見其父生母育也, 而以爲固然, 至於氣化疑之. 知氣化之能化, 則可以知理之眞實矣.【氣能化者理, 是實理故也.】知氣化之能化, 然後形化之能化, 亦可眞知理只是實理而已, 當觀其實然處.

或問, 有是理, 便有是氣, 似不可分先後. 朱子曰, 要之, 也先有理, 只不可說今日有是理, 明日却有是氣, 也須有先後. 今按此是極本窮源之意. 然聖人言之不如此, 只說一陰一陽之謂道, 形而上形而下而已.

理氣, 古人未嘗混雜說. 孟子道性善一句, 已特地分明.【先立乎其大者性也命也等說, 意皆如此. 至曰形色天性也, 則又器亦道之意.】

禮儀三百·威儀三千, 無非實理之形著也. 所謂節文者, 因其度數而節文之也.

康節物理之學也, 觀物而知其理, 玩物而得其妙. 若聖人, 則直是誠以率性, 足蹈手持, 無非是禮. 故聖門之學, 下學而上達, 而康節則無是事, 只把理做奇妙事, 玩弄他天機而已. 嘗謂非其知之未盡, 以其初無以身體之之實也, 今乃知無以身體之之實者, 亦是其知之有由然矣. 果使其知與聖人, 若合符節, 則雖欲一刻不實踐, 不可得也.【聖人卽天道也】

理一, 故能萬殊. 若二則安能萬殊, 而各不失其常也. 分之殊, 雖氣有不濟而然, 然於此, 可見理之一.

誠者合內外之道也, 不誠無物. 理氣之實, 誠而已.

雨露霜雪山川糟粕, 無非教也. 許多物, 載得許多理出來,, 本不可以一以二言也. 徒知爲一而一之者, 易流於善惡皆理之說. 徒知爲二而二之者, 易陷於佛氏絶物之弊也.

或曰, 氣之散者, 散之理. 聚者, 聚之理也. 曰, 此言未是. 聖人不曰, 陽者陽之理, 陰者陰之理, 而曰一陰一陽之謂道, 於此亦可見矣. 若如所云, 則亦當曰, 水之順者順之理, 激者激之理. 人之善者善之理, 惡者惡之理也.

理本不如是. 水之理必順, 人之理必直. 若夫激與惡者, 理之反也.【水之激而在山者, 勢使之然也. 方其激而上山音, 水之性, 則常自順下, 此可見水之理也. 人豈有異哉. 人之爲不善, 欲使之然也, 於其厭然掩其不善處, 可見生理本直.】

理無方無體, 以在人者觀之, 則庶可知矣. 程子曰性卽理也. 性, 是理之在人者也. 仁義禮智發於心, 行於父子君臣之間, 自然而不能已, 當然而不可違, 實然而不可泯. 理非至實, 安能如此. 此乃人之所以爲人者也.

古人見道分明, 故只常說事物所當行者, 而理在其中. 或有剔言處, 則直發明道體之充塞昭著者, 而物不能離. 後之人, 以理與氣, 旣爲對擧而言之, 故爲有辨時, 疑於有二, 謂一體時, 疑於無別. 此所謂言有愈多而愈不得其實也.

羅整菴之論, 亦非以氣爲理者, 然於理之本原, 有所未透. 花潭, 則近於認氣爲理.

* 또 인심과 도심을 논한 글(又論人心道心書)

인심(人心)·도심(道心)의 설은, 일찍이 생각건대, 성명(性命)에 근원한 것은 도심이고, 형기(形氣)에서 생겨나는 것은 인심(人心)입니다. 이런 까닭에 공사(公私)의 구분이 없지 않습니다. 도심은 진실로 순수하게 선하며, 인심 또한 좋지 않은 것은 아니지만 욕(欲)으로 흐르면 불선(不善)입니다. 심(心)은 본래 하나이지만, 발(發)하는 바가 같지 않기 때문에 나누어 구별하지 않을 수가 없습니다. 발하는 바가 이미 같지 않다면, 비록 심은 본래 하나라고 말할지라도 또한 그를 하나로 할 수는 없습니다. 이와 같은즉, "반드시 도심으로 하여금 주(主)가 되게 하고, 인심으로 하여금 명령을 듣게 해야 한다"고 하는 것은, 끝내 마음으로 마음을 부리는 혐의가 없지 않습니다.

생각건대, 심(心)의 허령(虛靈)함은 스스로 지각이 있어서 혹은 선(善)에 의해 느껴지기도 하고, 혹은 욕(欲)에 의해 유혹당하기도 합니다. 그 선과 악에 모두 느껴지는 까닭은 사람이 성명(性命)과 형기(形氣)를 갖추고 있기 때문입니다. 심은 비록 본래 하나이기는 하나, 그 이미 발(發)한 것으로부터 말하자면, 천리(天理)가 아니면 곧 인욕(人欲)이고, 인욕이 아니면 곧 천리입니다. 이제 이른바 "인심이라는 것은 이미 천리가 아니지만, 또한 전적으로 인욕도 아니다. 비록 전적으로 인욕은 아니라 하더라도, 또한 인욕의 싹이다."와, 또 "(이 인심은) 또한 없애려 해도 없앨 수 없는 것이기 때문에, 도심으로부터 명령을 들어야 한다"고 하는 것은, 아마도 이런 이치는 없을 듯합니다. 매번 주자의 여러 설을 볼 때마다 사람과 말, 키와 배의 비유에 이르러서는 의혹이 더욱 많았는데, 반드시 정자(程子)의 말로서 인심(人心)을 인욕(人欲)으로 본 연후에야 곧 마음이 편했습니다. 【극기복례(克己復禮)의 뜻으로 생각합니다. 】

이제야 인심과 도심은 다만 리와 기라는 것을 깨달았습니다. 사람의 몸에 나아가서 말하기 때문에 인(人)이라 말하고 도(道)라고 말합니다. 이른바 "물이 있으면 법칙이 있다〔有物有則〕"는 한마디 말로 그를 다 드러낼 수 있습니다. 【칙(則)은 곧 이른바 '소당연자(所當然者)'입니다. 】 본래 하나의 마음이지만 지각(知覺)에는 다름이 있으니, 인(人)은 물(物)이고, 도(道)는 칙(則)입니다. 【칙은 칙이고 물은 물이라면, 인심은 인심이고 도심은 도심입니다. 칙이 물을 떠나지 않는다면, 인심도심이 어찌 양체(兩體)가 있겠습니까? 】 그러나 이기(理氣)에서는 저절로 그러한 까닭에, 물(物)과 칙(則)이 한 몸을 이루는 실지〔物則同體之實〕는 쉽게 볼 수가 있습니다. 다만 사람에게는 마음에 지각이 있고, 지각에 의해 발하는 것이 같지 않기 때문에, 인(人) 【인심】과 도(道)가 함께 행해지는 실지〔人道同行之

實)는 쉽게 보지 못할 따름입니다. 【여기의 이른바 동체(同體)는 합하여 한 몸이 된다고 말하는 것과 같습니다. 이른바 동행(同行)도 또한 이 뜻입니다.】

대저 인심(人心)이란 보통 말하는 인심(人心)이고, 도심이란 남의 불행을 차마 보지 못하고 아파하며(惻隱), 나의 불선(不善)을 부끄러워하고 남의 악함을 미워하는(羞惡) 부류의 마음입니다. 도심은 다만 인심 상에서 발현되며, 만약 인심이 없다면 도심 또한 행해질 곳이 없습니다. 다만 인심은 발하자마자 곧 욕(欲)으로 쉽게 흐르고, 도심은 발했어도 이미 미미하고 그윽하여(微奧) 【한편으로는 정미(精微)라고 함】 쉽게 가려서 어둡게 됩니다. 이것이 반드시 세밀하고 한결같은(精一) 공을 들여야 할 이유입니다.

인심과 도심은 이미 '이발(已發)'이고, 지각에는 다름이 있으면서, 도심이 인심의 '당연지칙(當然之則)'으로 되는 것은 왜이겠습니까? 사람은 이기를 갖추고 있고, 마음의 허령함은 깨닫지 않는 바가 없는 까닭에, 혹은 형기(形氣)에 의해 깨닫고(覺) 【한편으로는 발(發)이라고 함】, 혹은 이의(理義)에 의해 깨달으니, 비록 지각(知覺)에 의해 이미 발했다고 하더라도, 리(理)가 물칙(物則)의 실(實)이 되는 것은 물(物)에서나 사람에게서나 미발(未發)·이발(已發)에서 차이가 없습니다. 그러므로 인심과 도심은 같이 '이발(已發)'이지만 도심을 지각한 것(道心之覺)이 곧 인심의 준칙(人心之則)입니다. 밖에 있는 리를 헤아려서 그를 준칙으로 삼는 것이 아니라, 여기에 나아가서 옳게 하는 것입니다. 【시험 삼아 한 가지 일로 말해보겠습니다. 배고프면 먹을 것을 생각하는 것이 인심입니다. 먹을 것을 생각할 때에, 먹어도 되는지 먹어서는 안 되는지 스스로 지각함이 없을 수 없는데, 이것이 도심입니다. (인심과 도심)둘은 비록 일시에 함께 지각된다 할지라도 각각 발하여 나오는 곳이 있습니다. 그 먹어도 되고 먹어서는 안 된다는 마음을 충실하게 하면 곧 이른바 칙(則)이니, 밖에 있는 리를 헤아려서 그를 준칙으로 삼는 것이 아니라, 여기에서 옳게 하는 것입니다. 이는 사람이 본래 마음에 이기를 갖추고 있는 까닭에 물(物)과 칙(則)이 함께 지각되는 것입니다. 또한 발할 때에, 먹을 것을 생각하는 그 마음과, 먹어야 하고 먹어서는 안 되는 것을 아는 그 마음은 각자 지각이 되는 것이니, 어찌 서로 섞일 수 있겠습니까? 그러나 다만 하나의 마음이 스스로 먹을 것을 생각할 수 있고, 스스로 그 먹어야 하고 먹어서는 안 되는 것을 알 수 있으니, 어찌 일찍이 두 개의 마음이 있겠습니까? 여기에서 또한 인심과 도심 그 둘은 서로 섞이지 않지만, 실은 두 개의 마음이 있는 게 아니라는 것을 알 수가 있습니다. 】 이와 같은 까닭에, 도심이 주가 되면 인심은 저절로 명을 듣게 됩니다. 【 도심이 주가 되면, 인심이 행해지는 바가 도심이 아님이 없어서, 하는 바가 명령을 듣는 것 같습니다. 】 도심이 하나의 마음이 되고, 인심이 하나의 마음이 되어서, 도심이 여기에서 주인이 되고, 인심이 저기에서 와서 명령을 듣는 것이 아니라, 단지 하나의 일입니다. 【 시험 삼아 그를 증험하겠습니다. 선한 실마리가 열릴 때, 마음에 스스로 주로 삼음이 있으면 모든 생각과 말과 행위가 자연히 리를 따릅니다. 주로 삼음이 있으면 곧 스스로 이와 같으니, 이것과 '마음으로 마음을 부리는 것'이 어찌 크게 상반되는 것뿐이겠습니까? 】 본래 깨닫기 어려운 말이 아닌데 깨닫기 어렵게 된 까닭은, 이미 인심과 도심이라고 해서 나누어 말했기 때문에, 비록 그 마음에 둘이 있는 것이 아니라는 것을 알지라도 오히려 '나란히 서서 짝이 되어 다니는〔並立雙行〕' 폐단을 면하기 어렵습니다. 【 병립쌍행(並立雙行)은 동쪽과 서쪽으로 마주하고 서 있는 것을 말합니다. 】 수많은 의혹이 여기서부터 일어납니다. 시험 삼아 형이상(形而上)·형이하(形而下)로 이 뜻을 생각해 구해본다면, (인심과 도심) 둘은 비록 각기 지각의 다름이 있기는 하지만, 그에게 분별이 있으면서도 서로 떨어지지 않음을 거의 볼 수 있습니다. 이 의미를 알고 난 후 다시 주부자(朱夫子)의 말을 보면 한 글자도 분명하지 않은 것이 없습니다. 【 『중용』 서문으로 말하자면, 이른바 "마음의 허령(虛靈)한 지각(知覺)은 하나일 뿐이다" "본래 하나의 마음인데, 혹은 형기(形氣)의 사사로움에서 생기고, 혹은 성명의 바름에 근원한다"는 것은 근본인 노맥(路脈)의 소종래(所從來)를 추구한 것입니다. "인심·도심의 유래가 있는 까닭" "지각을 하는 것이 같지 않음이 있는 까닭"이라는 것은 그 발하는 바에 구별

244

이 있음을 말한 것입니다. "그러므로 위에서는 허령지각(虛靈知覺)을 말하고 여기에서는 단지 지각을 말한다." "비록 상지(上智)라도 인심이 없을 수 없고, 하우(下愚)라도 도심이 없을 수 없다"는 것이 바로 이와 같습니다. "도심은 한 몸의 주인이고, 인심은 매번 명령을 듣는다"는 것은, 도심이 주가 되면 인심은 저절로 명령을 듣는 것이지, 도심이 주가 되고 난 연후에 인심이 와서 명령을 듣는 게 아닙니다. 여기에서 (인심과 도심) 둘은 본래 동체(同體)라는 것을 알 수 있습니다. 】 그를 증험하면, 심성(心性)의 실함은 그 묘함이 무궁합니다. 인심과 도심이 동체(同體)라는 것이 더욱 분명하면 할수록, 그것이 동체임이 분명하기는 하나 그에게 분별이 있음도 더욱 더 분명해져서, 순임금의 말이 명백하고 친절함이 이와 같음에 이르는 것을 볼 수가 있고, 또 저 마음이라는 물건이 지극히 묘하고 지극히 위태로워서, 간직하고 놓아버리는 사이[操舍之間]와 경건하고 방자한 사이[敬肆之際]의 어느 한 순간이라도 모두 삼가[謹悉]하지 않으면 안 된다는 것을 알 수가 있습니다. 본래 저절로 간단하고 쉬운[簡易] 것인데, 지리멸렬함 속에서 구하려고 접때 저처럼 갈팡질팡했으니 역시 가소롭습니다. 저의 요즈음 견해가 이와 같습니다마는, 또한 실지로 옳고 그름에 대해서는 과연 어떠한지 잘 모르겠습니다. 명쾌한 가르침을 주시옵기를 바랍니다.

又論人心道心書

人心道心之說, 嘗以爲原於性命者道心也, 生於形氣者人心也. 是以不無公私之分. 道心固純善, 人心亦未是不好, 流於欲則不善也. 心本一也, 而所發不同, 故不得不分而別之. 所發旣不同, 則雖曰心本一也, 而又不得一之也. 如是則必使道心爲主, 而人心聽命云者, 終不無以心使心之嫌.

以爲心之虛靈, 自有知覺, 或感於善, 或誘於欲. 其所以善惡皆感者, 以人具性命形氣故也. 心雖本一, 自其已發者而言之, 則非天理, 便是人欲, 非人欲便是天理. 今也所謂人心者, 旣非天理, 又未全是人欲. 雖非全是人欲, 亦是人欲之萌也. 且謂不容去除而存之, 以聽命於道心, 恐無是理. 每觀朱子諸說, 以及人馬柂船之喻, 疑惑甚多. 必以程子之言以人心作人欲, 然後乃安.【克己復禮之意, 思之.】

今乃覺得人心道心, 只是理與氣也. 只就人身上言, 故曰人曰道. 所謂有物有則者, 可以一言蔽之. 則卽所謂所當然者也. 本一心也, 而知覺有異, 人是物道是則也.【則是則物是物 則人心自人心, 道心自道心, 豈有兩體也.】 然在理氣, 則自然, 故物則同體之實, 易以見. 只爲在人者心有知覺而發於知覺者不同, 故人【人心】道同行之實, 未易見耳.【此所謂同體, 猶言合爲一體也. 所謂同行亦此意.】

大抵人心, 卽尋常所言人心是也. 道心, 惻隱羞惡之類是也. 道心只在人心上發見. 若無人心, 道心亦無所於行. 但人心才有發向, 易流於欲. 道心發旣微奧一作精微易爲晻昧. 此所以必加精一之功也.

人心道心, 旣爲已發, 知覺各異, 而道心爲人心當然之則者何也. 人具理氣, 而心之虛靈, 無所不覺. 故或覺【一作發】於形氣, 或覺於理義, 雖已發於知覺, 理爲物則之實, 無間於在物在心未發已發也. 故人心道心, 均是已發, 而道心之覺, 卽人心之則也. 非擬於在外之理而准之也, 卽此而是也.【試以一事言之. 飢而思食, 人心也. 思食之際, 當食與不當食, 無不自有知覺, 此則道心也. 二者雖一時俱覺, 各有所發. 充其當食不當食之心, 則卽所謂則也, 非擬於在外之理而准之也, 此其是也. 是人本心俱理氣, 故物與則俱覺也. 且方其發時, 思食之心, 知其當不當之心, 各自爲知覺, 豈相混淆乎. 然只是一心, 自能思食, 自能知其當不當, 豈嘗有二心乎. 於此又可見二者之不相雜, 而實非有二心也.】夫如是, 故道心爲主, 則人心自聽命.【道心爲主, 則人心所行, 無非道心, 所爲, 若聽命者然.】 非是道爲一心人爲一心, 道心在此爲主, 而人心在彼來聽命也, 只是一項事也.【試嘗驗之. 善端開時, 心自有主, 而凡百思慮云爲, 自然順理. 纔有主便自如此. 此與以心使心者, 奚啻相反萬萬乎.】本非難曉之言, 而所以難曉者, 旣曰人心道心, 分而言之, 故雖知其心非有二, 而猶未免並立雙行之弊.【並立雙行, 謂東西對立也.】許多疑惑, 皆從此起. 試以形而上形

246

而下, 此意思求之, 則二者雖各有知覺之不同, 庶可見其有分別而不相離也. 見得此意思後, 更觀朱夫子之言, 無一字不分明. 【以中庸序言之, 則所謂心之虛靈知覺一而已者, 本一心也, 或生於形氣之私, 或原於性命之正者, 推本其路脉所從來. 所以有人心道心之由也, 所以爲知覺者不同者, 言其所發之有別. 故上言虛靈知覺, 而此只言知覺也, 雖上智不能無人心, 下愚不能無道心者, 固是如此. 道心爲一身之主, 而人心每聽命者, 道心爲主, 則人心自聽命也. 非道心爲主, 然後人心來聽命也. 於此亦可見二者之本同體也.】 驗之, 心性之實, 其妙無窮, 人心道心之爲同體, 愈益分明, 其爲同體分明, 其爲有別, 自愈益分明, 有以見大舜之言, 明白親切, 至於如此. 又以見夫心之爲物, 至妙至危, 操舍之間, 敬肆之際, 不可一刻不致謹也. 本自簡易, 而求諸支離, 一向倀倀如皮, 亦可笑也. 區區近見如此, 又未知於實得實否, 果如何也. 願賜裁喩.

별지(別紙)

다른 편지

주자가 정자상(鄭子上)에게 답하는 글[1]에서, "어제 계통(季通)에게 답하는 글[2]은 말이 선명하지 못하고, 이론으로 하기에는 증거도 부족하다."고 했습니다. 지금 계통(季通)에게 답한 글을 살펴보니 대개 중용 서문의 뜻인데, 선생님께서 그렇게 말씀하신 것은 "사사로워서 혹 불선한 것은 여기에 함께 할 수 없다" 등의 말을 가리키는 것입니까? 이렇다면, 인심을 인욕이라고 하는 것과 말씀하신 바의 '인심이 명령을 듣는다'는 것은 다름이 있습니다. 대개 인심을 인식하는 것이 성그냐? 정밀하냐?는 전적으로 이곳에 있습니다. 자상(子上)이 다시 질문조목에서 말한 "한결같이 성명(性命)에 근본한 설이어서 형기(形氣)에는 미치지 않는다"는 것은, 아직 잘 모르겠습니다, 자상이 일찍이 이

---

1 『朱熹集』 권56, 答鄭子上.
2 『朱熹集』 권44, 答蔡季通.

마음의 허령(虛靈)함을 도심이라고 여겼다면, 오히려 이 마음의 지각을 성명(性命)에 배속시킨 것이니, 아직 구견(舊見)에서 완전히 벗어나지 못해서 그렇게 말한 것입니까? 아니면 다른 말이 있는데 주자의 문집 중에는 실리지 않은 것입니까? 다행히 고찰하셨다면, 가르침을 받고자 합니다.

나정암(羅整菴)은 인심을 이발(已發), 도심을 미발(未發)이라고 했습니다. 이 설은 주자 때에 이미 있었지만, 주자는 그렇지 않다고 여겼으니, 실로 의심할 게 없지만, 근래에 한구암(韓久庵) 역시 그 병통을 깊이 깨트렸습니다. 이제 다만 마음을 비우고 우서(虞書)의 이 장(章)과 『중용(中庸)』 수장(首章)을 음미하며 읽어보면, 순임금이 말한 인심·도심은 결코 『중용』에서 말한 이발·미발이 아님을 저절로 알 수 있습니다. 【나(羅)공의 여러 설을 두루 살펴보면, 나공은 인심도심에 대해서는 전혀 깨닫지 못했습니다.】 근세의 여러 선생의 설에 이르러서는 비록 감히 망녕되이 의론할 바는 아니지만, 가만히 생각해 보면, "도심을 발(發)하는 것은 기이고, 인심에 근원한 것은 리이다."[3] 및 "발하는 것은 기이고, 발하는 소이(所以)는 리이다."[4] 등의 말은 아마도 옛사람의 본지(本旨)가 아닌 듯합니다. 또한 인심·도심이 '나란히 서서 짝이 되어 다니〔並立雙行〕'게 되어, 각각 이기(理氣)가 있게 되니, 글쎄 모르겠습니다. 어떠한지요?

---

3 『栗谷先生全書』卷之十, 書二, 答成浩原, "發道心者氣也, 而非性命則道心不發. 原人心者性也, 而非形氣則人心不發. 以道心謂原於性命, 以人心謂生於形氣, 豈不順乎."

4 『栗谷先生全書』卷之九, 書一, 答成浩原壬申, "發者氣也. 所以發者理也. 其發直出於正理而氣不用事則道心也, 七情之善一邊也. 發之之際, 氣已用事則人心也, 七情之合善惡也. 知其氣之用事, 精察而趨乎正理, 則人心聽命於道心也. 不能精察而惟其所向, 則情勝慾熾, 而人心愈危, 道心愈微矣."

"기가 발해서 리가 거기에 타고[氣發而理乘之], 리가 발해서 기가 그를 따른다[理發而氣隨之]는 말은, 앞의 설과 비록 같지는 않지만, 역시 병립쌍행(並立雙行)하여 각각 이기(理氣)가 있게 되는 폐단을 면할 수 없습니다. 어떠한지요?

【후에 정우복집(鄭愚伏集)을 보니, "주자는 '사단은 리가 발한 것이고[四端理之發], 칠정은 기가 발한 것[七情氣之發]'이라고 했다. 이(퇴계) 선생은 처음에는 기수(氣隨) 이승(理乘)의 설이 있었지만, 마지막에는 '주자의 본래 설을 쓰는 것이 병폐가 없는 것만 못하다'고 말씀하셨다."고 하는데, 그렇다면 퇴계는 마침내 그것을 고쳤을 것입니다. 】

율곡의 인심도심설 운운. 【문집에 보입니다. 또 성학집요에 대략적으로 보입니다. 】 이 설을 살펴보면, 이기(理氣)를 논한 것은 옳지만, 인심도심에 대해서는 인식한 것이 투철하지 못합니다. 리와 기는 원래 서로 떨어지지 않기 때문에, 인심과 도심도 애초에 서로 떨어지지 않으며, 도심은 인심 속에서 발현됩니다. 다만 그 사이에 스스로 분별이 있을 따름입니다. 그러므로 '동행이정(同行異情)'이라고 말하는데, 이제는 매번 쪼개어 두 개의 물건으로 만들어서 각기 선채로 쌍으로 행[各立雙行]하고 있습니다. 그러므로 인심에 대해서도 이기로 말하고, 도심에 대해서도 역시 이기로 말을 해서, 특별히 인심에 선(善)이 있는 것이 곧 도심으로부터 나온 것이요, 도심이 발하는 것 또한 인심 속을 떠나지 않는다는 것을 살피지 못합니다. 그러한 즉, 인심의 이기는 한 개의 리자(理字)를 남기고, 도심의 이기는 한 개의 기자(氣字)를 남깁니다. 정말 말한 대로라면, 비록 마음은 본디 하나라고 말할지라도 실지로는 떨어지게 하여 둘로 하는 것이고, 비록 자연히 명령을 듣는다고 말할지라도 실은 강제로 그렇게 시키는 것입니다.

인심도심설은, 오직 근래에 한구암(韓久庵)의 말이 가장 명백하게 성인의 본지를 얻었습니다. 다만 그 도설(圖說)의 분배는 완전히 합당한 것 같지는 않은데 어떠한지요?

마음은 하나인데, 인(人)이라 하고 도(道)라고 하는 것은 단지 이기의 구별일 따름입니다. 【마음은 하나이지만 이기의 구별이 있는 까닭에, 인심이라 말하고 도심이라고 말합니다. 인(人)을 하나의 마음으로 삼아서 또 이기를 갖추고, 도(道)도 또한 하나의 마음으로 또 이기를 갖춘다고 논하는 것이 아닙니다. 】

"인심은 오직 위태롭고, 도심은 오직 미미하니, 오직 정밀히 하고 오직 한결같이 하여, 삼가 그 중(中)을 붙들지어다〔人心惟危, 道心惟微, 惟精惟一, 允執厥中〕"의 열여섯 글자는 곧 만세(萬世)의 심법(心法)이니, 그 미(微)자와 위(危)자가 극히 묘하여 달리 다른 글자로 바꿀 수가 없습니다.

도심은 곧 사단이고, 인심은 곧 칠정입니다.

인심도심은 다만 이기일 따름입니다. 그것이 마음에서 지각에 의해 발하기 때문에 인심도심이라고 말합니다. 리와 기는 본래 서로 섞이지 않는 까닭에 인심과 도심 또한 서로 섞이지 않으며, 이기는 본래 서로 떨어지지 않기 때문에 인심도심 또한 서로 떨어지지 않습니다. 기는 본래 없을 수 없는 것인 까닭에 인심도 또한 없앨 수 없으며, 리는 본래 실리이기 때문에 도심은 '당연지칙(當然之則)'이 됩니다. 도심이 따로 하나의 마음으로 있는 것이 아니라 다만 인심 속에서 발현됩니다. 어떤 이가 말하기를, "리는 물칙(物則)이니, 이기에 있어서는 진실로 그러하나, 이제 이미 마음에서 발하여 지각이 각기 다른데도 도심이 인심의 준칙〔人心之則〕이 되는 것은 왜인가?"라고 해서 이렇게 말했습니다. 이 리는 지극히 실(實)하여 하늘에서나 사람에게서

나 미발과 이발에 차이가 없습니다. 비록 지각에 의해 발하더라도 이기의 실(實)은 하나입니다. 그러므로 도심의 깨침[道心之覺]은 곧 인심의 준칙[人心之則]이며, '칙(則)'은 밖에 있는 기준이 아니라 다만 속에 있습니다. 모든 물(物)의 칙(則)이 다 그러합니다. 사람의 마음은 지극히 허령(虛靈)하여 이기 모두가 지각되는데, 이미 지각에 의해 드러나기 때문에 두 개의 마음이 있는 것으로 의심됩니다. 기실 분별이 있기는 하지만, 사실은 하나의 마음입니다. 【마음이라는 물건은 이목(耳目)과 같지 않습니다. 이목은 기(氣)에 의해 감응될 뿐이지만, 마음은 지극히 허령하기 때문에 리와 기가 지각되지 않음이 없습니다. 그 지각에 의해 드러난 것으로부터 본다면, 원래 리와 기가 분별이 있음을 역시 알 수 있습니다. 】

도심은 스스로 도심이고, 인심은 스스로 인심이니, 진실로 이와 같습니다. 그러나 인심이 없으면 도심 또한 행해질 곳이 없습니다. 이것이 리와 기가 서로 떨어지지 않는 증좌입니다. 【인심이 없으면, 도심은 실릴 곳이 없습니다. 그러므로 도심을 말하면 반드시 먼저 인심을 말합니다. 】리와 기가 서로 떨어지지 않는 것은, 하늘에서나 물(物)에서는, 리는 무위(無爲)이고 기는 유위(有爲)인 까닭에 사람들이 쉽게 보지만, 마음에서는 인심과 도심이 각자 지각이 있기 때문에 보기 어렵습니다. 특히 이기가 서로 떨어지지 않는 것은 하늘에서나 사람에게서나, 지각이 없거나 있거나, 기실 한 가지라는 것을 알지 못합니다. 【마음에서 그를 증험해 보면, 지각은 각기 다르지만 항상 함께 행해지니, 한 가지 일이라도 함께 있지 않음이 없습니다. 이것이 '불상리(不相離)'의 묘처(妙處)입니다. 】

대개 인심도심은, 만약 주자 중년 이전의 소견이라면 【장경부(張敬夫)에게 묻는 글 및 주자가 해설한 대우모(大禹謨)에서 살필 수 있습니다】, 인심은 비록 바로 인욕(人欲)이라고 이를 수는 없다 하더라도, 필경 인욕 일변이어서 도심과는 상반되어 병립(並立)함을 면하지 못합니다. 만년

정론(晩年定論)에서는 인심도심이 (도심은 인심에 올라)타고 (인심은 도심을) 실어서 함께 행합니다〔乘載而同行〕. 앞의 설로 말미암으면 인심은 마땅히 힘써 다스려서 용납할 바가 없게끔 해야 하니 '청명(聽命)'자를 붙일 수 없고, 뒤의 설을 따르면 꼭 '청명(聽命)'자를 붙여야 합니다. 지각이 운용할 때를 증험하여, 이기(理氣)·공사(公私)의 실(實)을 헤아려서, 꼭 여묘(餘妙)를 남김없이 다 드러내야 합니다. 이 뜻을 깨달은 뒤라면, 비록 그를 병립(並立)이라고 말하더라도 또한 괜찮습니다.

어떤 이가 말하기를, "사람은 본디 인심이 홀로 발하는 때가 있고, 또 도심이 홀로 발하는 때가 있다. 어디에 '서로 떨어지지 않는다'는 게 있는가?"라고 합니다. (나는)말합니다. 마음의 감응은 무상하여 혹은 여기에서 깨닫고, 혹은 저기에서 깨닫습니다. 그러나 인심이 발할 때에 도심이 일찍이 없지 아니하고, 도심이 발할 때에 역시 인심에서 떨어지지 않습니다. 이제 무릇 어린아이가 우물로 들어가는 것을 보면 곧 측은한 마음이 있게 되는데, 이것이 도심입니다. 그러나 이 '측은(惻隱)'이라는 것은 '애(愛)'라는 마음에서 벗어나서 또 어떤 하나의 마음이 '측은'이 되는 것이 아닙니다. 대저 즐거움을 만나면 즐거워하고, 기쁨을 만나면 기뻐하는 이것이 인심입니다. 그 즐거워하고 기뻐할 때 역시 이의(理義)의 지각이 없는 게 아닙니다. 자연히 가운데에 있습니다.

"음식·남녀의 욕구가 그 바름에서 나온 것이 곧 도심입니까? 또 어떻게 분별합니까?"라는 물음에 주자는 "이것은 필경 혈기에서 생겨난 것이다."고 말하고, 또 "도심이 있고서 인심이 절제되면, 인심이 모두 도심이다."고 말했습니다. 두 설을 합해서 보면 인심도심의 설은 매우 분명하게 갖추어집니다.

대개 인심은 본래 욕(欲)이라고 할 수 없지만, 도심으로부터 명령을 듣지 않자마자 곧 욕(欲)으로 흐릅니다. 인심의 선(善)은 곧 도심이 행해진 것입니다. 만약 단지 인심이 곧바로 위태로울 뿐이라면, 그렇다면 그를 인욕(人欲)이라 해도 또한 괜찮습니다.

호오봉(胡五峰)이 "천리와 인욕은 '함께 행해지는, 다른 정〔同行異情〕'이다"고 했는데, 이 말을 예전에는 매우 의심스럽게 여겼습니다마는, 이제야 정말로 참말이라는 것을 알았습니다. 【여기에서 역시 리와 기는 '서로 떨어지지 않으면서, 서로 섞이지 않는' 묘(妙)를 볼 수가 있습니다.】

사람과 말, 키와 배의 비유는 바로 형상형하(形上形下)·유물유칙(有物有則)의 뜻입니다.

주자는 "측은(惻隱)·수오(羞惡)·사손(辭遜)·시비(是非) 이것은 도심이며, 기한(飢寒)·통양(痛痒) 이것은 인심이다."라 합니다. 또 "희노(喜怒)는 인심이다" "배고프면 먹으려 하고, 목마르면 마시려 하는 것이 인심이다." "(논어)향당편에 기록된 음식·의복은 본래 인심이 발한 것〔人心之發〕이다." "도심은 의리(義理) 상에서 발하여 나온 것이고, 인심은 인신(人身) 상에서 발하여 나온 것이다."고 말합니다. 이와 같다면, 사단(四端)이 도심(道心)이고, 칠정(七情)이 인심(人心)이라는 것은 이미 의심할 수 없습니다.

【뒤에 다시 생각해보니, 주자는 이미 "사단은 리가 발한 것이고〔四端理之發〕, 칠정은 기가 발한 것〔七情氣之發〕"이라고 말했고, 퇴계도 역시 "인심은 칠정이고, 도심은 사단"이라고 말했습니다.】

朱子答鄭子上書曰, 昨答季通書, 語却未瑩, 不足據以爲說. 今按答季通書, 大槩中庸序文之意, 而夫子云然者, 指私而或不善者, 不得與焉等語耶. 此則以人心作人欲, 與所云人心聽命者有異. 蓋認人心踈密, 全在此處也. 子上再問條所云, 一本性命說, 而不及形氣云者, 未可知子上曾以此心之靈爲道心, 則猶以此心知覺, 屬於性命, 未全脫於舊見而云然耶. 抑本有別語, 而不載於大全集中耶. 幸考則見敎.

羅整菴以人心爲已發, 道心爲未發. 此說朱子時已有之, 而朱子不以爲然, 則固無可疑, 近來韓久菴亦深破其病. 今但虛心玩讀虞書此章及中庸首章, 自可見大舜所謂人心道心, 決非中庸所謂已發未發也.【遍觀羅公諸說, 則羅公於人心道心, 全未曉得者也.】至於近世諸先生之說, 雖不敢妄有所議, 窃想發道心者氣也, 原人心者理也, 及發之者氣也, 所以發者理也等語, 恐非古人本旨. 且人心道心並立雙行, 各有理氣矣, 未知如何如何.

氣發而理乘之, 理發而氣隨之之語, 與前說雖不同, 亦未免並立雙行, 各具理氣之弊如何.
【後見鄭愚伏集云, 朱子謂四端理之發, 七情氣之發. 李先生始有氣隨理乘之說, 而終則曰不如用朱子本說之爲無病也. 然則退溪末乃改之也歟.】

栗谷人心道心說云云. 見文集. 又略見聖學輯要. 按此說, 其論理氣則可矣, 而於人心道心則認得未透. 理氣元不相離, 故人心道心未始相離, 道心只在人心中發見. 但於其間自有分別耳. 故曰同行異情. 今也每以判爲二物而各立雙行. 故於人心以理氣言, 於道心亦以理氣言, 殊不察人心之有善, 卽道心之所出, 而道心之發, 亦不離人心中也. 然則人心之理氣, 剩一理字, 道心之理氣, 剩一氣字矣. 誠如所云也, 則雖曰心固一也, 實離而二之. 雖曰自然聽命, 實强使之也.

人心道心之說, 惟近來韓久菴之言, 最明白得聖賢本旨. 但其圖說分配, 似有未盡當者, 未知如何.

心一也, 而曰人曰道, 只是理氣之別耳. 【心一也, 有理氣之別, 故曰人心曰道心, 非可以人爲一心, 而又具理氣, 道又一心, 而又具理氣而論也. 】

人心惟危, 道心惟微, 惟精惟一, 允執厥中, 十六字, 乃萬世心法, 其微字危字極妙, 更無他字可換.

道心卽四端是也, 人心卽七情是也.

人心道心只是理氣而已. 以其在心而發於知覺, 故曰人心道心. 理氣本不相雜, 故人心道心亦不相雜. 理氣本不相離, 故人心道心亦不相離. 氣本不能無者, 故人心亦不容去除. 理本實理, 故道心爲當然之則. 道心非別有一心也, 只在人心中發見也. 或曰理爲物則, 在理氣則固然. 今也旣發於心, 知覺各異, 而道心爲人心之則何也. 曰此理至實, 無間於在天在人未發已發. 雖發於知覺, 而理氣之實一也. 故道心之覺, 卽人心之則也, 則非在外之准也, 只在裡面. 【凡物之則, 亦皆然. 】人心之靈, 理氣皆覺, 旣形於覺, 故疑於有二心. 其實有分別, 而實一心也. 【心之爲物, 非如耳目. 耳目則感於氣而已. 心則至虛至靈, 故理與氣無不覺. 自其形於知覺者而觀之, 則原理氣之有分別, 亦可知矣. 】

道心自道心, 人心自人心, 固是如此. 然無人心, 道心亦無所於行. 此理氣不相離之驗. 【無人心, 道心無所載. 故言道心, 必先言人心. 】理氣之不相離者, 在天在物, 則理無爲而氣有爲, 故人易見. 在心則人心道心, 各自有知覺, 故難見. 殊不知理氣之不相離者, 在天在人, 無知覺有知覺, 其實一也. 【驗之於心, 則人心道心, 雖知覺各異, 而每每同行, 無一事不具有. 此是不相離之妙處. 】

蓋人心道心, 若以朱子中年以前所見, 則 【問張敬夫書, 及朱子所解大禹謨可考. 】人心雖不可遽謂之人欲, 畢竟人欲一邊, 未免與道心相反而並立. 晚年定論, 則人心道心乘載而同行. 由前之說, 則人心當克治之, 使無所容矣, 着聽命者不得. 由後之說, 則恰着聽命字. 驗之知覺運用之際, 揆之理氣公私之實, 恰盡無餘妙矣. 覺得此意後, 則雖謂之並立, 亦得也.

或曰人固有人心獨發之時, 又有道心獨發之時, 安在其不相離也. 曰心之感應無常, 或覺於此, 或覺於彼. 然人心發時, 道心未嘗無也. 道心發時, 亦未嘗離乎人心也. 今夫見孺子之入井, 而便有惻隱之心, 此道心也, 而此惻隱者, 非外於愛之心, 而又有一心爲惻隱也. 且夫遇樂而樂, 遇喜而喜, 此人心也. 方其樂與喜時, 亦不無理義之覺, 自然在中也.

問飮食男女之欲, 出於其正, 卽道心矣. 又如何分別. 朱子曰, 這個畢竟生於血氣. 又曰有道心而人心爲所節制, 人心皆道心也. 合二說而觀之, 則人心道心之說, 極明備.

蓋人心本不可謂之欲, 而纔不聽命於道心時, 便流於欲. 人心之善, 乃道心之所爲也. 若只是人心直是危而已, 然則謂之人欲亦可也.

胡五峰云, 天理人欲, 同行異情. 此言向前極以爲疑. 今乃知眞是實語也.【於此, 亦可見理氣不相離而不相雜之妙.】

人馬柁船之喻, 正是形於上下, 有物有則之意也.

朱子曰惻隱羞惡是非辭遜, 此道心也. 飢寒痛痒, 此人心也. 又曰喜怒, 人心也. 又曰飢欲食渴欲飮, 人心也. 又曰如鄕黨所記, 飮食衣服, 本是人心之發. 又曰道心是義理上發出來底, 人心是人身上發出來底. 如此則四端之爲道心, 七情之爲人心, 已無疑矣.
【後復考得, 朱子已曰四端是理之發, 七情是氣之發. 退溪亦曰人心, 七情是也. 道心, 四端是也.】

우별지(又別紙)

또 다른 편지

어떤 이는 "사단이 도심이고, 칠정이 인심이라면, 사단은 리에서 발(發)한 것이고, 칠정은 기에서 발한 것이다. 성(性)이 발하여 정(情)이 되고, 『중용』에서는 다만 희노애락만을 들고 있는데, 어찌 칠정이 치우치게〔偏〕 기의 발〔氣之發〕이 되는가?"라 합니다. 【편(偏)자 또한 옳지 않습니다. 이것 또한 동서(東西)대립(對立)의 뜻입니다. 만약 (형이)상(형이)하의 뜻으로 그를 생각해보면, 비록 기(氣)에 속한다 하더라도 또한 (형이)하에 치우친 게 아닙니다. 인심(人心) 일변(一邊)으로 말한 것도 이와 마찬가지로 옳지 않습니다. 】

말하건대, 정(情)은 실로 성(性)이 발한 것입니다. 그러나 '성의 발〔性之發〕'이란 성이 스스로 발한 것이 아니라, 마음에 지각이 있어서 발하는 것입니다. 그러므로 그 발하는 것에는 성리(性理)로 말미암아 발하는 것도 있고, 형기(形氣)에 이끌려 발하는 것도 있습니다. 측은(惻隱)·수오(羞惡)의 류(類)는 성리로 말미암아 발하는 것이고, 희노애락의 류는 형기로 인하여 발하는 것입니다. 사단칠정은 두 개의 정(情)이 있는 게 아닙니다. 그 정은 하나이지만 리와 기의 분별이 있을 따름입니다. 사단은 다만 칠정 중에서 발현되지만, 그 묘맥(苗脈)은 스스로 어지러울 수 없는 것이 있습니다. 사람들이 진실로 증험하여 살핀다면, 스스로 알 수가 있습니다. 어찌 두루뭉술하게 해서 거기에 분별이 있음을 말하지 않을 수 있겠습니까? 【사단은 칠정 속에서 행해지지만, 그 직분에는 도리어 분별이 있습니다. 리와 기가 동체(同體)이면서 분별이 있는 것이 본디 이와 같습니다. 주자의 사단(四端)에 대한 여러 설 및 「악기(樂記)」의 동정설(動靜說)을 살펴보면 역시 이기(理氣)·성정(性情)의 묘(妙)를 깨달을 수 있습니다. 】 만약 말씀하신 대로라면, 칠정은 스스로 화(和)하지 않을 수 없으니, 어찌 '중절(中節)'을 기다린 뒤에 화(和)하겠습니까?[5] 또 심(心)

---

5 『中庸章句』 首章의 "喜怒哀樂之未發謂之中, 發而皆中節謂之和"를 지칭함.

은 지각으로 말하는 것이고, 정(情)은 발용(發用)으로 말하는 것이니, 심(心)의 용(用)이 곧 정(情)입니다. 칠정을 버리고 인심이 다시 심으로 될 수가 없고, 사단을 버리고 도심이 다시 심으로 될 리가 없습니다.

【어떤 이가 "희노애락은 정(情)을 총괄하는 이름이어서, 인심(人心) 일변으로 배속시킬 수 없을 듯하다."고 합니다. 말하건대, 진실로 정을 총괄하는 이름이기는 하나, 만약 인심이 아니라면 어떻게 중절(中節)·부중절(不中節)이 있겠습니까? 정자(程子)가 칠정을 논하면서, "정(情)은 치열할수록 더욱 방탕해져서 그 성(性)이 뚫린다. 깨닫는 자는 그 정을 간약(簡約)하게 해서 중(中)에 합치되게끔 한다."고 말했는데, 여기에서 또한 그것이 기의 발(氣之發)이라는 것을 알 수 있습니다.】

【어떤 이가 말했습니다. "성인의 희노(喜怒) 역시 기의 발이라고 말할 수 있는가?" 말하건대, 그 기발(氣發)이란 것은 본래 성인과 어리석은 사람의 차이가 없습니다. 그러나 리와 기는 본래 서로 떨어지지 않으므로, 기쁨과 성냄이 그 바름을 얻으면 (그것이 곧)기쁨과 성냄에 합당한 리(理)입니다. 순임금이 사흉(四凶)을 죽인 일 같은 것은, 비록 일찍이 성내지 않은 것은 아니나, 전적으로 이의(理義)가 주(主)가 된 것입니다. 이것은『논어』향당편에 기록된 음식·의복의 류가 본래는 인심이 발한 것이지만, 성인의 신분상에서는 전적으로 도심인 것과 같습니다.】

【뒤에 다시 자세히 보니, 성이 발하여 정이 된다〔性發爲情〕는 것은 총괄적으로 설명한 말입니다.『중용』은 단지 희노애락만을 말했습니다. 대개 이기는 본래 스스로 혼합(渾合)하여 체(體)가 됩니다. 그러므로 옛날부터 성현은 혹은 리로서 말했지만 기가 버려지지 않았고, 혹은 기에 나아가 말했지만 리가 그 가운데 있습니다. 그러나 사물이 드러나고, 인심이 운용하는 것은 모두 기입니다마는, 리는 본래 기에 의해 행해지는 것입니다. 그러므로 기에 나아가 말하더라도 리를 주(主)로 하는 것이 많습니다.『중용』에서 다만 희노애락만을 들고 있는 것은 곧 기에 나아가 말한 것이지만, 거기의 이른바 중절(中節)이란 것은 곧 리를 주(主)로 삼는 곳입니다. 그래서 비록 사단을 말하지 않더라도, 사단의 리가 이미 그 가운데 있습니다.『대학』의 친애(親愛)·천오(賤惡)·애긍(哀矜)의 류 역시 기에 나아가 말한 것이지만, 거기의 편벽(偏僻)을 경계하는 것은 또한 리를 주로 하는 곳입니다.[6] 주자가

258

그를 밝혀서 "다섯 가지[7]는 사람에게 있는데, 본래는 당연지칙(當然之則)이 있다."고 말했는데, 칙(則)이 곧 리(理)이며, 곧 도심의 절제(節制)입니다. 『맹자』사단장(四端章) 같은 것은 리로써 말한 것이지만, 거기에 '부모를 섬기고[事父母]' '사해를 보존한다[保四海]'고 말하고 있으니, 기 역시 미상불 그 사이에서 행합니다. 성현이 도체(道體)를 통찰하여 본 까닭에, 그 말은 비록 각자 설(說)이 되지만 직절하게 다 드러내고 있습니다. 후인(後人)이 이것을 보고 저것을 가리며, 머리를 두려워하고 꼬리를 두려워하는 것하고는 같지 않습니다. 】

【 또 생각건대, 사단칠정과 인심도심의 관계에서, 정(情)이니 심(心)이니 말해서 비록 심과 정의 분별이 있고, 단(端)이라 하고 정(情)이라 해서 비록 명의(名義)가 같지 않음이 있지만, 그러나 그 맥락을 따라서 그 용(用)이 되는 것을 추구하면, 칠정은 인심이고, 사단은 곧 도심입니다. 】

대개 이기는 서로 떨어지지 않으면서 스스로 서로 섞이지 않습니다. 그러므로 성(性)은 본연지성(本然之性)·기질지성(氣質之性)이라 하고, 심(心)은 인심·도심이라 하며, 정(情)은 사단·칠정이라고 합니다. 성은 하나이고, 심은 하나이고, 정은 하나이지만, 다만 그 사이에 스스로 리와 기의 다름이 있을 뿐입니다.

명(命)이 나에게 있는 것이 성(性)입니다. 몸을 주관하면서 지각하는 것이 심(心)입니다. 성(性)이 발하여 운용되는 것이 정(情)입니다. 그러므로 성(性)에서는 '솔성(率性)' '교유(矯揉)'이고, 심(心)에서는 '위주(爲主)' '청명(聽命)'을 말하고, 정(情)에서는 '확충(擴充)' '중절(中節)'을 말합니다. (심·성·정) 세 가지는 본래 간단(間斷)함이 없기 때문에, 공부 또

---

6 『大學章句』8장, "所謂齊其家在修其身者, 人之其所親愛而辟焉, 之其所親愛而辟焉, 之其所賤惡而辟焉, 之其所畏敬而辟焉, 之其所哀矜而辟焉, 之其所敖惰而辟焉. 故好而知其惡, 惡而知其美者, 天下鮮矣."

7 親愛, 賤惡, 畏敬, 哀矜, 敖惰.

한두 가지 일이 아닙니다. 다만 도심이 위주(爲主)가 되면, 확충(擴充)과 솔성(率性)은 그 가운데 있습니다. 여기에서 '심통성정(心統性情)'의 실(實)을 볼 수가 있습니다.

왈; 같은 정인데, 혹은 단(端)이라 하고, 혹은 정(情)이라고 하니, 어째서입니까?

왈; 사단은 맹자가 정(情)을 거슬러 올라가서 성(性)을 밝히려 한 까닭에 그 끝〔端〕을 가리켜 말한 것이고, 칠정은 정(情)에 나아가서 쓰임을 본 까닭에 곧바로 정(情)이라고 말한 것입니다.

왈; 그렇다면 '단(端)'이라는 것은 바로 막 발〔纔發〕한 것을 말하는데, 바로 막 발했기 때문에 기에 섞이지 않고, 정(情)이라는 것은 이미 이루어진 것〔旣成〕에 대한 이름인데, 이미 이루어진 까닭에 기에 섞인 것입니까?

왈; 스스로 리와 기의 분별일 따름이지, 재발(纔發)과 기성(旣成)에 따라서 그렇게 되는 것이 아닙니다. 그러므로 사단은 확충하면 인의(仁義)는 이루 다 쓸 수 없지만, 칠정은 반드시 중절(中節)한 후에야 화(和)하게 됩니다. 【사단이 확충되고, 칠정이 '중절'해서, 인의를 이루 다 쓸 수 없으면, 희노애락의 발(發)은 저절로 화(和)하지 않음이 없습니다. 】

왈; 사(단)칠(정)의 다름이 있는 것은 어째서입니까?

왈; 사단은 성(性)이 정(情)에 드러난 것을 끄집어낸 것입니다. 성에는 다만 인의예지가 있기 때문에 특히 이 사단을 든 것입니다. 칠정은 정의 쓰임을 모두 말한 것인데, 사람의 정은 희(喜)노(怒)애(愛)락(樂) 【『예기』 예운편에는 원래 구(懼)자인데 정자(程子)가 락(樂)자로 고쳤습니다 】 애(愛)오(惡)욕(欲)에서 벗어나지 않는 까닭에 칠정이라고 말합니다. 나누어서 말하면 사단칠정이지만, 각기 소종래(所從來)가 있습니다. 섞어서 말하면, 하나의 정 속에 사단이 모두 갖추어져 있습니다. 【한구암(韓久菴)이 말하기를, "하나의 정 속에는 모두 사단을 갖추고 있다. 여기에 사람이 있다. 오랫동안 굶

주리다가 먹을 것을 얻으면 진실로 기뻐한다〔喜〕. 그러나 넓적다리를 베어 먹이면 반드시 측은히 여기는 마음〔惻隱之心〕이 있고, 소리 지르며 발로 차면서 주면 반드시 부끄럽고 미워하는 마음〔羞惡之心〕이 있고, 얻은 것이 분에 넘치거나 바라던 것보다 지나치면 반드시 사양하는 마음〔辭讓之心〕이 있으며, 받고 사양하는 사이에는 또한 반드시 옳고 그름을 따지는 마음〔是非之心〕이 있다. 이 네 가지가 있어서 느끼는 바를 따라 그를 절제한다면, 그 기쁨〔喜〕은 중절(中節)이 된다. 나머지 정(情)도 다 그렇지 않음이 없다.”[8]고 했는데, 이 말이 도리어 정밀합니다. 】 대개사람의 한 몸은 대응에 따라 만변하는데 이 일곱 가지를 벗어나지 않습니다. 그러므로 예운편(禮運篇)에서 이 일곱 가지를 열거하고 있습니다. 그러나 사랑〔愛〕은 기쁨〔喜〕에 가깝고, 미워함〔惡〕은 성냄〔怒〕에 가까우며, 욕(欲)은 여러 정에 갖추어져 있어서, 일곱 가지를 같이 열거해도 남음이 있는 게 아니며, 단지 희노애락만을 들어도 또한 빠진 게 없습니다. 이런 까닭에 『중용』과 「악기(樂記)」는 희노애락을 열거하는 데 그치고 있습니다. 【고인의 말에는, 혹은 자세히 말하는 것도 있고, 혹은 총괄적으로 말하는 것도 있으니, 요는 그 소견이 어떠한가를 볼 따름입니다. 만약 사람이 느끼는 것이 정이라고 논한다면, 두려움〔懼〕 같은 것, 근심〔憂〕 같은 것, 감동〔感〕·한스러움〔恨〕·애석함〔惜〕·연민〔憫〕의 류가 각양각색이어서 면목(面目)이 각기 다르지만, 총괄해서 일곱 가지로 모았고, 일곱 가지는 또 희노애락으로 모았을 뿐입니다. 희노애락은 곧 여러 정(情)의 대강〔綱〕입니다. 】

대개 마음이라는 것은 몸을 주관하면서 지각하는 것입니다. 성(性)은 마음에 갖추어진 리(理)이고, 정(情)은 성(性)이 밖으로 발하여 쓰이〔發用〕는 것입니다. 성은 스스로 발할 수는 없고, 마음에 지각이 있어서 발합니다. 그것이 미발(未發)일 때는 성리(性理)가 혼연하니, 마음의 체(體)가 되는 까닭이며, 이미 발했을 때는 정(情)이 만 가지 변화에 감

---

8 韓百謙, 『久菴遺稿』「四端七情論」.

응하니, 마음의 용(用)이 되는 까닭입니다. 그러므로 '심통성정(心統性情)'이라고 합니다. 중화(中和)는 성정(性情)의 덕이고, '이룬다(致)'는 것은 마음이 그것을 이루는 것입니다. 그러므로 주자는 『중용』 본문에서 특별히 심(心)자를 들어서 그 뜻을 폈습니다.

부도우하(附圖于下)
아래에 그림을 붙입니다

	목(木)	화(火)	토(土)	금(金)	수(水)
형기(形氣)	간(肝) 희(喜)애(愛)	심(心) 락(樂)	비(脾) 욕(欲)	폐(肺) 노(怒)오(惡)	신(腎) 애(哀)
성리(性理)	인(仁) 측은(惻隱)	예(禮) 사양(辭讓) (恭敬)	신(信) 성실(誠實)	의(義) 수오(羞惡)	지(智) 시비(是非)

하늘이 음양오행으로 만물을 낳으니, 기로써 모습을 이루고 리 또한 여기에 부여되었다. 오직 사람이 그 온전하고 빼어난 것을 얻어서 가장 영특하다.

【어떤 이가 말하기를, "구암(久菴)은 애(哀)와 욕(欲)을 신(腎)에다 배속시키고, 사(思)를 비(脾)에다 배속시켰는데, 지금 그대는 욕(欲)을 비(脾)에다 배속시키고, 사(思)자는 버렸는데, 어째서인가?"라 했습니다.
말하건대, 총괄적으로 말하자면, 칠정은 욕(欲)이 아님이 없습니다. 그래서 "물(物)에 감응하여 움직이는 것이 성(性)의 욕(欲)"이라고 합니다. 그러므로 칠정은 욕(欲)에 해당하지 않음이 없으니 사단(四端)의 신(信)과 같습니다. 사(思)는 비록 모두 포괄하기는 하나, 사(思)를 욕(欲)에 비교한다면, 사(思)자는 가볍고 맑으며 욕(欲)자는 무겁고 탁합니다.(이 욕자는 또한 좋지 않은 욕은 아니지만, 그러나 사(思)와 더불어 말하면 도리어 이와 같습니다.) 그러므로 옛 사람들은 사(思)를 심(心)

쪽으로 말하고, 욕(欲)을 정(情) 쪽으로 말합니다. 심은 비록 정이기는 하지만, 심은 지각으로 이름붙인 것이고, 정은 발용(發用)으로 이름붙인 것이니, 그 이름을 붙여 의미를 부여한 것이 각기 마땅한 바가 있습니다.】

【예운편에서는 비록 희(喜)노(怒)애(哀)구(懼)애(愛)오(惡)욕(欲)을 말하지만, 『중용』에서는 희노애락을 말한 까닭에, 정자(程子)가 이미 그렇게 고쳤습니다. 『중용』과 「악기(樂記)」는 희노애락을 열거하는 데 그치고 있지만, 인정(人情)의 항목이 빠진 것은 없습니다. 채씨의 홍범(洪範)성정도(性情圖)를 참고해보아도 역시 희·노·애·락·욕을 열거하는데 그치는 데, 그 자리와 수는 모두 자연스러움에서 나옵니다.】

【희노애락은 곧 인정(人情)의 큰 항목이어서, 꼭 애(愛)오(惡)를 말하지 않더라도 애(愛)와 오(惡)는 그 가운데 있습니다. 대개 애(愛)는 희(喜)가 베풀어지는 것이고, 오(惡)는 노(怒)가 베풀어지는 것입니다. 사람의 정이 바로 막 촉감(觸感)할 때에는 단지 희노애락만이 있을 뿐입니다. 희(喜)노(怒)가 있고 난 뒤에 애(愛)오(惡)가 드러납니다. 그러므로 애(愛)·오(惡)자는 정(情)이 발할 때에는 아직 말할 수 없지만, 정이 행해질 때에는 곧 볼 수 있습니다. 『중용』에서 희노애락만을 열거하는 데 그친 것은 아마도 지극히 합당하여 바꿀 수 없을 것입니다. 혹 애(愛)는 인(仁)의 베풂이어서, 희(喜)의 베풂이 되기에는 부당하다고 여긴다면, 아마도 하나는 알고 둘은 모르는 듯합니다. 대개 애(愛)가 되는 것은 한 가지이나, 만약 단지 희(喜)의 애(愛)이기만 하면 쉽게 잘못으로 흐르게 되어서, 반드시 측은(惻隱)을 확충한 연후에야 그 애(愛)가 선하지 않음이 없습니다.】

又別紙

或曰, 四端是道心, 七情是人心, 則四端發於理者, 七情發於氣者也. 性發爲情, 而中庸只擧喜怒哀樂, 則安可以七情偏爲氣之發乎.【偏字亦非是. 此亦東西對立之意也. 若以上下意思思之, 則雖屬於氣, 亦不爲偏下. 人心一邊云者, 亦與此一樣非是.】曰情固性之發也. 然性之發也, 非性自發, 心有知覺而發也. 故其發有由性理而發者, 有引形氣而發者. 惻隱羞惡之類, 由性理而發者. 喜怒哀樂之類, 引形氣而發者. 四端七情, 非有兩情也. 其情則一, 而有理與氣之辨爾. 故四端只在七情中發見, 而其苗脈自有不可亂者. 人苟驗而察之, 自可見矣. 豈可囫圇之而不謂其有辨也.【四端行於七情中, 而其分却有辨. 理氣之同體而有別, 本如此. 觀朱子四端諸說及樂記動靜說, 亦可以悟理氣性情之妙矣.】若如所云也, 則七情自無不和矣, 何待中節而後和乎. 且心以知覺言, 情以發用言, 心之用卽情也. 捨七情, 人心更無所爲心. 捨四端, 道心更無所爲心.【或曰, 喜怒哀樂, 是情之總名, 似不可屬人心一邊. 曰固是情之總名. 然若非人心, 何以有中節不中節乎. 程子論七情曰, 情旣熾而益蕩, 其性鑿矣. 覺者約其情, 使合於中. 於此, 亦可見其爲氣之發也.】

【或曰, 聖人喜怒, 亦可謂氣之發乎. 曰, 其爲氣發, 本無聖愚之殊. 然理氣本不相離, 喜怒得其正, 則理之當喜怒者也. 如舜之誅四凶, 雖未嘗不怒, 而全是理義爲主. 此猶論語鄕黨所記飮食衣服之類, 本是人心之發, 在聖人分上全是道心者也.】

【後復詳之, 性發爲情, 是總說之言也. 中庸只言喜怒哀樂者. 蓋理氣本渾合爲體者. 故從古聖賢, 或以理言之, 而氣未嘗遺. 或就氣言之, 而理在其中. 然凡事物形著人心運用, 皆氣也, 理本行於氣者. 故就氣言之, 而主乎理者爲多. 中庸只舉喜怒哀樂者, 乃就氣言之者, 而其所謂中節者, 卽主乎理處. 然則雖不言四端, 而四端之理, 已在其中矣. 大學親愛賤惡哀矜之類, 亦是就氣言, 而其戒偏僻, 亦主乎理處. 朱子發明之曰, 五者在人, 本有當然之則, 則卽理也, 乃道心之節制也. 若孟子四端章, 則是以理言之者, 而其謂事父母保四海, 氣亦未嘗不行乎其間也. 聖賢洞見道體, 故其言雖各自爲說, 而直切以盡, 非若後人窺此蔽彼畏首畏尾也.】

【又按, 四端七情之與人心道心, 曰情曰心, 雖有心與情之分, 曰端曰情, 雖有名義之不同, 然從其脈絡而究其爲用, 七情是人心, 四端乃道心也.】

蓋理氣元不相離, 而自不相雜. 故性曰本然之性·氣質之性, 心曰人心道心, 情曰四端七情. 性一也, 心一也, 情一也, 而只於其中, 自有理與氣之辨耳.

命之在我者性也. 主於身而知覺者心也. 性之發而運用者情也. 故於性則率性矯揉, 於心則曰爲主聽命, 於情則曰擴充中節. 三者本無間斷, 故工夫亦非二事, 只道心爲主而擴充率性在其中矣. 此可見心統性情之實.

曰, 同是情也, 或謂之端, 或謂之情, 何也. 曰, 四端, 孟子泝情而明性, 故指說其端. 七情, 就情而見用, 故直謂之情. 曰, 然則端者纔發之謂. 以其纔發, 故不雜於氣. 情者旣成之名. 以其旣成, 故雜於氣耶. 曰, 自是理與氣之別耳, 非因纔發與旣成而然也. 故四端則擴充而仁義不可勝用, 七情則必中節而後和也.【四端擴充, 而七情中節, 仁義不可勝用, 則喜怒哀樂之發, 自無不和矣.】曰, 四七之異何也. 曰, 四端, 拈出性之見於情者. 性只有仁義禮智, 故特擧此四端. 七情該言情之用, 而人情不出於喜怒哀樂禮運本懼字,【程子改以樂字】愛惡欲, 故云七情. 分而言之, 則四端七情, 各有所從來. 錯而言之, 則一情之中, 四端皆俱矣.【韓久菴云, 一情之中, 皆俱四端. 有人於此. 久飢得食, 固欣然有喜矣. 然割股而啖之, 則必有惻隱之心. 呼蹴而與之, 則必有羞惡之心. 所得過分過望, 則必有辭讓之心. 當受當辭之間, 又必有是非之心. 有此四者, 隨所感而爲之節制, 則其喜爲中節矣. 餘情莫不皆然. 此語却精密.】蓋人之一身, 隨應萬變, 不出此七者. 故禮運擧此七者. 然愛近於喜, 惡近於怒, 欲則該乎諸情, 兼擧七者, 而不爲有餘, 只擧喜怒哀樂, 而亦無所闕. 是故中庸樂記, 則只擧喜怒哀樂焉.【古人之言, 或有詳言者, 或有總言者, 要觀其所見如何耳. 若論人之感遇爲情者, 則若懼若憂感恨惜憫之類, 千般百樣, 而面目各異, 然總該於七者, 七者亦總於喜怒哀樂而已. 喜怒哀樂, 乃衆情之綱也.】

蓋心者, 主於身而知覺者也. 性者, 理之具於心者也. 情者, 性之發而用於外者也. 性不能自發, 心有知覺而發也. 其未發也, 性理渾然, 心之所以爲體也. 及其旣發也, 情應萬變, 心之所以爲用也. 故曰心統性情.
中和, 性情之德也. 致者, 心致之也. 故朱子於中庸本文, 特揭心字, 以發
其義."

附圖于下

	木	火	土	金	水
形氣	肝 喜 愛	心 樂	脾 欲	肺 怒 惡	腎 哀
性理	仁 惻隱	禮 辭讓 一云恭敬	信 誠實	義 羞惡	智 是非

天以陰陽五行, 化生萬物, 氣以成形, 理亦賦焉. 惟人得其全且秀而最靈.

【或曰, 久菴以哀與欲, 屬於腎, 以思屬脾矣. 今子以欲屬脾而去思字, 何也. 曰, 總
而言之, 則七情無非欲也. 故曰感於物而動, 性之欲也. 故七情無不該於欲, 猶四端
之信也. 思雖總括, 然以思比欲, 則思字輕淸, 欲字重濁(此欲字, 亦未始不好低欲.
然與思言之, 則却如此). 故古人思屬心邊言, 欲屬情邊言. 心雖情也, 然心以知覺而
名, 情以發用而名. 其命名下意, 各有攸當矣.】

【禮運雖言喜怒哀懼愛惡欲, 而中庸言喜怒哀樂. 故程子已改之矣. 中庸樂記止擧
喜怒哀樂, 而人情之目, 自無所闕. 考之蔡氏洪範性情圖, 亦止擧喜怒哀樂欲, 而其
位數皆出自然也.】

【喜怒哀樂, 乃人情之大目, 不必言愛惡, 而愛與惡在其中矣. 蓋愛則喜之施也, 惡
則怒之施也. 人情纔有觸感時, 只有喜怒哀樂而已. 有喜怒而後愛惡形焉. 故愛惡字,
於情之發時, 未可言. 於情之行時, 乃可見矣. 中庸止擧喜怒哀樂者, 恐至當不可易

也. 或以爲愛乃仁之施, 不當爲喜之施, 則恐知其一, 未知其二也. 蓋其爲愛則一也, 若只是喜之愛, 則易流於失, 必以惻隱之充, 然後其爲愛也, 無不善矣.】

* 배공근에게 답하다〔答裵公瑾〕

이기 및 인심도심설은, 삼가 형의 가르침을 받아보니, 제 견해는 대개 율곡의 이론과 한 가지이고, 저의 뜻 또한 당신이 보여준 바와 같습니다. 오직 퇴계의 설이 주자와 서로 같으니, 아마도 이것이 순임금의 본지(本旨)를 얻은 것 같습니다. 다만 그 '기수(氣隨)' '이승(理乘)'의 말은 조금 밝지 못한 점이 있는 것 같은데 어떻습니까? 의심되는 것이 율곡의 견해(에 대해 의심하는 것과) 같은 것은 아닙니다[9]. 다만 이미 '이

---

[9] 이것을 "내가 퇴계의 설에 의심을 품는 것은 율곡과 같은 관점에서가 아니다"(『잡고』 해제, 7쪽)고 해석하고, 이를 근거로 반계가 율곡을 비판하고 퇴계를 옹호하였다(『잡고』 해제, 9쪽)고 주장하는 것은 해석의 오류로부터 기인한 잘못된 결론이다. 반계의 이 부분 "所疑非如栗谷之見, 但旣曰理發而氣隨之, 氣發而理乘之, 則似於未免爲兩心, 而各具理氣者然. 是疑於未盡明透耳."은, 정동직에게 보낸 인심도심을 논하는 편지에서, 율곡의 인심도심설이 並立雙行의 폐단이 있음을 비판하고, 바로 이어서 퇴계의 이발기수 · 기발이승의 설도 '비록 앞의 율곡 설과는 다르지만' 並立雙行의 폐단이 있다고 비판한다. 다음으로 구암 한백겸의 사칠설이 제일 좋다고 평가한다. 여기서 유의할 것은, 율곡의 인심도심설은 옳지 않다고 비판하지만 오히려 그의 이기설은 옳다고 평가한다는 점이다(「우논인심도심서 · 별지」, 『잡고』 92~95쪽, 그리고 「우논인심도심서 · 우별지」, 『잡고』 104쪽). 그러면 율곡의 설과는 다르지만 역시 병립쌍행의 폐단이 있다는 말은 무엇인가? 율곡의 병립쌍행은 인심도심이 각각 理와 氣를 갖게 되는 병폐를 갖고 있다는 말이고, 퇴계의 병립쌍행은 사단과 칠정이 각각 理와 氣를 갖게 되는 병폐를 갖고 있다는 말이다. 그래서 율곡의 의견과는 다르다고 표현한 것이다. 때문에 "所疑非如栗谷之見"를 근거로, 37세 때 정동직에게 보낸 편지에서 율곡의 견해를 가졌던 반계가 48세 때 배상유에게 보낸 편지에서 퇴계설을 지지하는 쪽으로 전향하였다는 견해(『잡고』 해제, 7쪽)는 옳다고 볼 수 없다. 그때나 이때나 반계 이기심성설에는 변화가 없다. 정동직에게 보낸 편지에서의 견해가 이미 반계의 정설로 굳어져 있다. 여기 배상유에게 보내는 편지의 첫머리에서도 오히려 반계는 자신의 견해가, 배상유에게 그렇게 비쳐지든 자신이 그렇게 생각하든, 율곡의 견해와 대체적으로 같다는 것을 말하고 있다. 본서 제2부 제1장 반계의 인성론 부분 참조.

발이기수지(理發而氣隨之)’ ‘기발이이승지(氣發而理乘之)’를 말했다면, 두 개의 마음이 되는 것을 면할 수 없어 각기 이기를 갖추고 있는 것 같습니다. 이것이 미진하고 분명하지 못한 것으로 의심될 뿐입니다. 대저 이것은 이의(理義)의 가장 중요한 부분이지만, 바로 철저하게 궁구하지 않으면 격막(膈膜)이 있음을 면하지 못하여 그 설이 매우 장황해지니, 반드시 그 곡절을 다하여, 체단맥락과 표리시종으로 하여금 사면 팔면에 이르기까지 막히는 바가 없이 마음에 명료해진 연후에야, 위미(危微)의 실(實)을 참으로 볼 수가 있습니다. 그렇지 않고 간과할 때에는 비록 본 것이 있는 것 같아도 실은 얻지 못합니다. 바라건대 이미 본 것을 따라 더욱 극진히 하고자 합니다. 이에 극진히 한다면 이기의 실〔理氣之實〕과 심법의 묘〔心法之妙〕가 모두 몸소 보이고 자기에게 필요한 것이 되어, 의(義)와 리(利)를 붙잡고 버리는 때에 비로소 그 힘을 실지로 쓸 수 있을 것입니다. 저는 일찍이 어리석은 설(說)을 가지고 있어서 당신에게 질정하고자 한 지가 오래입니다. 그 마음은 단지 배고프고 목마른 정도뿐만이 아닌데도 지금 감히 드리지 못하는 것은, 혹 피차에 무익하거나 다만 언설만을 번거롭게 해서 해가 될까 두려워서입니다. 다행히 궁리·격물의 공(功)을 더하여, 단지 이기(理氣)니 인심도심이니라고만 말하지 않고, 반드시 리라는 것은 이러이러한 것과 같고, 기라는 것은 이러이러한 것과 같으며, 인심은 여차여차하고, 도심은 여차여차하다, 또는 여차여차하기 때문에 하나이면서 둘이고, 여차여차하기 때문에 둘이면서 하나이라고 말합니다. 모든 선현의 이론은, 그 득(得)이 되는 것은, 단지 득이라고 말하지 않고, 이것은 본래 여차여차했는데 지금은 이와 같기 때문에 득이 된다고 말합니다. 실(失)이 되는 것은, 단지 실이라고 말하지 않고, 본래는 여차여차했는데 지금은 여차해서 실이 된다고 말합니다. 단락 단락마다 열어 밝히고, 마디마디마다 가르고 쪼개어, 서로 질의하고 풀이할 수 있도록 해주심이 어떠할지요? 만약 형으로 인하여 극진히 해서 환한 깨달음을 얻는다면, 저로서는 또한 은혜를 받음이 끝이 없습니다.

答裵公瑾

理氣及人心道心說, 謹悉兄敎, 鄙見大槩與同栗谷之論, 區區之意, 亦高明所示矣. 惟退陶之說, 與朱子相同, 恐此得大舜本旨也, 但其氣隨理乘之語, 似小有未瑩, 如何如何. 所疑非如栗谷之見, 但旣曰理發而氣隨之, 氣發而理乘之, 則似於未免爲兩心, 而各具理氣者然. 是疑於未盡明透耳. 大抵此是理義大頭腦處, 非直窮到底, 未免有膈膜, 而其說甚長, 必盡其曲折, 使體段脈絡表裏始終, 以至四至八面, 無所礙蔽, 瞭然於心目, 然後危微之實, 可以眞見. 不然看過時, 雖似有見, 而實未得矣. 願因其所已見者, 而益究竟焉. 此而究竟, 則理氣之實, 心法之妙, 皆將親覩切己, 而義理操捨之際, 方始實用其力矣. 鄙曾有瞽說, 欲質於明者久矣. 其心不啻飢渴, 而今不敢以呈者, 恐或無益於彼此, 而徒煩言說爲有害也. 幸加窮格之功, 不徒曰理氣, 曰人心道心, 必曰理者如此如此, 氣者如此如此, 人心如此如此, 道心如此如此, 又如此如此故一而二, 如此如此故二而一. 凡先賢之論, 其得者, 不徒曰得, 而曰是本如此如此, 而今如此, 故爲得. 其失者, 不徒曰失, 而曰本如此如此, 而今如此, 故爲失. 段段開明, 節節剖析, 使有相質相講之地, 如何如何. 若因兄而究竟得豁然, 則在僕亦受賜無窮也.

* 양퇴숙에게 답하다〔答梁退叔〕

옛사람이 경(敬)을 말할 때는 행사처(行事處)를 따라 설명했으니, 집사경(執事敬)[10]·행독경(行篤敬)[11] 같은 류가 이것입니다. 송(宋)의 제유

---

10 『論語』子路, "樊遲問仁. 子曰, 居處恭, 執事敬, 與人忠, 雖之夷狄, 不可棄也."

(諸儒)에 이르러 정좌(靜坐)·징심(澄心) 등의 설이 있게 되었는데, 저도 역시 일찍이 의심이 있었습니다. 이에 시험 삼아 생각해보니, 옛사람은 밥 먹고 말할 수 있으면서부터 평상시 기르는 바가 정제(整齊)공숙(恭肅)이 아님이 없었고, 혹 놀이에 게으름 피는 일도 없었으니, 평상시의 삶이 진실로 이미 경(敬)입니다.【옛사람은 이미 예악(禮樂)으로서 사람을 기르고, 세수대야〔盤〕·사발〔盂〕·안석〔几〕·지팡이〔杖〕에 이르기 까지 모두 명(銘)이 있고 계(戒)가 있었으니, 이 마음을 잡고 기르는 것이 아닌 것이 없습니다.】그러므로 그 말이 저절로 이와 같습니다. 지금은 이러한 수양이 없기 때문에, 어려서부터 몸에 배고 보고 듣는 것이 모두 어지러이 뒤섞여 편안함과 욕심만을 추구합니다. 그러므로 수습(收拾)하기를 바란다면, 부득불 따로 정(靜)에 전일(專一)할 수 있는 공부를 더해야 합니다. 이것이 정좌(靜坐) 등의 설이 있게 되는 까닭입니다.【이것은, 옛사람이 학문을 하는 것은 모두 세상에서 행해지고 쓰이는 일이었지만, 후세 사람은 학문을 하기를 바란다면, 반드시 조용한 곳에 은거한 연후에야 할 수 있습니다. '홀로 제 몸을 선하게〔獨善其身〕' 하는 것은 비록 한쪽으로 치우친 듯하지만, 또한 그렇게 하지 않을 수 없습니다.】대저 어찌 옛사람이 평상시 거처함에 공경하지 않다가 일을 잡고〔執事〕서야 곧 공경할 수 있겠습니까? '엄약사(儼若思)',[12] '목목문왕(穆穆文王)'[13]에서 알 수 있습니다. 저 경(敬)은 동정(動靜)을 관통하는 것입니다. '엄약사(儼若思)'는 일이 없을 때의 경(敬)입니다. '집사경(執事敬)'은 일이 있을 때의 경(敬)입니다. 오로지〔專〕하면서 공경〔敬〕하면 이 마음이 어둡지 않고, 움직이면서〔動〕 공경하면 일에 대응하는 것이 어긋나지 않으니, 단지 한 덩어리의 경(敬)일 따름입니다.【여기에서 하나의 동(動)과 하나의 정(靜)이 비록 때의 나뉨이 있기

---

11 『論語』衛靈公, "子曰, 言忠信, 行篤敬, 雖蠻貊之邦, 行矣. 言不忠信, 行不篤敬, 雖州里, 行乎哉."
12 『禮記』曲禮上. "曲禮曰, 毋不敬, 儼若思, 安定辭, 安民哉."
13 『詩經』大雅, 文王之什, "穆穆文王, 於緝熙敬止."

는 하나, 경(敬)은 실지로 관철(貫徹)되어 틈이 없습니다.】 대저 어찌 단정하게 벽을 향한 것과 같이 그러하겠습니까? 그러나 경(敬)이란 것은, 경함으로써 안을 바르게 하고〔敬以直內〕, 경함으로써 일을 행하는 것이니, 경을 가져와서 경을 만드는 게 아닙니다. 그러므로 정자(程子)는 "경을 가지고 안을 바르게 하면〔以敬直內〕, 곧 바르지 못하다."고 말하고, 어떤 이가 경의 체(體)에 대해 묻자 주자는 "엄숙하고 가지런하면〔莊整齊肅〕 마음이 저절로 간직되는 것이니, 다시 무슨 경의 체를 찾는가?"라고 했으니, 여기에서 알 수가 있습니다. 그러나 초학(初學)은 가지런〔整齊〕하고자 하면 반드시 힘을 쏟은 뒤에야 가능한데, 힘을 쏟으면서 힘 쏟는 일에 구속당함을 면하지 못하는 것은 익숙하지 못하기 때문입니다. 요는 그것에 익숙해지는 데 있을 따름입니다.

군자와 소인의 구분은 단지 공경〔敬〕과 방자함〔肆〕의 사이일 뿐입니다. 공경하면 천리(天理)가 간직되고, 방자하면 인욕(人欲)이 행해집니다.

진실로 경에 독실〔篤敬〕하지 않으면, 어찌 온갖 사악함을 이겨내서 천리가 유행하게 할 수 있겠습니까? 그러나 독경(篤敬)이란 너무 절박하게 붙들고 있는 것을 이르는 게 아닙니다. 이것이 "오직 '잊지 않으면서〔勿忘〕, 억지로 조장하지도 않는〔勿助長〕'[14] 자만이 알 수 있다"[15]는 것입니다.

"고요한 가운데 미발(未發)할 때의 기상을 본다."[16] 주자가 하숙경(何叔京)에게 답한 글은 비록 이와 같지만, 주자는 뒤에 와서 스스로의 정론(定論)을 갖게 됩니다[17]. 호남의 여러 사람과 더불어 중화(中和)를

---

14 『孟子』公孫丑上, "必有事焉而勿正, 心勿忘, 勿助長也."

15 『朱熹集』 권40, 「答何叔京」. "敬則心有主宰而無偏系, 惟勿忘勿助者知之"(四川教育出版社, 1996, 中國 成都. 1891쪽).

16 『朱熹集』 권40, 「答何叔京」, "李先生敎人, 大抵令於靜中體認大本未發時氣象分明, 卽處事應物, 自然中節"(四川敎育出版社, 1996, 中國 成都. 1841쪽).

논한 편지[18]·「미발이발설(未發已發說)」[19] 및 「중화구설서(中和舊說序)」[20]를 참고해볼 만합니다. 【또 「답호계수(答胡季隨)」[21]가 있는데, 일단의 문목(問目)이 역시 매우 명백합니다. 】 「숙경에게 답한 글」 중에 '봉친조견(奉親粗遣)'[22]이라는 말이 있어서, 일찍이 「연보(年譜)」를 고찰해 보았더니, 주자는 35세에 이연평(李延平)의 죽음에 곡하고, 40세에 모친을 잃었으니, 아마도 그 편지는 삼십칠구 세 때일 것입니다. 【또 「중화구설서(中和舊說序)」를 보니, 건도(乾道) 기축(己丑)년 봄에 우인(友人) 채계통(蔡季通)과 그를 논하다가 잘못을 깨달았다 운운하는데, 건도 기축이면 주자가 40세 때입니다. 】

【『주자서절요(朱子書節要)』에 있는 「숙경에 답하는 글」은 '봉친조견(奉親粗遣)' 이전의 열 몇 수부터, 그 중에 '미발시의 기상을 체인한다' 및 '양심이 발현한 곳을 살핀다' 등의 말은 뒤에 오는 정견(定見)과는 다를 뿐만 아니라, '한 번 차서는 그 지경에 이를 수 없음을 한탄한다' '염(廉)·근(謹)·공(公)·근(勤)은 말하기에 부족하다' 같은 류도 역시 동일한 맥락입니다. 그러한 소견에 말미암음이 이 같은 까닭에 그 어의(語義)와 기상(氣象)이 저절로 이와 같을 따름입니다. 아마 연평(延平)의 이 말은 대략적으로 대본(大本)의 뜻을 캐고 근거한 듯한데, 연평의 행장으로 살펴보면 또한 알 수 있습니다. 】

'미발(未發)을 체인(體認)한다'는 말은 주자가 이미 설파한 것이 분명하고 남김이 없어서 다시 논할 필요가 없습니다. 대저 학문을 함에는 모름지기 형체의 근거〔形據〕가 있는 것으로부터 공부를 해야 합니다. 【저번에 말한 거처공(居處恭)·집사경(執事敬)·언충신(言忠信)·행독경(行篤敬)·비례물

---

17 여기 「答何叔京」에 나타난, 주자가 스스로의 정론을 갖기 이전의 설은 스승인 延平 李侗의 설이다.

18 『朱熹集』 권64, 「與湖南諸公論中和第一書」(四川教育出版社, 1996, 中國 成都. 3383쪽).

19 『朱熹集』 권67, 「已發未發說」(四川教育出版社, 1996, 中國 成都. 3526쪽).

20 『朱熹集』 권75, 「中和舊說序」(四川教育出版社, 1996, 中國 成都. 3949쪽).

21 『朱熹集』 권53에 「答胡季隨」의 글들이 있다(四川教育出版社, 1996, 中國 成都. 2653~2679쪽).

22 『朱熹集』 권40, 「答何叔京」(四川教育出版社, 1996, 中國 成都. 1872쪽).

시청언동(非禮勿視聽言動)의 류는 모두 때에 형거(形據)가 있습니다. 】 그 정미(精微)한 곳은 다만 여기에서 얻습니다. 왜냐하면, 이른바 도라는 것은 모두 사물이 마땅히 행해야 할 리〔事物當行之理〕이기 때문에, 사물의 밖에서 리를 구할 수는 없습니다. 미발(未發)·이발(已發)에 이르러서는, 사람의 마음이 적연부동(寂然不動)하고 감이수통(感而遂通)하는 묘함은 비록 매우 정미하고 은밀하기는 하지만, 그 '성(性)과 정(情)'·'동(動)과 정(靜)'의 다름은 실로 그 나뉨이 있습니다. 그 적연(寂然)미발(未發)할 때에 다시 어떻게 구할 수 있겠습니까? 【 체인(體認)하는 것도 구하는 것입니다. 때문에, 연평(延平)행장(行狀)에서, "종일토록 저 희노애락의 미발 전 기상이 어떠한가를 증험해서 이른바 중(中)을 구한다."고 말합니다. 】 다만 '경(敬)하여서 잃지 않는 것〔敬而無失〕'이 곧 중(中)이 되는 까닭입니다. 이것이, 연평(延平)의 말이 높고 위태한 곳을 건너다가 평실(平實)함을 놓치게 됨을 면하지 못하여, 옛 성인의 본뜻에 완전 부합되지 못하게 되는 까닭입니다. 다만 연평의 기질은 평온하고 조용한 까닭에 깊이 침잠하는 데 뛰어나지만, 공(空)의 묘(妙)를 생각하는 병이 되지는 않을 뿐입니다. 그러나 이곳은 단지 아주 조금 소홀히 하는 사이〔毫忽之間〕에 아마도 잘못이 있는 것 같습니다.

　어떤 이가, "체인(體認) 또한 이미 이와 같다면 학문을 하는 노력인데, 뭐 어떠냐?"라 하길래, 거경궁리(居敬窮理)일 뿐이라고 말했습니다. 경(敬)이 확립되면 리(理)는 더욱 밝아지고, 앎이 이르면 뜻은 저절로 성실해집니다. 【 양자(兩者)는 서로 보탬이 됩니다. 경(敬)이란 마음을 간직하는〔存心〕 까닭이이어서, 경이 확립되면 리는 더욱 밝아지고, 리를 궁구하는 것〔窮理〕은 앎을 이루는〔致知〕 까닭이어서, 앎이 이르면 뜻은 저절로 성실해집니다. 】 공부가 이미 다다르고, 확충하여 기르는 것이 이미 왕성하면, 저절로 부합되는 곳이 있을 뿐입니다. 【 아까 말한 '단정하게 벽을 향한 것'과 같은 것은 또한 경(敬)이라고 이를 수 있습니다마는, 그 사이에 '물격(物格)' 일단(一段)의 공부를 빠트리고 있습니다. 이것이 동전 한 닢을 넘기면 반드시 어지러워지게 된다는 소이입니다. 】

【옛사람의 뜻이 다만 이와 같았기에, 궁리(窮理)라 말하지 않고 격물(格物)[23]이라고 하고 집의(集義)[24]라고 했으며, 복리(復理)라 말하지 않고 복례(復禮)[25]라고 하며, 거경궁리(居敬窮理)라고 말하지 않고 박문약례(博文約禮)[26]라고 했습니다. 모두 형체의 근거〔形據〕가 있는 것으로부터 공부를 하는 것이니, 그 지극히 정밀하고 지극히 묘함을 볼 수 있습니다. 】

答梁退叔

古人言敬, 多從行事處, 如執事敬·行篤敬之類是. 及宋諸儒, 有靜坐·澄心之等說, 愚亦嘗有疑. 於是驗而思之, 則古人自能食能言, 居常所養, 無非整齊恭肅, 而毋或戲惰, 平居固已敬矣. 古人, 旣養人以禮樂, 而以至盤盂几杖, 皆有銘有戒, 無非所以持養此心. 故其言自如此. 今旣無此養, 自幼熟於身接於耳目, 皆是紛然亂雜, 適於逸欲者. 故欲收拾, 則不得不別加靜專工夫, 此所以有靜坐等說也. 此如古人爲學, 皆是世上行用事, 而後人欲爲學, 則必隱居靜處, 然後乃能. 獨善其身, 雖似一偏, 而亦不得不然矣. 夫豈古人居常不敬, 而執事乃能敬耶. 於儼若思, 穆穆文王, 可見. 夫敬通貫動靜. 儼若思, 無事時敬也. 執事敬, 有事時敬也. 專而敬, 則此心不昏. 動而敬, 則應事不忒. 只是一團敬也. 是其一動一靜, 雖有時分, 而敬實貫徹無間也. 夫豈若兀然向壁者然哉. 敬者, 敬以直內, 敬以行事也. 不是將敬來做敬也. 故程子謂, 以敬直內, 則便不直, 而或問敬之體, 朱子曰, 只莊整齊肅, 則心自存, 更尋甚敬之體, 此可見矣. 然初學欲整齊, 則必着力而後能, 着力未免爲其所拘者, 此不熟之故也. 要在熟之而已.

---

23 『大學』 經1章.
24 『孟子』 公孫丑上, "……是集義所生者, 非義襲而取之也, 行有不慊於心則餒矣."
25 『論語』 顏淵, "顏淵問仁. 子曰, 克己復禮爲仁. 一日克己復禮, 天下歸仁焉. 爲仁由己而由人乎哉."
26 『論語』 雍也, "子曰, 君子博學於文, 約之以禮, 亦可以弗畔矣夫."

君子小人之分, 只是敬肆之間而已. 敬則天理存, 肆則人欲行.

苟非篤敬, 曷能勝百邪, 而使天理流行哉. 然篤敬非太執迫之謂. 此惟勿忘勿助長者知之.

靜中看未發時氣象. 朱子答何叔京書, 雖如此, 朱子後來自有定論. 與湖南諸公論中和書, 及未發已發說, 及中和舊說序, 可考而見也. 又有答胡季隨, 問目一段, 亦甚明白. 答叔京書中, 有奉親粗遺語, 嘗考之年譜, 朱子三十五哭李延平, 四十喪母, 蓋其書在三十七九歲時也. 又按中和舊說序, 乾道己丑之春, 與友人蔡季通論之, 而覺其非云云, 則乾道己丑, 乃朱子四十歲時也.

答叔京書在節要者, 自奉親粗遺以前十數首, 其中非但體認未發時氣象, 及察良心發見處等語, 與後來定見不同. 如恨未能一蹴而至其域, 廉謹公勤不足言矣之類, 亦同一脈絡也. 由其所見如是, 故其語義氣象, 自如此爾. 大槩延平此語, 似略有探據大本之意, 以延平行狀考之, 亦可見.

體認未發之語, 朱夫子旣說破明盡, 不須更論. 大抵爲學, 須從有形據上做工夫. 如向所說居處恭・執事敬・言忠信・行篤敬, 非禮勿視聽言動之類, 皆時有形據. 其精微處, 亦只在這裡而得之. 何則, 所謂道者, 皆是事物當行之理, 故外事物, 求理不得也. 至於未發已發, 則人心寂感之妙, 雖極微密, 其性情動靜之辨, 實有其分, 方其寂然未發時, 更何容求. 體認亦是求. 以故延平行狀云, 終日驗夫喜怒哀樂未發之前氣象爲如何. 而求所謂中. 只敬而無失, 乃所以爲中也. 此延平之語, 所以未免於 涉高危而欠平實, 不盡合於古聖賢本旨也. 但延平氣質恬靜, 深潛勝而不爲懸想空妙之病爾. 然此處只在毫忽之間, 恐易有差也.

或曰體認亦旣如是, 則爲學用功也, 當奈何. 曰居敬窮理而已. 敬立則理益明, 知至則意自誠. 兩者交相資益. 敬者所以存心, 而敬立則理益明. 窮理所以致知, 而知至則意自誠. 及其工夫旣到, 充養旣盛, 則自有契合處爾. 若向所謂兀然向壁者, 亦可謂敬矣, 而其間欠却物格一段工夫, 此所以界之一錢, 則必亂也.

古人意思只如此, 而不曰窮理, 而曰格物, 曰集義. 不曰復理, 而曰復禮. 不曰居敬窮理, 而曰博文約禮. 皆從有形據上做工夫也, 可見其至精至妙也.

『반계수록』에 관한 글

* 정교(政敎)

성왕이 제도를 만들고 가르침을 행할 때는, 하늘을 본받아 만들고, 하늘을 대신해서 베푸는 것이 아님이 없었다. 그 도(道)는 육경(六經)에 갖추어져 있는데, 사실은 단지 한 개의 인(仁)일 따름이다.

천하를 다스리면서 공전(公田)이 아니고 공거(貢擧)가 아니면 모두 구차할 따름이니, 비록 선정(善政)이 있다고 하더라도 단지 헛된 아름다움〔虛文〕이 된다.

공전이 한번 시행되면 온갖 법도가 행해지고, 빈부(貧富)가 저절로 고르게 되며, 분수(分數)가 저절로 정해지고, 호구(戶口)가 저절로 분명해지며, 군대는 저절로 정비된다. 오직 이와 같은 연후에야 교화(敎化)가 시행될 수 있다. 【예악(禮樂)이 아무리 흥해도, 그렇게 하지 않으면, 큰 근본이 이미 문란하기 때문에 다시 말할 것도 없다.】

정전법(井田法)은 땅을 근본으로 삼아서 사람을 고르게 하니, 정으로 동을 제어하는〔由靜御動〕 뜻이다. 성인이 천리(天理)를 본받은 까닭에 일을 다스리는 것이 모두 이와 같았다. 후세에는 장정(壯丁)을 근본으로 삼았기에 사람이 고르게 될 길이 없었다.

주자는 "정치를 행함에는 반드시 법도〔規矩〕가 있어서 간사한 백성과 교활한 벼슬아치들이 사사로움을 행사할 수 없게 한 연후에야, 형벌(刑罰)을 덜 수 있고 세금과 부역을 줄일 수 있다.”고 했다.

주자는 정치를 논하면서, 너그러움〔寬〕을 말하는데 그치지 않고, 엄함〔嚴〕을 말했다. 엄함이란 위세를 높이는 게 아니다. 욕심이 없으면 저절로 엄해진다. 대저 지금 정치를 하면서 엄하지 못한 까닭은 놀며 즐기거나 게으른〔般樂怠傲〕 탓이 아니면 조그만 은혜를 베풀기 좋아하는 따위 때문이다. 이것은 모두 인욕(人欲)이니, 이러한 술수가 없는 자라면 엄하려 하지 않아도 엄해진다. 천리(天理)와 인욕(人欲)의 다름이 일마다 이와 같다. 시험 삼아 보건대, 천지의 지극한 사랑〔至仁〕이 어찌 일찍이 엄하지 않던가? 천도(天道)는 사사로움과 거짓이 섞이지 않은 까닭에, 오기(五氣)가 두루 퍼지고, 온갖 물건이 생겨난다. 정치를 하는 자가 성실해서 사사로움이 없고, 기강과 법도가 정연해진 연후에야, 사람을 사랑하고 만물을 이롭게 하는 혜택이 베풀어진다.

옛날에는 땅을 나누는 일은 있어도 백성을 나누는 일은 없었다. 정전(井田)은 땅을 위주로 계산하는데, 사람은 그 가운데 있다. 그러므로 그 봉건(封建)은 백 리·칠십 리·오십 리라고 말을 하니, 천승(千乘)·백승(百乘)은 따라서 알 수가 있다. 정전(井田)이 없어진 이후에는 사람을 주로 삼은 까닭에, 그 군현(郡縣)과 식읍(食邑)은 모두 만호(萬戶)·천호(千戶)·백호(百戶)라고 말을 하니, 대개 진(秦)·한(漢)부터 시작되었다. 그러나 땅을 버리고 사람을 계산하면, 사람(수)는 분명해질 길이 없다. 【후한(後漢)의 황경(黃瓊)이 “지금의 제후는 호읍(戶邑)으로 판단하지 리수(里數)로 하지 않는다”고 말한 것이 이것이다. 】

수(隋) 양제(煬帝) 때에 과거(科擧)에서 용(俑)을 만들고, 당(唐)나라 때에 그것을 따랐다. 이것은 다만, 근세에 연산군이 주색에 빠져 공안

(貢案)을 어지럽게 했지만 이제까지도 고칠 수 없는 것과 같을 따름이지, 다른 뜻은 없다. 혹 옛날과 지금이 뜻을 달리 한다고 말하기도 하지만, 이는 매우 무지하다.

정백우(鄭伯虞)의 말에, 과거(科擧)로 사람을 취하는 법은 수양제에 의해 만들어졌는데, 양광(楊廣 ; 수양제의 이름)의 죄는 진실로 이루 다 죽일 수 없지만, 이것이 가장 큰 죄가 된다고 한다. 어째서인가? 시역죄(弑逆罪)는 죄가 제 몸에 해당하지만, 족히 천만세(千萬世)의 경계가 되어, 천하 만고(萬古)로 하여금 겨울의 긴 밤 같게 하는 것은 과거의 폐해이다.

후세의 여러 폐단은 서로 원인이 되어 굳게 맺어져 있다. 비유하자면 엉켜진 실타래 같아 진실로 근본부터 정리하지 않으면 말단은 어찌할 수가 없다.

후세의 속악(俗樂)은 대체로 모두 음탕한 '미미의 악〔靡靡之樂〕'[1]이다. 송(宋)의 휘종(徽宗)이 지은 대성악(大晟樂)을 보면, 정성(鄭聲)[2]인데, 생각은 이에 이르지 않았지만, 몸이 그에 미쳤다.【대성악(大晟樂)은 또한 『고려사(高麗史)』에 보이는데, 휘종이 이 음악을 제정해서 고려에 주었다.】

공거(貢擧)·공전(公田) 두 가지 일을 거행할 수 있게 되면, 저절로 마땅히 류(類)를 미루어 그 나머지를 남김없이 다하게 된다. 지금의 때를 당하여 이같이 할 수 있다면, 비록 매우 치우쳐 있는 작은 나라

---

1 『史記』殷 本紀에 의하면 紂王은 酒池肉林의 향락을 누리면서 師涓이라는 악사로 하여금 靡靡之樂이라는 음탕한 노래를 작곡하게 했다.
2 鄭나라의 음악. 음탕한 노래가 많아, 음탕한 음악의 대명사로 쓰인다.

라 할지라도 십 년이 지나지 않아 반드시 천하에 왕 노릇하며, 비록 사양한다 할지라도 어쩔 수 없을 것이다. 또 말하기를, 법제가 이미 정해지고, 시행하는 것이 익숙해진 뒤에는, 중간에 비록 어두운 임금이 있더라도, 수백 천년 그 세도(世道)의 아름다움을 무너뜨리지 못할 것이라는 것을 알 수 있을 것이다. 이와 같으면서 역대 천자의 자리가 영원하지 않는 일이란 있지 아니하다.

오직 근본에 통달한 자라야 정치를 논할 수 있다. 시속(時俗)에 빠진 자는 익숙한 것〔習〕을 따름이다. 남방의 풍속은 이마에 그림을 새기는 것〔雕題〕을 아름답다고 여기고, 서쪽 오랑캐의 풍속은 시체를 불태우는 것을 영화롭다고 여기는 것이니, 익숙해진 것에 안주한다면 제 잘못을 알 수가 없다.

대저 백성들이 사는 마을을 중국에서는 '인리(隣里)'라고 하는데, 주(周)나라가 다섯 집을 린(隣), 다섯 린(隣)을 리(里)라고 한 제도에서 나온 것이다. 우리나라는 '동네〔洞內〕'라고 하며, 다만 산골짜기에 의거해서 이같이 일컫는다. 대개 성인이 모든 일을 다스리고 절제하는 일을 겪어보지 못했기 때문이다.

대저 군제(軍制)는 밭을 기준으로 병사를 내지 않으면 끝내 정돈할 길이 없다.

군사를 냄에 의(義)로써 하면 병사들의 기운이 저절로 이기고, 절제(節制, 통솔)가 엄하고 분명하면 군사들의 마음은 흔들리지 않는다. 이른바 임기응변이라는 것은 또한 절제(節制)·명교(明敎)·연정(鍊精)에 있을 따름이다.

대를 이어 오래도록 존속할 수 있으려면, 창업의 초기에는 비록 조례(條例)가 미비하더라도, '인재를 일으키고〔興人才〕, 도학을 숭상하고〔崇道學〕, 절검을 앞세우는 일〔先節儉〕'을 급선무로 하지 않을 수 없다. 이와 같이 하지 않고서는 비록 얻더라도 반드시 잃게 된다.

옛날에, 동지(冬至)에는 나라의 남쪽에 있는 둥근 언덕〔圓丘〕에서 하늘에 제사를 지내고, 하지(夏至)에는 나라의 북쪽에 있는 네모난 언덕〔方丘〕에서 땅에 제사를 지냈다. 【『주례(周禮)』에서 고찰할 수 있다. 】 천지를 합해서 제사지내는 것은 후세에 예를 잃은 것이다. 【지금 명(明)나라의 제도 또한 그러하다. 구준(丘濬)의 무리가 비록 곡진하게 설명을 하기는 했지만, 끝내 사사로움을 쫓는 견해이다. 송(宋)나라의 소식(蘇軾)이 「호천유천명(昊天有天命)」[3]의 시(詩)에 근거하여 교사(郊祀)와 한 가지라 하고, 문로공(文潞公)은 "비유하자면 부모에게 제사지내는 것과 같은데, 한 곳에서 한들 무슨 해가 되겠는가?"고 한다. 정자(程子)는 "천지에 제사지내는 것과 또 부모에게 제사지내는 것은 같지 않다. 이것은 뿌리에 보답하는〔報本〕 제사인데, 모름지기 각기 류(類)에 따라 제사를 지내야지 어찌 동시에 할 수 있는가?"라고 말한다. 주자는 「시서변설(詩序辨說)」에서, "옛날에 성인이 제사의 예를 제정하여 만들 때에는 반드시 상(象)으로써 류(類)를 가름했다. 그러므로 남쪽에서 하늘에 제사지내고, 북쪽에서 땅에 제사지내며, 제단과 제단의 담〔壇墻〕·음악과 춤〔樂舞〕·제기와 폐백〔器幣〕의 무리 또한 각각 같지 않다."고 한다. 원구(圓丘)에서 천지를 합하여 제사지낸다고 말하는 것 같은 것인 즉, 옛날에는 일찍이 이러한 더럽고 어지럽고 난잡한 예(禮)는 없었다. 】

후세의 친경례(親耕禮)에는 쟁기에 아로새기고 금을 칠한 글이 있는데, 몸소 밭을 가는 친경(親耕)의 본뜻이 어디에 있는가? 몸소 밭을 갈면서 그 제도가 이와 같다면, 다른 일을 알 수 있다. 진실로 고례(古禮)

---

3 『詩經』 周頌 淸廟之什.

를 회복하고, 지금의 음악을 변화시키지 않는다면, 다스릴 수 있는 길이 없다.

조남명(曹南溟)이 이르기를, "우리나라는 서리(胥吏) 때문에 망한다."고 하니 사람들이 모두 그렇다고 말했다. 그러나 그렇게 된 근본을 미루어보면, 서리가 농간을 부리는 것은 관원(官員)이 자주 옮기기 때문이고, 관원이 자주 옮기는 것은, 국가가 법을 제정하고, 본디 법에 맡기고 사람에게 맡기지 않기 때문이다.

땅을 나누어 읍(邑)을 세움에 성(城)을 쌓고 연못을 파니, 곧 나라의 대사(大事)이다. 옛날에 백 리 칠십 리를 봉(封)하고 모두 성이 있도록 했는데, 그 제도가 아주 잘 갖추어져 있었다. 『춘추전(春秋傳)』에, "이맥(夷貊) 오랑캐는 성곽의 제도가 없기 때문에, 곧바로 천막으로 나아가 추장을 사로잡는 일이 있다."고 하는데, 중국이라면 이런 일은 없다. 우리나라는 비록 군현(郡縣)·성읍(城邑)이 있기는 하지만, 매번 외적이 문득 서울에 다다라도 방해받는 일이 없는 것은, 성이 있어도 없는 것 같기 때문이다. 【우리나라는 땅을 쪼개어 도읍을 두는데, 그 제도를 잃은 것이 많아서 성곽이 없다. 있는 것도 또한 모양을 이루지 못하니 참으로 가소롭다.】 아직도 고루함을 면하지 못하고 있을진저!

나는 예(禮)를 읽으면서 성인이 예를 만든 것이 지극함에 탄식하였다. 위아래가 하나같이 공경하고, 예를 중히 여기는 것이 이와 같으니, 난잡함이 어디에서 생겨나겠는가? 지금 사람은 매번 '봉건(封建) 같으면'이라고 말을 하면서도 곧 전쟁에 이르니, 이는 바로 지금 익숙해진 바를 따라 사사로운 뜻으로 헤아려서, 성인이 하늘을 본받아 다스리는 도를 알지 못해서이다. 대저 예(禮)는 한 집안에는 한 집안의 쓰임이 있고, 천하에는 천하의 쓰임이 있으니, 진실로 이 예가 없어지지 않는다면, 천하가 모두 예로써 일을 다스리는 것을 알고, 예가 미치지 못함을【어떤 것은 '어김이 있으면'이라고 되어 있다】부끄러워한다. 인심이 이와 같으면, 비록 간웅(奸雄)이 있다 하더라도 그 간사함을 싹 틔울 수 없게 된다. 이것이 오래도록 다스림이 융성해서 난(亂)이 일어나지 않는 이유이며, 삼대(三代)가 삼대가 될 수 있는 까닭이다.

고제(古制)에 제후가 천자를 알현함〔朝覲〕에는 멀고 가까움에 따라 뜸하고 자주하는 차이〔疏數(소삭)〕가 있어서, 각각 지방에 따라 때를 나누어 조회했는데, 후세의 이른바 '삼명절 조하(三名節朝賀)'[4] 같은 것은 있지도 않았다. 옛날에 조정에서 불러들이는 일〔朝聘〕은 모두 직무상의 일을 진술〔陳事述職〕하는 일이어서 위아래가 공경하여 예를 삼가니, 저 경계의 뜻으로 하늘을 받들고 백성들에게 힘쓰며, 자기의 직분을 다할 것을 생각하는 소이가 아님이 없었다. 후세에는 단서도 없이 임금이 하례를 받고, 자리〔位〕를 즐거움으로 여기며, 신하는 축하를 핑계로 아첨하는 것을 직분으로 삼으니, 대본(大本)이 이미 상실되어 말할 것도 없다. 그러나 설날에는 오히려 가는 것이 옳다.【조정에 모이는 것은 괜찮으나, 축하하는 것은 부당하다.】동지나 생일에 이르러서는, 더욱이 (이를)하게 되면 리(理)를 해친다.

옛날이나 지금이나 이 천지(天地)이고 이 인물(人物)인데, 그 일은 같지 않아서, 그 예(禮)의 인습과 변혁을 알 수가 있다. 대사(大射)·근빙(覲聘)·사상견(士相見) 같은 것은 옛날에는 있었지만 지금은 없는 것이고, 성절(聖節)·상수(上壽)·상존(上尊)의 호칭과 배표(拜表)의 류(類)는 옛날에는 없었는데, 지금은 있는 것이다.

---

4 천자의 생일, 정월 초하루, 동지의 삼대 명절에 축하차 천자를 알현하는 일.

임금의 순수(巡狩)는 지금 세상에는 비록 반드시 고제(古制)의 5년 12년 주기와 같이 할 필요는 없지만, 또한 마땅히 참작해서 의당 행해야 할 것이다. 그러나 반드시 일은 모두 간이하고 실질적인 연후에야 얻음이 있을 것이다. 문중자(文中子)는 "옛날에 천자가 순수하는데도 백성이 수고롭지 않았던 것은, 다른 도가 있어서가 아니라, 병사가 호위하는 것이 적고 백성들에게 거둬들이는 것이 적어서였다."고 했는데, 어떤 이는 "후세 임금의 순행(巡幸)은 병사의 호위가 적으면 간악함을 막을 수 없다."고 한다. 고금(古今)에 국가의 화란(禍亂)은 항상 임금의 실덕(失德)과, 백성의 근심과, 병사들의 원망으로 말미암아 이른 것인데, 어떻게 일찍이 병사의 호위가 적어서 화를 이르게 하는 일을 보았는가? 【임금을 따르는 의장(儀仗)이 번잡하면 단지 간소하고 검약하는 일에 어그러질 뿐만 아니라, 실지로 강약(强弱)에 관계된다. 송(宋)나라 제도인 황의대장(皇儀大仗)은 이만 명을 쓰는 데 이르러서 가히 매우 성대하다고 할 만했는데, 금(金)나라 병사가 하루아침에 몰려오자 온 겨레가 북쪽의 끌채〔신하〕가 되었다. 우리나라의 의제(儀制)는 비록 중국 조정에는 못 미치지만 역시 매우 번잡하다. 청나라 사람이 심양에 있을 때 그 의제(儀制)가 베풀어졌는데, 우리나라가 병사를 감독하고 부리는 그런 것에는 훨씬 못 미쳤으나, 그러나 중국 조정과 우리나라가 모두 그에 의해 침몰당했으니, 여기에서 또한 알 수 있다.】

문중자(文中子)가 "사람이 마을〔里〕에 살지 않고, 땅은 정전(井田)으로 주지 않는다면, 끝내는 구차한 도이니, 비록 순임금 우임금이라 하더라도 다스릴 수 없다."고 했다. 왕중엄(王仲淹)[5] 또한 실한 곳을 보았으니 제유(諸儒)가 미칠 바가 아니다.

문중자(文中子)가 수(隋)나라 때 (지방관인) 목(牧)과 수(守)가 자주 바뀌

---

5 王通(584~617). 仲淹은 字이고, 시호는 文中子임.

는 것을 보고, "요(堯)·순(舜)은 삼 년마다 실적을 고찰하고, 중니(仲尼, 공자)는 삼 년 만에 이룸이 있었는데, 지금은 한 달마다 바뀌니, 나는 그 도를 모르겠다."고 말하니, 설수(薛收)가 어떠냐고 하여, 문중자는 이렇게 말했다. "삼대가 융성할 때는 나라와 왕실에 사직(社稷)이 있었고, 양한(兩漢)이 성할 때에는 지방관인 목(牧)과 수(守)는 거기에서 자손을 길렀으니, 이같이 그리 급하지 않았다. 정해진 주인이 없는데 충성을 재촉하고, 정해진 백성이 없는데 교화를 재촉하면, 비록 그를 할 수 있다고 말은 할지라도 해서는 안 된다."

가만히 듣건대, 고황제(高皇帝)가 훈계(訓戒)를 지어, 후세에 오랑캐와 화친하는 일을, 내 자손이 발의하면 천하가 함께 그를 치고, 신하가 발의하면 족속을 형벌하고 천하에 포고하라며, 그것을 종묘에 보관하라고 말했다는데, 황조(皇朝)가 보는 것은 역대 제왕이 미칠 바가 아니다.

주자가 오수창(吳壽昌)에게 "그대는 여산(廬山)의 주선간(周宣幹)을 들어보았는가?" 하니, 오수창이 "들었습니다"고 했다. 주자가 말했다. "선간(宣幹)에게 일찍이 한마디의 말이 있었다. 조정이 만약 중원을 회복하고자 한다면, 모름지기 삼십 년의 과거(科擧)를 없애야만 비로소 할 수 있다."

공전(公田)을 논함에 따라, 어떤 이는 공전이 지금의 법〔今法〕과 이해(관계)가 끊이지 않는다고 말하면서, 모름지기 이해를 논해서는 안 되며〔어떤 데는 '많이 말해서는 안 된다'로 되어 있다. 〕, 저절로 천리가 이와 같이 합치되어야 한다고 한다. 〔춘추의 뜻으로는, 대부(大夫)는 땅을 제멋대로 하지 못한다. 〕

　이경자(李敬子)가 "후세에 인재가 떨치지 못하고, 선비의 기풍이 아름답지 못한 것은 과거법(科擧法)에 있습니다. 그러나 명도(明道)의 '빈흥(賓興)'의 논리와 이천(伊川)의 '간상(看詳)'의 제도를 곧 쓰게 한다면, 지금 학교를 맡고 있는 자들이 모두 과거를 통해 나왔는데 또한 어찌 급히 변해서 도에 이를 수 있겠습니까?"라고 물으니, 주자가 "이러한 규모로 점진적으로 해나가면, 처음에는 힘을 쏟아야 고쳐지겠지만, 오래되어 성숙되면 자연히 크게 변할 것이다."라고 말했다. 만약 하고자 함이 있는 자가 있다면, 주자의 이 말을 마땅히 깊이 몸으로 생각해야 할 것이다.

　옛날에 형벌은 대부(大夫)까지 올라가지 않았으니, 염치(廉恥)로서 선비〔士〕를 대우한 것이다. 죄가 크지 않으면, 줄로 묶어 감옥에 보내고〔囚繫〕 매질〔鞭笞〕할 수 없었다. 진실로 죄가 있어서 줄로 묶어 감옥 보내고 매질하면 다시 대부(大夫)가 되기는 어려웠다. 지금은 죄가 미미한데도 문득 감옥 보내고 매질하고, 매질이 그치면 곧 현관(顯官)에 서용(敍用)된다. 이와 같으니 비록 달마다 감옥 가고 매질을 가한다 할지라도, 다만 염치의 도만 없어질 뿐이니 기강이 서기를 어찌 바라겠는가!【파직(罷職) 또한 가볍게 해서는 안 된다. 그 범죄를 밝힌 연후에야 그 직을 파하고, 이미 죄가 있어서 그 직을 파했으면 단서 없이 서용해서는 안 된다. 이같이 하면 사람들은 자애(自愛)할 줄 알아서 죄를 범하고 법을 저버리는 것을 중하게 여기니, 비록 파직이라 하더라도 지금의 감옥과 매질보다 더 무겁다.】

政敎

　聖王之立制行敎, 無非體天而作, 代天而施者也. 其道, 備於六經, 其實只是一箇仁而已.

治天下, 而不公田·不貢擧, 皆苟而已. 雖有善政, 徒爲虛文.

公田一行, 而百度擧矣. 貧富自均, 分數自定, 戶口自明, 軍伍自整. 唯如此而後, 敎化可行.【禮樂萬興, 不然, 大本已紊, 無復可言.】

井田之法, 本地而均人, 由靜禦動之義也. 聖人, 體天理, 故其制事, 皆如此. 後世, 以人丁爲本, 則人無由可均矣.

朱子曰, 爲政必有規矩, 使奸民猾吏, 不得行其私, 然後刑罰可省, 賦斂可薄.

朱子論政, 不止曰寬而曰嚴. 嚴非尙威也. 無欲則自嚴. 凡今爲政之所以不嚴者, 非般樂怠傲, 則好行小惠之類也. 此皆人欲也. 無是數者, 則不嚴而嚴. 天理人欲之辨, 事事如此. 試觀天地至仁, 何嘗不嚴. 天道無私僞之雜, 故五氣順布, 百物生焉. 爲政者, 誠實無私, 而紀綱法度, 整然, 然後愛人利物之澤, 行焉.

古者, 有分土, 而無分民. 井田, 主地計之, 而人在其中. 故其封建, 云百里七十里五十里, 而千乘百乘, 從可知焉. 井田廢後, 以人爲主. 故其郡縣食邑, 皆曰萬戶千戶百戶, 蓋自秦漢始也. 然捨地計人, 則人無由可明矣.【後漢黃瓊謂, 今諸侯, 以戶邑爲判, 不以里數爲者, 此也.】

科擧作俑於隋煬, 而唐世因之. 此只如近世燕山荒淫變亂貢案, 而至今不能改耳, 無他意義也. 或以古今異宜爲說, 此則無知之甚者.

鄭伯虞言, 科擧取人之法, 作於隋煬. 楊廣之罪, 固不勝誅, 而此爲其罪之大者. 何也. 弑逆之罪, 罪當其身, 而足爲千萬世之戒, 使天下萬古,如長夜者, 科擧之害也.

　後世百弊, 相因固結. 譬如亂絲, 苟不從本整理, 末如之何也.

　後世俗樂, 大抵皆靡靡之樂也. 觀宋徽宗所製大晟樂, 鄭聲, 想不至此, 宜其身之及也.【大晟樂, 亦見高麗史. 徽宗制是樂, 頒賜高麗】

　貢擧·公田, 二事, 有能擧而行之, 自當推類, 以盡其餘. 當今之時, 有能如此, 雖甚僻小之邦, 不出十年, 必王天下, 雖欲辭之, 不可得矣. 又曰, 法制旣定, 行得熟後, 則中間, 雖有昏黑之君, 數百千年, 壞不得其世道之休, 可知. 如此而曆祚不永者, 未之有也.

　惟達本者, 可以論政. 溺於俗者, 隨習而已. 南方之俗, 以雕題爲美, 羌戎之俗, 以焚屍爲榮者. 安於所習, 不知其非也.

　凡民居村閭, 中國曰隣里. 蓋出於成周五家爲隣, 五隣爲里之制也. 本國曰洞內. 只因依居山谷, 而稱謂如此. 蓋未曾經聖人經制凡事故也.

　凡軍制, 不以田出兵, 終無由可整.

　師出以義, 則士氣自勝. 節制嚴明, 則軍心無撓. 所謂臨機應變者, 亦在乎節制明敎鍊精而已.

　歷代能享年長久者, 創業之初, 雖條例未備, 莫不以興人才·崇道學·先節儉爲先務. 不如此, 雖得之, 必失之.

　古者, 冬至祭天於圓丘, 在國之南. 夏至祭地於方丘, 在國之北【周禮可考】. 合祭天地, 後世之失禮也.【今大明之制亦然. 丘濬輩, 雖曲爲之說, 終是徇私之見. 宋蘇軾, 據昊天有成命之詩, 謂郊祀同. 文潞公謂, 譬如祭父母, 作一處, 何害. 程子曰, 郊天地, 又與其祭父母, 不同也. 此是報本之祭, 須各以類祭, 豈得同時耶. 朱子詩序辨說曰, 古者, 聖人制爲祭祀之禮, 必以象類. 故祀天於南, 祭地於北耳. 其壇壝樂舞器幣之屬, 亦各不同. 若曰合祭天地於圓丘, 則古者, 未嘗有此瀆亂厖雜之禮.】

後世親耕禮, 有鏤耒塗金之文, 親耕本意安在. 親耕而其制如此, 他事可知. 信乎不復古禮, 不變今樂, 無由可治也.

曺南溟謂, 我國以胥吏而亡. 人皆曰然. 然推本所由, 則胥吏用事, 官員數遷故也. 官員數遷, 國家制典, 本任法, 而不任人故也.

分土建邑, 築斯城, 鑿其池, 乃有國之大事. 古者, 百里七十里之封, 皆令有城. 其制甚備. 春秋傳曰, 夷貉無城郭官守, 故有直造其帳, 虜其酋長者. 中國則無是也. 我國雖有郡縣城邑, 而每有寇兵輒抵京都, 無有妨礙者, 有之, 似無故也.【我國割地置都, 多失其制, 而無城郭, 其有者, 亦不成模樣, 直是可笑.】其猶未免固陋也歟.

余讀觀禮, 嘆聖人制禮之至也. 上下一於恭敬, 重禮如此, 亂何由生. 今人, 每謂若封建, 便致兵爭, 此乃因今所習, 度以私意, 不知聖人體天制治之道也. 夫禮, 一家有一家用, 天下有天下用. 苟此禮未亡, 則天下皆知以禮將事, 耻其不逮【一作或有違】. 人心如是, 雖有奸雄, 無所萌其奸. 此以長治久隆而亂不生也, 三代之所以爲三代也.

古制朝覲, 遠近有踈數, 而各以其方, 分時以朝, 未有如後世所謂三名節朝賀也. 古者, 朝聘, 皆陳事述職之事, 上下恭敬謹禮, 將夫警戒之意,無非所以奉天勤民, 思盡其職也. 後世, 則無端君受賀, 以位爲樂, 臣稱賀以諂爲分, 大本已失, 無可言者. 然元朝則猶之可也.【會朝可也, 賀不當爾.】至於冬至生日, 則尤爲害理

古今此天地此人物, 而其事爲不同, 觀其禮之因革, 則可知. 如大射觀聘士相見之類, 古有而今無者, 如聖節上壽上尊號拜表之類, 古無而今有者.

人君巡狩, 今世雖不必一如古制五歲十二歲之期, 亦當酌宜行之. 然必事皆簡實然後爲得. 文中子曰, 古者, 天子巡狩而民不勞者, 無他道也, 兵衛少而徵求寡也. 或謂, 後世人君巡幸, 兵衛不盛, 不足以防姦. 古今國家之禍亂, 恒由人主失德, 民愁兵怨而致, 何嘗見兵衛少而致禍者耶.【從御儀仗之繁, 非但有乖簡儉, 實關强弱. 宋制皇儀大仗, 至用二萬人, 可謂極盛, 而金兵一朝來驅, 則擧族北轅. 我國儀制, 雖不及中朝, 亦甚繁. 淸人在藩時, 其儀設, 遠不及我國監兵使然, 而中朝與我國, 皆爲其所淪, 於此亦可見矣.】

文中子曰, 人不里居, 地不井授, 終苟道也, 雖舜禹, 不能理也. 王仲淹亦見得實處, 非諸儒所及也.

文中子見隋時牧守屢易曰, 堯舜三載考績, 仲尼三年有成. 今旬月而易, 吾不知其道. 薛收曰如何. 曰, 三代之隆, 邦家有社稷焉. 兩漢之盛, 牧守長子孫焉, 不如是其亟也. 無定主, 而責之以忠, 無定民, 而責之以化, 雖曰能之, 末由也已.

窃聞, 高皇帝作訓戒, 後世有與虜和者, 吾子孫發議, 則天下共討之. 臣下發議者, 其刑族布告天下, 藏之宗廟云, 皇祖見處, 非歷代帝王所及.

朱子謂吳壽昌曰, 子聞廬山周宣幹否. 曰, 聞之. 曰, 宣幹嘗有一言極好. 朝廷若欲恢復中原, 須要罷三十年科擧始得.

因論公田, 或言公田與今法利害不止, 曰不須論利害【一作不須多說】, 自是天理合如此【春秋之義大夫不得專地】

李敬子問, 後世人才不振, 士風不美, 在科擧之法. 然使便用明道賓興之論, 伊川看詳之制, 今之任學校者, 皆由科擧而出, 亦豈能遽變而至道哉. 朱子曰, 從此規模, 以漸爲之, 其初不能不費力矯揉, 久之成熟, 則自然丕變矣. 如有有爲者, 朱子此言, 宜深體念之.

古者, 刑不上大夫, 以廉恥待士也. 罪不大, 則不可以囚繫鞭笞. 苟有罪, 而囚繫鞭笞, 難乎其復爲大夫矣. 今也微罪而輒施囚繫鞭笞, 鞭笞之已, 卽叙顯官. 如此, 則雖月加囚笞, 祇廉恥道喪而已, 有何望於紀綱之立.【罷職亦不宜輕. 明其罪犯, 然後乃罷其職. 旣有罪而罷其職, 則無無端敍用. 如此則人知自愛重犯負, 雖罷職, 重於今之囚笞徒竄也.】

*『수록』을 쓰고 나서〔書隨錄後〕

이상의 약간의 조항들은 혹은 古今의 책들을 읽으면서, 혹은 생각이 미치는 대로 그때 그때 기록한 것인데, 모두가 지금 세상에 절실히 급한 것들이다. 생각하건대 왕도(王道)가 없어진 뒤로 만사가 기강을 잃어, 처음에는 사사로움을 따라 법을 만들더니 끝내는 융적(戎狄)이 화하(華夏)를 지배하는 데 이르렀다.[6] 우리나라도 고루한 폐습이

---

6 여기서 崇明排淸 의식을 엿볼 수 있다.

고쳐지지 않은 것이 많았는데 더욱 쇠약해져 마침내는 (융적에게) 큰 치욕을 당하고 말았다.[7] 천하 국가가 대개 이 지경에 이르렀으니 나쁜 법을 고치지 않으면 치세로 돌아갈 수가 없다. 돌아보건대 폐단이 폐단으로 된 것은 점점 수백 천년 쌓이고, 잘못이 잘못으로 세습되어 끝내는 옛 법규가 서로 얽히고 서로 원인이 되어 엉클어진 실타래 같아서, 그 근본을 규명하여 혼란하게 된 것을 제거하지 않고서는 그것을 바로잡을 수가 없다. 그러나 지금 벼슬자리에 있는 자들은 이미 과거를 통해 등용된 다음에는 오로지 습속(習俗)을 따르는 것이 편하다는 것만 알고, 초야에 있는 선비들은 혹시 스스로의 수양에는 뜻이 있을지라도 경세(經世)의 실용(實用, 한편으로는 시조지방施措之方으로 쓴다)에 대해서는 뜻을 세우지 못하고 있다.[8] 이렇다면 지금 세상은 다스려지는 날이 없고 생민(生民)의 화가 끝이 없게 된다. 나는 이것이 너무나 두렵다. 그래서 일찍이 나는 (이것저것)따져보지도 않고 동지들과 더불어 옛일을 상고하여 일을 바로잡아 세도(世道)에 조금이라도 보탬이 될 수 있는 것에 대해 생각했다. 그러나 일에는 완급(緩急)이 있고, 한 가지 일 중에도 실마리와 항목은 여러 가지이니, 만약 예(例)를 견주어 보지 않으면 그 득실의 사이를 밝혀낼 수가 없다. 이에 감히 조목을 나열하고 그에 대한 자세한 것들을 모아서 스스로 마음에 새기고, 잊지 않도록 대비해 놓았다. 【모든 일은, 만약 말만 하고 그만둘 뿐이라면 끝내 밝게 드러날 수 없는 것이니, 반드시 조목과 절목에다 자세한 내용을 세밀하게 적은 연후에야 그 일의 시비와 득실이 드러나게 된다. 】 고명한 이를 만나면 마땅히 그에게 질정(質正)을 받으리라. 글 사이에 말이 국가의 법전과 제도에 미치는 것이 있는데도 혐의가 되지 않는다고 여기는

---

7 여기서 磻溪 실학의 출발은 약해진 국력에 대한 처절한 반성과 그 극복을 위한 노력의 선상에 있다는 것을 알 수 있다.

8 뜻있는 선비라 하더라도 修己之體에만 관심을 두지, 治人之用은 관심을 갖지 않는 당시의 풍토를 지적하는 말이다.

것은, 이는 세상에다 말을 내세우려는 것이 아니라, 스스로 그때그때 적어두고 참고하려 하기 때문이다. 아, 여기에도 부득이한 바가 있을 따름이다.

어떤 사람이 나에게, "선비가 마땅히 평소 익혀야 할 것은 도(道)이고, 실제적인 일에 대해서는 다만 마땅히 그 대체만을 알 뿐이다. 이제 그대가 수고로움을 꺼려하지 않고 절목(節目)에까지 연구하고 생각하는 것은 무슨 까닭인가?"라고 묻는다. 나는 말한다. 천지의 리(理)는 만물에 드러나며, 물(物)이 아니면 리(理)는 드러날 곳이 없다. 성인의 도는 만사에서 행해지며, 일이 아니면 성인의 도는 실현될 곳이 없다. 옛날에는 교화가 밝게 행해져서 대경대법(大經大法)으로부터 작은 한 가지 일에 이르기까지 그 제도와 법규가 모두 갖추어져서, 천하 사람들이 날마다 쓰는 사이에 마음에 익어서 마치 물을 긷고 땔나무를 하듯 모든 일에서 실제로 행해졌다. 주나라가 쇠잔해지자 비록 왕도는 행해지지 않았으나 그 제도와 법규들이 천하에 여전히 남아 있었다. 이런 까닭에 성현들의 경전에는 오직 다스림의 근원만을 논해서 학자에게 전하고, 제도에 대해서는 시시콜콜히 일삼을 필요가 없었다. 진(秦) 이래로는 전장(典章) 제도(制度)마저도 함께 없어져서, 옛 성인들이 정치를 행하고 가르침을 펴던 모든 절목들은 하나도 세상에 전하는 것이 없었다. 천하 사람들의 이목은 후세에 사사로운 뜻에 의해 만들어진 제도에만 고착되어서 다시는 선왕의 문물제도가 있었음을 알지 못했다. 재주가 뛰어나 옛것에 밝은 자도 또한 그 자세한 것을 알 수 없었다. 간혹 선비들 중에는 그 대체(大體)를 알고 이 세상에 한번 시행해 볼 만하다고 말하기도 하지만, 일단 해보고자 하면 일을 시행하는 과정에 많은 빈틈이 생겨 끝내 시행할 수 없게 되는 것은 단지 그 대체만을 믿고 조목과 절목이 그 마땅함을 잃었기 때문이다. 【삼대의 제도는 모두 천리와 인도를 따라 만든 것이니, 그 요점은 만물로 하여금 제 있을 곳을 얻게 하고 온갖 상서로움이 다 이르도록 하는 것이다. 후세의 제도는 모두 인욕(人欲)에 따라 구차하고 편한 것만을 쫓아 만든 것으로, 그 요점은 인류로 하여금 혼란스럽게 하고 천지가 막히도록 하는 데 이르도록 하는 것이니, 옛날과 더불어 정 반대이다. 삼대의 경세 제도는 대개 전해오는 책에서 볼 수 있지만, 그를 실행하던 조목들은 지금 남아 있지 않아 자세히 얻어 보기 어렵다. 후세 사람들의 마음과 눈은 이미 옛날 일과 더불어 통하지 않는 까닭에 비록 옛것에 뜻을 둔 자가 있더라도 폐단과 간격이 있게 됨을 면할 수 없다. 그 생각하는 것에서부터 이미 성글고 빠져 있어서 옛사람들이 일을 실지로 일삼아 하던〔實事其事〕 것 같지는 않다. 이런 까닭에 반드시 그 법전과 제도를 철저히 연구하여 그 본래의 뜻을 얻고, 그를 일에 미루어 자세한 조목에 이르기까지 절목 하나하나가 모두 마땅히 빠진 것이 없게 된 연후에야 실행에 들어갈 수 있다. 】 천하의 리(理)는 본말과 대소가 애초에 서로 떨어져 있지 않다〔天下之理 本末大小 未始相離〕. 눈금이 그 마땅함을 잃으면 자는 자라 할 수 없고, 저울추가 그 마땅함을 잃으면 저울은 저울이라 할 수가 없다. 그물코가 없거나 제대로 된 그물코가 아니라면 버리는 버리가 될 수 없다. 실행할 수 없게 되면, 다만 소인만이 멋대로 헐뜯을 뿐만 아니라, 또한 군자도 고금이 다르다고 의심하여 옛날의 도는 진실로 지금 세상에는 다시 시행할 수 없는 것이라 하니, 이 어찌 작은 폐해이겠는가! 나는 이를 두려워하여 참람함을 피하지 않고 옛날(제도)의 뜻을 연구하고 지금의 사정을 헤아려서 그 절목을 만들어 상세하게 하였으니, 대개 경전의 쓰임새를 미루어 나가면 이 도가 반드시 후세에 밝혀질 수 있다는 것을 밝히려는 것이다.

아, 법만으로는 스스로 시행이 되지 않고, 단지 선함만으로는 정치를 하기에 부족하다. 진실로 뜻이 있는 자가 있어서, 정성껏 생각해 보고 시험해 본다면 또한 반드시 이를 알 수 있을 것이다. 이미 질문에 답한 것은 그 말의 차례에 따라 적어둔다.

書隨錄後

右凡若干條, 或讀古今典藉, 或因思慮所及, 隨得錄之, 蓋皆切於今世所急者. 念自王道廢塞, 萬事失紀, 始焉因私爲法, 終至戎狄淪夏. 至如本國, 則因陋未變者多, 而加以積衰, 卒蒙大恥. 天下國家, 蓋至於此矣, 不變廢法, 無由反治. 顧弊之爲弊也, 其積漸數百千年, 以謬襲謬, 仍成舊規, 樛錯相因, 有如亂絲, 不究其本而袪其蔽, 無以救正, 而在位者, 旣由科目而進, 唯知徇俗之爲便. 草野之士, 雖或有志於自修, 而於經世之用【一作施措之方】, 則或未之致意. 是則斯世無可治之日, 而生民之禍, 無有極矣. 區區於此, 深切懼焉. 故嘗愚不自料, 竊與同志, 思所以稽古正事, 少補世道者, 而事有緩急, 不可遍舉, 一事之中, 緒目百方, 若不擬例, 無由明其得失之際. 乃敢條列, 掇其曲折, 以自識之於心, 而備其遺忘.【凡事若爲論說而已, 則終未能明盡. 必就其條節, 詳布曲折, 然後其是非得失, 乃形.】遇有明者, 當質之也. 其間有言涉典度, 而不以爲嫌者, 此非立言於世也, 乃私爲剳記, 以自考驗也. 嗚呼, 玆亦有所不得已焉爾.

或有問於余曰, 士當平居所講明者, 道也, 而至於事爲, 則但當識其大體而已. 今子之不憚煩, 而拜究思於節目間, 何也. 曰, 天地之理, 著於萬物. 非物, 理無所著. 聖人之道, 行於萬事. 非事, 道無所行. 古者敎明化行, 自大經大法, 以至一事之微, 其制度規式, 無不備具, 天下之人, 日用而心熟, 如運水搬柴, 皆有其具, 以行其事. 周衰雖王道不行, 而其制度規式之在天下者, 猶在也. 是以, 聖賢經傳, 唯論出治之原, 以傳於學者, 而其制度之間, 則無所事於曲解也. 亡秦以來, 幷與其典章制度而蕩滅之, 凡古聖人行政布敎之節, 一無存於世者. 天下耳目, 膠固於後世私意之制, 不復知有先王之典章, 高才英智博於古者, 亦無由以得其詳也. 間有儒者, 識其大體, 謂可行之斯世, 而一欲有爲焉, 則施措之際, 事多罣礙, 而終至不可行者, 以其徒恃大體, 而條緒節目, 失其所宜故也.【三代之制, 皆是循天理, 順人道, 而爲之制度者. 其要使萬物, 無不得其所, 而四靈畢至. 後世之制, 皆是因人欲圖苟便, 而爲之制度者. 其要使人類, 至於靡爛, 而天地閉塞, 與古正相反也. 三代經制, 雖槩見於傳記, 而其擧行間條目, 今無存者, 難可得而詳之. 後人心目, 旣與古事, 不相諳熟. 故雖有志於古者, 猶未免蔽隔. 自其思慮之間, 已自踈脫, 不能如古人之實事其事. 是以, 必究極典制, 得其本旨, 推之於事, 以至條目之間, 節節皆當, 無有欠漏, 然後可底於行. 】天下之理, 本末大小, 未始相離. 寸失其當, 則尺不得爲尺. 星失其當, 則衡不得爲衡. 未有目非其目, 而綱自爲綱者也. 及其不可行也, 則不唯小人, 肆其詆誣, 而君子亦未免有疑於古今之異宜, 古道眞若不可復行於世者, 此豈小害也哉. 余爲是懼, 不避僭越, 究古意, 揆今事, 幷與其節目而詳焉. 蓋將以推經傳之用, 明此道之必可行於世也. 嗚呼. 徒法, 不能以自行. 徒善, 不足以爲政. 苟有有志者, 誠思以驗焉, 則亦必有以知此矣. 旣答問者, 因次其語以爲識云.

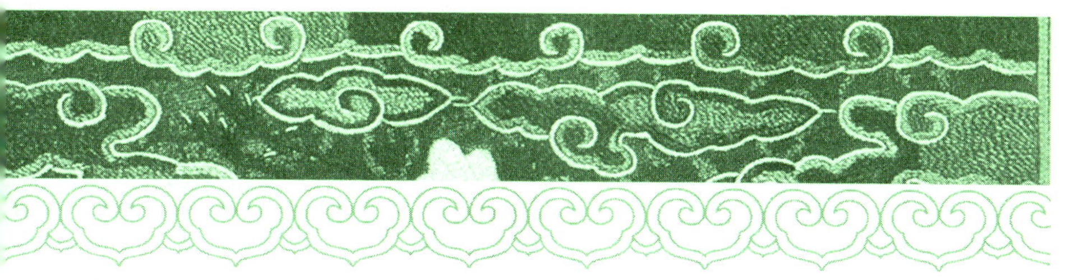

부록

경향의 유생과 진사 노사효 등의 상소 ㅡ 승지 양득중의 상소
반계선생연보(磻溪先生年譜) ㅡ 참고 문헌 ㅡ 찾아보기

경향의 유생과 진사 노사효 등의 상소[1]

삼가 엎드려 생각하옵건대, 맹자는 "그 책을 읽고 그 사람을 모른다는 게 있을 수 있는 일인가?"라고 했고, 양웅(揚雄)은 "살아 있을 때는 사람을 보고, 죽어서는 그의 책을 본다."고 했습니다. 이것이 신 등이 정성으로 (『수록』)한 부를 전하에게 바쳐 성상으로 하여금 근세에 유형원 같은 선비가 있었음을 아시도록 하고자 하는 까닭입니다. 아, 유형원은 도를 깨치는 훌륭한 자질과 사물에 통하는 남다른 재주를 가졌다 할 수 있습니다.

어릴 때부터 이미 성현의 도에 마음을 쏟고 선철(先哲)을 진실로 본받았으며, 사승(師承)에 의존함이 없이 스스로 마음으로 깨쳤습니다. 천지만물의 까닭과 화민선속(化民善俗)의 방법을 철저하게 이해하고 연구하여 통하지 않는 바가 없었습니다[2]. 도덕의 함양에 정성이 있었고, 공부도 또한 해박하였으며, 그를 자신의 몸과 마음에 근본으로 두고, 구체적인 일과 실천으로 미루어 나간 것이 실로 공자 문하의 박문약례의 뜻을 얻었다 할 것입니다.

그가 지은 것〔隨錄〕을 보면, 리(理)에 있어서는 통하지 않는 바가 없고, 일〔事〕에 대해서는 꿰뚫지 않는 바가 없습니다[3]. 또 항상 경제(經濟)의

---

1 甲戌三月封進(숙종20, 1694).
2 所以然之故와 所當然之則이라는 理學의 본령에 충실하다는 의미이다.
3 理事의 합일, 곧 道器不相離의 철학이 반계의 특성임을 말하고 있다.

사업(事業)에 뜻을 기울이고, 옛 경전을 깊이 살펴 성인의 뜻을 얻었으며, 사람의 실정(實情)에 바탕을 두고 천리(天理)의 올바름을 천명했습니다. 혹은 옛 책에 실려 있는 것을 취하기도 하고, 혹은 생각이 미치는 것을 따라 그때마다 적어둔 것을 『수록』이라고 이름을 붙였습니다. 대개 그 뜻은 생각건대, "『대학』의 도는 격물·치지와 성의·정심이 치국·평천하의 근본이고, 치국·평천하는 격물·치지의 활용인데, 세상의 학문을 한다는 자들은 치도(治道)가 심학(心學)으로부터 나오는 것인 줄 모르고, 그를 갈라 둘로 만들었기 때문에 집에서나 나라에서 일을 마주할 때 어긋나게 된다. 책 한 편을 만들어 후세에 멀리까지 전하려 해도 옛날 제도는 대강(大綱)은 남아 있으나 자세한 항목은 빠져 있고, 한(漢)·당(唐) 이래의 것은 많이 보이나 그것은 어긋나서 통하지 아니한다. 이에 선왕의 법과 역대의 득실을 살피고, 우리나라의 법률제도를 참고하여, 남아 있는 것으로 인하여 빠진 것을 보충하고, 대략적인 것은 자세하게 했으니, 비유컨대 여러 그물눈을 펼쳐 그물을 완성하고, 여러 실올을 바르게 해서 비단을 완성하듯 해서, 천하 후세로 하여금 이를 참고하고 근거로 삼아 오래도록 잘 다스리는 방법을 알게 하고자 한다."라 했으니, 아아, 이른바 본체에 밝고 활용에 적실(適實)하다는 것이 아니겠습니까? 이 사람으로 하여금 마땅히 지금 세상에 쓰이게 해서 그가 온축해 놓은 것을 펼치게 한다면, 학문은 세상을 경영할 수 있고 재주는 시대를 구제할 수 있으련만, 덕을 더욱 굳게 감추고 한 번도 벼슬길에 나아가지 않았는데, 하늘이 너무 빨리 거두어 중도에 홀연히 세상을 떠났습니다. 다행히 영원한 것은, 도가 땅에 떨어지지 않았고 그의 글은 아직 책장에 남아 있습니다. 삼황오제의 방안이 찬연하게 이 책 중에 구비되어 있으니, 요순시대의 임금과 백성을 만들려 한 그 뜻을 알 수가 있습니다. 이 같은데도 그 사람을 높이어 상주지 않고, 그 책을 표창하지 않는다면, 어찌 성세(盛世)의 일대 잘못이 아니겠습니까. 그 순수하고 아름다운 성품, 뛰어난 식견, 뜻과 행동을 독실하게 닦는 아름다움, 배움을 좋아하고 도를 믿는 정미함은 또 일일이 진술하여 수식할 수는 없습니다. 그러므로 선정

(先正) 신(臣) 허목(許穆)은 일찍이 그를 '왕좌지재(王佐之才)'로 일컬었으며, 선대 임금 때의 조정 신하들 또한 의리에 깊고 효애가 뛰어나다는 이유로 그를 천거했으니, 이는 진실로 정확한 공론입니다.

유형원은 우리나라의 유명한 재상 유관(柳寬)의 9대손이고, 검열(檢閱) 유흠의 아들로, 대대로 서울에 살았으나, 은거하여 도를 구하기를 바라다가 드디어 부안의 해변 산중에 들어가 도덕과 의리로 살다가 삶을 마쳤습니다. 이미 죽은 뒤 원근의 선비들이 자나깨나 20여 년을 하루같이 사모하여왔는데, 제사에 대한 논의는 꾀하지 않고도 매 한 가지여서, 지금은 이미 위패를 모시고 영원히 받들게 되었습니다. 이 순수하고 밝은 덕이 단지 저승에서만 빛나서는 안 되고, 조리가 뛰어난 글은 단지 책장을 헛되이 꾸미기만 해서도 안 된다고 여겨 이에 몽매함을 무릅쓰고 감히 받들어 올립니다. 혹여 전하께서 조용하고 한가함을 틈타 가끔 한 번 보아주시고, 옆에 두고 본받을 만한 것은 취하고, 어진 이를 포장하는 은전을 베푸셔서 선을 권장하는 방법을 보여주신다면, 그것이 배움과 가르침에 관계되고 다스리는 도에 보탬이 될 터인데 어떠한지요? 자고로 성왕이 현사(賢士)에 대해서는 그가 신분이 낮다고 하여 그를 비천하게 여기지 않고, 그가 이미 죽었다고 해서 버려두지 않았으니, 혹은 그 죽은 사람을 표창하기도 하고, 그의 말을 찬양하기도 하였습니다. 아조(我朝)에 이르러 여러 어진 임금들이 서로 이어가면서 유도(儒道)를 높이고 중히 여기되 극진함을 다하였고, 작은 선(善)과 대단찮은 재능이라도 모두 다 은총을 내렸으니, 사문(斯文)을 흥기시키는 것은 이보다 더 큰 것이 없을 것입니다. 엎드려 바라옵건대, 전하께서는 유념해 주시옵소서.

비답(批答)을 내려,

"소(疏)를 보고, 소의 내용을 모두 잘 알았으며, 해당 부서에 품의하여 처리하도록 했다. 진상한 책은 내가 마땅히 조용한 때 살펴보겠다."

라 했다.

京外儒生進士盧思孝等疏甲戌三月。封進。

伏以孟子曰。讀其書。不知其人。可乎。楊雄曰。存則人。亡則書。此
臣等之所以齋沐百拜。謹奉一部緗帙於冕旒之下。使我聖上。知近世有若
儒柳馨遠者也。嗚呼。若馨遠者。可謂契道之妙姿。通方之奇才也。自其
少時。卽已潛心大道。契誠前脩。而不藉師承。能自心得。凡於三才萬物
之故。化民善俗之方。解剝研窮。無不旁通。涵養有素。工用亦博。本之
身心。推之事爲者。實有得於孔門博約之旨矣。觀其所著。於理無所不淹
通。於事無所不貫穿。又嘗用志於經濟之業。稽遺經而得聖人之意。原人
情而闡天理之正。或取典籍所載。或因思慮所及。隨得錄之。名曰隨錄。
蓋其意以爲大學之道。格致誠正。爲治平之本。治國平天下。爲格致之
用。而世之爲學者。不知治道自心學中出來。歧而二之。故在家在邦。當
事齟齬。欲撰成一編。以爲經遠之典。而古制則大綱存。而其目缺。漢唐
以來。多見其牴牾不通。於是。乃取先王之法。徵歷代之得失。參國家之
典章。因存以補缺。因略以致詳。譬如張萬目而成罟。正萬縷而成帛。使
天下後世。有所考據。而知長治久安之術。噫噫。倘所謂明體而適用者非
歟。使斯人。得爲當世之用。展布其所蘊。則學可以經世。才可以濟時。
而隱德彌堅。一命不就。天奪太速。中歲奄忽。所賴而不朽者。道不墜
地。書猶在笥。皇猷帝圖。粲然備具於方冊之中。其堯舜君民之志。可考
而知也。若此而不崇獎其人。不表章其書。豈非聖世一大欠典也哉。若其
稟質之粹美。見識之絶卓。篤志修行之懿。好學信道之微。又不可縷述而
藻陳。故先正臣許穆。嘗以王佐之才。稱之。先朝廷臣。又以義理潛心。
孝友出天。薦之。此誠確論也。馨遠。以國朝名相寬之九代孫。檢閱(欽+
心)之子。世居京師。欲隱居求道。遂入於扶安海山中。以道義終其身。旣
沒之後。遠近縫掖之士。寤寐儀音。蓋二十餘年如一日。而俎豆之議。不
謀而同。今已安靈。永爲崇奉。顧此純明之德。不可但映於泉壤。經緯之
文。不可空賣於巾箱。茲敢冒昧仰呈。倘蒙聖明清燕之暇。特賜睿覽。置
諸左右。取以爲法。仍施褒賢之典。以示勸善之方。則其有關於學敎。爲

補於治道。當何如也。自古聖王之於賢士也。不以側陋而卑之。不以已死
而遺之。或奬許焉其身。或揄揚焉其言。至於我朝列聖。相承崇儒重道。
靡不用極。小善片藝。率皆褒寵興起斯文。莫大於此。伏願殿下。留神
焉。

　　下批曰。省疏。具悉疏辭。令該曹稟處。而所進冊子。當從容省覽焉。

승지 양득중의 상소

  삼가 아뢰옵니다. 저는 3대 조정의 은혜를 받아 보답하려 해도 길이 없었는데, 전하의 대에 이르러 매번 질박하고 진실하다고 칭찬하시니, 신은 은혜를 가슴 깊이 머금으면서 감격스럽습니다. 매번 "나는 요순의 도가 아니면 감히 왕 앞에서 말하지 않는다."고 한 맹자의 말을 외울 때마다 길이 맹세하는 말, 오직 이것뿐이었는데, 이제 평소에 생각하고 있던 저의 간곡한 말씀을 세세히 피력함으로써 신하로서의 의리를 다하려 합니다. 제가 상고하건대 맹자는 "이루의 시력과 공수자의 재주로도 그림쇠와 곱자를 쓰지 않고서는 모나거나 둥근 것을 만들지 못하며, 요순의 도라도 인정(仁政)을 베풀지 않고서는 천하를 잘 다스릴 수 없다."고 하였으며, 또 말하기를 "인정은 반드시 토지의 경계로부터 시작한다."고 하였습니다. 여기에서 토지의 경계가 인정에 대한 관계는 그림쇠와 곱자가 모난 것과 둥근 것에 대한 관계와 같음을 알 수 있습니다. 이것이 오제(五帝)·삼왕(三王)이 백성을 위해 개물성무(開物成務 ; 만물의 뜻을 깨달아 모든 것에 힘씀)한 첫째가는 뜻이었으며, 옛사람들의 큰 사업이 오로지 하우씨가 궁실을 낮추고 치수사업에 전력을 다함에 있는 것도 이 때문입니다.

  대개 토지의 경계가 한번 바르게 되면 모든 일이 다 해결되어, 백성들은 확고한 생업이 있게 되고, 병사를 수색하거나 잡아가는 폐단이 없으며, 귀천과 상하가 모두 자기 직업을 가지게 될 것입니다. 이런 까닭에 인심이 안정되고 풍속이 돈후하게 되는 것이니, 옛날에 수천 수백 년씩을 공고히 유지하고, 예악이 흥행했던 까닭은 이런 기초가 있었기 때문입니다. 그러나 후세에 와서는 토지의 경계가 없어지고 개인이 무한정 점유하여 만사가 모두 폐단이 되고, 모든 것이 이와는 반대로 되었습니다. 비록 잘 다스리고자 하는 임금이 있다 하더라도 토지의 경계를 정하지 못한다면, 백성들의 생업은 끝내 안정될 수 없고, 부역은 끝내 고르지 못하며, 호구(戶口)는 끝내 명확해질 수 없고, 군대도 끝내 정비되지 못하며, 송사를 끝내 멈추게 할 수 없고, 형벌을 끝내 경감시킬 수 없으며, 뇌물을 끝내 막을 수 없고, 풍속을 끝내 후하게 할 수 없을 것이니, 이와 같으면서 정치와 교화를 행할 수 있었던 자는 아직 없었습니다. 대저 이와 같은 것은 무슨 까닭이겠습니까?

토지는 천하의 큰 근본입니다. 큰 근본이 해결되면 모든 일이 그에 따라 하나라도 합당하지 않은 것이 없지만, 큰 근본이 문란해지면 모든 일이 그에 따라 하나라도 마땅함을 잃지 않은 것이 없습니다. 대개 천리(天理)·인사(人事)가 이해득실로 돌아가는 것은 천지의 원칙으로 바꿀 수 없는 것입니다. 공자·맹자로부터 이하 정자·주자에 이르기까지 역대의 여러 현인들이 모두 이 문제에 애쓰지 않은 적이 없습니다. 수나라 왕통의 이른바 "밭은 경작하지 않는데도 주고, 사람들은 마을에서 살지 않으면, 비록 순 임금이라도 다스릴 수 없다."고 한 것은 진실로 지극한 말입니다. 다만 그 제도·절문의 자세한 규칙은 주나라로부터 지금에 이르기까지 강구한 사람이 없었습니다. 맹자가 필전에게 "이것을 윤택하게 하는 것은 임금과 그대에게 달렸다."고 했을 뿐이었으며, 송나라의 장재에게 이르러서도 뜻은 있었으나 시행하지 못하고 죽었습니다. 세상 사람들은 이에 대해 근심하며 이를 애석하게 여기고 있습니다.

근세 우리나라에 선비 유형원이라는 자가 있어서 그에 대한 연구를 하였는데 규정과 제도가 찬연하게 갖추어져 있습니다. 전제로부터 시작하여 설교(設敎)·선거(選擧, 인재선발)·임관〔관리임명〕·직관〔관직제도〕·록제〔녹봉제도〕·병제〔군사제도〕에 이르기 까지 섬세하고 미미한 것도 모두 다루고 터럭 끝도 남김이 없습니다. 책이 완성되고 『수록』이라 하였는데 모두 13권입니다.

신이 그 책을 신의 스승인 윤증의 집에서 보았는데, 죽은 저의 스승이 저에게 말하기를, "이 책은 옛날 성인들이 남겨놓은 법인데 그를 수정, 윤색한 것으로서 성인의 본의를 잃지 않았다. 국가가 만일 왕정을 행하려 한다면, 오직 이를 들어다 조치하는 데 있을 따름이다."고 하였습니다. 대개 유형원은 문을 거둬 잠그고 독학했으며, 세상에 알려지기를 바라지 않았기 때문에, 세상에서 그를 아는 사람이 없었는데, 오직 다행하게도 신의 스승에게만 알려졌던 것입니다. 신도 일찍이 『수록』을 보고 혼자서 그 내용을 자세히 살펴보았는데, 천리자연의 공평함이 있고, 인위안배의 사사로움은 없었습니다. 질서정연하게 조리가 있어 문란하지 않고, 따뜻하게 꾸밈이 있어 싫증나지 않습니다.

주역에 이르기를 "하늘은 평이하므로 알기 쉽고, 땅은 간략하므로 사람들이 잘 하기 쉽다. 평이하면 알기 쉽고, 간략하면 따르기가 쉽다."고 하였습니다. 진실로 그 『수록』이 알기 쉽고 따르기 쉬운 것은 건곤의 이간의 이치를 깊이 체득한 것이어서 죽은 스승의 말씀이 옳았다는 것을 더욱 확신하게 됩니다.

제가 듣건대 유형원은 이미 죽었으나 그의 자손들은 지금 호남의 부안과 경기도 과천에 살고 있다 합니다. 엎드려 바라옵건대 전하께서 특별히 그 고을 원들에게 명령하여 유형원의 자손의 집에서 『수록』을 가져오게 하여 한 번 보시며, 또 유신들로 하여금 옥당에 모여서 깊이 연구하게 하고, 서울과 지방에 반포하여 차례로 시행하게 한다면 감사한 생각 다 이를 데 없겠습니다. 신 또한 예와 지금이 다르다는 구실을 붙이는 자가 반드시 있을 것을 압니다. 그러나 정자가 어떤 사람의 묻는 말에 대답하기를, "어찌 옛사람은 시행하였는데 지금 사람은 시행할 수 없는 것일까?"라 하였습니다.

또한 황차 이 『수록』은 예와 지금의 세상에서 아주 정당한 것을 참작하였으므로 반드시 이런 우려는 없을 것입니다. 신이 가만히 생각건대

이 『수록』은 실지로 억만 년 이후까지 우리나라의 무궁무진한 기본 재보로 된다고 생각합니다. 그러므로 세자 전하가 왕위를 계승하는 날에 이것을 실행하라고 전해주신다면 어찌 아름답지 않겠습니까? 어찌 위대하지 않겠습니까? 저는 이같이 희망하기를 마지않습니다.

임금의 비답에 이르기를,

"상소문을 보고 그대의 간곡한 성의를 잘 알았다. 내가 이미 전의 비답에서 유시했다. 가상히 여기는 것은 그대의 진실한 태도이니, 네가 구시지의(求是之意)가 있다면 곧 올라와서 나의 은근한 뜻에 부응하라. 힘써야 할 부분은 마땅히 유의할 것이며 그 책을 해당 도의 감사로 하여금 곧 취하여 올리도록 하라!"
고 하였다.

承旨梁得中疏

伏以云云。臣受恩三朝。圖報無階。而至於殿下每以質實許之。臣唧恩在肝。激昂感慨。每誦孟子我非堯舜之道。不敢以陳於王前一語。永矢心惟此而已。今請披盡平日肝膈之要。以爲畢義之地。臣謹按孟子曰。離婁之明。公輸子之巧。不以規矩。不能成方圓。堯舜之道。不以仁政。不能平治天下。又曰。仁政必自經界始。是知經界之於仁政。猶規矩之於方圓。此五帝三王。爲生民開物成務之第一義也。古人大事。專在於大禹之卑宮室。而盡力乎溝洫者此也。蓋經界一正。而萬事畢擧。民有恒業之固。兵無搜括之弊。貴賤上下。無不各得其職。是以人心底定。風俗敦厚。古之所以鞏固維持。數百千年禮樂興行者。以有此根基故也。後世經界廢而私占無限。則萬事皆弊。一切反是。雖有願治之君。若不定經界。則民産終不可恒。賦役終不可均。戶口終不可明。軍伍終不可整。詞訟終不可止。刑罰終不可省。賄賂終不可遏。風俗終不可厚。如此而能行政教者。未之有也。夫如是者。其何故乎。土地天下之大本也。大本旣擧。則百度從以無一不得其當。大本旣紊。則百度從以無一不失其當。蓋天理人

事。得失利害之歸。固是天之經地之義。而不可易者也。自孔孟以下。至
於程朱。歷代諸賢。未嘗不眷眷於此。隋之王通所謂田不耕授。人不里
居。雖禹舜。不能理也云者。誠至論也。但其制度節文之詳。則自周迄
今。無人講究。孟子之告畢戰曰。若夫潤澤之。則在君與子矣云而已。至
於宋之張載。亦有志未就而卒。世蓋以足憂之。以是惜之矣。近世有儒士
柳馨遠者。乃爲之講究法制。粲然備具。始自田制。以至於設敎，選擧，
任官，職官，祿制，兵制。纖微畢擧。毫髮無遺。書旣成。而名之曰隨
錄。凡十三卷。臣蓋見之於臣之師臣尹拯之家。臣之亡師。嘗爲臣言此
書。乃古聖遺法而修潤之。不失其本意。國家若欲行王政。則惟在擧而措
之而已。蓋其人杜門獨學。不求聞知。故世無知者。而獨幸見知於亡師
耳。臣亦嘗得其書。而私自紬繹。則有天理自然之公。無人爲安排之私。
秩然有條而不亂。煥然有文而不厭。易曰。乾以易知。坤以簡能。易則易
知。簡則易從。信乎其易知而易從。深得乾坤易簡之理。盆信亡師之言。
爲不誣矣。臣伏聞其人已死。而其子孫方在湖南之扶安。京畿之果川云。
伏望殿下。特命其邑守臣。就其子孫之家。取其書來獻。以備乙覽。仍令
儒臣。肴會玉堂。極意講明。分布中外。以次施行。不勝幸甚。臣亦知必
有人以古今異宜爲言者。而程子之荅或人之問曰。豈有古可行而今不可行
者乎。又況此書於古今時世。亦以參酌十分停當。必無是憂矣。臣愚竊以
爲此實吾東方億萬年無疆之基業。永爲我春宮邸下自貽哲命之日。因以爲
祈天永命之地。豈不休哉。豈不懿哉。臣無任區區。

　批荅曰。省疏。具悉爾懇。前批旣諭所尙者。爾之質實。爾有求是之
意。其卽上來。以副慇懃之意。其勉者當留意。而其冊子。令道臣。卽取
以上焉。

반계선생연보(磻溪先生年譜)

- **명 희종 천계2년 임술: 광해군14년(1622)**

  * 정월 21일 축시. 서울 정릉의 외숙 이원진(李元鎭)의 집에서 태어나다. 성은 유(柳), 휘는 형원(馨遠), 자는 덕부(德夫). 본관은 문화(文化).
  - 선생은 처음 태어나면서부터 매우 준수했고, 눈은 밝은 별과 같고, 등에 일곱 개의 검은 점이 있어 마치 북두칠성 같았다.

- ○ 3년 계해: 인조 헌문대왕 원년: 선생 2세(1623)

  * 8월 선친 한림공(翰林公) 상을 당하다.

- ○ 5년 을축: 선생 4세(1625)

  장난하며 노는 것이 평범하지 않았다. 사물을 접하면 반드시 그 본말을 연구하고 물어서 그 지극한 곳을 알고자 했다. 비록 초목과 금수 같은 미물일지라도 차마 해치지를 못했다.

- ○ 6년 병인: 선생 5세(1626)

  비로소 배움의 길에 들다.
  - 태호(太湖) 이원진과 고모부 동명(東溟) 김세렴(金世濂)으로부터 수업을 받다. 책을 몇 번 읽지 않고서도 문득 외우고 잊어버리지 않았다. 두 공은 그의 그릇됨을 알고 몹시 아꼈다.
  선생은 이미 책을 읽을 줄 알고 난 후로는 스스로 독서의 과정을 세웠다. 비록 여러 아이들이 시끄럽게 떠들어도 마치 보고 듣지 않는 것처럼 하여 외우고 익히는 일을 그만두지 않았다.

이 해에 산수에 통달했으며, 바둑이나 잡다한 놀이까지도 또한 깨쳐 알았다.

● **의종 숭정원년 무진: 선생 7세(1628)**

이 해에 『서경』을 읽다가 우공(禹貢)·기주(冀州) 두 낱말에 이르러서는 날듯이 일어나 춤을 추었다. 태호공(이원진)이 그 까닭을 물으니, "두 낱말이 체(體)를 높이는 예(例)를 뽑아냄이 이와 같아 생각지도 않게 즐거움이 이에 이르렀습니다."고 대답했다.

○ 2년 기사: 선생 8세(1629)

경서(經書)와 사서(史書)를 강독하고 이미 큰뜻을 깨달았다. 거동과 법도가 마치 어른 같아 이를 본 어른들은 모두 원대한 인물이 될 것으로 기대했다.

○ 3年 경오: 선생 9세(1630)

『주역』의 계사전을 읽다.

○ 4년 신미: 선생 10세(1631)

이 해에 경전 이외에 제자백가를 섭렵하여 모두 깨달았다. 이원진과 김세렴 두 공이 선생과 토론을 하다가 감탄하여, "옛날에 혹 이와 같은 사람이 있었을까? 柳씨에게 그런 후손이 있도다."고 말했다.

○ 7년 갑술: 선생13세(1634)

이 해부터 분연히 성현을 사모하는 뜻이 있어 위기지학(爲己之學)에 힘썼다. 과거시험에 대해서는 달가워하지 않았다.

○ 9년 병자: 선생 15세(1636)

  * 12월 조부모님과 어머님 그리고 두 분의 고모를 모시고 병자호란을
    만나 원주로 피난하였다.
  − 당시 조부모는 연로하셨고, 세 집안의 가속은 모두 선생에게 믿고
    의지하고 있었다. 당시 동명 김세렴은 일본에 사신으로 갔기 때문
    에 안식구를 또한 선생에게 의탁했다. 피난할 때 수십 명의 강도
    가 몽둥이를 들고 길을 막아서자 일행은 놀라서 사색이 되었는데,
    선생이 몸을 세우고 앞으로 나아가 의(義)를 들어 그들을 깨우쳤
    다. "사람이라면 누군들 부모가 없겠는가? 너희들은 우리 부모를
    놀라게 하지 마라. 짐꾸러미는 너희들 마음대로 가져가라." 도둑들
    은 그 말에 감동되어 흩어져 가버렸다.

○ 10년 정축: 선생 16세(1637)

  병자호란이 평정된 후 여러 곳의 선영을 가서 살폈다. 할아버지 참판
공을 뵙기 위해 부안 땅에 왕래했다.
  − 병자호란 후에 참판공은 부안으로 옮겨가 살았다.

○ 12년 기묘: 선생 18세(1639)

  풍산 심씨에게 장가들다.
  − 철산부사 심항(沈閌)의 따님이고, 우의정 심수경(沈守慶)의 증손녀
    이다.

○ 13년 경진: 선생 19세(1640)

  이때 선생은 모친의 병 때문에 국의(國醫)인 유후성(柳後誠)에게 약에 대
해 물었다. 후성은 재주를 믿고 오만방자하여 사대부를 업신여겼으나, 선
생의 공경하는 예가 매우 지극함을 보고 나서는 당(堂) 아래로 내려와 그를
배웅했다. 그로 인하여 사람들에게 "유 아무개의 정성이 간절함을 보고서
도 내가 마음을 다하지 않는다면 사람의 자식이 아니다"고 하였다.

○ 14년 신사: 선생 20세(1641)

이때 선생의 명성이 자자했는데 전창위(全昌尉) 유정량(柳廷亮)이 한번 만나보기를 원해서 말을 전해왔다. "우리 집에 당나라 판본의 서적이 서가에 가득한데 한번 와서 훑어보는 것이 어찌 해가 되겠는가?" 선생은 끝내 가지 않았다. 선생은 어려서부터 발걸음을 한번도 귀세가(貴勢家)의 대문에 내딛지 않았다.

○ 15년 임오: 선생 21세(1642)

* 사잠(四箴)을 짓다.
— 서(序)에 이르기를, "도에 뜻을 두고도 서지 못하는 것은 뜻이 기(氣) 때문에 나태해진 탓이다. 아침 일찍 일어나고 밤늦게 자는 것을 할 수 없고, 의관을 바르게 하거나 사물 바라보는 일을 존경스럽게 하지 못하고, 부모를 섬길 때 안색을 고르게 하지 못하고, 집에 거쳐할 때 상대를 공경하지 못한다. 이 네 가지는 몸이 게을러 마음을 황폐하게 하는 것이니, 마땅히 무섭게 반성해서 반드시 할 수 있어야 할 터이다. 이로 인하여 잠을 지어 스스로를 경계한다."고 했다. 잠은 문집에 보인다.
* 지평현(砥平縣) 화곡리(花谷里)의 조상의 묘소 아래로 옮겨가 살다.
* 겨울에 아들 하(昰)가 태어나다.

○ 16년 계미: 선생 22세(1643)

* 여주(驪州)의 백양동(白羊洞)으로 옮겨가 살다.
* 겨울, 함흥으로 동명 김선생을 찾아뵙다.
— 당시 동명 선생은 함경도 관찰사였는데, 바로 뒤에 평안도 관찰사를 제수받았다. 선생은 이번 행차에서 관서·관북의 산천을 마음껏 살펴보고 돌아왔다.

○ 17년 갑신: 선생 23세(1644)

이 해에 명나라가 망했다.

* 7월. 할머니 이부인(李夫人)의 상을 당하다.
- 선생은 장손으로 돌아가신 선친을 대신해서 상주 노릇을 하였다.
  상제(喪制)는 한결같이 주자가례를 따랐으며, 상복과 질(絰)을 벗지
  않고 3년을 마쳤다. 전후의 상례가 모두 이와 같았다.
* 이가우(李嘉雨)와 더불어 산을 답사하고 한 달 이상이 지나고서야
  집에 돌아왔다.
- 가우는 동명선생의 사위로 참판 송곡(松谷) 이서우(李瑞雨)의 형이
  다. 문장에 뛰어난 재주가 있고, 아울러 수술(數術)에도 능통하고,
  또 풍수에도 조예가 깊었다. 선생과 친했는데, 이때 그와 동행했
  었다.

• 인조 헌문대왕 24년 병술: 선생 25세(1646)

* 봄. 동명선생의 죽음에 통곡하다.
* 겨울. 이자시전(李子時傳)을 짓다.
- 자시는 곧 이가우의 자(字)이다. 하늘이 내린 남다른 재주가 있었
  으나, 불행히도 단명하니 그때 나이 스물다섯이었다. 선생이 이를
  가엽게 여겨 그를 위해 전(傳)을 지었다.

○ 25년 정해: 선생 26세(1647)

* 겨울. 선조 묘소의 기문을 짓다.
* 금천(衿川) 안양동(安養洞)을 유람하고, 불사비(佛師碑) 뒤에 글을 쓰다.
- 약술하면 다음과 같다. 고려는 불교를 신봉하여, 당시의 대사(大
  師)·국사(國師)는 모두 존귀하고 현달한 집안에서 뽑힌 사람들이
  었다. 비록 영민한 재주와 식견을 가졌지만, 이교에 미혹되고 빠지
  는 바람에, 그 형상을 해치고 그 성(性)을 멸(滅)하면서 죽을 때까
  지도 그를 깨닫지 못하니, 슬플 진저! 만약 성인의 도를 당시의 세
  상에 밝혔다면, 저들이 어찌 참을 버리며 거짓을 따르고, 바름을
  버리고 사악함으로 돌아갔겠는가! 나는 그 뒤로 맹자의 공이 우임

금 아래에 있지 않고, 정주(程朱)의 설(說)은 천지와 병립할 만하다
는 것을 더욱 믿게 되었다. 삼한 이래로 걸출한 거인이 없어서, 일
찍이 의심컨대 하늘이 인재를 내릴 때 혹 (지역에 따라)치우치고 엷
음이 있어 그런 줄 알았는데, 인재가 없었던 것이 아니고 가르침
이 밝지 못했던 까닭이라는 것을 이제야 곧 알았다.

○ 26년 무자: 선생 27세(1648)

 * 봄. 영남을 유람하다.
 − 당시 외형(外兄) 조송년(趙松年)이 금산(金山)의 수령이었다. 이에 영
   남에 가서 산천을 두루 살피고 세상을 피해 숨을 만한 곳을 찾았다.
 * 4월. 어머니 이부인(李夫人)의 상을 당하다.

● 효종 선문대왕 원년: 선생 29세(1650)

 * 감시(監試)에 나아가다.
 − 당시 할아버지 참판공이 시험에 나아가기를 명했기 때문에, 선생께
   서 그 뜻을 받들어 따랐다.
 * 가을. 한강 이남과 호서지방을 유람하다가 방향을 돌려 원주 지평
   까지 갔다가 돌아왔다.

○ 2년 신묘: 선생 30세(1651)

 * 봄. 금강산을 유람하다. 감시에 나아가다. 정시(庭試)에 나아가다(합
   격은 했으나, 자격 위반으로 빠지다).
 * 5월. 할아버지 참판공의 상을 당하다.
 − 상사(喪事)를 치름에 예를 다하였다. 슬픔에 무너져 내림이 도를 지나
   쳐 마침내는 종신의 병을 얻었다.

○ 3년 임진: 선생 31세(1652)

 * 봄. 『정음지남(正音指南)』을 짓다.

─ 선생은 항상 우리나라의 한자음이 오랑캐의 풍속을 벗어나지 못함
을 한탄하고, 중국의 바른 음을 따르고자 하여, 중종 때에 최세진(崔
世珍)이 편찬한 『사성통해(四聲通解)』의 주해(注解)를 없애고 간행하
여, 오로지 음운(音韻)만을 밝혀서 살펴보기에 편하게끔 만들고서는
『정음지남』이라고 이름 붙였다.

*『수록(隨錄)』의 초고(草稿)를 시작하다(주: 완성은 49세).

─ 선생은 일찍이 이르시길, 옛날이나 지금이나 이 천지와 이 인물에
선왕의 정치가 하나라도 행할 수 없는 것은 없었다. 또 말하기를,
고인은 법을 만들 때 모두 도로써 일을 헤아렸기〔以道揆事〕 때문에
간이(簡易)해서 실행하기가 쉬웠다. 후세에는 모두 사사로움을 따라
법을 만들었기〔緣私爲法〕 때문에 다만 더욱 문란할 따름이었다. 또
말하기를, 천하를 다스림에 공전(公田)과 공거(貢擧)가 아니면 다만
구차할 따름이다. 공전이 한번 시행되면 온갖 법도가 닦여져 시행되
고, 가난한 자와 부유한 자가 스스로 만족하며, 호구(戶口)가 저절로
밝혀지고, 군대가 저절로 정비될 것이다. 이렇게 된 뒤에야 교화가
행해지고 예악이 흥해질 수 있다.
또 이르기를, 왕도정치는 백성의 재산을 조절하는 데 있고, 백성의
재산을 조절하는 것은 토지의 경계를 바르게 하는 데 있다. 후세
에 왕도가 행해지지 않는 것은 모두 토지제도가 무너진 데서 말미
암는 것이었고, 마침내는 오랑캐가 나라를 어지럽혀서 백성이 도
탄에 빠지는 데 이르게 되었다. 이에 분연히 이 도와 이 세상을 자
기의 임무라 여기고 책을 저술할 뜻을 가지게 되었다. 한 번 왕도
의 법을 정하여 행하려면 먼저 토지의 경계를 바르게 하는 것을
제일 먼저 힘써야 할 것이나, 말하기 좋아하는 자들은 매번 산골
짜기의 밭은 균전(均田)하기에 어렵다고 한다. 그러나 기자(箕子)의
평양 전제(田制)는 전(田)자 모양을 취해서 네 구역으로 획을 그어
나누었는데, 각 구역은 모두 100묘이다. 기자의 70묘를 쓰지 않고
주나라의 100묘를 쓰며, 우리나라의 결부법(結負法)을 변용시켜 경

묘제(頃畝制)로 만들었다. 이에 당나라의 균전제는 근세에 고려가 사용하여 부강을 이루었다고 말한다. 다만 그 법은 땅 위주로 하지 않고 사람을 근본으로 삼는 까닭에 호적에 올라 있는 장정에게 밭을 줄 때 과세를 차이 나게 하여 폐단이 많다. 사람은 많은데 땅이 적거나, 땅은 많은데 사람이 적거나 하는 폐단이 없지 않고, 처음 주고 난 뒤에도, 지금은 남지만 뒤에는 모자라거나, 지금은 모자란데 뒤에는 남는 폐단이 없지 않다.

성인의 정전법은 땅을 근본으로 해서 사람을 고르게 하는 것이니, 이는 정(靜)으로 동(動)을 제어한다는 뜻이다(필자 주; 토지같이 고정적인 것으로 사람이나 집 같은 유동적인 것을 조절함).

드디어 전제(田制)를 정하고, 차례로 교선(敎選)·임관(任官)·직관(職官)·녹제(祿制)·병제(兵制)에 미치니, 모두 전제를 미루어 나아가 법제를 완성했다. 또 속편(續篇)이 있는데, 조례(朝禮)·경연(經筵)·연례(燕禮)·혼례(昏禮)·상례(喪禮)·능침(陵寢)·좌아(坐衙)·순선(巡宣)·여악(女樂)·공궤(供饋)·의관(衣冠)·언어(言語)·도량(度量)·제조(制造)·가사(家舍)·도로(道路)·교량(橋梁)·용거(用車)·장빙(藏氷)·승무(僧巫)·음사(淫祠)·노예(奴隷)·적전(籍田)·양로(養老) 등 제반절목을 논한 것으로 모두 자세하게 갖추어져 있으니, 이를 이름하여 『수록』이라 했다.

○ 4년 계사: 선생 32세(1653)

* 복상(服喪)의 기간이 끝나다.

* 도연명(陶淵明)의 귀거래사(歸去來辭)를 차운(次韻)하다.

— 선생은 국가가 치욕을 입고 중국이 망했을 때부터 당세(當世)를 즐거워하지 않아 매번 멀리 은거할 뜻이 있었는데, 귀거래사를 차운하여 그 뜻을 내보였다. 사(辭)는 문집에 보인다.

* 관악산 영주대(靈珠臺)를 유람하다. 유선사(遊仙辭)가 있다. — 사(辭)는 문집에 보인다.

* 겨울. 부안현(扶安縣) 우반동(愚磻洞)으로 이거(移居)하다.

– 우반동은 변산 가운데 있는데, 바닷가에 연하여 있으면서 숲과 골짜기의 경치가 뛰어났다. 소나무와 대나무 사이에 초가집을 짓고, 세상의 일은 사절하여 문을 닫어걸고 책을 저술하는 것을 업으로 삼았다. "피지래남국(避地來南國), 궁경방수은(躬耕傍水垠)"이라는 구절이 있다. 선생은 이로부터 오로지 학문에만 정진하여 밤낮을 잊었다. 마음에 묘하게 부합되는 것이 있으면 밤중이라도 반드시 일어나 그것을 기록하였다. 그러나 오히려 스스로는 부족하다고 여기고, 매일 해가 질 때는 반드시 "오늘도 헛되게 보냈구나. 의리는 무궁한데 세월은 유한하니 옛사람은 무슨 정력으로 저렇게 성취했단 말인가?"라고 말했다. 매일 먼동이 틀 때 깨끗이 씻고 의관을 바로하고 가묘를 배알하였다. 물러나 서실에 앉으니 책장에는 책이 가득했다. 대나무 사립문은 항상 닫혀 있고 사슴들이 낮에도 다녔다. 선생은 그런 것을 돌보고 즐기며 "옛사람이 이르기를 고요한 후에 능히 편안할 수 있고, 능히 생각할 수 있다고 했으니, 그 말이 참 훌륭하다"고 하였다. 선생은 어버이를 여의고 난 후에 추모의 정이 더욱 간절했다. 거처하는 곳에 물고기와 게를 배불리 먹을 수 있었지만, 매번 맛있는 먹걸이를 대하면 반드시 얼굴색이 변하면서 말하기를, "어버이가 살아 계실 때는 맛있는 음식이 많이 없었는데, 지금 이를 얻으니 누구를 위해 봉양한단 말인가?"라면서 눈물을 흘리며 차마 먹지를 못했다.

누이 하나가 서울에 살고 있었는데, 의식을 함께 하지 못함을 한스럽게 여기고, 경기도 농장에서 거둔 곡식을 누이에게 주어 살아가는 데 밑천이 되도록 했다.

○ 5년 갑오: 선생 33세(1654)

* 가을. 진사시(進士試)에 2등 제3인으로 합격하다.

– 참판공의 유명에 따라 시험에 나아갔으나 이후로 다시는 과거시험

에 응하지 않았다.

* 음사(淫祠)를 헐었다.

─ 남쪽의 풍속은 귀신을 좋아해서 음사가 많았다. 선생이 거처하는 마을 안에도 음사가 세 곳이나 있어서 멀고 가까운 곳의 남자와 아낙네들이 잡다하게 몰려와 빌고 있었다. 선생은 사람을 시켜 음사를 헐고 그 나무를 베어버렸다. 선생이 집에 계실 때 안팎으로 소란스러웠으나, 무당과 판수의 무리들이 감히 문안으로 들어오지 못했다.

○ 6년 을미: 선생 34세(1655)

겨울. 서울에 갔다가 곧 돌아왔다.

─ 돌아올 때 신창진(新倉津)에 이르렀을 때, 배 한 척이 사람과 말을 가득 싣고 중간쯤 가다가 배가 부서져 모두 물에 빠졌다. 선생이 급히 상류의 배 두 척을 불러 건져 구하도록 독려했으나 이미 죽은 자가 오륙 명이고, 가슴에 따뜻한 기가 남아 있는 자가 아홉 명이었다. 곁의 하인들이 업고 가까운 마을로 들어가서 옷을 벗기고 다른 옷을 입혔다. 죽을 끓여 먹이고 밤새 치료를 하니 다음날 모두 살아났다. 그 마음을 쓰고 남을 사랑함이 이와 같았다.

○ 7년 병신: 선생 35세(1656)

* 박자진(朴自振)과 더불어 동국지지(東國地志)를 논하다.

─ 선생은 우리나라의 지리가 사군(四郡)·삼한(三韓)·대방(帶方)·국내(國內)·환도(丸都)·졸본(卒本)·개마(蓋馬)·대산(大山)으로부터 삼국(三國)의 지계(地界)에 이르기까지 우리나라 역사에는 아직 정설(定說)이 없다고 여겼다. 선생은 중국 역대의 여러 역사책 및 지지(地志)와 우리나라 문헌 중에 고찰해볼 만한 것을 두루 취해서 각각 땅을 나누어 이 책을 만들었다. 책은 문집에 보인다.

*여지지(輿地志)가 완성되다.

─ 선생은 우리나라의 지지(地志)는 참고하여 의거할 만한 것이 없다고

여겼다. 비록 『여지승람(輿地勝覽)』한 책이 있으나, 오로지 시문(詩文)만을 취했고 또 승람(勝覽)이라는 이름도 옛사람이 지지(地志)를 만든 뜻을 이미 잃어버린 까닭에 드디어 이 책을 썼다.

○ 8년 정유: 선생 36세(1657)

* 봄. 서울에 갔다.
— 선생은 우리나라의 지세(地勢)에 유의하여 왕래할 때마다 다른 길을 택해 다니면서 산천을 두루 살피고, 그 길의 원근(遠近)과 경계 방비의 평탄함과 험준함을 요약하여 기록하였다.
* 가을. 호남을 두루 유람하고 남쪽 해안을 따라 돌아왔다.
* 청하자(靑霞子) 권극중(權克中)을 방문하다.
— 권공은 수련술(修練術)에 절묘했으며, 마원석실(馬原石室)에 은거하고 있었는데, 선생이 가서 방문하였다. 서로 더불어 조용하다가 말이 단법(丹法)에 미치자 권공이 자신이 해석한 『참동계(參同契)』한 편을 내어보였다. 이에 선생이 그를 위해 세 군데를 정정해주고 한 질을 베껴서 간직했다.

○ 9년 무술: 선생 37세(1658)

* 8월. 남쪽지방을 유람하다. 추월산(秋月山) 등을 구경하고 돌아오다.
* 정문옹(鄭文翁)에게 글을 써서 이기(理氣)·인심도심(人心道心)을 논하다.
— 정공은 이름은 동직(東稷), 호는 청천(聽泉)으로 학문 하는 선비이다. 선생은 그와 더불어 사귀되 도의(道義)로써 서로 허여하였다. 선생은 그에게 글을 보내 이기를 논했다. 그 대략은 이렇다.
이기설에 대해서는 선유들이 논한 것이 많지만 의심이 없을 수 없다. 내 생각으로는 천지 사이에 가득 찬 것은 기(氣) 아닌 것이 없다. 오가는 것〔往來〕·오르내리는 것〔昇降〕·여닫는 것〔闔闢〕·모이고 흩어지는 것〔聚散〕은 기가 아닌 것이 없고, 그 왕래·승강·합벽·취산하게끔 하는 것은 리(理)이다. 비록 기를 리로 인정할 수는 없다 하더라도, 기의 밖에 리는 존재할 수 없다. 요컨대, 리는 다만 기의 리일 뿐이다. 주자의 이기설은 의심할 만한 점이 많다. 반복해 생각해보건대, (이기를) 일물(一物)인가 하고 여기면 분명 하나가 아니고, 이물(二物)이라고 생각하니 둘이 될 수가 없다. 이에 주역의 계사전과 주자(周子)·정자(程子)의 설을 가만히 살펴보다 문득 깨달았다.

대개 이기는 혼융(混融)하여 간격이 없기 때문에, 비록 기의 밖에 리는 없지만, 리가 기로 인해서 존재하는 것은 아니다. 하늘의 일이란 소리도 없고 냄새도 없지만 지극히 참되고 지극히 실(實)한 것이다. 그 본체로부터 보면 도(道)라 하고, 그 진실함으로부터 보면 성(誠)이라고 하고, 그 총회(總會)로부터 말하면 태극이고, 그 조리(條理)가 있는 것으로부터 그것을 일러 리(理)라고 말하지만, 사실은 하나이다. 이 리가 밝게 드러나 상하를 관철하니, 이 뜻을 알고 난 뒤에 경서를 보면 제각각이 다 옳고 구(句)마다 다 합당하니, 진실로 천하의 리가 여기에 있다. 반드시 하나이면서 둘이고, 둘이면서 하나라는 말을 하지 않아도 서로 혼연한 가운데 서로 섞이지 않는다는 사실은 지극히 분명하다. 정자가 "천하에 이 리보다 실(實)한 것은 없다."고 말했는데, 어찌 그러함을 믿지 않겠는가! 그러므로 "천지의 도는 한마디로 다 말할 수 있다"고 하고, 또 "불성(不誠)이면 무물(無物)"이라고 한다. 이와 같음을 알고 난 뒤에야 천하 사물이 실사(實事) 아님이 없음을 볼 수 있으니, 이른바 존심양성(存心養性)이라는 것도 바야흐로 이 실사이다.

또 별지(別紙)에서는 이렇게 말한다. 이미 이러이러한 모습을 가진 물(物)의 입장에서 보면, 리는 단지 기의 리이고, 기의 밖에 리가 존재하는 것은 아니나, 그 본연(本然)의 모습에서 보면, 이 리가 있는 까닭에 그 기가 있다.

또 말한다. 주자는 "태극이란 양(陽)으로 동(動)하고 음(陰)으로 정

(靜)하게끔 하는 본체"라고 했으니, 이미 매우 명백하다. 주역에 "한 번 음하고 한 번 양이 되는 것을 도라고 한다."고 하고, 또 "형이상(形而上)을 도(道)라 하고, 형이하(形而下)를 기(器)라고 한다."고 한다. 이 몇 마디의 말들은 이기(理氣)가 서로 떨어지지 않고 서로 섞이지 않는 묘(妙)〔理氣之不相離不相雜之妙〕를 한마디 말로 다 표현한 것이다.

또 말한다. 리(理)와 기(氣)는 서로 혼융하여 간격을 용납지 않기 때문에 기를 리라고 용인하기 쉽다. 그러나 리와 기의 나뉨은 본래부터 스스로 분명하다. 만약 단지 리를 기의 리라고만 말한다면, 이른바 인의(仁義)도 기의 리일까? 리를 기의 리라고 하는 것이 또한 불가한 것은 아니지만, 그러나 기 일변도의 설명은 리의 본원(本原)을 가리게 되어 사람들로 하여금 성명(性命)의 근원을 볼 수 없게 하니 후인이 이기(理氣)를 대거(對擧)하여 말한 것이고, 그런 까닭에 리(理)와 기(氣)가 따로 둘이 있는 것처럼 의심된다. 한 몸이라고 말할 때는 리와 기가 구별이 없는 것같이 의심된다. 이에 대해서는 말이 많으면 많을수록 더 그 실질을 얻지 못한다.

또 말한다. 정암(整菴)은 리의 본원에 투철하지 못하고, 화담(花潭)은 기를 리라고 인정하는 것에 가깝다.

― 또 인심도심(人心道心)을 논했는데 대략 다음과 같다.

인심도심은 다만 리(理)와 기(氣)일 따름이다. 단지 인신(人身) 상에서 말한 까닭에 인(人)이라 하고 도(道)라고 한 것이니, 이른바 물(物)이 있으면 칙(則)이 있다는〔有物有則〕 한마디 말로 그를 다 설명할 수 있다(필자 주: 物 속에 物의 則이 있는 것처럼, 物 가운데 하나인 人의 則을 道라는 말로 표현했다는 것이다). 본래 하나의 마음인데, 지각에 다름이 있다. 인(人)은 물(物)이고, 도(道)는 칙(則)이다. 그러나 이기(理氣)에 있어서는 저절로 그러하다. 고로 물(物)과 칙(則)은 체(體)를 같이하는 실(實)이어서 쉽게 나타난다. 다만 이기가 사람에게 있게 될 때는 마음에 지각이 있어서 지각에서 발(發)하는 것이 같지 않다. 따라서 인심도심은 함께 행해지는 실(實)이지만 쉽게 나타나지 않을 뿐이다.

대체로 인심이란 보통 우리가 말하는 인심이 이것이며, 도심은 측은(惻隱)·수오(羞惡)의 류가 이것이다. 도심은 다만 인심 상에서 발현하며, 만약 인심이 없다면 도심 또한 행해질 수 없다. 다만 인심은 막 발해서는 욕(欲)으로 흐르기 쉽고, 도심은 발해도 이미 미오(微奧)해서 쉽게 가려진다. 이것이 반드시 정일(精一)의 공을 들여야 할 까닭이다. 사람은 이기를 갖추고 있고, 마음은 가장 영험하여 깨닫지 못하는 바가 없기 때문에, 혹은 형기(形氣)에 의해 깨닫기도 하고, 혹은 이의(理義)에 의해 깨닫기도 한다. 비록 지각에 의해 이미 발하였어도 리(理)는 물칙(物則)의 실(實)이 되어 물(物)에 있어서나 심(心)에 있어서나, 미발(未發)이나 이발(已發)에서 틈이 없다. 고로 인심과 도심은 모두 이발(已發)이며 도심의 깨달음이 곧 인심(人心)의 법칙(法則)이다. 그러므로 도심을 주(主)로 삼으면 인심은 저절로 명령을 듣는다. 도심이 여기에서 주가 되고, 인심이 저기에서 와서 명령을 듣는 것이 아니라 단지 한 가지 사항의 일이다. 본래 깨치기 어려운 것이 아닌데도, 이미 인심·도심이라고 나누어 말한 까닭에 쌍립병행(雙立竝行)의 폐단이 있게 됨을 면치 못하고, 허다한 의혹이 모두 이로부터 생겨났다.

또 별지에 이렇게 말한다. 정암(整菴)은 인심을 이발(已發), 도심을 미발(未發)이라고 했는데, 나정암(羅整菴)은 여기에서 전혀 깨닫지 못했다. 근세의 여러 선생의 학설은 감히 망령되이 의논할 수는 없으나, "도심을 발하는 것은 기이며, 인심에 근원하는 것은 리이다"와 "발하는 것은 기이고, 발하게 하는 소이(所以)는 리이다." 등의 말은 아마도 고인의 본뜻은 아닐 것이다. 또 인심도심이 병립 쌍행하여 각기 이기가 있다고 하니 글쎄 어떤지 모르겠다. "기가 발하면 리가 거기에 타고〔氣發而理乘之〕, 리가 발하면 기가 그것을 따른다〔理發而氣隨之〕"는 말은 앞의 설과 비록 같지는 않으나 역시 병립쌍행하여 각기 이기를 갖추고 있다는 폐단을 면하지 못한다. 그러나 끝내 "사단은 리가 발한 것이고〔四端理之發〕, 칠정은 기가 발한 것〔七情氣之發〕"이라는 주자의 설을 인용하고 있으니 병 될 것이 없다고 하겠다.

또 말한다. 율곡의 인심도심설은 이기에 있어서는 옳으나, 인심·도심은 인식한 것이 투명하지 못하다. 이기는 원래 서로 떨어져 있지 않다. 고로 인심도심도 애당초 서로 떨어져 있지 않다. 도심은 또한 인심 속에서 발현되며, 다만 그 사이에 서로 분별이 있을 따름이다. 그런 까닭에 '동행이정(同行異情)'이라고 한다. 지금은 쪼개어 두 개의 물(物)이 되어 각기 이기가 함께 행하니, 인심에 있어서도 이기로 말하고 도심에서도 이기로 말한다. 그래서 인심의 이기는 하나의 리가 남고 도심의 이기에서는 하나의 기를 남긴다.

또 말한다. 인심도심설에서는 오직 구암(久菴) 한백겸(韓百謙)이 명백하며 성인의 본지를 얻었다.

또 말한다. 인심도심은 다만 이기일 따름이다. 그것이 마음에서 지각에 의해 발하기 때문에 인심도심이라고 말하는 것이다. 이기는 본래 서로 섞일 수 없는 것이므로 인심도심 또한 서로 섞이지 않는다. 이기는 본래 서로 떨어지지 않으므로 인심도심 또한 서로 떨어지지 않는다. 기는 본디 없을 수 없는 것이므로 인심 또한 없앨 수 없고, 리는 본래 실리(實理)이므로 도심은 마땅히 그래야 하는 원칙〔當然之則〕이다. 도심이 별도로 하나의 다른 마음으로 존재하는 것이 아니라, 다만 인심 상에서 발현될 뿐이다.

또 말한다. 주자는 "측은(惻隱)·수오(羞惡)·사손(辭遜)·시비(是非) 이것이 도심이고, 기(飢)·한(寒)·통(痛)·양(痒) 이것이 인심이다."고 말했다. 또 희노(喜怒)는 인심이라고 한다. 또 도심은 의리(義理) 상에서 발현되어 나온 것이고, 인심은 인심 상에서 발현되어 나온 것이라고 한다. 이렇다면 사단이 도심이 되고 칠정이 인심이 된다는 것은 의심할 수 없다.

또 말한다. 정(情)은 진실로 성(性)이 발(發)한 것이지만, 성이 스스로 발하는 것은 아니고, 마음에 지각이 있어서 발한다. 그러므로 그 발하는 것에는 성리(性理)로 말미암아 발하는 것도 있고, 형기(形氣)에 이끌려 발하는 것도 있다. 사단과 칠정은 두 개의 정(情)이 있는 것이 아니다. 그 정은 하나인데 리와 기의 구별이 있을 따름이다. 고로 사단은 다만 칠정 중에서 발현되지만, 그 묘맥이 스스로 어지러워질 수 없는 것이 있다. 사람이 진실로 그를 징험하여 살피면 스스로 볼 수 있으니 어찌 두루뭉술하게 분별하지 못하겠는가.

어떤 이가 "성인의 희노(喜怒) 또한 기가 발한 것이라 할 수 있습니까?"고 물었다. 대답하여 말하되, "그 기발(氣發)이란 본래 성인이나 어리석은 사람이 다르지 않다. 그러나 이기가 본래 서로 떨어져 있지 않으므로 희노가 그 바름을 얻으면 (그것이 바로)마땅히 희노해야 할 리이니, 마치 『논어』향당편에 기록된 음식 의복류는 본래 인심이 발한 것이지만, 성인의 신분상에서는 모두 도심인 것과 같다.

대개 심(心)이란 몸에서 주(主)가 되면서 지각하는 것이다. 성(性)은 리(理)가 마음에 갖추어진 것이다. 정(情)은 성(性)이 발하여 바깥에서 쓰이는 것이다. 성은 스스로 발할 수 없고, 마음에 지각이 있어서 발한다. 그것이 아직 발하지 않았을 때는 성과 리는 혼연하니 심의 체가 되는 까닭이다. 그것이 처음 발하였을 때 정은 변할 수 있으니 심의 용이 되는 까닭이다. 그런 까닭에 심통성정(心統性情)이라고 한다. (『中庸』의 '致中和'에서)중화(中和)는 성정(性情)의 덕(德)이고, 치(致)는 심(心)이 그를 치(致)하는 것이다.

* 12월. 서울에 가서 정청천(鄭聽泉)의 묘에서 통곡하다.

○ 10년. 기해: 선생 38세(1659)

* 9월. 다시 호남의 여러 곳을 유람하고 한 달 넘겨서 돌아왔다.

* 정문옹(鄭文翁)을 애도하는 시를 짓다.
  — "봉거단소모(鳳去丹霄暮) / 용망대택인(龍亡大澤湮)"이라는 구가 있다
    (봉황새 가버리자 붉은 하늘 저물고 / 용 사라지니 큰 연못 없어졌네).

● 현종 순문대왕 원년 경자: 선생 39세(1660)

  * 8월. 서울에 가다. 겨울. 돌아오다.
  * 11월. 딸의 혼사를 치르다.
  — 선생의 장녀는 일찍이 정청천(鄭聽泉)의 둘째아들과 약혼을 했었는
    데, 정공이 별세하자, 이때에 이르러 상례를 마치자 그에게 시집보
    냈다.

○ 2년 신축: 선생 40세(1661)

  * 정월. 영남에 가다. 그로 인해 영남과 호남의 산천을 두루 돌아보고
    돌아오다.

○ 3년 임인: 선생 41세(1662)

  * 11월. 서울에 가서 정릉동에 머물다.
  * 『중흥위략(中興偉略)』의 초고를 시작하다.
  — 선생은 명이 멸망하고 나라의 치욕이 아직 설욕되지 못한 것을 매우
    한스럽게 여겼다. 부안에 있을 때 매번 달밤에는 한음(漢音)으로 거문
    고를 잡고 연주하니 소리가 아름다웠다. 매번 집 뒤 산꼭대기에 올라
    가 북쪽을 바라보며 눈물을 닦으니 사람들은 그 까닭을 알지 못했다.
    늘 복수와 설욕의 계책을 강구했다. 집에서는 준마를 길렀는데, 하루
    에 삼백 리를 갔다. 좋은 활과 조총을 집안의 노복과 마을 사람들에
    게 가르치고, 한가로운 날 그것을 연습하니, 모두 묘수(妙手)가 되었
    는데 (그 수가) 200여 명에 이르렀다. 그곳의 험한 요새 및 물과 뭍의
    역참의 거리를 하나하나 대략이라도 기록했다. 이때에 이르러 『중흥
    위략』의 초고를 시작했으나 책이 아직 완성되지 못한 상태에서 선생

께서 돌아가셨다.

○ 4년 계묘: 선생 42세(1663)

* 봄. 선영에 가서 참배하고 돌아오다. 부안으로 돌아오다.
 — 과천(果川)·지평(砥平)·여주(驪州)·죽산(竹山) 여러 곳의 선영이다.
* 11월. 호남의 담양 등지를 유람하다.

○ 5년 갑진: 선생 43세(1664)

* 겨울. 『동방문(東方文)』을 편찬하다.
 — 서문에 다음과 같이 적고 있다.

성왕의 도가 행해지지 않으면서부터 문장은 따로 하나의 기예(技藝)가 되었으니, 하물며 더불어 도에 대해 논할 수 있겠는가? 우리나라는 외따로이 바다밖에 있어서 (고대의)문헌을 고증할 수 없지만, 신라와 고려 적에는 문학이 점차 나왔다. 그러나 배운 바의 것이 당나라 이후의 문장이어서 그 체(體)와 격(格)이 또한 차이가 있다. 신라로부터 지금까지 천여 년간 그 세상의 도와 풍속의 아름다움 또한 이것으로 인하여 고찰하고 논의할 수는 있겠지만, (우리나라에도)왕왕 어진 사람과 뜻있는 선비가 있어 일을 만나면 논하며 서술하고, 느낌에 따라 뜻을 말하는 것 또한 없을 수 없을 터이나 (그런 글을) 개략적이라도 볼 수가 없다. (그래서) 이 책은 (동방의 문장을) 널리 구하여 그를 가려뽑은 것이니, 동방의 문장을 보려면 요점은 또한 여기에 갖추어져 있다.

문장은 정치·교화와 서로 통한다. 우리 조선에서 지은 것은 제도와 문물(典章)이 일신하여 거의 중국에 나아갔으나, 이에 더 나아가야 할 따름이다. 하나의 정교(政敎)와 하나의 제작(制作, 형식)을 모두 선왕의 도로써 하여, 잡박한 것을 변화시켜 순수함으로 되돌리고, 부화(浮華)한 것을 버리고 그 실질적인 것을 되찾아, 삼대의 융성한 때로 나아간다면, 세상은 큰 계책에 구제되고 사람들은 덕의(德義)에 흥기될 것이다. 대저 나라에서 쓰이고, 언사(言辭)에서 행해지는 것은 모두 도를 실은 문장〔載道之文〕이니, 또한 어찌 고금(古今)과 화이(華夷)의 차이가 있겠는가!

○ 6년 을사: 선생 44세(1665)

＊ 봄. 『동국사강목조례(東國史綱目條例)』를 편찬 완성하다.

― 글을 쓰고 나서 다음과 같이 말했다.

옛날 내가 우리나라 역사〔東史〕를 읽었을 때 사건을 볼 만한 것이 없었을 뿐만 아니라 또한 그 기사(記事)도 전혀 올바른 조례(條例)가 없어서 마음속 몰래 안타깝고 한탄하면서, 매번 주자의 『자치통감강목(資治通鑑綱目)』을 대략이라도 본떠 한 책을 편찬해서 편리하게 살펴보고 싶었다. 대개 그 범례는 비록 한결같이 『자치통감강목』의 필법을 사용했으나, 다만 우리나라는 중국 조정에 예속되어 있어 그 역사 사실을 계승하는 바탕과 예가 중국이 스스로 군림하여 다스리는 것과는 간혹 다른 점이 있기에, 여기에서는 다시 곳곳에서 구별을 해놓았을 따름이다. 이에 생각해낸 한두 가지 조례의 뜻을 시험 삼아 책 표지에 써서 기록하였다.

＊ 『동사괴설변(東史怪說辨)』을 짓다.

― 우리나라 역사에는 괴설이 매우 많다. 선생은 그를 병폐로 여겨 조목마다 논변하여 별도로 (책) 한 편을 만들었다.

＊ 『역사동국가고(歷史東國可考)』를 편찬하다.

― 책의 제목을 짓고 난 후 다음과 같이 말했다.

『사기(史記)』·『한서(漢書)』 이래로 역대의 사전(史傳) 및 『통전(通典)』『통고(通考)』 등의 책에 붙여진 우리나라 (기사)를 취하고, 그를 모아 기록해서 참고가 되도록 갖추어 놓았다. 북이(北夷)와 왜는 땅이 서로 이어져 가깝고, 역사적 사건도 간혹 상고할 만한 것이면 또한 아울러 기재했다.

― 선생은 또 일찍이 『속통감강목(續通鑑綱目)』의 필치와 조례가 근엄

한 뜻이 없고, 소홀하고 빠진 곳이 많음을 안타깝게 여겨서『속통감강목의보(續通鑑綱目擬補)』한 권을 찬술했는데, 이것은 어느 때 지은 것인지는 모르지만 여기에 덧붙여둔다.

* 여름. 감사 민유중(閔維重)에게 답하는 글에서 구황(救荒)·축제(築堤) 등의 일을 논하다.

— 글의 내용은 대략 다음과 같다.

흉년에 허덕이는 백성을 구제하는 일〔救荒〕은 옛날부터 좋은 방책이 없었다. 옛날의 이른바 재물을 나누어주는 일〔散財〕·조세를 가볍게 해주는 일〔薄征〕·부역을 줄여주는 일〔弛力〕 등의 일이 제일 급하게 힘써야 할 일인데, 조세를 가볍게 해주는 일과 부역을 줄여주는 일이 더욱 중요하다. 대개 백성에게 쌀 한 말을 구휼해주는 것이 납부해야 할 쌀 한 되를 덜어주는 것만 못하다. 이것은 백성들 사이에서 (내가) 친히 경험한 데서 온 말이다.

또 이런 내용도 있다.

우리나라는 압록강 동쪽은 대체로 모두 산이기 때문에, 큰 가뭄이 들어도 연달아 성(城) 수십 개가 초목이 나지 않는 처참한 일은 없지만, 오직 호남의 우도(右道) 일대는 평평한 땅이 바다와 인접해 있어서 냇물이 모두 바다 조류의 짠 맛(의 피해)을 받기 때문에 농토에 물을 댈 수가 없다. 그래서 제방이 호남에 유독 많다. 그 중에 벽골(碧骨)·눌지(訥池)·황등(黃登) 등의 제방은 백성들에게 가장 널리 이로운 것이었는데 폐기된 지 이미 오래다. 만약 이 제방들을 수리하여 복구한다면 영(嶺, 노령) 위의 7, 8개 군은 흉년이 들어 백성들이 떠돌아다니는 근심거리가 없어지고, 곡식을 덜어 빌려주는 폐단도 끊을 수 있을 것이다. 비단 백성에게 이로울 뿐만 아니라 나라도 세금을 거둘 수 있으니 어찌 만세의 원대한 계책이 되지 않겠는가? 반드시 장정을 징발할 필요도 없고, 흉년에 백성에게 곡식을 나누어주면, 구황(救荒)과 흥리(興利)를 한꺼번에 얻을 수 있을 것이다.

* 묘당(廟堂)에 천거되다.

　추천의 명목은 의리(義理)에 깊고 효성과 우애가 뛰어나다는 것이었다. 이보다 앞서 선생은 민유정(閔維重)과 척의(戚義)가 있어 민공의 형제가 선생을 추천하려 하자, 선생은 정색을 하고 말하길 "아저씨는 저를 아시는 분이 아닙니다"고 하여 마침내 추천을 하지 못했다. 이때에 이르러 추천을 받았지만 선생은 즐거워하지 않으면서 "내가 지금의 재상을 모르는데, 지금의 재상이 나를 어찌 아는가"고 말하였다.

* 9월. 서울에 가다. 태호(太湖) 이공(李公) 장례에 가다.

* 10월. 연상(漣上)에 가서 미수(眉叟) 허목(許穆) 선생을 뵙다.

— 며칠을 머물다 돌아왔다.

○ 7년 병오: 선생 45세(1666)

* 정월. 부안으로 돌아오다.

* 3월. 고모 상 때문에 서울에 갔다가 돌아오다.

* 특별히 천거되다.

— 이상진(李尙眞)의 추천이다.

* 미수(眉叟) 허 선생에게 글을 올리다. 이에 앞서 동명집(東溟集) 서문에 대한 감사의 글이 있었다. 또 작은 책자를 드리고 고문(古文)과 고명(古銘)을 써주기를 청하였다. 이때에 이르러 또 글을 올리고, 정원에서 취한 긴 대나무 두 개를 보내드렸다.

○ 8년 정미: 선생 46세(1667)

* 여름. 바다에 표류해온 중국 사람과 문답하다.

— 숭정 갑신(1644)년부터 북경은 몰락하고 홍광(弘光)이 이어 수립되었는데, 남경도 곧 전복되었다. 전문에는, 영력(永曆) 황제가 남방에서 제위에 올랐는데, 임인(1662)년에 이르러 북쪽 사람이 영력을 사로잡았으나 사면령이 반포되어 내려왔다고 하는데, 또한 그 허실(虛實)을 알지 못했다. 이때에 중국 배 한 척이 일본에 장사하러 갔다가 표류

하여 제주에 이르렀는데, 함께 탄 자가 95명으로 복건성(福建省) 장주
(漳州) 사람이고 모두 중국 복색(服色)이었다. 그 중에 진득(陳得), 임
인관(林寅觀), 정희(鄭喜), 증승(曾勝) 등 네 사람은 글에 능한 자였기
에, 선생이 그들에게 가서 만나보았다. 당시 여러 고을에서 대접한
음식 중에 황권채(黃卷菜)가 있었는데, 중국 사람들은 어떤 음식인지
몰라 그 이름을 물었다. 우리나라 사람들이 우리말의 이름으로 대답
하니 중국 사람들이 이해하지 못했다. 선생은 본디 중국어를 알고
있었기에 중국 발음으로 "이 음식 이름은 황떠우야주(黃豆芽菹, 콩나
물 절임)"이라고 하니 중국 사람이 크게 기뻐했다. 드디어 선생과 문
답하면서 "영력 황제가 남방의 4개 성(省)을 보유하고 있어서 종묘사
직이 바뀌지 않았고, 의관도 옛 그대로이며, 지금이 영력 21년이다."
고 말하는데, 그들이 간직한 역서(曆書)를 받아보니 또한 그러했다.
선생은 그를 듣고 아주 기쁘면서도 슬퍼서 시를 지었다.

황가 소식 20년 남짓(皇家消息廿年餘)
오늘에야 처음 들으니 눈물에 옷자락 흠뻑(今日初聞淚滿裾)
오히려 온전한 의관이 바닷가에 있으니(尙有衣冠全海甸)
마땅히 좋은 꾀 내어 군대를 강하게 해야 하리(應勤謀略壯戎車)
천심은 덕을 돌보고 사람은 분발하려 하니(天心眷德人思奮)
오랑캐 운세 망조 드리우고 도적들 쉽게 없어지겠네(胡運垂亡賊易除)
이제 우리 황제 구업을 회복하고(從此吾皇恢舊業)
언젠가 훌륭히 무려를 다스리리(幾時奇烈勒巫閭)

또,

문득 황가 소식 얻으니(忽得皇家信)
기쁘기가 부모 돌아오신 듯(歡如父母廻)
황제의 연호 세상에 있으니(蒼天存漢曆)
성덕은 꼭 다시 회복되리(聖德必重恢)

너무 기뻐 눈자위 눈물 고이고(喜極眶先淚)

마음 아파 뼈는 꺾이려 하네(心傷骨欲摧)

출사표 길게 읊조리고(長吟出師表)

눈물 흩뿌리며 북두칠성 바라본다(霑灑望河魁)

- 이때 중국인은 조정에 글을 올려 실정(實情)을 아뢰고, 고향에 돌아가
기를 원했는데, 결국 북경으로 보냈다.

* 11월. 서울에 가서 머물다.

* 『주자찬요(朱子纂要)』가 완성되다.

- 『주자대전(朱子大全)』에서 시문(詩文)을 가려 뽑았는데 모두 15권이
다. 옛날 주석에는 잘못된 곳이 많아 또한 바로잡았다.

* 동명(東溟) 김세렴(金世濂) 선생의 행장(行狀)을 짓다.

○ 9년 무신: 선생 47세(1668)

* 정월. 고종사촌 아우 김준상(金儁相)과 같이 동명(東溟) 선생 묘소를
참배하고, 그 일로 연상(漣上)으로 가서 미수(眉叟) 허목(許穆) 선생을
뵙다.

- 동명선생의 비문을 청하기 위해서였는데, 그로 인해 며칠을 머물면
서 도리를 강론하고 고금에 대해 토의했다. 미수선생은 탄복해마지
않으면서 사람들에게 말했다. "유 아무개는 왕을 보필할 인재이다.
노년에 이와 같은 인물을 갖게 될 줄은 생각도 못했다."

* 2월. 부안으로 돌아오다.

○ 10년 기유: 선생 48세(1669)

* 가을. 『도정절집(陶靖節集)』을 편찬하다.

- 특별히 선본(善本)을 얻어서 편찬했다.

* 배공근(裵公瑾)에게 학문을 논하는 글을 답하다.

- 배공은 이름이 상유(尙瑜)이며(주: 公瑾은 字), 영남에 살면서 선생과
도의로 교류했다. 이 답서는 문집에 보인다. 배공은 또 이기(理氣)에

대해 다음과 같이 물었다.

지난번에 가르쳐주신 인심도심(人心道心)과 이기의 경계가 나뉜다는 것은 명백하고 확실하여 주자와 퇴계에게 증험해 보아도 조금도 다른 것이 없다. 스스로도 마땅히 이렇게 보아야 한다고 말한다. 지금 율곡집을 얻어 보니 우계(牛溪)와 이기를 논변한 것이 대개 그 긴요처인데, 우계와 각을 세우는 것은 "도심은 성명에 근원하고, 인심은 형기에서 생겨난다〔道心原於性命, 人心生於形氣〕." "이 기(氣) 가운데 리(理) 또한 거기에 있다."고 말한 것이다. 이 또한 조리와 맥락이 분명해서 서로 섞이지 않고, 혼융하여 고칠 수 없는 것일까? 만약 율곡의 말대로라면 퇴계의 심통성정도(心統性情圖)는 과연 모두 잘못인가?

선생께서는 이렇게 말씀하셨다.

내 얕은 생각은 당신이 보여준 바와 같다. 오직 퇴계의 설이 주자와 서로 같다. 아마도 이것은 대순(大舜)의 본지(本旨)를 얻은 것 같다. 다만 ('리가 발하면 기가 따른다'의)'기수(氣隨)'와 ('기가 발하면 리가 탄다'의)'이승(理乘)'이란 말은 조금 투철하지 못한 것 같은데, 어떠한지? 의심스러운 것이 율곡의 견해와 같은 것은 아니나, 다만 이미 '리가 발하면 기가 따른다〔理發而氣隨之〕'거나 '기가 발하면 리가 탄다〔氣發而理乘之〕'고 말했으니, 마치 두 개의 마음이 되는 것을 면할 수 없고, 각기 리와 기를 갖추게 되는 것이니, 투명함을 다하지는 못하지 않았나, 끝내 의심스러울 뿐이다.

또 이렇게 말했다.

공부는 비록 동정(動靜)을 관통해야 하지만, 정(靜)이 아니면 근본을 삼을 수 없다. 다만 배우는 사람만 이와 같은 것이 아니다. 조화(造化)의 리는 비록 유행하여 그치지 않으면서 동과 정이 서로 그 뿌리가 되지만, 그러나 가만히 살펴보면 그 주된 곳은 반드시 정에 있다. 그런 까닭에 "흡취(翕聚)하지 않으면 발산(發散)하지 않는다"고 말하는 것이니, 이는 깊이 생각해볼 일이다.

○ 11년 경술: 선생 49세(1670)

* 2월. 서울에 들어가다.

* 3월. 돌아오다.

－ 신창진을 건너는데, 이때 물 한가운데서 폭풍을 만나 노가 부러지고
  배가 뒤집히려 했는데, 뱃사공은 구할 수 없음을 알고 헤엄쳐서 갔
  다. 사람들이 모두 실색했으나, 선생 혼자만이 태연하게 두려운 기색
  이 없었다. 조금 있다가 이웃해 있던 배가 와서 구해주어 잘 건넜다.

* 『수록(隨錄)』이 완성되다(주: 초고 시작은 31세).

－ 모두 13권.

－ 선생께서 『수록』을 편찬할 때 따로 군현제(郡縣制) 1권을 지었는데,
  그 대략은 다음과 같다.

  한당(漢唐) 이래로 들의 경계를 긋고 길을 나누었는데, 당(唐)의 관
  내(關內)·하남(河南)과 명(明)의 산서(山西)·섬서(陝西) 같은 류는 반
  드시 산천(山川)으로서 이름을 삼았다. 우리나라의 각 도는 고을로
  이름을 삼아서 자주 변경되었다. 마땅히 산천과 지형으로 주를 삼
  아야 할 것이다. 황해도는 관내(關內), 충청도는 한남(漢南), 전라도
  는 호남(湖南), 경상도는 영남(嶺南), 강원도는 영동(嶺東), 함경도는
  영북(嶺北), 평안도는 관서(關西)라 하고, 양광도(楊廣道)를 바꾸어서
  그 주현(州縣)을 관내(關內)와 한남(漢南)에 분속시켜야 한다.

  또 말한다.

  한 읍은 땅이 사방 100리로 군현이 통제하는데, 우리나라는 땅은
  좁은데 읍은 많아서 쓸데없는 기관이 많다. 또 분할할 적에 길고
  짧음이 마땅함을 잃어서, 큰 고을은 그 사방이 혹은 십리 안쪽이
  이미 다른 곳의 경계가 되거나, 혹은 몇 개의 읍을 넘어가 서로 맞
  닿지 않으므로, 정령(政令)과 부역(賦役)의 폐단이 많고 불편하다.
  작은 현은 쇠잔해져 그 모양을 이루지 못해 모든 법도가 시행되지
  못하니 백성은 더욱 고통스럽다. 도시를 정하고 읍리(邑里)를 구획
  하는〔體國經野〕 일과 백성을 위해 관리를 두는 뜻이 절대 아니다.

반드시 살펴서 바로잡아 모두가 그 마땅함을 얻은 뒤에야 다스려
질 수 있다. 한 읍의 땅은 대략 사방이 각각 50리인 것을 한도[率]
로 삼는다. 관원의 명칭과 호칭은 지금 것을 따라서 대부(大府)를
윤(尹), 도호부(都護府)를 사(使)라 하며, 각각 부관(副官)을 두고 통판
(通判)이라 이름 한다. 부(府)는 사(使)라 하고 판관(判官)을 둔다. 군
(郡)은 수(守), 현(縣)은 령(令)이라 하고 각각 승(丞)을 둔다. 또 부학
(府學)에는 교도(敎導)를 두고, 군현(郡縣)에는 교수(敎授)를 둔다. 또
향관승천(鄕官陞遷)의 규칙과 양사향약(養士鄕約)의 제도를 세운다.
또 향리호구법(鄕里戶口法)을 밝히고, 상평(常平)과 사창(社倉) 등의
여러 절목을 세우고 모두 법규를 갖추어 만들어 놓았으나, 아직 완
성된 책을 만들지는 못했다.

○ 12년 신해: 선생 50세(1671)

 * 정백우(鄭伯虞)가 『수록』에 대해 묻는 데 대해 답하는 글을 쓰다.
 － 정공은 이름은 동익(東益)으로 역시 선생과 도의로 사귀었다. 이때
   정공은 편집하고 있는 저술의 작업을 마쳤는지의 여부를 물었다.
   선생은 이렇게 말했다.
   선왕이 다스림을 행했던 제도는 전하는 기록에는 모두 그 대강만
   을 전하고 있어서 절목은 후세에 살펴볼 수가 없다. 시험 삼아 한
   두 가지 일을 말해본다면, 경계(經界)·공부(貢賦)·학교(學校)·공거
   (貢擧)·군제(軍制) 등의 일은 후유(後儒)들이 대강을 논하고 말한
   것은 그 말이 뛰어나지만, 실로 그 일을 거행하게 한다면 망연해
   하지 않을 자 드무니, 어찌 걱정스럽지 않겠는가! 그래서 마침내
   일에 나아가 구획하였다. 지금처럼 쓰이고 있는 사목(事目)을 생각
   해본다면, 평상시 쉽다고 여긴 것은 그 사이에 어려움이 존재하고,
   의심이 없다고 여긴 것은 의혹이 그 가운데 모여 있다. 무릇 도(道)
   의 쓰임은 일에서 행해지고, 마음이 발(發)하는 것은 정치에 드러
   난다. 삼대의 법은 모두 천리(天理)로서 그 제도를 만든 것이고, 후

세의 법은 모두 인욕(人欲)으로 그 제도를 만든 것이다. 인욕의 제도를 행하면서 국가가 다스려지기를 바라니, 천하에 이런 이치가 어디에 있겠는가! 때에는 잘 다스려지는 때와 어지러운 때가 있지만, 도(道)에는 고금이 없다. 그런 까닭에 일찍이 나는 "설령 삼대의 시대라도 후세의 정치를 행하면 삼대 또한 후세이고, 진실로 지금 세상으로 하여금 삼대의 정치를 본받게 한다면 금세(今世) 또한 삼대이다."고 말했다. 아, 폐단으로 폐단을 이어온 것이 이미 오래되어, 군자는 항상 무용지물이고 소인은 뜻을 얻은 사람이 되니, 그 화는 끝내 천리(天理)를 없애고 사욕(私欲)을 자라게 하며, 백성은 썩어 문드러지고 오랑캐가 주인이 되게 하니, 이는 무슨 까닭인가? 거기에는 반드시 그럴만한 이유가 있을 것이다.

* 향음주례(鄕飮酒禮) 절목을 정하다.

— 선생은 정백우(鄭伯虞)와 더불어 향음주례를 논했는데, 이에 이르러 그 절목을 정했다. 문집에 보인다.

* 이 해 큰 기근이 들다.

— 이에 앞서 혜성이 하늘을 지나쳐갔는데, 선생은 이를 보고 "이는 큰 기근이 들 징조이다"고 말하고는 매번 사람에게 미리 대비하는 방법을 알려주었으나, 사람들은 그를 믿지 않았다. 마침내 선생은 스스로 아껴 쓰고, 또 소와 말을 팔아 오곡을 사두었다. 이때에 이르러 팔도에 대기근이 들어 굶어죽은 시체가 서로 베개를 하고 누워 있고, 떠도는 백성들이 길을 메웠다. 선생은 먹어도 두 가지 이상을 먹지 않았고, 남은 곡식을 힘써 보존해서 친척과 마을 사람들에게 나누어주었으며, 떠돌이 거지에 이르기까지 정성을 다해 대접하고 구제했다. 당시 사람들이 황급하게 기물(器物)과 의복가지 등을 다투어 가지고 와서 밤낮으로 문을 가득 메우고 곡식 팔기를 요구했으나, 선생은 그를 물리치고 모두 곡물을 주어 보냈다. 집안 사람들을 엄하게 단속하여 시세를 타고 이익을 노리지 못하도록 했다.

○ 13년 壬子: 선생 51세(1672)

* 윤희중(尹希仲)에게 글을 주어 조심하도록 하다.
 - 이름은 휴(鑴), 호는 백호(白湖)인데, 당시에 명성이 있었다. 선생은
   그에게 글을 주어 조심하도록 했다. 선생은 "사람이 몸가짐과 처세
   에 주밀(周密)하지 않으면 후회해도 따를 수 없을 것이다"고 말했다.

○ 14년 계축: 선생 52세(1673)

* 3월 19일 인(寅)시. 선생은 우반(愚磻)의 정침(正寢)에서 돌아가시다.
  선생은 2월부터 병이 들어 낫지 않고 한 달여를 끌었다. 병이 위급
  해지자 수발하는 사람에게 침석(枕席)을 고쳐 바로 하라고 명했으나
  그가 이를 어려워하자 선생은 목소리를 애써 "죽고 살 즈음에 이같
  이 해서는 안 된다."고 말했다. 마침내 깨끗이 씻고 옷을 갈아입고
  는 다음날 새벽에 운명하셨다.
  병이 위중했을 때 둘째 생질에게 어떤 곳의 어떤 책을 가져오라고 하
  고서, 선생은 두세 번 나누어 묻고, 앞에서 그것을 불태우게 하면서
  말씀하셨다. "이 책이 만약 완성되어 후대에 전하게 되면 세상의 보배
  가 될 것이나, 아깝도다. 하늘이 내게 시간을 빌려주지 않는구나!"
 - 선생이 병들었을 때 뜰 앞의 매화가 활짝 핀 것을 보고 감상에 젖어
   절구 한 수를 읊었는데, 사(詞)가 매우 처량하고 슬펐다. 이에 생질인
   박씨에게 명하여 전하지 말도록 했다. 때문에 시는 문집 속에 들어가
   지 않았다. 선생이 돌아가시고 난 후에 매화는 열매를 맺지 않고 말
   라 죽었다.
 - 선생이 돌아가신 날, 밤이 깊은 뒤에 흰 빛 무리가 밝고 맑게 침실을
   두르고 밤새도록 없어지지 않았는데, 원근의 마을 사람들과 승려들
   은 모두 그를 바라보면서 기이하게 여겼다. 곡(哭)에 모여든 자가 천
   여 명이었다.

* 5월. 죽산(竹山) 용천(湧泉) 정배산(鼎排山) 선영 아래 유좌(酉坐)의 언
  덕에 장사지내다.

- 임시로 초빈(草殯)한 곳을 열어 발인하려 하자 홀연히 붉은 빛이 나며
  맹렬한 불꽃 같더니, 서남쪽으로부터는 소리가 우레를 토해내듯 하
  다가 동쪽으로 옮겨갔을 때에야 흩어졌다. 널을 받들고 죽산에 오자
  때맞추어 흰 기운이 영연(靈筵) 위에서 일어나 곧바로 공중에 이르렀
  는데 연일 그치지 아니했다.
- 임시로 초빈한 곳을 열던 날 사슴떼 백여 마리가 와서 모여 발을 구
  르며 슬피 울었다. 널이 나가던 밤에도 또한 그러했다. 이를 들은
  사람들은 지난 해 새끼 밴 사슴을 살려준 것에 대한 보답이라고 여겼
  다. 무신년(주 : 선생 47세, 1668)에 한 새끼 밴 사슴이 사냥꾼에게 쫓겨
  선생이 누워 있는 방안으로 뛰어 들어왔는데, 선생은 끈으로 옷 시렁
  에 붙들어 매놓았다가 다음날 놓아 주었다. 아마도 이 일을 가리켜
  말하는 것일 게다.

○ **숙종 장문대왕 19년 계유(1693)**

호남의 사림이 부안현의 동림(東林)에 서원을 세우고 선생을 배향하다.
- 이때는 선생이 돌아가신 지 21년째이다. 다음 해 갑술(1694) 3월 서
  울과 지방의 유생·진사 노사효(盧思孝) 등이 상소하여 사액을 청하
  고, 또 선생이 편찬한 『수록』을 진상했다. 임금이 비답을 내려 말씀
  하셨다. "소를 보고, 소의 내용을 모두 잘 알았으며, 해당 부서에 품
  의하여 처리하도록 했다. 진상한 책은 내가 마땅히 조용한 때 살펴
  보겠다."
- 이보다 앞서 참봉 배상유(裵尙瑜)가 (다음과 같은 내용의)소를 올렸다.
  한전법(限田法)은 진(秦)의 상앙(商鞅)이 무너뜨린 이후에는 역대로
  옛것을 회복하기 위한 법이 없었습니다. 당(唐)의 균전제가 옛것에
  가까우며, 고려가 그 제도를 써서 부강함을 이루었습니다. 그러나
  그 법은 사람을 근본으로 삼으며, 토지를 위주로 하지 않습니다.
  그런 까닭에 장정을 호적에 올리고 토지를 주는데, 할당하는 것이
  차이가 나며 번거롭습니다. 또한 사람은 많은데 토지는 적고, 땅은

많은데 사람은 적은 폐단이 있습니다. 기자가 우리나라에 봉해지면서 처음으로 경묘법(頃畝法)을 시행하여 경계가 확실했으나 뒤에 행해지지 않았으니 애석하기 그지없습니다.

평시에 나라를 통틀어 토지의 면적이 151만 5천 5백여 결(結)이었으나 지금은 개간한 땅이 68만여 결에 지나지 않으며, 과반이 없어지고 줄어들었습니다. 이는 벼슬아치와 세금을 거두어들이는 구실아치들이 멋대로 훔치고 누락시켜서 다만 약간만이 기록된 데 불과하기 때문입니다. 지금 만약 경묘법으로 그를 바로잡지 않는다면, 신은 가죽이 다하여 털이 붙어 있을 수 없을까 두렵습니다. 그러므로 진사 유형원이 경제에 뜻을 두고 법제를 강구하여, 옛것을 증거하고 지금 것을 참조하여 손수 책을 이루었는데, 『수록』이라고 합니다. 한 질은 13권이고, 그 총 조목은 일곱으로 전제(田制)·학제(學制)·설교(設敎)·선거(選擧)·관제(官制)·녹제(祿制)·병제(兵制)입니다. 그 일곱 조목은 때맞추어 쓰기에 간절하지 않음이 없으나, 그 중에서도 전제 한 항목은 무엇보다도 오늘 급히 힘써야 할 부분입니다. 그 법은 100보를 1묘(畝), 100묘를 1경(頃), 4경을 1전(佃)으로 하여, 매 한 사내 당 1경을 받게 하고, 9등급으로 나누어 세금을 받으며, 매 4경마다 병사 한 사람을 내게 합니다. 기타 사대부(士大夫)와 서리, 노예와 같은 류도 각기 조리가 있어 빠짐없이 합당하지 않음이 없습니다. 그 찬술한 바를 보면 그 법을 알 수 있습니다.

거기에 이르기를,

"땅의 모양은 반드시 넓힐 필요는 없고, 전(佃)자로 정(井)자를 대신하게 합니다. 공전은 꼭 두지 않아도 세금은 십분의 일로 할 수 있고, 채지(采地)를 꼭 설치하지 않아도 각각 부양할 수 있으며, 군자와 야인의 신분을 구별합니다. 오늘날의 합당한 것을 따르되 옛 법을 참작하여 자연의 이치에 합당하면, 정전법의 실제가 그 가운데 갖추어 있게 될 것입니다. 우리나라 땅의 경계는 남북으로 2천여 리, 동서로 천여 리인데, 긴 곳은 끊고 짧은 곳을 보충하면, 천

팔백여 리라 할 수 있습니다. 산림과 산택(山澤), 불모의 땅을 제하면 나라 전체의 실지 면적은 250만 경이니, 지금의 토지세로 말하자면 19만 5천여 석에 불과합니다. 경묘법을 시행하면 152만 4천 석을, 정군(正軍) 62만과 속오군(束伍軍) 62만을 얻을 수 있으니, 그 이해와 장단점은 서로 견주어 살펴보는 일을 기다리지 않더라도 자명합니다."

고 했습니다.

신이 그 책을 반복해서 숙독하여 그 뜻을 얻었사온데, 그 대강이 이미 서고 여러 세목(細目)이 모두 갖추어져 있어서, 나라를 경영하는 큰 근본이요, 다스림을 이룰 수 있는 훌륭한 법규라 이를 만합니다. 전하께서는 진실로 깊이 생각하시고 충분히 고려하셔서, 큰 뜻을 분발시키시고 삼대 이후에 행하지 못했던 성법(聖法)을 행하실 수 있다면, 백성들의 항업(恒業)은 견고해져서 빈부가 균일해지고, 병사를 찾아내고 단속하는 어지러움이 없게 되어 인심이 안정될 것입니다. 이것이 이른바 일거양득이라는 것입니다.

○ 당저(當宁, 지금의 임금: 영조) 17년 신유(1741).

승지(承旨) 양득중(梁得中)이 소를 올려서, 『수록』을 취하여 읽기를 청하다.

─ 비답에 "그 책자를 관찰사로 하여금 즉시 취하여 올리게 하라"고 했다.

○ 22년 병인(1746).

유신(儒臣) 홍계희(洪啓禧)에게 명하여 선생의 본전(本傳)을 지어 올리라고 하다.

─ 홍계희가 임금을 대면할 때, 선생의 학문이 넓음과 선생이 지은 『수록』에 대해 아뢰었다. 임금께서 선생의 사실들에 대해 물으시고, 따라서 전을 지어 올리라고 명했다.

─ 이때 홍계희가 참찬관(參贊官)으로 입시(入侍)했는데, 말이 선생에
  이르자 지사(知事) 원경하(元景夏)가 "유 아무개가 지은 『수록』은 경
  세(經世)의 큰 본무인데, 참찬관이 그를 독실하게 좋아하여 일찍이
  모두 쓸 만하다고 말했습니다." 하자, 홍계희가 "그 책은 정대(正大)
  하고 광박(廣博)하여 반드시 이익 되는 바가 있습니다. 신이 아뢰건
  대 영·호남 관찰사에게 분부하여 간행하는 것이 좋겠습니다."고
  했다.
  임금이 "그 책을 옥당(玉堂)으로부터 다시 들여오라" 하니, 원경하
  가 "참찬관은 고서를 많이 읽었으나, 다만 지론(持論)이 매우 편벽
  됩니다. 유 아무개는 지금의 사람과 색목이 같지 않은데도 참찬관
  이 공심(公心)으로 그 사람을 존경하고, 『수록』을 독실하게 좋아하
  니, 어찌 (『수록』이)좋다고 하지 않겠습니까?"라 하여, 드디어 임금
  의 이러한 명이 있었다.
─ 후에 경오(영조26, 1750) 6월에 좌참찬(左參贊) 권체(權禘)가 또 동궁에
  글을 올려 『수록』을 취하여 목판을 떠서 중외에 반포할 것을 청했다.

○ 28년 임신(1752).

전라감사 이성중(李成中)이 장계(狀啓)를 올려 선생에게 증직(贈職)할
것을 청하다. 계(啓)를 예조에 내려보내자, 판서 홍봉한(洪鳳漢)이 심의하
고 상주(上奏)하여 증직을 청하여 윤허를 얻다.

  ─ 장계의 대략은 이렇다.
  부안의 고 진사 유형원은 그 조예와 성취가 실로 한 가지의 행실
  과 한 가지의 선(善)이 아닙니다. 칭송을 받아야 할 것은, 유학을
  높이고 절의를 장려하는 도에 있어서 더욱 힘쓰고 느슨하지 않았
  다는 것입니다. 이에 감히 우러러 아뢰오니, 해당 관청으로 하여금
  즉시 품의 처리하도록 분부하시어, 신이 재임할 때 그 사정을 자
  세히 알아서 (이곳이)풍속에 감화되어 보고 느끼는 바가 많은 땅이
  라고 여길 수 있기를 바랍니다.

○ 29년 계유(1753) 9월.

통훈대부(通訓大夫)·사헌부(司憲府) 집의(執義) 겸 세자시강원(世子侍講院) 진선(進善)을 증직하다.

－ 학문과 덕행을 모두 갖추고, 중국을 높이는 절의(節義)가 있었기 때문이었다. 증직의 일은 차례로 받아 전한 것이다.

○ 44년 무자(1768) 10월.

묘 왼쪽에 비를 세우다.

－ 죽산 부사 유언지(俞彦摯)는 평소 선생의 덕행과 의리를 사모했는데, 임소에 부임한 이후 글을 지어 묘에 제사지냈다. 또 돌을 깎아 비를 세웠는데, 높은 벼슬을 하는 여러분이 많이 도와주었다. 판중추(判中樞) 홍계희(洪啓禧)가 음기(陰記)를 지었다.

○ 46년 경인(1770)

월에 통정대부(通政大夫)·호조참의(戶曹參議) 겸 세자시강원(世子侍講院) 찬선(贊善)을 추증하다.

＊이 해에 영남 감영에서 『수록』을 간행하도록 명하고, 인쇄본은 다섯 곳의 사고(史庫)와 홍문관(弘文館)에 나누어 보관했다.

○ 영조 51년 을미(1775) 겨울.

후학 동궁(東宮) 좌익찬(左翼贊) 한산(漢山) 안정복(安鼎福) 삼가 편집하다.

정복(鼎福)은 어려서 호남에서 어른을 수행하면서 유반계 선생이 대덕군자(大德君子)임을 익히 듣고 있었지만 당시 아는 게 없어서 그 자세한 것을 얻을 수가 없었다. 자란 후에 그를 생각할 때마다 매우 부끄럽고 한스러웠다. 갑자년(영조20, 1744)에 서울의 도저동(桃楮洞)에서 수촌공(秀村公)을 뵈었는데, 공은 곧 선생의 증손이다. 정복을 위해 선생의 일을 아주 자세하게 말해주고, 선생이 지은 『수록』을 빌려주기에 이르렀다. 돌아와 그를 읽어보니, 진실로 천리(天理)를 운용하여 만세에 태평을 열어주는 책이니, 아, 대단하도다!

후에도 자주 공을 쫓아 노닐면서 유집(遺集) 및 여러 책을 얻어볼 수 있었는데, 그 학문의 정밀함과 지량(志量)의 원대함은 후세의 말깨나 할 줄 아는 선비가 미칠 수 있는 바가 아니다.

선생은 당의(黨議)가 횡류(橫流)할 때에 살면서, 세상을 피해서도 고민함이 없이, 책을 저술하는 것으로써 스스로 즐거워했다. 확연히 원우(元祐)년간의 완인(完人)이요, 성세(聖世)의 일민(逸民)이어서, 세상이 감히 더 보태거나 깎지를 못했으니, 선생의 덕을 알 만하다. 아, 세상에 선생의 책을 좋아하는 자가 다만 눈앞의 노리갯감으로만 삼지 않고, 반드시 몸소 행하여 마음으로 터득하고, 그것을 실제 일에 조처해서 오직 실질적인 효과를 도모한다면, 선생은 비록 가셨으나 선생의 도는 행해지리라. 하지만 이를 어찌 쉽게 말할 수 있으랴!

정복은 늦게 태어나서 비록 집편(執鞭)의 바람이 있어도 얻을 수 없었는데, 올해 분에 넘치는 벼슬을 얻어 마침 공의 아우인 전 승지 훈(薰)의 집에 와서 묵었는데, 그때 공은 이미 세상을 마치셨다. 맏아들 명위(明渭)가 상제(喪制)를 지키며 여막에 있었는데, 공이 초안한 선생의 연보를 내보이면서 그것을 바로잡아 달라 하고, 또 발문을 청했다. 정복이 공에 대해서는 실로 유명(幽明) 간의 지우(知遇)라는 느낌이 있고, 또 선현(先賢) 사적(事蹟)의 끄트머리에 이름을 의탁하니 영광스러워 끝내 말을 다 할 수 없으며, 이에 참람함을 깨달을 따름이다. 때는 금상(영조) 52년 을미(실은 51년, 음력) 섣달 중순. 후학 동궁(東宮) 좌익찬(左翼贊) 안정복(安鼎福)이 경건하게 적다.

『三經』(內閣版 影印本: 詩經·書經·易經), 성대 대동문화연구원, 1973. 서울

『經書』(內閣版 影印本: 大學·論語·孟子·中庸), 성대 대동문화연구원, 1968. 서울

『禮記』(內閣版 影印本), 學民文化社, 1990. 대전

『史記』(金陵局本을 底本으로 한 景仁文化社의 標點 影印本)

『肅宗實錄』, 『英祖實錄』, 『正祖實錄』

朱熹, 『朱熹集』, 四川敎育出版社, 1996. 中國 成都

黎靖德 편, 『朱子語類』, 中華書局, 1986, 中國 北京

羅欽順, 『困知記』, 성균관대 대학원 영인본, 1974. 서울

徐敬德, 『花潭集』(李朝初葉名賢集), 성대 대동문화연구원, 1959. 서울

李珥, 『栗谷全書』, 성대 대동문화연구원, 1978. 서울

韓百謙, 『久菴遺稿·東國地理志』, 一潮閣, 1987. 서울

許穆, 『眉叟記言』(고전번역원 한국문집총간)

柳馨遠, 『磻溪隨錄』, 景仁文化社, 1974. 서울

柳馨遠, 『磻溪雜藁』, 驪江出版社, 1990. 서울

李瀷, 『星湖全書』, 驪江出版社, 1984. 서울

正祖, 『弘齋全書』(藏書閣版 影印本), 太學社, 1978. 서울

정성철, 『실학파의 철학사상과 사회정치적 견해』, 한마당, 1989. 서울

安在淳 외, 『朝鮮朝 儒學思想의 探究』, 驪江出版社, 1988. 서울

역사학회 편, 『한국사논문선집 V(조선후기편)』, 일조각, 1980, 서울

충남대 유학연구소, 『율곡학과 한국유학』, 예문서원, 2007. 서울

김준석, 「柳馨遠의 정치·국방체제 개혁론」 『연세실학강좌Ⅲ』 연세대 국학연
        구원, 혜안, 2003. 서울

安在淳, 「柳磻溪 實學思想의 哲學的 基調」 『東方思想論攷(道原 柳承國先生
        華甲記念論文集)』, 종로서적, 1983. 서울

安在淳, 「조선후기 실학파의 사상적 계보」 『동양철학연구』 12집, 동양철학연
        구회, 1991. 서울

찾아보기

지은이 | **안재순**

강원도 횡성 산골에서 태어나 어린 시절을 보내고, 성균관대학교 유학과와 같은 대학 대학원 동양철학과에서 공부했다(철학박사). 청주대에서 교수생활을 시작하고(1982~1983), 1984년 강원대로 옮겨 지금까지 한문교육과에서 經書와 諸子書를 가르치며 연구하고 있다. 도중에 중국 랴오닝 대학에서 한국문화를 1년간 가르치기도 했다. 현재(2009) 동양철학연구회 회장을 맡고 있다.

『조선조유학사상의 탐구』(여강출판사, 1988), 『한국사상가의 새로운 발견(2)』(한국정신문화연구원, 1994), 『세종문화사대계4』(세종대왕기념사업회, 1999), 『현대인의 유교읽기』(아세아문화사, 2005) 등의 공저가 있고, 「조선후기실학파의 사상적 계보」, 「율곡의 경세사상에 나타난 실학의 의미」, 「실학파의 현실인식과 대응양상」, 「실학의 인간관과 윤리적 특성」, 「조선후기 실학의 주체성 문제」, 「17세기 한국의 유학사상」, 「정조의 서학관」, 「홍재사상의 철학적 기반」 등 실학에 관련한 논문을 주로 써왔으며, 최근에는 「'조화와 균형'에 관한 유가적 해명」, 「『논어』해석법에 관한 서론적 고찰」 외에 유가경전에 대한 글을 다수 발표했다. 유가경전의 현대적 해석에 많은 관심을 가지고 있다.

조선 후기 실학의 비조

유형원

초판 1쇄 인쇄 2009년 8월 21일
초판 1쇄 발행 2009년 8월 31일

지은이 안재순
표지제자 路石 이준호
펴낸이 서정돈 펴낸곳 성균관대학교 출판부
출판부장 한상만
편　집 신철호 · 현상철 · 구남희
디자인 최세진
마케팅 장민석 · 송지혜
관　리 손호종 · 김지현

등록 1975년 5월 21일 제 1975-9호
주소 110-745 서울특별시 종로구 명륜동 3가 53
전화 02)760-1252~4 팩스 02)762-7452
홈페이지 press.skku.edu

ⓒ2009, 안재순

ISBN 978-89-7986-817-3 04150
　　　978-89-7986-481-6(세트)

건학 **600주년** 기념으로 기획된 **유학사상가총서 시리즈**는 한·중·일 동양 삼국의 저명한 유학자를 선정하여 그 생애와 역사적 배경과 사상을 소개하고 비평하는 시리즈입니다. 현대 문명의 위기를 극복할 수 있는 우수한 정신문화를 내포한 유학사상을 다룬 이 시리즈는 누구나 이해할 수 있도록 쉽게 씌어진 **일반 교양서**이며, 그 포괄 범위가 세계 최대로 폭넓다 하겠습니다.

중국편

공자 — 영원한 인류의 스승
이기동 지음 | 9,000원

순자 — 통일제국을 위한 비판철학자
윤무학 지음 | 19,000원 | 2005 대한민국학술원 선정 우수학술도서

왕충 — 한대 유학을 비판한 철학자
임옥균 지음 | 13,000원

이고 — 성리학의 개창자
김용남 지음 | 14,000원

정이 — 중국 송대의 신유학자
안은수 지음 | 11,000원 | 2005 대한민국학술원 선정 우수학술도서

장재 — 송대 기철학의 완성자
함현찬 지음 | 17,000원 | 2003 문화관광부 선정 우수학술도서

대진 — 청대 중국의 고증학자이자 철학자
임옥균 지음 | 9,000원

주돈이 — 성리학의 비조
함현찬 지음 | 15,000원

주자 — 동아시아 세계관의 원천
이동희 지음 | 20,000원

일본편

이또오 진사이 — 일본 사상의 대변자
이기동 지음 | 8,000원

야마자키 안사이 — 일본적 주자학의 원형
다지리 유이치로 지음 | 엄석인 옮김 | 18,000원 | 일본 페리칸출판사와 동시출간

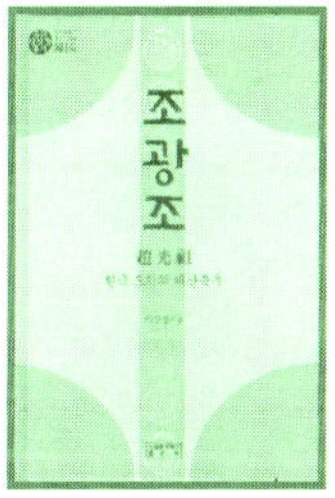

정약용 — 한국 실학의 집대성
금장태 지음 | 17,000원 | 2000 문화관광부 선정 우수학술도서

이익 — 인간 소외 극복의 실학자
강경원 지음 | 17,000원 | 2002 문화관광부 선정 우수학술도서

정여창 — 조선조 실천유학의 선구자
조남욱 지음 | 14,000원 | 2003 문화관광부 선정 우수학술도서

이색 — 한국 성리학의 원천
이기동 지음 | 17,000원

조광조 — 한국 도학의 태산북두
이상성 지음 | 25,000원

이이 — 정치적 실천철학의 완성
임옥균 지음 | 20,000원

홍대용 — 조선시대 최고의 과학사상가
김인규 지음 | 20,000원

기대승 — 조선 성리학의 이론가
황의동 지음 | 20,000원

기정진 — 한말 성리학의 거장
박학래 지음 | 20,000원

김종직 — 조선 도학의 분수령
정성희 지음 | 17,000원

정몽주 — 한국 도학의 단서를 열다
정성식 지음 | 20,000원

한원진 — 18세기 기호유학을 이끈 호학의 일인자
이상곤 지음 | 35,000원

유형원 — 조선 후기 실학의 비조
안재순 지음 | 25,000원

성균관대학교 출판부
오래되어서 좋은 것과 새로워서 좋은 것이 함께 있습니다